D1921010

Ces mystérieux héros de la foi

Une approche globale du livre des Juges

Daniel Arnold

Ces mystérieux héros de la foi

Une approche globale du livre des Juges

EDITIONS EMMAUS, 1806 SAINT-LEGIER (SUISSE)

Conception graphique: Philippe Ranc, Saint-Légier
Copyright © 1995 Editions Emmaüs
CH-1806 Saint-Légier
Tous droits réservés pour tous pays
ISBN 2-8287-0053-4

Sommaire

Tableaux

Abréviations

BA	Bible Annotée
BDB	New Brown-Driver-Briggs Hebrew and English Lexicon
c.-à-.d	c'est-à-dire
CBQ	Catholic Biblical Quarterly
chap.	chapitre
JSOT	Journal for the Study of the Old Testament
lit.	littéralement
LXX	Version grecque des Septante
NDB	Nouveau Dictionnaire Biblique
NIV	New International Version
TB	Tyndale Bulletin
TOB	Traduction oecuménique de la Bible
TWOT	Theological Wordbook of the Old Testament
VT	Vetus Testamentum
WTJ	Westminster Theological Journal

INTRODUCTION

Le livre des Juges séduit et rebute tout à la fois. Sa lecture ne laisse jamais indifférent: *«Le livre est terre à terre, déroutant, primitif, violent, en un mot tellement étrange que l'Eglise a de la peine à le digérer... Seuls ceux qui prennent des tranquillisants avant de s'asseoir peuvent s'assoupir pendant la lecture»*[1]. Les personnages sont humains, colorés, dramatiques, surprenants, souvent équivoques. Faut-il admirer Samson ou s'en détourner? L'homme incarne-t-il les qualités du héros ou les vices de la déchéance humaine? Chaque juge pose des problèmes et le discernement du lecteur est constamment sollicité, car l'auteur se contente souvent d'une simple narration des faits. Les difficultés et les leçons spirituelles jugées souvent comme trop négatives découragent les prédicateurs. Absent de la chaire, le livre reçoit pourtant un écho favorable à l'école du dimanche où le caractère de certains juges et la dynamique des récits fascinent l'imagination. Ainsi, bien que le livre des Juges ne serve que rarement de texte de prédication, Gédéon et Samson sont parmi les caractères les plus familiers de la Bible.

Les récits des Juges accrochent le coeur et l'esprit, mais désarçonnent l'intelligence. Mais attention: le texte n'est pas impénétrable. L'auteur veut être compris. Il a un message à transmettre; et un message tellement important qu'il doit être non seulement compris, mais retenu. Le livre des Juges n'est pas un *fast food* qui peut être pris sur le pouce, en coup de vent, mais un festin, soigneusement préparé, où chaque élément est réfléchi et introduit en temps opportun pour contribuer à l'équilibre général. Pour le savourer, il faut s'asseoir et prendre son temps. Le repas est copieux sans être indigeste.

L'effort demandé au lecteur est commandé par un souci pédagogique. De même qu'un enfant ne fera de progrès en mathématiques que dans la mesure où il «sèche» un certain temps sur un problème, ainsi une leçon doit être méditée pour prendre racine et porter du fruit. Dévoiler la réponse trop rapidement, c'est court-circuiter le processus éducatif. De plus, ce qui est obtenu facilement est peu apprécié. L'auteur est un maître-pédagogue. Non seulement, il sait accrocher et garder l'attention par des récits captivants et variés, mais il contraint le lecteur à la réflexion par des récits dépourvus

---

[1] Dale Ralph Davis: *Such a Great Salvation: Expositions of the Book of Judges*, Baker, 1990, p. 7.

d'évaluation théologique directe. L'effort exigé est soigneusement dosé. Le lecteur n'est pas abandonné à lui-même, car diverses aides herméneutiques sont fournies par l'auteur. Les deux introductions au livre (1.1-2.5; 2.6-3.6), le portrait du premier juge (3.7-11), les références à l'Esprit sont autant de *clés* qui ouvrent la compréhension du livre. Une lecture qui ignore ces éléments apportés surtout au début du livre risque fort de s'égarer, comme une personne qui voudrait faire fonctionner une nouvelle machine sans consulter le mode d'emploi.

Une lecture globale de l'oeuvre est indispensable. Dans le livre des Juges, tous les éléments se tiennent comme dans un édifice bien charpenté où les pierres tirent leur force du soutien qu'elles reçoivent les unes des autres. Chaque récit apporte une contribution particulière à un ensemble harmonieux et équilibré. Dans ce commentaire, nous chercherons constamment à *interpréter le texte à la lumière de l'ensemble*. Ce regard frais sur le livre ira jusqu'à renverser certaines idées généralement admises sur le ministère des juges. Une approche globale permet, en effet, de ressortir les juges de l'ombre de la médiocrité et du compromis dans laquelle des lectures trop fragmentées les ont enfermés. Notre conviction profonde est que l'auteur du livre présente le comportement des juges de manière *positive*. Ces hommes sont des héros de la foi et des exemples pour la vie des fidèles, et nous espérons par ce commentaire stimuler la vie des croyants et encourager les prédicateurs à faire entendre, en chaire, la voix de ces hommes et de ce livre.

L'introduction portera sur la dimension littéraire et le contexte historique du livre. Les deux aspects sont importants et doivent être examinés avec soin. La dimension littéraire s'arrête sur la manière dont les choses sont dites, et la dimension historique s'intéresse au cadre de vie dans lequel le livre a pris forme[2]. Ainsi, nous examinerons successivement les thèmes du livre, les mystères et les explications, la structure du livre, le cadre rédactionnel (date et auteur) et les questions chronologiques. Concernant l'auteur, nous verrons comment de nombreux éléments dans le livre soutiennent la tradition juive qui attribue cet ouvrage à Samuel. Plus précisément, il semble avoir été écrit après l'instauration du premier roi, à un moment où le comportement de Saül était des plus condamnables, car une critique sous-jacente du monarque transparaît au travers du contraste avec les juges (voir annexes: allusions au présent pp. 365-369).

---

[2] Leon Wood consacre plus du tiers de son ouvrage à l'aspect historique (*Distressing Days of the Judges*, Zondervan, 1975. pp. 1-157).

Les thèmes

Le livre des Juges rapporte l'histoire d'Israël de la mort de Josué à l'aube de la royauté. Résumer trois siècles d'histoire n'est pas chose aisée. En premier lieu, il faut rassembler une documentation sur la période choisie, puis faire un tri parmi les informations recueillies pour ne garder que les éléments les plus importants. Dès que les informations sont abondantes, une sélection est inévitable, car tout raconter est non seulement indigeste, mais souvent impossible (cf. Jn 21.25).

Le choix des événements à rapporter se fait en fonction: (1) des sources disponibles, (2) des lecteurs visés par l'ouvrage, (3) de l'éthique et de la sensibilité historique de l'auteur. Reprenons ces points dans l'ordre.

1. Lorsque les informations historiques sont rares, l'auteur a tendance à inclure toutes ses sources, et son travail se limite alors souvent à celui d'un éditeur se contentant de rassembler les documents disponibles. Par contre, lorsque les informations sont abondantes, les choix personnels de l'auteur colorent davantage son texte. Pour le livre des Juges, la structure et l'équilibre de l'ensemble (voir structure du livre p. 43) militent en faveur de la deuxième hypothèse. L'auteur semble avoir disposé d'une matière abondante dans laquelle il a pu puiser librement les éléments nécessaires à son oeuvre.

2. L'attente des lecteurs et l'impact souhaité influencent aussi le choix de l'auteur. Les statistiques sont appréciées par les sociologues et les économistes, la description détaillée de combats militaires intéresse les vétérans de l'armée, alors que les portraits de quelques personnages font la joie du grand public. D'un autre côté, l'aspect humain des portraits émeut plus que des chiffres froids et impersonnels. Manifestement, le livre des Juges est plus qu'une chronique historique, car l'auteur cherche à toucher non seulement l'intelligence, mais aussi le coeur.

3. L'éthique et la vision du monde de l'historien influencent aussi ses choix. Un auteur imprégné d'un profond respect de la vérité veillera à ne transmettre que des faits authentiques. Il s'efforcera aussi de tracer un mouvement général de l'histoire conforme à la vérité sans omettre d'éléments fondamentaux ni gonfler des points secondaires. Sur ce point, les historiens bibliques sont remarquables, car un même zèle pour la vérité les anime tous. La vision générale de

l'histoire oriente aussi l'oeuvre d'un historien. Par exemple, beaucoup d'auteurs contemporains marqués par une pensée matérialiste et déterministe s'arrêtent d'abord (et parfois presque exclusivement) sur les conditions sociales. Par contre, les auteurs bibliques, convaincus d'une action directe de Dieu dans la vie de leur peuple, s'intéressent surtout à relever le rapport entre l'Eternel et Israël. Pour eux, le facteur-clé pour une bonne compréhension de l'histoire se trouve dans le rapport entre Dieu et le peuple élu.

Le livre des Juges est donc marqué par une dimension historique *et* prophétique. Les deux éléments, loin de se contredire, se complètent admirablement. Les événements décrits sont historiques (c.-à-d. qu'ils se sont réellement passés), mais ces événements ne sont pas vides de sens, car, fondamentalement, ce n'est ni le hasard, ni l'environnement, ni même les efforts des hommes qui dictent le cours de l'histoire, mais Dieu et la relation des hommes avec lui[1]. Dans le canon hébreu, le livre des Juges est classé parmi les livres prophétiques, et forme avec Josué, 1-2 Samuel et 1-2 Rois *les prophètes antérieurs*. Par contre, la traduction grecque des Septante (LXX) privilégiera l'accent historique et regroupera les prophètes antérieurs avec 1-2 Chroniques, Esdras, Néhémie et Esther pour former le groupe *des livres historiques*[2].

Le thème majeur: le rejet de l'autorité divine

Le livre des Juges s'intéresse donc à l'histoire de la relation entre Dieu et son peuple. Plus précisément, puisque les trois siècles des juges sont marqués par un rejet croissant de l'Eternel, le thème principal du livre est celui du rejet de l'autorité divine.

Tout le livre est dominé par ce thème qui est examiné sous divers angles. Dès la première introduction (1.1-2.5), la désobéissance d'Israël se manifeste sur le plan *politique* par le refus de conquérir toute la Terre promise. Dans la deuxième introduction (2.6-3.6), c'est la désobéissance *religieuse* qui est relevée, avec l'adoration des divinités locales. Le corps principal du livre (3.7-16.31) traite du ministère des juges, ces hommes oints par Dieu pour sauver Israël. La rédemption divine y est soulignée, mais plus on progresse dans cette section, plus le thème du rejet de l'Eternel se manifeste, en particulier par une opposition croissante du peuple *à l'égard des*

---

[1] Ce lien entre la spiritualité d'un peuple et son histoire politique est particulièrement net avec Israël durant toute la période de l'Ancien Testament.

[2] Parmi les versions françaises, seules Français courant et la TOB suivent l'ordre du canon hébreu.

juges. A la fin du livre, dans les deux appendices (chapitres 17-21), l'auteur s'arrête sur *l'infidélité des Lévites*, ces hommes appelés par Dieu à servir de modèles à Israël.

Sur le plan historique, chaque génération s'écarte de l'Eternel. La deuxième introduction (2.6-3.6), qui donne un résumé de toute la période des juges, souligne un aspect cyclique et progressif du rejet. Chaque génération commence par être infidèle. L'Eternel intervient et punit son peuple. Devant les difficultés, Israël revient à l'Eternel qui lui envoie un libérateur. Un cycle de cinq «R» (révolte, ruine, repentance, rédemption, repos) marque les premières générations (Othniel, Ehud, Débora, Gédéon), puis, devant le péché qui ne cesse de croître, le repos finit par ne plus être au rendez-vous (Abimélec, Jephthé, Samson). Lors du dernier cycle, même la repentance du peuple est absente (Samson).

Le comportement des juges

Le comportement des juges est assimilé par beaucoup d'exégètes à ce mouvement général d'infidélité[3]. Les chefs ne seraient que le reflet du peuple. Les plus critiqués sont les derniers (Samson et Jephthé), mais Gédéon, et même Ehud, n'échappent pas toujours à la critique[4]. Cette approche négative du ministère des juges ignore totalement la deuxième introduction où l'auteur fixe clairement le cadre de leur ministère. Ces hommes sont oints par le Seigneur pour libérer le peuple, et le problème de la période des juges ne vient pas des juges, mais du refus du peuple à les suivre: *«L'Eternel suscita des juges, afin qu'ils les délivrent de la main de ceux qui les pillaient. Mais ils n'écoutèrent pas même leurs juges, car ils se prostituèrent à d'autres dieux»* (2.16-17a). Ce refus de suivre l'oint de l'Eternel est encore plus manifeste à la mort du juge: *«Lorsque l'Eternel leur suscitait des juges, l'Eternel était avec le juge, et il les délivrait de la main de leurs ennemis pendant toute la vie du juge; car l'Eternel avait pitié de leurs gémissements contre ceux qui les opprimaient et les tourmentaient. Mais, à la mort du juge, ils se corrompaient de nouveau plus que leurs pères»* (2.18-19a).

---

[3] W. S. LaSor (*Old Testament Survey,* Eerdmans, 1983. pp. 222-225). Pour Paul Hoff (*Les livres historiques de l'Ancien Testament,* Vida, 1987, p. 53), *«ils (les juges) avaient beaucoup de défauts moraux, mais avaient aussi beaucoup de courage».*

[4] Pour Arthur E. Cundall («Judges» in *The Tyndale Old Testament Commentaries,* IVP, 1968, pp. 40-41) Ehud est un lâche assassin, Gédéon a conduit son peuple vers la corruption après sa victoire sur les Madianites, Jephthé est un opportuniste, et les histoires de Samson attristent plus qu'elles inspirent.

Les juges sont des modèles, des hommes que Dieu a oints de son Esprit pour sauver le peuple, et le drame d'Israël, pendant la période des juges, est que ces libérateurs divinement mandatés ont été de moins en moins suivis. Fondamentalement, leur rejet n'est qu'un reflet du rejet de l'Eternel. Quand on ne veut pas du maître, on ignore aussi ses disciples, on les conteste, on les abandonne, et même on les combat. Ainsi, l'endurcissement du peuple à l'égard de Dieu entraîne une contestation croissante du ministère des juges. Au début de la période, le peuple marche à l'unisson derrière Ehud. La génération suivante ne donne plus qu'un soutien partiel à Débora. Plus tard, Gédéon est contesté et Jephthé est même combattu. Finalement, Samson est livré par la tribu dirigeante (Juda) aux mains des Philistins.

L'auteur du livre donne encore d'autres éléments pour comprendre de manière positive le ministère des juges. A cet égard, les *sept* références à l'Esprit divin sont fondamentales (3.10; 6.34; 11.29; 13.24; 14.6, 19; 15.14), car il est dit textuellement que l'Esprit divin anime le juge.

Ces références sont malheureusement souvent vidées de leur sens par des exégètes qui invoquent les différences entre l'Ancien et le Nouveau Testament[5]. L'Esprit n'aurait reposé que temporairement sur les juges et n'aurait affecté que les compétences militaires de ces hommes. Leur être intérieur n'aurait pas été touché par cette onction. En somme, les juges ne sont rien d'autres que des Balaam, Nebucadnetsar ou Cyrus judaïsés, c'est-à-dire des instruments charnels et profanes utilisés par Dieu pour accomplir ses desseins[6]. On cite l'exemple du roi Saül puisque cet homme a reçu, puis perdu l'Esprit divin (1 Sam 16.14). Quant à Samson, il voit sa force et l'Eternel se retirer de lui (16.19-20).

Ces exemples sont moins convaincants qu'il n'y paraît au premier abord. D'une part, l'exemple de Saül est tiré d'un autre livre, et deux expressions identiques ne sont pas toujours utilisées de la même manière par deux auteurs différents. D'autre part, s'il est indéniable que l'Esprit s'est retiré de Samson et de Saül, c'est parce que les auteurs *prennent soin de le dire* et même de le répéter pour Saül[7]. Rien de tel pour les juges en général ni pour Samson avant la perte de ses cheveux. La perte de l'Esprit n'est pas la norme, mais l'exception. A moins d'une mention précise sur le retrait de l'Esprit,

---

[5] Cundall p. 44.

[6] Ibid.

[7] 1 Sam 16.14, 16, 23; 18.10, 12; 19.9.

on peut supposer qu'il demeure sur celui qui l'a reçu. Ainsi les actes de Samson, avant son infidélité avec Dalila, sont la marque de l'Esprit divin (l'auteur le répète quatre fois!) et Samson est invincible. La perte de l'Esprit et de sa force n'interviennent que lorsque le juge livre son secret à Dalila[8]. En dehors de cet écart, l'auteur ne relève aucune faute ni de Samson ni d'aucun autre juge.

La dissociation entre l'onction divine et la spiritualité heurte de front tout l'enseignement biblique. Elle ignore aussi le contexte dans lequel les références à l'Esprit sont faites dans le livre des Juges. Le nombre et le lieu de ces références ne sont pas quelconques. L'auteur a arrêté le nombre de ces mentions à *sept* pour mieux souligner la totalité et l'omniprésence de l'Esprit auprès des juges. Concernant le contexte des références, l'auteur mentionne la première fois l'Esprit pour Othniel, le juge qui sert de modèle pour tous les autres. Par ce moyen, l'auteur se libère de l'obligation de répéter platement l'information pour chaque juge. Ce qui est dit d'Othniel peut être considéré comme vrai pour les autres[9]. Quant aux six autres références, elles apparaissent juste avant un acte *en apparence discutable* (la demande des signes de la toison par Gédéon, le voeu de Jephthé, le comportement de Samson envers les Philistins). L'auteur indique ainsi que même ces actes en apparence contestables sont le produit de l'inspiration divine.

Cette vue positive du ministère des juges aborde sous un autre angle les difficultés éthiques relevées dans certains commentaires. Par rapport à certaines actions déroutantes des juges, la question n'est plus de savoir si un homme rempli de l'Esprit peut commettre un tel péché, mais quelles leçons spirituelles et morales sont enseignées par l'oint de l'Eternel. L'éthique qui est mise en question n'est plus celle des juges, mais la nôtre. Le livre des Juges est loin d'être un puits sans fond d'immoralité et d'infidélité comme voudrait nous le faire croire une approche négative des juges. L'ouvrage ne renferme pas que des ténèbres (le péché du peuple). Le comportement lumineux des juges réchauffe les coeurs et encourage les fidèles à tenir ferme dans des temps d'apostasie. Relevons encore que cette vue positive du ministère des juges est en harmonie avec l'unique témoignage néo-testamentaire sur cette période (Héb 11.32). Précisons aussi qu'une vue positive des juges n'implique pas que ces hommes étaient parfaits

---

[8] Sur le plan moral, la faute était minime, car aucune loi ni aucune parole n'interdisaient à Samson de divulguer son statut de naziréen (voir commentaire pp. 281-282).

[9] Pour un développement plus complet, voir mystères et explications p. 25.

(seul Jésus-Christ est sans péché), mais seulement un degré élevé de consécration à Dieu. En dehors de la faute de Samson *relevée par l'auteur*, il est possible de comprendre *tous* les autres comportements des juges positivement. Ainsi, le livre des Juges ne cultive pas seulement un dégoût pour le péché, mais un amour pour la vérité. Ce deuxième aspect est malheureusement trop souvent absent des commentaires.

Le thème de la rétribution

Le rejet de l'autorité divine est le thème central du livre des Juges, mais il n'est pas unique. Le livre développe d'autres aspects ayant un rapport avec le thème principal. Parmi eux, celui de la rétribution divine.

L'Eternel est rejeté comme Maître, mais il le reste malgré tout. Impossible de fuir loin de Dieu, impossible d'échapper à sa souveraineté. Puisque Israël refuse de le suivre, il doit subir les malédictions au lieu de recevoir des bénédictions. Les termes de l'alliance ont été clairement définis avant la conquête du pays (Dt 27-28), et ont été acceptés par Israël (Jos 8.30-35; 24.1-28). Le lien étroit entre le livre des Juges et le Deutéronome ne vient pas d'une rédaction tardive et contemporaine des deux textes[10], mais d'une conviction profonde de l'auteur des Juges que le Deutéronome (comme toute l'alliance mosaïque) donne le cadre général qui permet de comprendre l'histoire des juges. Chaque fois qu'Israël se révolte, l'Eternel intervient pour châtier son peuple, et chaque fois qu'Israël se repent, l'Eternel lui pardonne et le secourt (Dt 30.1-10).

La sévérité du jugement est toujours fonction du péché commis. Aucune vengeance démesurée, car Dieu est juste. La *loi du talion* reflète cette justice équilibrée et se trouve régulièrement appliquée par Dieu et par les juges. Précisons, toutefois, que l'application de la Loi suit l'esprit plus que la lettre de la Loi[11]. Par exemple, lorsque Israël refuse de conquérir les nations païennes, il est occupé par des nations païennes (1.1-2.5). Le lien entre le péché et le jugement est manifeste, même si les pays envahisseurs ne sont pas ceux qu'Israël devait détruire. Dans le deuxième appendice (chap. 19-21), l'accueil d'Israélites pécheurs (la ville de Guibea reçoit la protection de Benjamin) entraîne la guerre *civile*. La leçon est claire: celui qui accueille un frère pécheur, est détruit *de l'intérieur*. Le lien entre le

---

[10] Voir date: une rédaction tardive? pp. 46-49.

[11] J. Gerald Janzen («A Certain Woman in the Rhetoric of Judges 9», in *JSOT* 38 [1987], pp. 33-37) le souligne bien dans le cas d'Abimélec.

péché et le jugement peut se voir jusque dans le détail du jugement: le nombre des Israélites tués lors du siège de Guibea (22 000, puis 18 000) est directement lié au péché des Lévites qui souillent le pays (voir commentaire 20.18-25).

Les histoires individuelles reflètent aussi cette loi du talion. La mort des méchants est souvent liée à leur péché. Adoni-Bézek subit la même mutilation que celle infligée à ses victimes, et il rend même témoignage à la justice divine: *«Dieu me rend ce que j'ai fait»* (1.5-7). Eglon, qui voulait profiter des services d'un *espion* en la personne d'Ehud pour asseoir sa tyrannie, se voit trompé et frappé. Sisera, qui demande à Jaël de mentir, est trompé lui aussi. Abimélec, qui avait tué ses frères sur une même pierre, est frappé par une pierre[12]. Jephthé tue les hommes d'Ephraïm qui voulaient injustement le tuer. Samson réplique systématiquement à l'injustice des Philistins par un jugement correspondant au péché. Nous ne donnons ici que quelques exemples pour illustrer notre propos, mais ces illustrations sont bien sûr reprises et développées avec d'autres dans le commentaire.

Le chrétien réagit souvent négativement à ce type de justice qui lui paraît incompatible avec le sermon sur la montagne. Jésus n'a-t-il pas condamné la loi du talion: *«Vous avez appris qu'il a été dit: oeil pour oeil, et dent pour dent. Mais moi, je vous dis de ne pas résister au méchant. Si quelqu'un te frappe sur la joue droite, présente-lui aussi l'autre...»* (Mt 5.38-43). Sans faire un développement complet de la question, il est utile de relever deux points: (1) Jésus ne s'est jamais opposé à l'Ancien Testament (Mt 5.17-19), mais à l'enseignement des scribes et des pharisiens (Mt 5.20). Ainsi, dans le sermon sur la montagne, Jésus ne conteste pas l'enseignement de l'Ancien Testament, mais *l'interprétation* que les scribes et pharisiens en faisaient[13]. (2) Concernant la loi du talion, Jésus s'oppose à une application abusive et personnelle de cette loi (Mt 5.38-42). Dans l'Ancien Testament, cette loi était destinée à une société et devait légiférer les offenses graves[14], or les exemples cités par Jésus sont d'un ordre différent. Ils concernent la réaction *de la victime* face à des offenses *mineures* (où la vie humaine n'est pas menacée): une

---

[12] T. A. Boogaart: «Stone for Stone: Retribution in the Story of Abimelech and Shechem», in *JSOT* 32 (1985) p. 1.

[13] John Stott, *Matthieu 5-7: le sermon sur la montagne*, PBU & Ligue & Emmaüs, 1987, pp. 67-71, 93-95.

[14] L'expression *«oeil pour oeil, dent pour dent»* n'apparaît qu'à trois reprises dans l'Ancien Testament (Ex 21.24; Lév 24.20; Dt 19.21). A chaque fois, il est question d'une atteinte grave à la vie.

gifle (si quelqu'un te frappe sur la joue *droite*, c'est-à-dire du revers de la main), une tunique emportée, une corvée imposée (Mt 5.39-41). Ces deux remarques devraient permettre d'être plus attentif à l'éthique de l'Ancien Testament qui, loin d'être barbare, reflète le caractère d'un Dieu juste et saint (Lév 19.2).

Le thème de la rédemption

Un deuxième thème secondaire, encore mieux développé que le précédent, est celui de la rédemption divine. Si le rejet de l'autorité divine entraîne le jugement, la reconnaissance de cette autorité mène à la bénédiction. Esclavage d'un côté, mais pardon et réconciliation de l'autre. La partie centrale du livre (3.7-16.31) s'étend sur cet aspect de la relation entre Israël et son maître. Des cinq phases du cycle (révolte, ruine, repentance, rédemption, repos), la rédemption est de loin la mieux développée. Dès que Dieu entend les premiers cris de repentance, il intervient rapidement en envoyant un libérateur.

Les juges sont appelés à une même tâche, mais les contrastes entre eux abondent. Les six juges importants viennent de six tribus différentes (Othniel de Juda, Ehud de Benjamin, Débora d'Ephraïm, Gédéon de Manassé, Jephthé de Gilead, Samson de Dan). Sur le plan des personnes, Débora est une femme; Gédéon se sent faible, mais Samson est invincible; Othniel et Jephthé sont connus avant leur appel, ce qui ne semble pas être le cas de Gédéon; Jephthé est choisi par le peuple, alors que Gédéon et Samson sont directement appelés par Dieu; Ehud est soutenu par le peuple, alors que Samson est livré par les siens. Ces contrastes ne doivent pas nous faire oublier la grande similarité des récits. Chaque fois, Dieu appelle quelqu'un pour libérer son peuple. La voie de la rédemption passe par un messie courageux, consacré, zélé, rempli de foi et animé de l'Esprit divin. De cette manière, Dieu révèle son plan pour la rédemption de son peuple, et le lecteur du Nouveau Testament peut y percevoir une annonce de l'oeuvre rédemptrice de Jésus-Christ.

Une autre constante de la rédemption divine est l'emploi de personnes apparemment faibles pour vaincre l'ennemi. Ehud pénètre seul dans la forteresse moabite armé d'une simple épée; Schamgar ne dispose que d'un aiguillon à boeufs; Débora est une femme; Gédéon se sent indigne d'un appel et, avant le combat, il doit réduire son armée de 32 000 à 300 hommes; Jephthé est un ancien exilé; Samson doit affronter l'ennemi seul, sans soutien de ses frères, avec, pour seules armes, ses mains et une mâchoire d'âne fraîche.

Cette faiblesse des envoyés est riche d'enseignement, car elle souligne le rôle prépondérant de Dieu dans la victoire. Même si, pour vaincre, les hommes doivent se servir de leurs qualités (force, courage, intelligence, ruse, etc.), c'est en fin de compte l'Eternel qui donne la victoire. Point n'est besoin de chars de fer pour vaincre l'ennemi, car un orage envoyé au moment propice peut paralyser les forces ennemies[15]. Dieu est le vrai maître et c'est lui qui donne la victoire. Certains pourraient croire que Samson fait exception à cette règle de la faiblesse, mais c'est oublier que la force du dernier juge vient *uniquement* de l'Eternel. Ce n'est pas sa corpulence qui est la source de sa force, mais sa consécration à l'Eternel. Quand il se fait raser les cheveux et que sa force le quitte, sa masse musculaire n'a pas diminué d'un gramme. Sans Dieu, Samson est lamentablement faible.

Le rôle des faibles dans la victoire est aussi illustré par la contribution de trois femmes au succès commun: (1) Débora comble le vide laissé par la démission des hommes craintifs et son courage finit par entraîner Barak, les autres chefs de tribus et les soldats à combattre l'ennemi. (2) Jaël tue Sisera, le général ennemi, avec le pieu d'une tente. (3) Une femme anonyme de Thébets fracasse le crâne du tyran Abimélec avec une meule de moulin. D'une manière générale, le salut par les faibles annonce la rédemption de Jésus-Christ, car de Tout-Puissant qu'il était, Jésus est devenu un simple homme, un serviteur, pour vaincre le mal à la croix.

La royauté

Le dernier thème clairement présenté dans le livre est celui de la royauté. Le slogan des appendices rappelle quatre fois qu'*«en ce temps-là, il n'y avait pas de roi en Israël»* (17.6; 18.1; 19.1; 21.25). La remarque est manifestement négative comme le montrent le contexte (les récits qui précèdent décrivent la déchéance du peuple) et le complément qui accompagne deux fois le slogan: *«Chacun faisait ce qui lui semblait bon»* (17.6; 21.25)[16].

---

[15] Victoire sur Sisera: 4.15; 5.4, 20, 21.

[16] Le Talmud (Avodah Zarah 25a) donne un sens opposé à cette évaluation et appelle le livre des Juges *le livre du Juste*, car les hommes ont fait ce qui est juste *aux yeux du Seigneur* (A. & S. Fishelis: *Judges: A New English Translation*, Judaica, 1987, p. X).

La plupart des interprètes comprennent ce slogan comme un éloge de la royauté humaine[17]. L'auteur comparerait la période des juges à l'époque où la royauté était établie. Puisque l'évaluation est tellement favorable au pouvoir centralisé, on en conclut que l'auteur a rédigé son livre à une époque où la royauté était bien vécue, probablement au début du règne de David.

Une autre lecture nous paraît plus conforme au livre des Juges. Elle identifie le slogan à la royauté *divine* et non à la royauté *humaine*[18]. L'auteur ne déplore pas l'absence d'un roi humain, mais le rejet de l'Eternel. Sur un plan humain, l'auteur exprimerait même certaines tendances anti-royalistes. Pour une telle lecture, plusieurs arguments peuvent être avancés.

1. La faiblesse d'Israël à l'époque des juges ne vient pas d'une absence ou d'une insuffisance du pouvoir politique, mais de l'infidélité d'Israël. A la mort de Josué, Dieu ne nomme aucun successeur, car la nation n'a plus besoin d'un chef unique. Chaque tribu doit conquérir son héritage, et pour une vie civile paisible et ordonnée, les structures politiques, juridiques et religieuses dont Israël avait été doté depuis l'exode étaient largement suffisantes. Les pouvoirs politique et religieux étaient séparés et le pouvoir politique décentralisé. Les sacrificateurs et, d'une manière plus générale, la tribu de Lévi assuraient la direction spirituelle du pays. Sur le plan social, les affaires se géraient au niveau des familles et des communes, exceptionnellement au niveau des tribus. La foi commune en l'Eternel écartait tout risque d'éclatement social du pays. Le culte au sanctuaire unique était fondamental (Dt 12) et contribuait à l'unité du peuple. Les Israélites devaient s'y rendre trois fois par année (Dt 16.16). Dieu était au centre de la vie et liait profondément les tribus entre elles.

2. Les quatre contextes dans lesquels apparaît le slogan (17.6; 18.1; 19.1; 21.25) montrent qu'une royauté humaine n'aurait rien changé: Mica aurait traité sa mère de la même manière et aurait aussi pu construire une idole (17.6), le Lévite aurait aussi pu accepter de

---

[17] Arthur E. Cundall (pp. 36-37), Paul P. Enns (p. 10), Roland K. Harrison (*Introduction...*, p. 692), Paul Hoff (p. 54), K. A. Kitchen (*Hokhma* 3, p. 64), F. Duane Lindsey (p. 374), Herbert Wolf (pp. 378-379), Edward J. Young (p. 166).

[18] James B. Jordan (p. 282), Merrill F. Unger (pp. 618-619). W. J. Dumbrell («'In those days there was no king in Israel; every man did what was right in his own eyes': The purpose of the book of Judges reconsidered», in *JSOT* 25 [1983] pp. 23-33) présente de bons arguments contre la royauté humaine, mais situe le texte après l'exil: l'auteur critiquerait les échecs et les excès de quatre siècles du pouvoir royal.

servir la maison de Mica (18.1), la tribu de Dan aurait pu émigrer vers le nord (19.1), et Israël aurait aussi cherché à repeupler Benjamin (21.25). Un gouvernement central n'aurait modifié en rien ces situations. Par contre, ces quatre exemples illustrent un rejet manifeste *de l'Eternel.*

3. La déchéance décrite dans les appendices est directement liée au péché des Lévites. Dans les deux sections, le récit souligne le mépris d'un Lévite envers l'Eternel et montre comment le pays glisse vers l'anarchie quand le pouvoir religieux, qui devrait donner l'exemple, faillit à sa tâche.

4. Le cycle d'Abimélec décrit les aberrations et les injustices d'un pouvoir centralisé à l'excès. Abimélec avait tous les pouvoirs, mais n'a apporté que tyrannie et oppression. Il est le portrait de l'anti-juge, de celui qui, au lieu de libérer, opprime.

5. Finalement, la faiblesse naturelle des juges milite aussi contre une royauté humaine. Ce ne sont pas les forces concentrées entre les mains d'un homme qui assurent le salut du peuple. Le vrai et le seul maître est l'Eternel. C'est lui le Tout-Puissant, et c'est lui qui donne la force nécessaire quand il veut, et à qui il veut. Pour vivre, les hommes n'ont pas besoin d'être naturellement forts. Au contraire, c'est dans la faiblesse qu'ils se tournent souvent vers l'Eternel et commencent à vivre. Fondamentalement, comme l'a bien compris Samuel, une admiration pour la royauté humaine cache souvent un mépris pour la royauté divine (1 Sam 8.6-7).

Le thème des Juges reste d'une brûlante actualité. Les hommes cherchent souvent le salut social dans un chef qui promet de pallier les multiples maux de la société, alors qu'un bonheur personnel et national n'est possible que par un retour à l'Eternel.

Les mystères et les explications

Le livre des Juges est de type narratif. Ce genre littéraire implique, par sa nature même, un certain suspense. Chaque histoire est unique. Personne ne sait d'avance comment elle va se terminer. Même si une histoire ressemble à une autre, à tout moment, les événements peuvent prendre une tournure imprévue. La vie est ainsi faite, car dans le domaine humain, les lois générales comptent de nombreuses exceptions.

Une autre interrogation concerne le sens du récit ou la morale de l'histoire. Comment passer du particulier au général? Les faits et les actes doivent être interprétés. Les personnes qui adhèrent à un système de causalité bien défini dégagent certaines leçons sans trop de difficultés, mais certains événements sont moins aisés à comprendre[1]. Les livres de Job et de l'Ecclésiaste se penchent sur des situations difficiles, comme le malheur du juste ou la prospérité des méchants. Le chrétien est souvent confronté à ce genre de difficultés dans sa propre vie.

Dans un récit, l'individu n'est cependant pas seul face aux événements, car il est accompagné par le narrateur qui relève, insiste, explique. La présence de l'auteur peut être discrète ou manifeste, mais elle est toujours effective, ne serait-ce que par le choix du contenu. Certains narrateurs se contentent de suggérer le sens du récit, alors que d'autres ne se lassent pas de commenter les événements. Les auteurs bibliques de textes narratifs n'ont pas tous la même approche. L'auteur de 1 et 2 Rois est généreux en explications. Chaque monarque a droit à une évaluation théologique en introduction à son règne. De nombreux événements sont commentés parfois brièvement (1 Rois 2.27; 12.15; 15.4-5; 15.29; 16.7; 17.16; 22.38; 2 Rois 13.23; 14.27; 16.12) parfois avec insistance. Ainsi, les causes de la déportation du royaume du nord sont expliquées sur 17 versets (*«Cela arriva parce que...»* 2 Rois 17.7-23).

L'auteur des Juges procède différemment. La partie centrale et principale du livre (3.7-16.31) est presque totalement dénuée

---

[1] Les personnes marquées par une philosophie de l'absurde ont perdu tout espoir de trouver un sens aux événements.

d'explications[2] et le lecteur qui fait une approche fragmentée de l'oeuvre est très vite déboussolé. Dans le livre des Juges les explications sont concentrées *au début* et *à la fin* de l'ouvrage. Les deux introductions et le slogan des appendices donnent un cadre qui oriente le lecteur dans la compréhension des récits. La fin de la première introduction explique *la raison d'être* de la période des juges (2.1-5) et la seconde introduction (2.6-3.6) relève, dans un rapide survol chronologique, *les principales caractéristiques* de cette période. Quant au slogan des appendices (17.6; 18.1; 19.1; 21.25), il résume tout le livre en rappelant *le thème principal* de l'ouvrage: le rejet de l'autorité divine.

Concernant la partie centrale de l'ouvrage (3.7-16.31), une clé *indirecte* est donnée dans la personne du premier juge qui sert de portrait-robot pour les autres juges. Ce qui est dit d'Othniel est vrai pour eux tous. La référence à l'onction spirituelle est particulièrement importante (*«L'Esprit de l'Eternel fut sur lui»* 3.10). Puisque le juge-type a reçu cette onction, le lecteur peut s'attendre à ce que tous les juges la reçoivent. L'auteur ne veut pas répéter pour chaque action, ni même pour chaque juge que l'Esprit anime ces hommes. Ainsi, les deuxième et troisième juges (Ehud et Débora) ne sont pas nommément revêtus de l'Esprit, car tout indique qu'ils le sont. Par contre, les trois derniers juges (Gédéon, Jephthé et Samson) posent quelques problèmes, certaines de leurs actions pouvant laisser croire à diverses infidélités. Pour éviter d'interpréter négativement les comportements les plus problématiques de ces juges, l'auteur indique que l'Esprit divin repose sur le libérateur à ce moment-là (6.34; 11.29; 13.24; 14.6, 19; 15.14). Ces six références à l'Esprit ne signifient pas que le juge reçoit alors quelque chose de particulier et d'unique, mais que, même dans ces circonstances à premier abord ténébreuses, l'onction divine repose encore sur l'homme choisi. Ces références à l'Esprit sont donc de précieux indicateurs herméneutiques. Le portrait de Samson, en particulier, se trouve profondément modifié lorsqu'on lit le texte à la lumière de ces indices de bonne conduite (13.24; 14.6, 19; 15.14).

Des difficultés croissantes dans l'interprétation

L'interprétation du livre des Juges présente des difficultés croissantes. La double introduction de départ (1.1-3.6) est riche en évaluations et le lecteur peut sans peine comprendre le message.

---

[2] Une seule explication est donnée au sujet de Samson, le plus énigmatique des juges: *«son père et sa mère ne savaient pas que cela venait de l'Eternel: car Samson cherchait une occasion de dispute de la part des Philistins»* (14:4).

La seconde partie (3.7-16.31) est plus difficile à comprendre, car le ministère des juges est non seulement dépourvu d'évaluations directes, mais le comportement des juges devient de plus en plus étrange. L'auteur se voit d'ailleurs contraint de multiplier les références à l'Esprit pour corriger des impressions négatives (une référence pour Gédéon, une pour Jephthé et quatre pour Samson). Pourquoi Gédéon propose-t-il le signe de la toison? Pourquoi Jephthé fait-il son voeu? Quel a été le sort de sa fille? L'interprétation controversée de ce texte illustre bien la difficulté de compréhension du message.

Avec Samson, on baigne en plein mystère. Le sommet de l'obscurantisme semble atteint. La force de Samson ne peut qu'étonner, car jamais avant et jamais après lui, Dieu n'a donné à un homme une telle puissance. Surprise aussi au niveau de sa spiritualité. Comment Dieu peut-il être aussi proche de cet homme (par l'envoi de son Esprit et par la force que Samson peut garder presque jusqu'à la fin), alors que ses actions paraissent si charnelles? Pourquoi sa force est-elle liée à ses cheveux? En quoi l'engagement avec Dalila est-il plus fautif? Presque chaque acte de Samson étonne. Comment un homme rempli de l'Esprit peut-il vouloir épouser une femme païenne, ou fomenter des querelles, ou chercher à se venger? Pourquoi attacher 300 renards par la queue? Pourquoi transporter les portes de Gaza au sommet d'une montagne?

Sur le plan littéraire, le climat de mystère est introduit avant même la conception de Samson (chapitre 13). L'apparition d'un ange étonne toujours. De plus, celui que rencontrent les parents de Samson est particulièrement étrange. Son nom signifie *mystérieux* (13.18), sa relation privilégiée avec la mère au lieu du père surprend, et surtout sa disparition dans une flamme aveugle autant qu'elle éclaire. Manifestement, l'être est un ange, mais pourquoi disparaît-il de cette manière? Le climat de mystère est maintenu au chapitre suivant (chapitre 14) lors des noces, car tout le récit tourne autour d'une *énigme* que Samson propose aux Philistins. Finalement, lors de la chute de Samson (chapitre 16), l'ennemi s'efforce par tous les moyens de trouver le *secret* de la force du juge. Ainsi, du début à la fin du cycle de Samson, le lecteur nage en plein mystère, bien que le nom de Samson (שמשון) vienne du mot soleil (שמש).

Dans la dernière partie du livre (chapitres 17-21), le mystère se transforme en chaos. Plus rien ne semble tenir debout, et le slogan de la fin exprime un sentiment de désarroi. Tout semble pourri et corrompu, car chacun agit selon sa justice. Du côté de la divinité, Dieu semble absent. Alors que dans les chapitres précédents, il était omniprésent, intervenant à chaque infidélité pour punir le peuple et l'amener à la repentance, l'Eternel paraît maintenant se désintéresser de la vie des hommes. Les mauvais semblent triompher. Dans le premier appendice, Dan, accompagné et soutenu par une idole volée et un Lévite matérialiste, réussit à conquérir une région que Dieu n'avait pas donnée, et dans le second appendice, Benjamin l'infidèle commence par infliger deux défaites à Israël qui avait pourtant pris soin de demander à Dieu si le siège de Guibea était juste.

La société se désagrège à l'image du corps de la concubine coupé en morceaux et expédié aux quatre coins du pays. La guerre civile décime toute une tribu. Sur le plan littéraire, l'auteur renforce cette désintégration du tissu social et l'inhumanité de la société par l'anonymat des personnes, en particulier dans le deuxième appendice[3]. Le Lévite n'est même plus nommé, alors que manifestement l'auteur devait connaître son nom[4]. Le contraste avec la surabondance de noms de la première introduction ne peut que frapper[5].

La seule lumière semble venir du slogan qui ponctue sans équivoque le désastre du pays: *«En ce temps-là, il n'y avait pas de roi en Israël. Chacun faisait ce qui lui semblait bon»* (21:25). La lumière est lugubre, mais elle est aussi trouble, car la référence à la royauté peut être comprise de deux manières radicalement différentes comme nous l'avons exposé (voir thèmes/royauté pp. 21-23). Ainsi, le livre qui cumule de plus en plus les mystères et les difficultés se termine sur une parole à double sens!

Ce double sens n'est d'ailleurs que le dernier du livre, car l'ouvrage en contient d'autres. Ils ne sont pas le produit d'une plume inexpérimentée ou d'une pensée confuse, mais l'oeuvre d'un artiste qui manie le verbe comme peu savent le faire. La lecture du livre des Juges est captivante, mais elle demande une grande attention.

Il convient bien sûr de s'interroger sur les raisons qui ont poussé l'auteur à choisir des expressions ambiguës. Notons, cependant, que l'ambiguïté n'est que passagère pour celui qui s'astreint à comprendre l'ensemble de l'oeuvre. L'auteur oriente et guide suffisamment pour

---

[3] Don Michael Hudson, «Living in a Land of Epithets: Anonymity in Juges 19-21», in *JSOT* 62 (1994) pp. 49-66.

[4] Dans le premier appendice, le Lévite n'est nommé que tout à la fin du récit.

[5] *»Le seul caractère nommé dans Juges 19-21 est entouré par des personnages anonymes, alors que le premier caractère anonyme dans Juges 1.1-3.6 (le constructeur de Luz - Juges 1.23-26) est entouré par une pléthore de noms d'individus et de tribus»* (Hudson p. 58).

arriver à bon port, mais pour y parvenir, il faut s'accrocher et être vraiment à l'écoute du texte.

Pédagogie ou censure

Deux raisons peuvent expliquer le choix de l'auteur. Tout d'abord, comme cela a été relevé, une raison pédagogique peut expliquer certaines difficultés du livre. Un texte trop facile risque d'être lu superficiellement. Ainsi, pour susciter une lecture attentive, un auteur peut provoquer la réflexion de ses lecteurs par certaines questions, voire par quelques difficultés judicieusement placées.

Une deuxième raison pouvant expliquer une certaine ambiguïté est le désir d'échapper à la censure. Le livre des Juges semble avoir été écrit durant la deuxième partie du règne de Saül, alors que David était injustement persécuté par le roi (voir date de rédaction). Une attitude trop critique à l'égard de Saül ou de la royauté aurait suscité une opposition rapide de la part d'un roi déjà rongé par la jalousie (1 Sam 18.8-9). Samuel, qui avait repris plusieurs fois le roi avant de se retirer de sa présence (1 Sam 15.34-35), semblait étroitement surveillé par ce dernier (1 Sam 16.1-3). Pour contourner la censure, un traité critique peut s'appuyer sur un langage équivoque. Or, le livre des Juges est *sournoisement* polémique. Tout d'abord, les récits sont critiques du premier roi, car les comparaisons entre Saül et les juges sont faciles à faire et ne sont pas à l'honneur de Saül (voir annexes: allusions au présent pp. 365-369). D'autre part, la centralisation du pouvoir entre les mains d'un seul homme est vue d'un mauvais oeil par l'auteur des Juges. Ces éléments critiques du régime en place n'auraient, cependant, jamais pu circuler librement sous le régime dictatorial de Saül si l'auteur n'avait émoussé la fureur de l'autorité en offrant quelques ambiguïtés dans la compréhension des textes: (1) Si le ministère des juges peut être compris négativement, le contraste entre Saül et les juges ne choquera plus. (2) Le slogan final peut, en apparence, être compris comme un éloge du pouvoir royal en place. L'ambiguïté permet ainsi d'aveugler la censure et de la contourner pour mieux diffuser le traité critique. Le risque d'une telle démarche est, bien sûr, d'être mal compris par certains lecteurs à qui le livre est destiné. C'est l'inconvénient de tout langage ambigu[6]. Parfois, il faut l'accepter, en espérant qu'un nombre suffisant de lecteurs comprendront et pourront enseigner les autres.

---

[6] Certaines paroles de Jésus ont aussi été mal comprises, parce que prises littéralement (Jn 2.18-22; 4.31-33; 6.51-52; Luc 22.36-38).

Ironie

Un dernier élément de l'aspect *mystérieux* du livre est l'emploi de l'ironie[7]. Cette forme littéraire est une *«raillerie consistant à ne pas donner aux mots leur valeur réelle ou complète ou à faire entendre le contraire de ce qu'on dit»*[8]. L'ironie n'est pas un mensonge, car son but n'est pas de tromper, mais de se moquer. Elle ne cherche pas à cacher, mais à exposer. Elle veut être comprise, désespérément même, au point d'utiliser des mots dans un sens particulier pour mobiliser toute l'attention de l'auditeur[9].

L'ironie est mordante. Elle attaque et critique. Son jugement est absolu, définitif, sans nuances et sans appel. Elle contient un élément moqueur, car elle se fait souvent à l'insu de la victime, ce qui est une manière d'abaisser la personne visée, souvent la seule à ne pas comprendre. Les propos détournés offrent aussi une certaine protection au critique, car dans l'éventualité où les paroles seraient comprises par la personne concernée, une certaine hésitation retarde ou atténue une vengeance possible. L'ironie est souvent l'arme des opprimés qui ne peuvent s'exprimer ouvertement. Elle frappe l'autorité arrogante, trop forte pour être attaquée autrement que par la moquerie[10].

Sur le plan littéraire, l'ironie est le summum du langage symbolique. Images, réflexions et tous autres éléments qui font la force du symbolisme sont présents dans l'ironie. Sur le plan psychologique, le déclic créé au moment où le message est compris provoque une satisfaction intense. Il engendre aussi un lien de complicité entre l'auteur et le lecteur unis maintenant par un même savoir.

L'auteur des Juges affectionne l'ironie. En plus des qualités évoquées ci-dessus, cette forme de langage convient bien pour décrire une période de grands bouleversements. Tout change, tout bouge, tout se renverse. Chaque génération s'éloigne, puis se rapproche de l'Eternel, alternant ainsi les temps de jugement et de rédemption. L'ironie, avec son double langage, exprime bien la turbulence politique et spirituelle de la période des juges.

---

[7] Lillian R. Klein: *The Triomph of Irony in the Book of Judges,* Almond, 1988. 260 p.

[8] Petit Larousse.

[9] Paul D. Duke (*Irony in the Fourth Gospel*, John Knox, 1953. pp. 7-42) consacre deux chapitres passionnants au sens et aux fonctions de l'ironie.

[10] Kathleen Anne Farmer: *The Trickster Genre in the Old Testament,* Diss. Southern Methodist University, 1978, p. 68

La parabole de Jotham située au centre du cycle d'Abimélec l'anti-juge est l'exemple parfait de l'ironie (9.7-21). Avec sarcasme, elle annonce le désastre qui attend les Juifs de Sichem[11]. Les autres exemples d'ironie montrent comment l'oppresseur d'Israël finit par périr. Les retournements du sort pour Adoni-Bézek, Eglon, Sisera, Abimélec ont déjà été mentionnés par rapport à la loi du talion (voir thème de la rétribution p. 19). Notons encore que Gédéon reçoit le courage et la stratégie pour attaquer ses ennemis par *les Madianites eux-mêmes* (7.13-15).

Le slogan des appendices conclut le livre avec l'ironie la plus pointue. Elle est un véritable camouflet au roi Saül. Ce n'est pas la concentration des pouvoirs entre les mains d'un humain qui améliorera les conditions de vie, mais un retour à l'Eternel. Le slogan final fait allusion à Saül, mais de manière *péjorative*. Ce n'est pas la première partie du slogan qui s'applique à lui (*«En ce temps-là, il n'y avait pas de roi en Israël»* 21.25a), mais la seconde (*«Chacun faisait ce qui lui semblait bon»* 21.25b). Saül ressemble au peuple pécheur. Il est le type même de l'anti-juge, comme Abimélec l'oppresseur. Saül a pris en mains la justice divine et a conduit le peuple à la ruine. Au lieu de combattre les Philistins, il a mobilisé ses troupes pour traquer David le juste. Il finira par subir une lourde défaite devant les Philistins (1 Sam 31).

---

[11] La situation de Jotham est particulièrement intéressante, car l'homme se trouve menacé par l'autorité (les notables de Sichem). Il doit utiliser la ruse et un langage voilé pour transmettre ses reproches aux habitants. La situation de Jotham se rapproche de celle de Samuel après que ce dernier s'est retiré de la présence du roi (1 Sam 15.34-35).

Les structures

L'auteur a choisi et arrangé la matière de son livre avec soin. Dans ce chapitre, nous nous pencherons principalement sur la disposition de la matière, mais avant de le faire, il importe de s'arrêter sur le nombre des informations fournies.

Les chiffres sept et douze

Dans la pensée juive, le chiffre *sept* marque l'achèvement et le repos. Dieu a créé le monde en six jours et s'est reposé le septième. L'observation du sabbat, celles de l'année sabbatique et du jubilé (célébré après sept années sabbatiques) sont toutes liées au chiffre sept. Les principales fêtes juives étaient aussi marquées par ce chiffre: la Pâque et la fête des Tabernacles duraient sept jours; la Pentecôte se célébrait sept semaines après la Pâque, et la fête des Tabernacles se situait au septième mois. Le chiffre sept symbolise la totalité, et l'auteur des Juges limite souvent le nombre de ses exemples à sept. Il pourrait en donner davantage, mais sept illustrations sont suffisantes pour décrire l'ensemble.

Cette présence du chiffre sept est manifeste dans le nombre des cycles de la partie principale de l'ouvrage (Othniel, Ehud, Débora, Gédéon, Abimélec, Jephthé, Samson). Pour d'autres éléments, la présence de ce chiffre est plus discrète. Nous avons déjà mentionné les sept références à l'Esprit de l'Eternel qui se pose sur le juge (3.10; 6.34; 11.29; 13.24; 14.6, 19; 15.14). On peut y ajouter (1) les sept instruments de libération dérisoires: l'épée dépourvue de garde d'Ehud (3.16), l'aiguillon à boeufs de Schamgar (3.31), le pieu de Jaël (4.21), quelques objets hétéroclites pour les hommes de Gédéon (trompettes, cruches, torches: 7.16), une meule à moulin pour la femme de Thébets (9.53), les mains nues de Samson (14.6), une mâchoire d'âne fraîche pour Samson (15.16); (2) les sept dénombrements de païens tués (1.4; 3.29; 3.31; 8.10; 14.19; 15.15; 16.27); (3) les sept rappels du passé (1.21; 1.26; 6.24; 10.4; 11.39; 15.19; 18.12)[1]; (4) les sept mentions de Bethléhem (17.7, 8, 9; 19.1, 2, 18, 18).

Dans chaque cas, l'élément mentionné sept fois est important. L'importance des cycles est évidente et la fonction herméneutique

---

[1] Six fois, on trouve l'expression עד היום הזה traduite par *«jusqu'à ce jour»* (1.21; 1.26; 18.12) ou *«encore aujourd'hui»* (6.24; 10.4; 15.19) et une fois l'expression *«chaque année»* (מימים ימימה, 11.39).

des références à l'Esprit a déjà été développée. Pour les autres, on peut noter que (1) les instruments de libération dérisoires soulignent la puissance de l'Eternel capable de donner la victoire aux hommes malgré leur faiblesse, (2) la mort des païens marque la victoire possible sur l'ennemi, (3) les rappels du passé soulignent l'authenticité des récits, (4) les mentions à Bethléhem suggèrent une référence à David (voir parallélismes avec le dernier appendice pp. 368-369)[2].

Le nombre *douze* tient aussi une place particulière. Il rappelle celui des tribus d'Israël. Or, le livre des Juges rapporte le ministère de douze juges[3]. Six sont des personnages-clés dans le livre (Othniel, Ehud, Débora, Gédéon, Jephthé, Samson) et six jouent un rôle mineur: Schamgar (3.31), Thola (10.1-2), Jaïr (10.3-5), Ibtsan (12.8-10), Elon (12.11-12), Abdon (12.13-15). Le nombre douze est aussi associé aux femmes. Six sont fidèles: Acsa (1.12-15), Débora (chapitres 4-5), Jaël (4.17-22; 5.24-27), la femme de Thébets (9.53), la fille de Jephthé (11.34-40), la mère de Samson (chapitre 13); et six sont infidèles: la mère de Sisera (5.28-30), l'épouse infidèle de Samson (14.16-17), la prostituée de Gaza (16.1), Dalila (16.4-21), la mère de Mica (17.1-4), la concubine du Lévite (19.2).

Progressions

La force d'un discours ne vient pas uniquement des éléments relevés, mais aussi de l'ordre de leur présentation. Lorsqu'un conflit est décrit par les mots *colère, insulte, gifle, coup de poing, commotion, mort*, ce n'est pas seulement la présence du péché qui est évoquée, mais aussi la dégradation de la relation. Celui qui lit un texte de manière fragmentée perd une partie de l'information. Il n'a que des images isolées au lieu d'une bande dessinée; des photos, au lieu d'un film. Dans le livre des Juges, trois progressions peuvent être relevées: (1) le péché est de plus en plus marqué, (2) les récits sont

---

[2] Notons que le livre de Ruth, attribué par la tradition juive au même auteur que les Juges, à savoir Samuel, contient aussi *sept* mentions de Bethléhem (Rt 1.1, 2, 19, 19, 22; 2.4; 4.11). Cette donnée est particulièrement intéressante quand on se rend compte que Ruth se termine avec la généalogie de David (Rt 4.18-22), ce qui laisse supposer un lien étroit entre le but du livre et David.

[3] Il ne faut pas nécessairement attribuer les douze juges à douze tribus différentes comme le fait Jay G. Williams («The Structure of Judges 2.6-16.31», in *JSOT* 49 [1991] pp. 79-80), car l'auteur des Juges se tait sur l'origine de certains chefs (cf. Schamgar).

plus détaillés, (3) les mystères deviennent plus opaques (ce dernier élément a été traité au chapitre précédent et ne sera pas repris ici).

L'aggravation du péché est manifeste pour tous. Elle saute aux yeux dès la première lecture. Le dernier appendice laisse un profond malaise, en particulier lorsqu'on se rend compte comment on est passé de la guerre de conquête au chapitre 1 à la guerre civile au chapitre 20. D'une victoire partielle sur l'ennemi, le peuple a glissé vers l'autodestruction. Le slogan final résume bien le sentiment général. La justice est bafouée et chacun fait ce qui lui plaît (21.25).

Cette progression dans le péché est manifeste tout au long du livre: (1) Dès la première introduction, elle est soulignée. Si la conquête est menée bon train sous l'impulsion initiale de Juda (1.2-20), elle subit certains ralentissements avec les tribus suivantes et finit par un échec total avec la tribu de Dan que *«les Amoréens repoussèrent dans les montagnes»* (1.34). (2) Dans la deuxième introduction, la progression dans le péché est clairement exprimée. A chaque génération, le peuple rejette davantage le Seigneur (*«A la mort du juge, ils se corrompaient de nouveau* plus *que leurs pères»* 2.19). (3) Dans la section centrale du livre (chapitres 3.7-16.31), le repos devient de plus en plus précaire. Sous Ehud, le peuple débute au-dessus de la norme fixée par Othniel, le juge-type (80 ans de repos au lieu de 40). Avec Débora et Gédéon, on revient à la norme. Jephthé réussit à chasser l'ennemi, mais aucun repos n'est mentionné et le juge ne survit de toute façon que 6 ans à sa victoire. Quant au dernier juge, Samson, il ne libère jamais le peuple, et meurt au moment d'obtenir sa plus grande victoire. (4) Dans la section centrale se manifeste aussi l'isolement croissant du juge. Avec Ehud, l'histoire des juges débute idéalement, car tout le peuple soutient le juge[4]. Avec Débora, la situation est déjà moins favorable. Certes, six tribus répondent à son appel (Ephraïm, Benjamin, Manassé, Zabulon, Issacar, Nephthali: 5.14-15a, 18), mais quatre autres restent en retrait (Ruben, Galaad, Dan, Aser: 5.15b-17). Avec Gédéon, la part des lâches augmente puisque sur 32 000 hommes seuls 10 000 se montrent prêts à combattre. Ainsi, le refus de suivre passe de 40% sous Débora à 70% sous Gédéon. Avec le fils de Joas, on peut aussi noter que les hommes restés en marge du combat deviennent par la suite une source de trouble (8.1-3), ce qui n'était pas le cas au temps

---

[4] Othniel n'est pas inclus dans ces progressions, car il sert de cadre général aux juges. A son sujet, aucune information précise n'est fournie concernant sa relation avec le peuple, mais il semble avoir été suivi par ses troupes lors du siège de Debir (1.11-13).

de Débora. Avec Jephthé, les problèmes suscités par les gens qui refusent de s'engager s'intensifient, car les hommes d'Ephraïm ne se contentent plus d'adresser des reproches (comme à Gédéon), mais menacent le juge de mort (12.1-3) et lèvent toute une armée pour faire la guerre au héros du jour. La progression dans la révolte contre le juge atteint son paroxysme avec Samson. Contrairement à tous ses prédécesseurs, ce juge n'a jamais reçu le moindre soutien du peuple. Pire: il a été livré à l'ennemi par la tribu dirigeante (15.9-13).

Une autre progression fait passer le lecteur du général au particulier. Des *tribus* (première introduction: 1.1-2.5), on passe aux *chefs* du peuple (deuxième introduction et partie centrale: 2.6-16.31), puis à des *individus* particuliers (les deux appendices: 17-21). Dans la partie consacrée aux juges, l'auteur suit aussi une progression du général au particulier. Pour commencer, il donne un survol général du ministère des juges (deuxième introduction: 2.6-3.6), après quoi il s'attache au ministère particulier des différents juges. Là encore, une progression vers le particulier peut être observée. L'auteur consacre peu de place aux premiers juges, mais développe progressivement ses observations. Proportionnellement à l'ensemble du livre, Othniel représente moins de 1%, Ehud 3%, Débora 8%, Gédéon 17%, Abimélec l'anti-juge 9%, Jephthé 10%, Samson 16%. A une exception près (Gédéon), la progression est constante[5].

Cette progression du général au particulier trouve encore une illustration dans la section consacrée aux juges. Le nombre et la concentration des juges *mineurs* augmentent sensiblement vers la fin du livre. Cette progression se manifeste de deux manières. Un juge mineur (Schamgar: 3.31) se trouve d'abord isolé entre deux «grands» juges, puis *deux* juges mineurs sont côte à côte (Thola et Jaïr: 10.1-5). Enfin, ce sont *trois* juges mineurs qui se suivent (Ibtsan, Elon et Abdon: 12.8-15). Le groupe des «petits» juges passe donc de 1 à 2, puis à 3. En même temps que le nombre des «petits» juges augmente, la fréquence des «grands» juges diminue. Othniel et Ehud se suivent, de même que Débora et Gédéon. Par contre, Jephthé et Samson sont tous deux entourés de «petits» juges. Pour résumer le rapport entre les «grands» et les «petits» juges, on peut dire que les

---

[5] Pour un essai d'explication de cette irrégularité voir le début du commentaire sur Abimélec pp. 182-183. Concernant la place consacrée aux différentes portions du livre, on peut relever que les deux appendices (7% et 18%) sont plus longs que les deux introductions (6% et 4%), et que la dernière section (chapitres 19-21) est la plus développée du livre (18%).

«grands» juges diminuent selon la suite 2-2-1-1, alors que les «petits» juges suivent la progression 1-2-3.

Othniel-Ehud	Débora-Gédéon	Jephthé	Samson
2	2	1	1
Schamgar	Thola-Jaïr	Ibtsan-Elon-Abdon	
1	2	3	

Les progressions ci-dessus montrent que l'auteur a arrangé sa matière selon certains thèmes. La dimension chronologique est aussi respectée, exception faite des deux appendices qui se situent non à la fin de la période des juges, mais au début. Nous gardons pour le commentaire une explication de cette particularité (voir Dan p. 295).

Parallélismes

La pensée hébraïque est avide de comparaisons. En poésie hébraïque, le rapprochement peut parfois s'appuyer sur une apparence, par exemple lorsqu'un mot fait écho à un autre au niveau du son terminal comme dans la poésie occidentale (au mot *voeu*, on peut faire correspondre *jeu, feu, noeud, cheveu*), mais, en général, la comparaison se fait au niveau des idées (*voeu* sera mis en parallèle avec *serment, souhait, demande, prière*). Dans les textes narratifs, la comparaison dépasse le cadre des mots et des phrases pour s'étendre aux paragraphes et aux chapitres. Deux personnages ou deux récits peuvent être rapprochés. La comparaison enrichit la pensée et encourage la méditation, car elle contraint le lecteur à passer d'un texte à l'autre dans un mouvement pendulaire pour découvrir toute la richesse des deux. Similitudes et contrastes sont soigneusement relevés.

Les parallélismes synonymiques sont les plus aisées à repérer, mais ils ne forment qu'une partie des parallélismes. La comparaison d'idées opposées (parallélismes antithétiques) est fréquente aussi. Au niveau des mots, *trésor* peut être contrasté avec *dépense*, *dette*, *pauvreté*, *misère*; ou bien encore, *ami* peut être l'écho d'*ennemi*, *adversaire*, *opposant*, *détracteur*. Au niveau des phrases, le livre des Proverbes abonde dans ce type de parallélismes: *«Un fils sage écoute l'instruction de son père, mais le moqueur n'écoute pas la réprimande»* (13:1; pour d'autres exemples, voir en particulier l'ensemble des chapitres 13 et 14 de Proverbes).

Dans les textes narratifs, l'intérêt pour la comparaison (parallélismes synonymiques et parallélismes antithétiques) ne tient pas seulement à l'aspect pédagogique, mais jaillit d'une conviction intime que la vie est marquée par des absolus. Constantes et contrastes trouvent leur source en Dieu d'abord, en l'homme ensuite. Dieu est un et trois. Unité et diversité sont présentes dans l'Eternel. L'unité fondamentale et les variations mineures émanent du Créateur et se reflètent dans les hommes. Les êtres humains sont malheureusement aussi touchés par un autre facteur: le péché qui, par définition, est une opposition fondamentale à Dieu. L'histoire des hommes reflète cet antagonisme entre le bien et le mal, cette opposition radicale entre la sainteté divine et le péché humain.

Dans le livre des Juges, les comparaisons se font au niveau (1) de textes adjacents, (2) de textes parallèles au niveau des chiasmes du livre, (3) de textes et d'épisodes parallèles dans le passé ou le présent (voir annexes: allusions au passé et au présent pp. 358-369). Pour illustrer notre propos, nous donnerons juste un exemple de deux textes adjacents: la mort d'Eglon (3.16-22) et de Sisera (4.17-22; 5.24-27) comportent de nombreux points communs. Les deux sont tués par une personne en qui ils ont placé toute leur confiance. Ehud et Jaël transpercent leur ennemi de part en part à l'aide d'une arme de fortune. Les deux textes sont situés dans deux cycles successifs et enseignent principalement la même leçon (Pour plus de détails sur ce parallélisme voir p. 112).

Chiasmes

Les chiasmes (le mot grec *chiasma* signifie croisement) sont un simple développement des parallélismes. Plutôt que d'arranger successivement deux couples d'éléments parallèles (A^1 et A^2, puis B^1 et B^2), on peut insérer le deuxième couple dans le premier (A^1, B^1, B^2, A^2). Avec trois couples, un arrangement chiasmatique donne A^1, B^1, C^1, C^2, B^2, A^2. Ainsi, différents éléments (A, B, C) présentés une première fois sont répétés une deuxième fois, mais dans l'ordre inverse (C, B, A). Les chiasmes peuvent se rencontrer partout où il y a des parallélismes, que les correspondances soient au niveau des mots, des phrases ou de développements plus importants.

Les chiasmes enrichissent les parallélismes de plusieurs manières: (1) Ils permettent d'attirer l'attention sur certains parallélismes moins manifestes, mais néanmoins réels et présents dans la pensée de l'auteur (par exemple, les parallélismes antithétiques). (2) Ils soulignent l'unité d'une section plus large. Ainsi, lorsque le chiasme s'étend sur tout le livre, la structure globale milite en faveur de l'unité de l'ouvrage. (3) Ils donnent un équilibre et une harmonie à l'ensemble de la section.

Le livre des Juges se compose de trois parties bien distinctes: (1) deux introductions (1.1-3.6), (2) une section principale consacrée à l'histoire des juges (3.7-16.31), (3) deux appendices (17-21). Un chiasme global se dégage de tout le livre. D'une part, les deux introductions et les deux appendices ont de nombreux points communs, et d'autre part, la section principale contient des unités qui s'équilibrent les unes les autres. Avant de résumer la structure du livre par un tableau (voir p. 43), il convient d'approfondir les liens entre les différentes sections.

Parallélismes entre les introductions et les appendices

La première et la dernière section sont formées chacune de deux parties (a. 1.1-2.5 et 2.6-3.6; b. 17-18 et 19-21). Plus importante, mais moins manifeste, est la dimension explicative de la double introduction et du double appendice. Contrairement à la section principale (3.5-16.31) dans laquelle l'auteur «se contente» de raconter des événements sans en donner directement une explication-interprétation, les deux introductions et les deux appendices contiennent des explications théologiques pour comprendre, non seulement les sections concernées, mais toute la période des juges: (1) Les derniers versets de la première introduction (2.1-5) expliquent partiellement les misères de la période des juges. L'infidélité de la première génération après Josué est responsable de l'héritage d'instabilité qui caractérise les générations suivantes. (2) La deuxième introduction complète le tableau et précise que toutes les générations ultérieures portent une part de responsabilité. Cette section est aussi particulièrement importante pour interpréter le ministère des juges exposé dans la partie centrale du livre (3.5-16.31). (3) Dans les appendices, les évaluations viennent du slogan (17.6; 18.1; 19.1; 21.25). Ainsi, la double introduction et le double appendice jouent le rôle de guides herméneutiques.

En plus de ces liens généraux entre les introductions et les appendices, on peut relever une inversion des thèmes entre les introductions et les appendices: la première introduction et le deuxième appendice mettent l'accent sur la dimension militaire (guerre de conquête et guerre civile), alors que la deuxième introduction et le premier appendice soulignent l'infidélité religieuse (adoration, fabrication et vol d'une ou de plusieurs idoles)[6].

En plus d'un même thème, la première introduction et le dernier appendice partagent plusieurs éléments secondaires qui se trouvent uniquement dans ces deux sections: (1) Une consultation de l'Eternel par les Israélites pour savoir quelle tribu doit attaquer en premier, et une même réponse divine désignant Juda (1.1-2; 20.18). (2) Une victoire importante remportée par une armée de 10 000 hommes de Juda (1.4; 20.34). (3) La mention de Jérusalem (1.7, 8, 21; 19.10-11). (4) Une référence à des sacrifices de repentance (2.5; 20.26-28)[7]. (5) La présence de toutes les tribus d'Israël[8].

La structure de la partie centrale

Chacun des sept cycles est structuré sous la forme d'un chiasme (voir dans le commentaire l'introduction à chaque cycle).

Concernant l'ensemble de la section, deux structures se dégagent. L'une reposant sur les sept cycles, l'autre s'appuyant sur tous les cycles excepté celui du juge-type (Othniel).

Structure sur sept cycles[9]

A[1]	**Othniel**: une épouse remarquable
B[1]	**Ehud**: des païens tués aux gués du Jourdain
C[1]	**Débora**: une femme transperce le méchant
D	**Gédéon**: lutte contre Baal (Jerubbaal)
C[2]	**Abimélec**: une femme écrase le méchant
B[2]	**Jephthé**: des Juifs tués aux gués du Jourdain
A[2]	**Samson**: une femme traîtresse

6 Ces remarques concernent les accents principaux, car l'idolâtrie dans la première introduction (2.2-5) et un combat (facile) dans le premier appendice (18.27) sont mentionnés, mais leur importance reste secondaire.

7 Les offrandes de Gédéon (6.18-19) et des parents de Samson (13.15-16) sont d'un autre ordre: (a) cadeau, (b) présence de l'ange de l'Eternel, (c) flamme qui monte de l'autel et disparition du messager divin.

8 Pour les quelques tribus non mentionnées dans la première introduction (Ruben, Gad, Issacar), voir le commentaire pp. 56-57.

9 D. W. Gooding («The Composition of the Book of Judges», in *Eretz-Israel*, 16 (1982), pp. 70-79) donne de précieuses indications sur une telle structure.

Points de comparaison entre Othniel (A^1) et Samson (A^2)

Le point de comparaison se situe au niveau des *femmes*. Le cycle d'Othniel est très sommaire, mais l'auteur donne une information sur la femme du premier juge dans la première introduction (1.12-15); quant au cycle de Samson, il est marqué par quatre femmes: la Philistine de Thimna, sa soeur, la prostituée de Gaza et Dalila. Un parallélisme antithétique oppose chacune de ces femmes (que Samson n'a jamais épousées) et l'épouse d'Othniel: (1) Dans le premier cas, Samson demande à son père de chercher une femme étrangère (14.1-2), alors qu'Othniel cherche la femme juive qui est offerte par le beau-père. (2) Pour la seconde femme, offerte par le beau-père philistin (15.1-2), Samson détruit les champs du beau-père et des Philistins, alors qu'Othniel attaque une ville païenne parce que Caleb l'a demandé à celui qui voulait épouser sa fille. (3) La troisième femme est associée à la visite de Gaza. Samson pénètre dans une place forte étrangère sans la prendre, mais en repart avec les portes pour qu'Israël puisse la conquérir, alors qu'Othniel pénètre aussi dans une ville forte (Debir) et la prend afin de recevoir la femme promise. (4) La quatrième femme est la seule que Samson aime (16.4). Les deux femmes aimées sont nommées (Acsa et Dalila), mais leur attitude est différente: Acsa fait tout pour mettre en valeur son époux (elle demande un champ à son père), alors que Dalila (qui est aimée, mais pas mariée) fait tout pour ruiner celui qui l'aime[10]. Acsa fait pression sur son père pour qu'il donne un héritage à son mari, alors que Dalila fait pression sur Samson pour qu'il lui livre son secret, synonyme de prospérité pour elle.

Points de comparaison entre Ehud (B^1) et Jephthé (B^2)

Les relations avec les païens et les hommes d'Ephraïm sont les éléments les plus contrastés. Les pourparlers avec les païens sont développés dans les deux cycles (3.16-22; 11.12-28)[11]: (1) Ehud se présente en personne devant Eglon, alors que Jephthé ne fait qu'envoyer des messagers. (2) Les ennemis d'Ehud occupent la Cisjordanie qui appartient à Israël, alors que les ennemis de Jephthé contestent à Israël le droit d'occuper la Transjordanie. (3) Ehud promet un message secret à Eglon que celui-ci n'entendra jamais, alors que Jephthé communique par voie diplomatique avec le roi des

---

[10] Cette situation se présente déjà en partie avec la première femme de Samson.

[11] Williams (p. 81) relève fort justement que les ennemis sont la descendance de Lot: Moab (pour Ehud) et Ammon (pour Jephthé). Par contre, la structure proposée sur le cycle saisonnier, et qui devrait opposer Ehud et Jephthé, est peu convaincante.

Ammonites (3.20-21; 11.14-28). (4) Les pourparlers se déroulent chaque fois en deux étapes: tribut envoyé, puis Ehud vient seul (3.17, 19); demande au roi des Ammonites pour savoir ce qu'il veut (11.12), puis réponse au roi pour lui signifier ce qu'il ne peut avoir (11.14). Chaque fois, on commence par paraître positif, puis on s'oppose à l'ennemi.

Concernant les relations avec les hommes d'Ephraïm, Ehud reçoit un soutien total de cette tribu (3.27-28), alors que Jephthé est agressé sans raison par cette même tribu (12.1-3). Dans les deux récits, les gués du Jourdain sont pris pour empêcher l'ennemi de passer et de s'enfuir. Ehud qui vient de l'ouest s'oppose aux étrangers qui habitent à l'est; et Jephthé qui vient de l'est s'oppose aux Juifs qui viennent de l'ouest. Ehud empêche les Moabites de passer à l'est et tue 10 000 hommes, alors que Jephthé empêche les gens d'Ephraïm de passer à l'ouest et tue 42 000 hommes.

Ehud reçoit une grande récompense (c'est la plus longue période de paix: 80 ans) en donnant une parole qui trompe l'ennemi, alors que Jephthé perd tout son héritage (il n'a pas de descendance et son règne est le plus court des juges: 6 ans) par une parole qui le trompe, mais qu'il tient (bien qu'il n'ait pas pensé que Dieu choisirait sa propre fille, il accomplit son voeu).

Points de comparaison entre Débora (C^1) et Abimélec (C^2)

Une femme tue le chef des ennemis dans chaque cycle. Les deux fois, l'ennemi pénètre ou veut pénétrer dans la maison de la femme: Sisera entre dans la tente de Jaël, alors qu'Abimélec veut pénétrer dans une maison en dur où se trouve réfugiée la femme de Thébets. La première femme est seule (mais il y a paix entre Sisera et la maison de Jaël), alors que la seconde est entourée de beaucoup de gens (mais Abimélec est en guerre contre Thébets). L'idée de viol est suggérée dans le premier cas (5.20), latente dans le second.

Dans les deux cas, la femme écrase la tête de l'ennemi (tempe écrasée, crâne fracassé)[12]. Un homme (Barak) est à l'origine de la mort de Sisera, mais une femme (Jaël) l'achève; dans le cas d'Abimélec, une femme commence le travail (le crâne du tyran est écrasé), mais un homme l'achève (l'écuyer). Celui qui termine le travail semble chaque fois être du côté du roi: *«Il y avait paix entre Jabin, roi de Hatsor, et la maison de Héber, le Kénien»* (4.17) et l'écuyer est évidemment du côté d'Abimélec. La mort de Sisera est causée par un pieu (objet élancé qui pénètre dans le corps allongé) et

[12] Gooding p. 73

un marteau (objet massif et lourd) qui frappe le haut du pieu; alors qu'Abimélec meurt par le haut d'une meule (objet massif et lourd) qui tombe du haut d'une tour et par une épée (objet élancé) qui frappe le tyran probablement allongé (cf. ne vient-il pas d'avoir le crâne fracassé!).

Sous Débora, un homme (Barak) perd la gloire qui revient à une femme (Jaël), alors que sous Abimélec, le tyran masculin ne veut pas perdre la gloire à cause d'une femme. Dans le premier cas, l'oppression est extérieure et concerne tout le pays (cf. dix tribus sont mentionnées); dans le second, l'oppression est interne et régionale (cf. guerre civile dans la région de Sichem).

Particularité de Gédéon (D)

Gédéon est le seul juge à lutter directement contre l'idolâtrie, l'ennemi principal d'Israël. Cette lutte contre l'ennemi spirituel est la préoccupation majeure de tout le cycle. Gédéon commence son ministère en détruisant un autel, et il le clôt en fabriquant un éphod (voir commentaire pour plus de détails).

Chiasme sur six cycles

Une deuxième structure se superpose à la première:

Introduction	Othniel: le juge-type
A¹	Ehud: un double héros solitaire est suivi par son peuple (3.12-30)
B¹	Débora: une femme juge et une héroïne (4-5)
C¹	Gédéon: destruction de Baal sous le père (6.1-8.28)
C²	Abimélec: alliance avec Baal sous le fils (8.29-9.57)
B²	Jephthé: Un juge bâtard et une héroïne (10.6-12)
A²	Samson: Un demi-héros solitaire est livré par son peuple (13-16)

Particularité d'Othniel

Le premier cycle est particulier, car Othniel est le juge-type, celui qui sert de norme pour les autres.

Points de comparaison entre Ehud (A^1) et Samson (A^2)

Ehud et Samson sont des juges qui affrontent l'ennemi seuls, mais une fois la victoire obtenue, Ehud est totalement suivi par Ephraïm, alors que Samson est abandonné par Juda. Sous Ehud, le peuple hérite d'un repos deux fois plus long que la norme (80 est le double de 40), alors que pour Samson, seul un règne de 20 ans est mentionné (la moitié de 40).

Les tribus représentées par Ehud et Samson sont aussi les tribus des appendices (Benjamin et Dan). Ce sont deux tribus aux extrémités du pays[13], et deux tribus solitaires: Dan s'éloigne de ses frères (chapitres 17-18) et Benjamin s'isole et s'oppose aux autres tribus (chapitre 20).

Points de comparaison entre Débora (B^1) et Jephthé (B^2)

1. Les deux juges sont particuliers. De par leur naissance, les deux semblaient exclus du ministère de juges: Débora est une femme et Jephthé est un bâtard (11.1): les femmes ne s'occupaient pas de la vie politique et les bâtards ne pouvaient entrer dans l'assemblée de l'Eternel (Dt 23.2)[14].

2. Débora représente Ephraïm où elle siège (4.5), et Jephthé est Galaadite (11.1), c'est-à-dire descendant de Manassé (Nb 26.29). L'ancêtre commun des deux juges est Joseph, mais Débora représente la Cisjordanie, et Jephthé la Transjordanie. Pour ce dernier, tout le conflit territorial concerne justement la Transjordanie (11.13-26).

3. Le héros dans les deux cycles est une femme: d'une part, Jaël, la femme d'un étranger (4.17), et d'autre part, la fille de Jephthé, c'est-à-dire la fille d'un bâtard. Jaël est appelée *«bénie entre toutes les femmes»* (5.24), une appellation et un honneur que seule Marie, mère de Jésus, a aussi reçu (Luc 1.42). De son côté, l'engagement de la fille de Jephthé est célébré quatre jours par année (11.40), une situation proche de la promesse reçue par la femme qui a versé du parfum sur la tête de Jésus (Mt 26.13).

Points de comparaison entre Gédéon (C^1) et Abimélec (C^2)

Gédéon et Abimélec sont les seuls «juges» unis par le sang (Gédéon est le père, Abimélec le fils)[15]. Les deux cycles sont centrés autour de Baal. Le cycle du père rapporte la défaite de l'idole (l'autel est renversé), et le cycle du fils décrit le retour de Baal (8.33). Dans le cycle d'Abimélec, la maison de Jerubbaal est combattue et massacrée. (Pour plus de détails voir introduction sur Abimélec pp. 184-185).

---

[13] Voir commentaire 1.22-26 (pp. 69-70).

[14] Les femmes ne s'occupaient pas de la vie politique et les bâtards ne pouvaient entrer dans l'assemblée de l'Eternel (Dt 23.2).

[15] Fondamentalement, Abimélec n'est pas un juge, mais un anti-juge.

La structure du livre

Deux introductions	
A^1	**La première génération**: Guerre avortée contre les païens (1.1-2.5)
B^1	**Les générations suivantes**: Idolâtrie du peuple (2.6-3.6)
Sept cycles	
	* *Introduction aux cycles:* **Othniel** (3.7-11)
C^1	**Ehud**: Un double héros solitaire est suivi par son peuple (3.12-30)
	* *Transition:* Schamgar (3.31)
D^1	**Débora**: Une femme juge et une héroïne (4-5)
E^1	**Gédéon**: Destruction de Baal sous le père (6.1-8.28)
E^2	**Abimélec**: Alliance avec Baal sous le fils (8.29-9.57)
	* *Transition:* Thola (10.1-2)
	* *Transition:* Jaïr (10.3-5)
D^2	**Jephthé**: Un juge bâtard et une héroïne(10.6-12)
	* *Transition*: Ibtsan (12.8-10)
	* *Transition:* Elon (12.11-12)
	* *Transition:* Abdon (12.13-15)
C^2	**Samson**: Un demi-héros solitaire est livré par son peuple (13-16)
Deux appendices	
B^2	**Dan**: Idolâtrie d'une famille, d'un Lévite et d'une tribu (17-18)
A^2	**Benjamin**: Guerre civile (19-21)

Date de rédaction, auteur, chronologie

Date de rédaction

L'auteur ne se nomme pas ni n'indique une date précise pour la rédaction de son livre. Pourtant, plusieurs indices permettent de situer le cadre historique dans lequel l'ouvrage a été composé. L'expression עד היום הזה traduite par *«jusqu'à ce jour»* (1.21; 1.26; 18.12) ou *«encore aujourd'hui»* (6.24; 10.4; 15.19) renvoie le lecteur à l'époque de rédaction. Ces références sont délibérées et invitent les premiers lecteurs à ne pas oublier leur époque. Le livre des Juges ne doit pas être lu de manière désincarnée, car le passé rejoint le présent et l'éclaire. Le lecteur moderne peut utiliser ces renvois au présent de l'auteur pour dater l'ouvrage. Les références à des noms de lieux (1.26; 10.4; 18.12), à l'existence d'une source d'eau (15.19) ou à l'autel construit par Gédéon lors de sa rencontre avec l'ange (6.24) sont chronologiquement trop imprécises pour délimiter nettement une époque. Par contre, la durée du contrôle de Jérusalem par les Jébusiens (1.21) est fort instructive, car elle a pris fin dès l'accession de David au trône d'Israël (2 Sam 5.4-9)[1].

Le slogan final *«en ce temps-là, il n'y avait pas de roi en Israël»* (17.6; 18.1; 19.1; 21.25) est aussi souvent invoqué pour dater le livre. L'auteur semble comparer l'époque de la monarchie à la période des juges. De nombreux commentateurs comprennent ces paroles comme un éloge de la monarchie et en concluent que l'auteur ne peut avoir écrit son livre qu'au début de la royauté, avant que le charme d'un pouvoir central se soit dissipé. Cette position se heurte à trois difficultés: (1) L'auteur n'admire pas un pouvoir central, mais le critique (voir pp. 21-23). (2) Une telle approche oublie l'inspiration divine. En effet, s'il est courant de voir des gens se méprendre sur les qualités d'un système politique, la situation est différente pour des auteurs inspirés. Guidés par Dieu dans tout ce qu'ils ont écrit, ils ont aussi été préservés d'erreurs d'appréciation.

---

[1] Cette référence à la présence des Jébusiens *«jusqu'à ce jour»* perd de son intérêt si l'auteur du livre reprend intégralement certaines sources anciennes. Le *«jusqu'à ce jour»* se rapporterait alors au temps de la source et non de l'auteur du livre des Juges. Cependant, l'harmonie générale du livre et le soin avec lequel chaque élément semble avoir été choisi militent contre l'hypothèse d'un simple éditeur.

La référence à l'occupation étrangère de Guézer (1.29) est moins intéressante, car l'auteur ne précise pas la durée de cette occupation (*«Les Cananéens habitèrent au milieu d'Ephraïm à Guézer»*; cf. 1 Rois 9.16).

(3) Dès le début de la royauté, le pouvoir central a montré les limites de ses avantages. Saül a injustement persécuté David; le deuxième roi a abusé de son pouvoir dans l'affaire d'Urie (2 Sam 11); quant à Salomon, il s'est laissé aveugler par le luxe et le faste (1 Rois 12.4).

Un autre élément à prendre en considération est l'absence de référence aux deux derniers juges Eli et Samuel. Certes, l'auteur est très sélectif, et tous les événements ne sont pas rapportés. Ainsi, l'omission d'Eli peut facilement s'expliquer, car ce juge n'a pas délivré Israël et Dieu n'a pas porté un regard favorable sur son ministère. Par contre, l'absence de la mention de Samuel est plus étonnante, vu le rôle fondamental joué par ce juge. Non seulement, il a réformé le pays et secoué le joug philistin (1 Sam 7), mais il a instauré la royauté en Israël. Samuel est une figure clé à un carrefour de l'histoire d'Israël. Juge, sacrificateur et prophète, il a proclamé les conditions de la royauté (1 Sam 8) et oint les deux premiers rois, Saül (1 Sam 10.1) et David (1 Sam 16.1-13). L'absence d'une telle personnalité dans le livre des Juges ne peut qu'étonner.

L'auteur des Juges

Tout désigne Samuel pour être l'auteur du livre[2]: (1) Le livre a probablement été écrit après l'avènement de la royauté en Israël en 1050 av. J.-C.[3] et avant la prise de Jérusalem par David en 1004 av. J.-C. (1.21). (2) Le rejet de l'Eternel comme roi d'Israël est, d'une part, le thème dominant du livre et, d'autre part, le reproche principal de Samuel à ses contemporains (1 Sam 8.5-8). (3) De nombreux parallélismes antithétiques entre le ministère des juges et le roi Saül renforcent l'idée que le livre a été écrit durant le règne du premier roi (voir contrastes entre les juges et Saül pp. 365-369). Le livre est imprégné d'une désapprobation de Saül qui rappelle les paroles de rejet sorties de la bouche de Samuel après les infidélités répétées de Saül (1 Sam 13.13-14; 15.10-29). (4) L'autorité canonique du livre s'explique aisément si l'ouvrage est rattaché à un prophète. En effet,

---

[2] Les auteurs suivants attribuent les Juges à Samuel ou à un homme vivant à la fin du règne de Saül ou au début du règne de David: Gleason L. Archer (*Introduction...* p. 310), l'abbé Clair (p. 8), John J. Davis (p. 93), Paul P. Enns (pp. 7-8), A. et S. Fishelis (p. X), C. J. Goslinga (p. 223), Roland K. Harrison (pp. 689-690), Paul Hoff (p. 53), David Jackman (p. 24), James B. Jordan (p. XI), C.F. Keil (p. 248), F. Duane Lindsey (p. 373), E. Mangenot (col. 1853-1855), Charles F. Pfeiffer (p. 233), Merrill F. Unger (p. 620), Edward E. Young (p. 166).

[3] Bien que le slogan ne défende pas la royauté humaine, la simple mention de la royauté suggère une période où la monarchie est établie en Israël.

la tradition juive attribue le livre à Samuel[4]. (5) L'omission du nom de Samuel dans le livre des Juges s'explique aisément si Samuel en est l'auteur. Par modestie, il ne se nomme pas. De plus, impopulaire auprès du roi, Samuel veut éviter d'éveiller l'attention d'une censure toujours prompte à intervenir.

Samuel a pu écrire le livre des Juges pour mettre en garde ses contemporains d'idéaliser la monarchie, le règne de Saül en particulier. Au travers de leçons tirées de l'histoire des juges, il rappelle au peuple le danger de chercher le bonheur ailleurs qu'en l'Eternel. Les comparaisons peu flatteuses entre Saül et les juges sont une critique indirecte du premier roi. Le livre des Juges ressemble à un pamphlet contre Saül. Pour éviter la censure, le langage est souvent voilé.

Un contemporain de Saül peut difficilement lire le dernier appendice sans penser au roi. Guibea, la ville pécheresse, est devenue la capitale du royaume. Samuel rappelle à ses contemporains le danger de soutenir les méchants. En d'autres mots, il encourage le peuple à se désolidariser de Saül dans ses actions injustes, en particulier dans sa persécution de David.

Une rédaction plus tardive?

De nombreux écrivains situent la date de rédaction à une époque ultérieure: après 733[5], sous Ezéchias[6], après la réforme de Josias[7], pendant l'exil[8], pendant ou après l'exil[9], après l'exil[10].

Certains de ces auteurs (cf. Bruce, Cundall) pensent que l'essentiel du texte remonte au début de la monarchie et que seules quelques retouches doivent être attribuées à un éditeur ultérieur[11]. En particulier, la référence à l'époque de la déportation (18.30) est

---

[4] Talmud, *Baba Bathra* 14b, 15a.

[5] F.C. Fensham: in *The International Standard Bible Encyclopedia,* p. 1158.

[6] *Dictionnaire illustré de la Bible,* p. 359.

[7] F. F. Bruce: dans *Nouveau Commentaire Biblique,* p. 264.

[8] C.E. Armerding (in *Bible Commentary For Today*, pp. 338-339), Cundall (p. 27), LaSor (p. 221).

[9] TOB p. 455, Dumbrell pp. 30-32.

[10] Henri Cazelles (*Introduction à la Bible*, p. 273), M.-J. Lagrange (*Le livre des Juges,* p. XXXVI), *Dictionnaire biblique universel* (p. 406).

[11] Cundall (p. 18) parle d'une compilation de récits indépendants (2.6-21.25) intégrés dans un cadre éditorial (1.1-2.5). La composition finale serait très ancienne et pourrait être l'oeuvre du premier historien. D'après lui, des retouches éditoriales mineures ne sont pas exclues et sont datées de l'exil babylonien (p. 27).

souvent citée[12]. Ces paroles se rapportent, en fait, à la déportation de l'arche à la mort d'Eli (1 Sam 4.1-7.1; voir commentaire 18.30 pp. 315-316).

D'autres pensent à une histoire fort complexe du texte qui aurait passé par différentes phases de développement. Les répétitions dans les textes seraient les traces indéniables de sources multiples, et les différences entre ces répétitions sont généralement lues comme des contradictions entre ces sources. Le texte final ne présenterait aucune unité, le dernier éditeur n'ayant fait qu'intégrer une dernière source à un texte déjà hétéroclite. L'exégèse libérale classique s'efforce de retrouver dans le texte biblique les différentes sources antérieures. De multiples schémas sont proposés, parfois très détaillés[13]. Aux mains de ces experts de la reconstruction, le texte biblique se fragmente à l'infini. MacLaurin démembre le livre des Juges en 190 parties principales[14], Garstang en 225 parties et Budde en plus de 300[15].

Certains commentateurs, tout en ayant la même approche globale, poussent moins loin la fragmentation du texte. Lagrange, qui situe la dernière rédaction sous Esdras, parle d'un auteur-rédacteur *inspiré* qui a introduit un nouveau point de vue qui n'était pas celui des auteurs primitifs, sans toutefois apporter des changements

---

[12] La *BA* (p. 157) et Goslinga (pp. 473-474) considèrent cette référence comme une adjonction ultérieure, mais ils attribuent le reste du livre à un auteur du début de la monarchie. Wolf (pp. 377-378), qui défend l'unité du livre et le situe à l'époque de Samuel, parle de la possibilité d'adjonctions éditoriales ultérieures (au pluriel). De telles approches supposent une certaine liberté des scribes pour modifier le texte inspiré, ce qui est loin d'être prouvé.

[13] D. Karl Budde (*Das Buch der Richter*, 1897, pp. XXII-XXIII), John Garstang («Joshua-Judges» in *The Foundation of Bible History,* 1931, pp. 7-10), E. C. B. MacLaurin (*The Hebrew Theocracy in the Tenth to the Sixth Centuries B.C.: An Analysis of the Books of Judges, Samuel, and Kings,* 1959, pp. 117-134). W. Nowack (*Richter, Ruth u. Bücher Samuelis*, 1902, pp. XXX-XXXVI) montre dans un tableau, en plus de sa propre division, les reconstructions de Kittel, Wellhausen, Budde, H.P. Smith, Löhr.

[14] Certaines de ces 190 sections sont encore fragmentées davantage lorsqu'un verset ou une expression est jugé étranger à la section (pp. 117-134). On peut compter plus de soixante-dix de ces modifications mineures. Les sources, au nombre de six, sont datées entre 800 et après 400 (800, 750, 700, 650, 625, après 400).

[15] Les différences entre ces trois auteurs sont considérables. Par exemple, le chapitre 6 est sectionné en 23 parties par MacLaurin, 8 par Garstang et 33 par Budde; pour le chapitre 19, on a respectivement 13, 12 et 2 parties; pour le chapitre 20: 15, 30, 41.

substantiels[16]. Boling voit quatre stades dans la croissance du livre[17]. Un premier stade comprendrait la composition des histoires individuelles des juges. Une deuxième phase, complétée au 8e siècle, aurait rassemblé ces récits (2.6-15.20). Une troisième aurait incorporé au 7e siècle une introduction (2.1-5) et des suppléments (16.1-18.31). Une dernière phase, au 6e siècle, aurait actualisé et complété le livre (1.1-36 et 19.1-21.25). Ainsi à un corps central, on aurait chaque fois ajouté les extrémités[18]. Cazelles, dans sa conclusion, parle d'une première esquisse (une partie du chapitre 2 et 3.12-9.57) qui pourrait fort bien remonter aux débuts de la monarchie[19].

Lassée par cette étude des sources toujours très hypothétique, une approche plus récente s'arrête à l'étude du produit final. Ces exégètes modernes relèvent l'unité du livre longtemps contestée[20]. Pour eux, l'éditeur final a tellement travaillé ses sources qu'il a donné à son oeuvre une unité remarquable au point qu'il ne convient plus de parler d'un *éditeur* du livre des Juges, mais d'un *auteur*[21]. Le lecteur évangélique, qui pourrait s'enthousiasmer pour cette nouvelle approche qui enrichit la compréhension du texte biblique, doit cependant réaliser que ces auteurs ne sont pas, en général, revenus à une approche classique. L'intérêt pour le texte biblique est littéraire avant d'être historique, et quand il est historique, il s'intéresse à la période tardive de la rédaction (après 621) et non à la période des récits (c.-à-d. celle des juges)[22]. L'historicité des événements rapportés dans les textes ne les intéresse pas, ou plutôt leur paraît

---

16 Lagrange pp. XXV-XXVI, XXXV-XXXVI.

17 Bolding pp. 29-31.

18 Rüdiger Bartelmus (*Forschung am Richterbuch seit Martin Noth*, Theologische Rundschau 56 [1991] p. 259) propose cinq strates littéraires: trois sources primitives (1. Jug 3-9; 2. Jephthé et les «petits» juges; 3. les traditions relatives à Samson) et deux efforts rédactionnels, le premier incorporant Jug 17-21 et le second donnant la forme finale au livre.

19 *Dictionnaire de la Bible*, col. 1412.

20 Robert Alter, Mieke Bal, Athalya Brenner, Marc Brettler, J. Cheryl Exum, D.N. Fewell & D.M. Gunn, D.W. Gooding, Mark Greene, Don Michael Hudson, Lillian R. Klein, Stuart Lasine, Robert Polzin, Barry G. Webb, Jay G. Williams. Certains se penchent sur l'ensemble du livre (Brettler, Exum [«The Centre Cannot Hold...»], Gooding, Webb), d'autres sur des sections particulières. Satterthwaite parle d'une critique narrative (*«narrative criticism»*), car ces auteurs se penchent sur les qualités littéraires des textes.

21 Klein p. 11.

22 cf. Brettler.

insaisissable[23]. A. Graeme Auld, qui défend le libéralisme classique (c.-à-d. la méthode historico-critique) contre ces nouvelles approches (la critique formelle, populaire surtout en Amérique du nord), met en garde contre les effets dévastateurs pour la foi d'une telle approche: *«Il est vrai que le livre de Alter apparaît souvent traditionnel, et remarquablement optimiste sur l'historicité de quelques belles histoires qu'il analyse. Et pourtant, je me demande si certaines de ces nouvelles méthodes ne constituent pas, en fait, un acide plus virulent que ceux proposés en Allemagne»*[24]. Les auteurs voient dans le texte biblique uniquement de belles histoires, mais ce n'est plus de l'histoire. Une telle approche s'oppose fondamentalement à la foi biblique qui n'a jamais dissocié le message des événements. L'harmonie des textes bibliques n'est pas une simple reconstruction de l'auteur, mais elle repose sur des événements qui ne sont pas quelconques, mais ont été marqués par un Dieu immuable qui oriente l'histoire humaine, en particulier celle de son peuple[25].

Les manuscrits

Le texte hébreu est dans un excellent état de préservation[26] et ne pose pas beaucoup de problèmes (exception faite pour le cantique de Débora). Avec le Pentateuque, il est parmi les textes les mieux préservés[27]. Plusieurs fragments du texte hébreu ont été découverts à Qumrân[28].

Le texte grec de la LXX présente au contraire une situation complexe *«sans comparaison avec d'autres cas du même type dans*

---

[23] Tous les auteurs qui défendent l'unité et l'harmonie du texte n'ont bien sûr pas cette position (cf. J. P. U. Lilley: «A Literary Appreciation of the Book of Judges», in *Tyndale Bulletin*, 18 [1967], pp. 94-102).

[24] »Hacking at the Heart of the Old Testament», in *Vetus Testament*, XXXIX/3 (1989), p. 260.

[25] Pour l'interprétation des Pères de l'Eglise voir Lagrange (p. XLV-XLVIII), Mangenot (cf. Vigouroux, col. 1858), Vincent (p. 31).

[26] Cundall (pp. 47-48), Harrison (p. 693), J. Alberto Soggin (*Le livre des Juges*, p. 18), Wolf (p. 380). Henri Cazelles (*Supplément au Dictionnaire de la Bible*, col. 1394-1395) est beaucoup plus négatif sur la valeur du texte hébreu.

[27] Harrison p. 693, Wolf p. 380.

[28] Soggin (p. 18) mentionne 6.3-13; 16.5-7; 21.12-35, alors que Boling (pp. 39-40) ajoute 6.20-22; 8.1; 9.1-4 (un autre: 9.4-6); 9.28-31, 40-42 (un autre: 9.40-43), 48-49.

l'Ancien Testament»[29]. Les manuscrits grecs ont deux variantes importantes représentées par les codex Alexandrinus et Vaticanus[30]. Certains parlent de deux traductions différentes, d'autres de révisions successives d'un même texte.

La durée de la période des juges

	dates relatives	dates absolues	
		1 Rois 6.1	Jug 11.26
Séjour d'Israël dans le désert (Dt 1.3)	40 ans ⇨ 40		
De l'entrée en Palestine à la mort des anciens	*(10 ans)*		
Oppression de Cuschan-Rischeathaïm (3.8)	8 ans		
Repos sous Othniel (3.11)	40 ans		
Oppression d'Eglon (3.14)	18 ans		
Repos sous Ehud (3.30)	80 ans		
Oppression de Jabin (4.3)	20 ans		
Repos sous Débora (5.31)	40 ans		
Oppression des Madianites (6.1)	7 ans		
Repos sous Gédéon (8.28)	40 ans		
Tyrannie d'Abimélec (9.22)	3 ans		
Règne de Thola (10.2)	23 ans		
Règne de Jaïr (10.3)	22 ans		
Oppression des Ammonites (10.8)	18 ans ⇨ 329		300 ans
Règne de Jephthé (12.7)	6 ans		
Règne de Ibtsan (12.9)	7 ans		
Règne de Elon (12.11)	10 ans		
Règne d'Abdon (12.14)	8 ans		
Oppression des Philistins (13.1)	40 ans		
Ministère de Samson (15.20; 16.31)	20 ans		
Ministère d'Eli (1 Sam 4.18)	40 ans		
Arche déportée, puis oubliée (1 Sam 7.2)	20 ans		
Ministère de Samuel avant la royauté	*(10 ans)* ⇨ 161		
Règne de Saül (Act 13.21)	40 ans		
Règne de David (1 Rois 2.11)	40 ans		
Jusqu'à la 4ème année de Salomon (1R. 6.1)	4 ans ⇨ 84		
	614 ans	480 ans	

Les chiffres entre parenthèses sont des estimations.

---

29 Soggin p. 18.
30 Lagrange (pp. XVI-XIX), Mangenot (cf. Vigouroux, col. 1857-1858).

Trois types de données doivent être considérées: (1) les dates relatives, (2) les dates absolues, (3) les données extra-bibliques. Tous les commentateurs reconnaissent la difficulté d'harmoniser les dates absolues et les dates relatives. La durée absolue séparant la sortie d'Egypte de la construction du Temple est de 480 ans selon 1 Rois 6.1, alors que le total des périodes relatives pour cette période est d'environ 614 ans[31].

La solution couramment admise est de considérer les limites géographiques de certaines oppressions et libérations[32]. Ainsi à une époque donnée, une partie du pays peut jouir de son autonomie, alors qu'une autre souffre d'une occupation ennemie. Il se peut aussi que deux régions souffrent simultanément d'oppresseurs différents, les périodes d'oppression se recouvrant alors les unes les autres. L'auteur des Juges semble guider le lecteur dans ce sens, puisque les périodes d'oppression philistine et ammonite sont reconnues comme concomitantes (10.7).

En tenant compte des deux dates absolues (c.-à-d. 480 ans et 300 ans), on constate que le recoupement de certaines périodes concerne surtout les dernières décennies des juges. En effet, pour les trois siècles qui séparent Josué de Jephthé, il n'y a que 29 années de chevauchement (329 ans - 300 ans), alors que pour le demi-siècle entre Jephthé et Saül, il y a 105 ans de chevauchement (161 ans - 56 ans).

---

[31] La durée du ministère de Josué et celle de Samuel ne sont pas indiquées. Selon Act 13.20, plusieurs fixent la période de Josué à 10 ans (400 ans pour le séjour en Egypte, 40 ans dans le désert, 10 ans avec Josué donnent 450 ans [I. Howard Marshall, *Acts*, in Tyndale New Testament Commentaries, 1980, p. 223]).

Le problème est encore accentué par le fait que l'auteur n'indique pas le temps écoulé entre la paix et l'oppression. Pour cette raison, David L. Washburn («The Chronology of Juges: Another Look», in *Bibliotheca Sacra* 147 [Oct-Dec 1990] pp. 416-417) pense qu'une chronologie détaillée est vouée à l'échec et qu'on peut au mieux donner une séquence des juges. Sa remarque est valable à moins de penser que le jugement survient aussi rapidement que la délivrance.

[32] Nous limitons nos remarques aux commentateurs qui considèrent les chiffres comme historiquement fiables. Pour une approche historico-critique des questions chronologiques, voir Lagrange pp. XXXIX-XLV et Soggin pp. 13-17.

	total des durées relatives	durée réelle (absolue)	différence
Séjour au désert	40	40	0
De la conquête au début du ministère de Jephthé	329	300	**29**
Du ministère de Jephthé à la fin des juges	161	56	**105**
Du premier roi à la construction du Temple	84	84	0
Total	614	480	134

Pour la période séparant le *début* de l'oppression ammonite et le début du règne de Saül, soit 74 ans (durée de l'oppression ammonite: 18 ans; temps séparant Jephthé de l'avènement du premier roi: 56 ans), on peut proposer la reconstruction suivante en se basant, entre autres, sur l'indication de l'auteur concernant la simultanéité des oppressions philistine et ammonite (10.7).

Est et nord du pays		Sud-ouest du pays (conflits avec les Philistins)			
Oppression ammonite (10.8)	18	Oppression philistine (13.1)	40	Ministère d'Eli (1 Sam 4.18)	40
Jephthé (12.7)	6	***Samson*** (15.20; 16.31)	**20**	***Arche oubliée*** (1 Sam 7.2)	**20**
Ibtsan (12.9)	7	Samuel	*(14)*	Samuel	*(14)*
Elon (12.11)	10				
Abdon (12.14)	8				
Période sans juge	*(25)*				
Total	74		74		74

Selon cette proposition, le ministère de Samson se situerait *entre la mort d'Eli et le début du ministère de Samuel*. Après 40 années d'oppression philistine, le peuple est plus endurci que jamais puisque le péché a même atteint la famille du souverain sacrificateur Eli (1 Sam 2.12-3.18). La défaite d'Aphek (1 Sam 4) marque le jugement de Dieu et le début du ministère de Samson. Quant à Samuel, il serait encore trop jeune pour assurer la relève. La mort de Samson, vingt ans plus tard, provoquerait le début des réformes spirituelles en Israël sous la conduite de Samuel, suivies rapidement de la victoire sur les Philistins (1 Sam 7). Avant l'onction du premier roi, Samuel aurait régné un peu plus de dix ans[33].

Les données extra-bibliques

L'archéologie de la période des juges ne nous fournit guère d'indications. En général, ce sont les données relatives à la période de la monarchie et de l'exode qui fixent le cadre général. La construction du Temple est bien située en 966 av. J.-C.. La date de l'exode est controversée. Certains la situent en 1446 av. J.-C. sous Aménophis II[34], d'autres vers 1290 av. J.-C. sous Ramsès II[35]. La chronologie «longue» (c.-à-d. 1446) se fonde sur les dates absolues trouvées dans 1 Rois 6.1 et Juges 11.26, alors que la chronologie «courte» s'appuie sur les conclusions archéologiques. Dans le premier cas, la période des juges se situe entre 1396 et 1050 av. J.-C.; dans le second, elle s'étend sur moins de deux siècles, entre 1240 et 1050. Les arguments en faveur de la chronologie longue nous semblent plus convaincants (Pour une présentation détaillée, voir Archer: *Introduction à l'Ancien Testament*, pp. 252-266; Leon Wood met en parallèle l'histoire des nations environnantes et celle des Juges [*Distressing Days of the Judges*, pp. 71-116]).

---

33 Goslinga (p. 235) s'écarte légèrement de cette position. Il fait débuter le ministère de Samson après 20 ans d'oppression philistine, et place donc la mort de Samson *avant* la débâcle d'Aphek.

34 Archer (*Introduction à l'A.T.*, pp. 252-266), Wood (*A Survey* ... pp. 88-109). Dans les commentaires, voir J.J. Davis pp. 94-96, Goslinga pp. 223-235, Wolf pp. 376-377.

35 R.K. Harrison (*Introduction to the O.T.*, pp. 174-180), K. A. Kitchen (*Ancient Orient* ..., pp. 57-75; dans *Hokhma* 1 [1976] p. 30, note 49), J. A. Thompson {*La Bible à la lumière de l'archéologie*, pp. 57-64}. Dans les commentaires, voir Bruce pp. 262-263, Cundall pp. 28-33. Pour une présentation simple des deux positions voir *NDB* pp. 463-469.

COMMENTAIRE

Première introduction : 1.1-2.5

Le livre des Juges commence par un texte dense qui rapporte les efforts entrepris par différentes tribus d'Israël pour achever la conquête de la Terre promise commencée sous Josué. Ce texte est très technique, beaucoup plus que le reste du livre. On y compte 70 noms propres, dont 42 noms de villes. Le lecteur peu familier avec la géographie palestinienne est tenté de passer rapidement sur ce premier développement pour s'arrêter sur les autres récits du livre qui décrivent en détail les tentations et luttes de différents personnages. Comme les romans sont plus populaires que les manuels de géographie, les péripéties d'un héros sont plus attrayantes qu'une énumération de villes dont on ignore souvent tout. Aussi ne faut-il pas s'étonner si peu de prédicateurs s'aventurent dans une exposition du premier chapitre des Juges.

Négliger ce premier texte est, cependant, une erreur, car il donne le cadre général des autres récits. De même que la compréhension d'un texte demande la connaissance de son contexte, une étude des Juges doit passer par un examen de ce premier chapitre. L'auteur y amorce toute sa réflexion: les principaux thèmes y sont abordés et les explications d'un envoyé de l'Eternel situent prophétiquement trois siècles d'histoire (2.2-3).

Les grandes lignes

Pour discerner le message d'un texte aussi technique, il convient d'en saisir les grands axes. Comme un promeneur perdu dans la forêt cherche quelque éminence pour se repérer, le lecteur doit commencer par discerner les principales articulations du message.

Le texte contient une longue partie narrative (le chapitre 1) suivie d'une courte évaluation des événements (2.1-5). La narration est elle-même divisée en deux sections: un récit triomphal des succès de Juda au sud du pays (1.1-20) et une liste lugubre des échecs de sept autres tribus au nord (1.21-36).

La partie évaluative (2.1-5) est fondamentale, car elle éclaire la double narration. Sans elle, le lecteur discernerait avec peine le message des deux narrations, un peu comme un homme, perdu dans la nuit et privé de lampe, avancerait à tâtons à la seule lumière des étoiles et de la lune. L'évaluation du messager divin ôte tout doute sur le sens du premier chapitre. Mieux encore, elle illumine tout le livre, car les paroles de l'ange expliquent, non seulement le premier chapitre, mais toute la période des juges. Ces quelques versets ouvrent la compréhension de tout le livre.

Progressions

Si les articulations principales sont importantes à discerner pour comprendre le sens du texte, les progressions le sont aussi. Plusieurs éléments indiquent un dérapage vers l'infidélité.

Nous avons déjà noté que si la tribu leader avait obéi à l'ordre de l'Eternel de conquérir le pays, il n'en était pas de même des autres tribus. Une étude plus approfondie révèle que même Juda n'a pas été entièrement fidèle. Le comportement initial exemplaire de Juda se mue à la fin de la première narration en faiblesse (*«Juda ne put déposséder les habitants de la plaine»* 1.19).

Le comportement des sept tribus suit une direction analogue, mais avec une infidélité plus prononcée. Les fils de Benjamin commencent là où Juda s'est arrêté (*«Les fils de Benjamin ne dépossédèrent pas les Jébusiens»* 1.21) et les autres tribus font de même. Le faux pas du leader est systématiquement repris par les autres tribus. L'expression *«il ne déposséda pas»*, tel un refrain lugubre, introduit l'histoire de chaque tribu. Avec la dernière tribu, la situation empire puisque les fils de Dan non seulement ne repoussent pas leurs ennemis, mais se font repousser par eux (1.34).

Sélection

Ayant relevé les trois sections de l'introduction (conquête de Juda, échec des autres tribus, explications divines) et quelques progressions vers l'infidélité, il convient d'attirer l'attention sur le travail de sélection de l'auteur. De l'histoire de la conquête (partielle) du pays, notre historien ne reprend que les éléments principaux. Même si le texte nous paraît déjà riche, voire indigeste, avec ses 70 noms propres, notre écrivain s'est limité à l'essentiel.

Toutes les tribus ne sont pas mentionnées. Si l'on explique aisément l'absence des tribus de Transjordanie (qui avaient leur héritage à l'est du Jourdain) et de Lévi (dont les villes étaient disséminées dans tout le territoire), la non-mention d'Issacar peut surprendre, car son héritage était situé entre celui de Manassé au sud et ceux de Zabulon, Aser et Nephthali au nord. La raison de son absence tient au nombre de tribus que l'auteur veut mentionner: sept, le chiffre de la totalité (Benjamin 1.21, Manassé 1.27, Ephraïm 1.29, Zabulon 1.30, Aser 1.31, Nephthali 1.33, Dan 1.34). En ne mentionnant que sept tribus, l'auteur les inclut toutes. Puisque *sept* tribus ont péché, *toutes les* tribus ont péché (y compris celle d'Issacar qui n'est pas citée)[1].

La limitation d'une énumération à sept membres se manifeste aussi ailleurs dans le chapitre: pour décrire le succès des conquêtes de Juda, l'auteur rapporte la chute de *sept* villes (Jérusalem 1.8, Hébron 1.10, Debir 1.11, Tsephath 1.17, Gaza 1.18, Askalon 1.18, Ekron 1.18); pour souligner l'échec, il relève le fait que *sept* tribus *«ne dépossédèrent pas»* l'ennemi (Juda 1.19, Benjamin 1.21, Manassé 1.27,28, Ephraïm 1.29, Zabulon 1.30, Aser 1.31,32, Nephthali 1.33)[2].

Rôle de l'introduction

L'auteur inclut dans son introduction des informations qu'il n'exploitera pleinement que dans la suite du livre. L'exploit d'Othniel (1.12-15) permet de mieux connaître le caractère du premier juge (3.7-11), ce chef si important puisqu'il sert de portrait-robot pour tous les juges. La référence au *fils du Kénien* (1.16) permettra, dans le cycle de Débora, de mieux saisir le comportement de Sisera et de Jaël, la femme de Héber *le Kénien* (4.11, 17-21). Ainsi, l'auteur utilise son introduction pour mettre en place certains éléments utiles à des développements ultérieurs.

Ce rôle préparateur de l'introduction se perçoit aussi d'autres manières. Par exemple, plusieurs thèmes dominants du livre sont présents dans l'introduction: (1) Le thème de l'autorité, si fondamental à tout le livre, surgit dès le premier verset pour être immédiatement développé dans une première narration toute consacrée à la tribu *leader* (1.1-20). (2) L'exposé du refus de plus en plus marqué de conquérir le pays (chapitre 1) annonce cette progression vers l'infidélité si manifeste tout au long du livre. (3) Le thème de la justice divine apparaît déjà aux versets 6-7 avec l'humiliation et la mort d'Adoni-Bézek. (4) La bénédiction des

---

[1] Issacar devait occuper la plaine de Jizreel (Jos 19.17-23). Les villes y étaient fortifiées et difficiles à prendre. Il ne semble pas qu'Israël ait conquis une grande partie de cette région avant la période de David et de Salomon. Keil (p. 258) pense, au contraire, que cette tribu n'est pas mentionnée parce qu'elle a conquis toutes les villes cananéennes.

[2] C'est la même liste que précédemment, mais avec Juda en plus et Dan en moins. Concernant l'emploi du chiffre 7, il est difficile de savoir jusqu'où l'auteur a voulu aller dans cette manière de décrire la totalité. Dans la première introduction, a-t-il consciemment fixé (1) le nombre d'individus juifs à sept (Josué 1.1, Caleb 1.12, Acsa 1.12, Othniel 1.13, Kenaz 1.13, Kénien 1.16, Moïse 1.16), (2) le nombre des noms propres à 70 (7x10), (3) le nombre de villes à 42 (7x6)?

hommes vaillants peut se lire dans *le roman d'amour* qui unit Othniel à Acsa (1.12-15). (5) L'abondance même des exemples (1.1-36) et la rareté des explications (2.1-5) est aussi une caractéristique du livre. (6) Finalement, toutes les souffrances et les difficultés de la période des juges sont annoncées et expliquées par l'envoyé de l'Eternel (2.3).

L'introduction a donc une double fonction. D'une part, elle officie comme chronique historique en développant la période qui a immédiatement suivi la mort de Josué, et d'autre part, elle agit comme un prélude thématique en introduisant, par l'image et la suggestion plus que par l'argumentation, les principaux thèmes du livre des Juges[3].

Structure

Le soin avec lequel l'auteur a choisi ses informations ressort aussi de l'ordre et de l'équilibre des éléments présentés. Le développement des conquêtes de Juda et l'énumération des échecs des sept tribus suivent, tous deux, un arrangement en chiasme[4].

	L'histoire de Juda, la tribu leader: 1.1-20
A¹	La succession de Josué: 1.1-2
B¹	Association avec Juda et campagne militaire: 1.3-5
C¹	Châtiment d'un infidèle: 1.6-7
D¹	Chute d'une place forte au nord: 1.8
E	Victoire sur tout le pays: 1.8-9
D²	Chutes de places fortes au centre et au sud: 1.10-11
C²	Récompense pour un fidèle: 1.12-15
B²	Association avec Juda et campagnes militaires: 1.16-19
A²	Caleb, un exemple à suivre: 1.20

	L'histoire de sept tribus de Cisjordanie: 1.21-36
A¹	*Les fils de Benjamin* (un fils de Rachel) et la *maison de Joseph*: 1.21-26
B¹	*Manassé* et *Ephraïm* (les petits-fils de Rachel): 1.27-29
C¹	*Zabulon* (un fils de Léa): 1.30
C²	*Aser* (un fils de la servante de Léa): 1.31-32
B²	*Nephthali* (un fils de la servante de Rachel): 1.33
A²	*Les fils de Dan* (un fils de la servante de Rachel) et la *maison de Joseph*: 1.34-36

[3] D.R. Davis (p. 24) parle de *géographie théologique*.

[4] Concernant les sept tribus de Cisjordanie, Jordan (p. 18) attire l'attention sur l'importance des mères.

Exégèse détaillée

L'histoire de la tribu leader (1.1-20)

La succession de Josué: 1.1-2

1. Après la mort de Josué, les enfants d'Israël consultèrent l'Eternel, en disant: Qui de nous montera le premier contre les Cananéens, pour les attaquer? 2 L'Eternel répondit: Juda montera, voici, j'ai livré le pays entre ses mains.

Dès les premiers mots, l'auteur aborde son thème principal: celui de l'autorité. Puisque Josué, le chef, est mort, qui va conduire le peuple à la victoire? Cette question est légitime, car la mort d'un chef pose toujours la question de la succession. Lorsque le dirigeant est aussi important que Josué, la question est particulièrement aiguë: qui va le remplacer? Remarquons, cependant, qu'Israël ne cherche pas (à ce moment-là) un leader humain, mais s'informe simplement de la tribu qui doit ouvrir la voie. Cette remarque montre que le peuple n'attendait pas et ne cherchait pas un conducteur humain. Dieu n'en propose d'ailleurs aucun. Une tribu est demandée, et une tribu est nommée. Aucun individu n'est proposé pour guider le peuple.

Dans le plan divin (et Israël l'avait bien compris au début de la période des juges), aucun leader humain permanent n'était prévu pour Israël (en dehors, bien sûr, du Messie)[5]. Certes, Moïse et Josué avaient été donnés à Israël, mais leurs ministères étaient particuliers et se justifiaient par la situation exceptionnelle d'Israël. Moïse avait été appelé à sortir le peuple d'Egypte, et Josué devait achever ce que Moïse n'avait pu terminer, à savoir: conduire le peuple dans la Terre promise. Leurs ministères étaient ponctuels. Contrairement au plan religieux, le plan politique n'est marqué par aucun effort d'institutionnalisation. Sur le plan religieux, Dieu avait mis en place, dès l'époque de Moïse, toute une infrastructure: une tribu (Lévi), des classes particulières, des fonctions précises, une succession héréditaire du grand-prêtre. Sur le plan politique, rien de tout cela. Un seul homme, Moïse, est appelé, et quand il ne parvient pas à terminer sa tâche, un successeur d'une autre tribu est nommé pour achever ce ministère particulier (Josué vient d'Ephraïm, alors que

---

[5] Les prescriptions relatives à la royauté dans Dt 17.14-20 annoncent bien la venue d'un roi, mais cette situation est clairement présentée comme allant contre la volonté divine (*«Lorsque... tu diras: Je veux mettre un roi sur moi, comme toutes les nations qui m'entourent»* Dt 17.14).

Moïse était de la tribu de Lévi)[6]. Aucune permanence de la fonction de libérateur n'est décelable.

Cette absence d'un chef politique permanent dans la vie d'Israël montre bien le désir de Dieu de ne laisser à personne qu'à lui-même le soin d'être le maître de son peuple. Si des hommes ont été appelés (comme Moïse et Josué) ou vont l'être (comme les juges), leurs ministères restent ponctuels. Aucune institutionnalisation de la fonction de chef n'est possible, car Dieu est le seul maître[7].

Ainsi à la mort de Josué, Israël ne cherche pas un homme pour lui succéder, mais s'enquiert simplement de la *tribu* qui doit ouvrir la voie[8]. Certes, les tribus auraient pu commencer la conquête simultanément, mais le souhait d'avoir un exemple à suivre était compréhensible, voire même sage puisqu'il stimulerait les plus hésitants[9]. Juda est nommée conformément à sa vocation de leader annoncée par Jacob (Gen 49.8-12). De cette tribu devait, en effet, venir le Messie, le seul chef humain permanent (Gen 49.10; 2 Sam 7.12-16).

Association avec Juda et campagne militaire: 1.3-5

> *3 Et Juda dit à Siméon, son frère: Monte avec moi dans le pays qui m'est échu par le sort, et nous combattrons les Cananéens; j'irai aussi avec toi dans celui qui t'est échu en partage. Et Siméon alla avec lui. 4 Juda monta, et l'Eternel livra entre leurs mains les Cananéens et les Phéréziens; ils battirent dix mille hommes à Bézek. 5 Ils trouvèrent Adoni-Bézek à Bézek; ils l'attaquèrent, et ils battirent les Cananéens et les Phéréziens.*

Le deuxième thème abordé dans le livre est celui de l'association avec le chef. La tribu de Juda ouvre la voie, mais cherche à entraîner à sa suite une autre tribu. Celle de Siméon était tout indiquée, car les

---

6 Josué sert Moïse dès la sortie d'Egypte (Ex 17.9-14; 24.13; 32.17; Nb 13.8, 16; 14.6), mais ce n'est que quarante ans plus tard, moins d'une année avant la mort de Moïse, qu'il est désigné comme successeur (Nb 27.15-23). Son rôle de chef est surtout affirmé dans le Deutéronome dont le premier discours date du onzième mois de la quarantième année (Dt 1.3).

7 Si Dieu a finalement accepté l'instauration de la royauté à la demande d'un peuple rebelle (1 Sam 8-12), c'est parce qu'il avait en vue l'avènement du Messie (2 Sam 7.12-16).

8 Keil (p. 250) observe que, depuis cette époque, la recherche de la volonté divine par l'Urim et le Thummim est plus fréquente, alors qu'auparavant, Moïse et Josué recevaient des révélations directes de Dieu.

9 Goslinga p. 245.

deux tribus étaient non seulement issues de Léa[10], mais Siméon avait reçu son héritage *«au milieu de l'héritage des fils de Juda»* (Jos 19.1). En enrôlant une tribu à le suivre, Juda montre que le rôle du chef ne consiste pas à faire tout le travail des autres, mais à donner l'exemple pour entraîner les autres à sa suite.

La victoire qui suit ce premier engagement est importante. Elle illustre la bénédiction qui s'attache à la fidélité. Lorsque le chef s'engage et que le peuple suit, la victoire et la bénédiction sont au rendez-vous.

Beaucoup de chrétiens ont de la peine à justifier la guerre sainte. Etait-il juste de détruire les Cananéens? Sans entrer dans un développement qui dépasserait le cadre de ce commentaire, on doit noter que l'ordre donné à Moïse venait de Dieu (Ex 23.27-33; Dt 20.16-18), et que cet ordre est confirmé une nouvelle fois par l'Eternel à la génération succédant à Josué: Dieu promet de *«livrer le pays entre ses mains»* (1.2) et tient promesse en accordant cette première victoire (*«L'Eternel livra entre leurs mains les Cananéens et les Phéréziens»* 1.4). Dieu veut détruire ce peuple dont l'iniquité avait atteint son comble (Dt 9.4-6; cf. Gen 15.16)[11].

Châtiment d'un infidèle: 1.6-7

> *6 Adoni-Bézek prit la fuite; mais ils le poursuivirent et le saisirent, et ils lui coupèrent les pouces des mains et des pieds. 7 Adoni-Bézek dit: Soixante-dix rois, ayant les pouces des mains et des pieds coupés, ramassaient les miettes sous ma table; Dieu me rend ce que j'ai fait. On l'emmena à Jérusalem, et il y mourut.*

Du général, on passe au particulier, car ces versets rapportent la même bataille que les versets précédents (1.4-5). Par ces détails du conflit, l'auteur introduit son prochain thème: celui de la rétribution individuelle. La description est crue, presque provocante. Ailleurs dans le livre, on trouve un style analogue: la mort d'Eglon, de Sisera, d'Abimélec, des Philistins, de la concubine du Lévite sont décrites avec le même sarcasme (3.19-22; 4.19-21; 9.53-54; 15.15-16; 19.25-30).

Avant de nous pencher sur le jugement porté contre ce roi païen, il convient d'examiner son péché. Selon ses propres paroles: *«soixante-dix rois, ayant les pouces des mains et des pieds coupés, ramassaient les miettes sous ma table»* (1.7). Adoni-Bézek, en

---

[10] Comme Issacar et Zabulon.

[11] Voir: Donald H. Madvig, «Joshua» in *The Expositor's Bible Commentary*, vol 3, Zondervan, 1992. pp. 246-247.

mutilant ses ennemis, les humiliait profondément. Le gros orteil coupé rendait la marche difficile et excluait toute fuite; la perte du pouce supprimait tout espoir de révolte: comment tenir un arc, une lance ou une épée sans pouce? Epargnés de la mort, les prisonniers étaient contraints d'assister au triomphe du tyran. Plutôt que de les tuer ou de les utiliser comme esclaves, Adoni-Bézek savourait quotidiennement sa victoire en ayant à ses pieds ses ennemis rendus à jamais inoffensifs. Le nombre des rois humiliés par Adoni-Bézek souligne sa puissance, mais aussi sa cruauté puisque, apparemment, un même sort attendait tous ses adversaires. Qu'Israël ait fini par vaincre ce despote souligne la bénédiction et la force divines qui accompagnaient le peuple[12].

Si l'attitude d'Adoni-Bézek est horrible, que penser du jugement?[13] La loi du talion est appliquée. Au péché commis, correspond un jugement identique. Adoni-Bézek ne crie pas au scandale, mais reconnaît la justesse du jugement: *«Dieu me rend ce que j'ai fait»*. Cette loi du talion mentionnée ici pour la première fois réapparaîtra tout au long du livre des Juges. Parce que Dieu est juste, il punit toujours le péché proportionnellement au mal commis. Ainsi, Dieu avait enseigné à Moïse que celui qui mutilerait son prochain devait subir un traitement semblable: *«Si quelqu'un inflige une mutilation à son compatriote, il lui sera fait comme il a fait: fracture pour fracture, oeil pour oeil, dent pour dent; il lui sera infligé la même mutilation qu'il a infligée»* (Lév 24.19-20, Colombe)[14].

Victoires sur tout le pays: 1.8-11

8 Les fils de Juda attaquèrent Jérusalem et la prirent, ils la frappèrent du tranchant de l'épée et mirent le feu à la ville. 9 Les fils de Juda descendirent ensuite, pour combattre les Cananéens qui habitaient la

---

12 Keil (p. 253) se demande pourquoi ce roi important n'a pas été combattu par Josué. Il suggère qu'Adoni-Bézek résidait légèrement à l'écart des grands axes suivis par Josué et qu'il n'a pas prêté secours aux autres rois par crainte d'Israël. La localisation de Bézek n'est pas aisée. Faut-il l'identifier avec la ville mentionnée en 1 Sam 11.8 et située entre Guibea et Jabès? Certains proposent de l'identifier avec Khirbet Bezqa près de Guézer à l'ouest-nord-ouest de Jérusalem (Cundall p. 51). Ne pourrait-on pas voir Bézek près de Guibea, la capitale de Saül au nord de Jérusalem (1 Sam 11.4-8)? Le tracé nord-sud poursuivi dans un premier temps pas Juda n'en serait que mieux marqué. Les seules références dans la Bible à une localité nommée Bézek se trouvent dans Jug 1.4-7 et 1 Sam 11.8. Si ces deux mentions s'appliquent à la même ville, l'auteur des Juges relèverait-il que la ville de la première victoire de Juda est aussi la ville qui a vu les troupes de Saül partir pour sa première grande victoire? La *BA* (p. 93) suggère une ville inconnue.

13 Goslinga (p. 248) réprouve cette mutilation, contrairement à Jordan (p. 4).

14 Voir thème de la rétribution pp. 18-20.

montagne, la contrée du midi et la plaine. 10 Juda marcha contre les Cananéens qui habitaient à Hébron, appelée autrefois Kirjath-Arba; et il battit Schéschaï, Ahiman et Talmaï. 11 De là il marcha contre les habitants de Debir: Debir s'appelait autrefois Kirjath-Sépher.

Au centre du développement sur Juda, l'auteur a placé un résumé de la victoire totale. En premier lieu, il relève la chute d'une place forte au nord (Jérusalem: 1.8); puis il mentionne la conquête des trois régions principales (les collines de Judée, le désert au sud du pays et le littoral à l'ouest: 1.9); enfin, il revient à des particularités en rapportant la chute de deux villes importantes (Hébron et Debir: 1.10-11)[15].

Au nord, Juda prend Jérusalem qui revenait à Benjamin (Jos 18.16, 28). Il ne le fait pas pour voler Benjamin, mais pour l'aider[16]. Juda offre à son voisin du nord une des villes les mieux protégées et l'encourage ainsi à prendre possession de tout son héritage. Par la même occasion, Juda assure sa frontière nord en écartant une menace importante.

Avant de développer plus en détail la prise de deux autres villes importantes (pour équilibrer son chiasme de la section 1.1-20), l'auteur donne un aperçu de l'ensemble de la campagne menée par la tribu leader. Juda commence au nord avec la prise de Jérusalem (1.8), traverse les collines de Judée en prenant au passage Hébron et Debir (*les Cananéens qui habitaient la montagne*), descend jusqu'à Horma (anciennement Tsephath: 1.17) située au sud (*la contrée du midi*), vire à l'ouest et pousse jusqu'à la Méditerranée pour prendre Gaza (1.18), puis il remonte enfin le littoral (*la plaine*) en prenant au passage Askalon et Ekron (1.18).

Le parcours étant jalonné, l'auteur reprend en détail quelques étapes. Hébron, ville des géants (Nb 13.22; Jos 14.12) et capitale probable d'une confédération de quatre villes (Kirjath-Arba signifie *ville de quatre*), devait être particulièrement difficile à prendre. N'avait-elle pas suscité la crainte des espions lors de l'exploration du pays un demi-siècle plus tôt (Nb 13.28-29)? Kirjath-Sépher (*la ville*

---

15 Les rois de Jérusalem, Hébron, Debir, ainsi que Tsephath-Horma (1.17) avaient été tués par Josué lors d'une première campagne au sud du pays (Jos 12.10-14) et les villes d'Hébron et Debir étaient tombées entre ses mains (Jos 10.36-39). Après ce premier assaut, ces villes ont dû retrouver temporairement leur indépendance.

16 Keil p. 257.

des livres) rebaptisée Debir (*la parole*) était probablement un centre culturel important[17] et devait aussi être bien défendue comme le suggèrent les versets suivants.

Récompense pour un fidèle: 1.12-15

12 Caleb dit: Je donnerai ma fille Acsa pour femme à celui qui battra Kirjath-Sépher et qui la prendra. 13 Othniel, fils de Kenaz, frère cadet de Caleb, s'en empara; et Caleb lui donna pour femme sa fille Acsa. 14 Lorsqu'elle fut entrée chez Othniel, elle le sollicita de demander à son père un champ. Elle descendit de dessus son âne; et Caleb lui dit: Qu'as-tu? 15 Elle lui répondit: Fais-moi un présent, car tu m'as donné une terre du midi; donne-moi aussi des sources d'eau. Et Caleb lui donna les sources supérieures et les sources inférieures.

L'auteur poursuit sa narration par un récit détaillé de la prise de Debir. Son but est double: d'une part il veut reprendre les différents thèmes évoqués à partir du centre de la première narration. Il les dispose dans l'ordre inverse pour donner à son développement la forme d'un chiasme (voir plan ci-dessus p. 58). Puisque le thème de la rétribution personnelle (1.6-7) avait précédé les propos sur la conquête globale du pays (1.8-11), l'auteur revient à ce thème tout en le contrastant (1.12-15). Ce n'est plus le jugement qui est évoqué, mais la bénédiction: si Adoni-Bézek a été puni pour le mal commis, Othniel est récompensé pour son courage. D'autre part, l'auteur en profite pour inclure quelques données sur le premier juge. Il prépare ainsi le terrain pour une bonne compréhension de ce personnage clé (voir commentaire 3.7-11).

Pourquoi Caleb offre-t-il sa fille comme prime de la victoire (1.12)? Caleb était l'un des deux héros d'Israël à vouloir conquérir la Palestine après l'exploration du pays (Nb 13-14). Cette détermination était chez lui signe de foi et non de témérité, car il prenait la parole de l'Eternel au sérieux. Puisque Dieu avait promis au peuple un pays, celui-ci n'allait-il pas mener son armée à la victoire? Après la conquête de la Palestine, Caleb, toujours animé d'une même foi, choisit librement la ville de Hébron comme part d'héritage (Jos 14.12-13), c.-à-d. la ville même des géants! Confiant non dans sa force, mais dans la fidélité de l'Eternel, il opte pour le morceau le plus difficile, laissant au peuple un témoignage exemplaire: «Faites comme moi, n'ayez pas peur, Dieu est avec nous».

---

[17] Jordan p. 7.

Ces remarques nous permettent de comprendre et d'apprécier les critères retenus pour trouver un gendre: Caleb ne cherche pour sa fille ni athlète musclé ni soldat couvert de cicatrices, mais un homme de foi qui prend Dieu au mot, un leader spirituel qui s'engage en première ligne, assuré de la victoire promise.

Si l'époux recherché est valeureux, l'épouse ne manquait pas d'attrait. La prime offerte était séduisante: en plus du privilège d'entrer dans la famille d'un héros de la foi, Caleb offrait au vainqueur une femme de qualité. Rien n'est dit sur son physique, mais l'essentiel est ailleurs, comme le soulignera la mère de Lemuel dans son poème sur la femme idéale (Pro 31.10-31). Les qualités intérieures d'Acsa sont révélées lorsque, soucieuse du bien de son mari, elle demande à son père la double faveur d'un champ et de fontaines d'eau (1.14-15)[18]. Caleb cède aux désirs de sa fille, et semble même aller au-delà de sa demande, puisqu'il lui offre *«les sources supérieures et les sources inférieures»*. Lorsque la confiance et le respect règnent, n'est-ce pas un plaisir pour des parents de transmettre leur héritage à leurs enfants, convaincus que ces derniers le mettront en valeur?[19]

Association avec Juda et campagnes militaires: 1.16-19

16 Les fils du Kénien, beau-père de Moïse, montèrent de la ville des palmiers, avec les fils de Juda, dans le désert de Juda au midi d'Arad, et ils allèrent s'établir parmi le peuple. 17 Juda se mit en marche avec Siméon, son frère, et ils battirent les Cananéens qui habitaient à Tsephath; ils dévouèrent la ville par interdit, et on l'appela Horma. 18 Juda s'empara encore de Gaza et de son territoire, d'Askalon et de son territoire, et d'Ekron et de son territoire. 19 L'Eternel fut avec Juda; et Juda se rendit maître de la montagne, mais il ne put chasser les habitants de la plaine, parce qu'ils avaient des chars de fer.

---

[18] Les propos de Jordan (pp. 7-9) sur le couple Othniel-Acsa sont stimulants, bien qu'ils paraissent parfois excessifs.

[19] Caleb et Othniel descendent-ils d'un certain Kenas-Kenizien (Nb 32.12) lui-même descendant d'Esaü (Gen 36.10-11; 1 Chr 1.35-36; cf. Cundall p. 55) ou sont-ils les descendants de Kenaz, descendant de Hetsron fils de Pérez, petit-fils de Juda (1 Chr 4.1, 13; cf. Keil p. 148)? Comme le lien de sang entre Kenaz (1 Chr 4.13) et la tribu de Juda est mal établi, la première solution est plus probable. Ainsi, le premier et seul (?) héros de cette époque pourrait être un homme au sang étranger! Où sont restés tous les vaillants d'Israël? Concernant le lien de parenté, Othniel est-il le jeune frère de Caleb (cf. Goslinga, Wolf) ou le neveu (Othniel est le fils de Kenaz, qui lui-même serait le jeune frère de Caleb; cf. Jackman, Jordan)? Cundall (p. 55) affirme que la construction grammaticale permet les deux lectures.

Poursuivant le développement en chiasme, le thème de l'association avec le leader est repris à son tour. En premier lieu, l'auteur mentionne la participation à la conquête d'une famille étrangère (1.16)[20]. L'intégration d'étrangers au destin d'Israël (déjà suggérée avec Othniel, un descendant d'Edom[21]) est maintenant pleinement exprimée. Ce point est important, car au début du développement, l'auteur avait relevé le jugement de nations étrangères (1.3-5). Or, tous les étrangers ne sont pas des ennemis d'Israël, mais seulement ceux d'entre eux qui s'opposent à Dieu. Certains individus et certaines familles ont reconnu l'action divine en faveur d'Israël et sont venus rejoindre le peuple élu. Ces fidèles partagent avec Israël les mêmes bénédictions divines. Ainsi le thème du leadership se dégage doublement de ces versets. Non seulement Juda entraîne Siméon à sa suite, mais Israël (représenté par Juda) sert de guide aux nations. Tous ceux qui s'associent à lui seront bénis. Ainsi, l'histoire des Kénites permet à l'auteur de développer l'un de ses thèmes. Elle permet aussi de donner au lecteur certaines informations sur les Kénites qui l'aideront à mieux comprendre l'intervention de Jaël (voir commentaire 4.11, 17-22).

En second lieu, l'engagement de Siméon dans la conquête, signalé une première fois (1.3-5), est repris (1.17-18). *Tout* le sud du pays et le littoral sont conquis. Certes, les villes d'Ashdod et de Gath ne sont pas citées, mais nous avons déjà relevé le travail sélectif de notre auteur qui se limite souvent à sept éléments: or, sans ces deux villes, sept villes conquises ont déjà été mentionnées.

Le verset 19 vient comme une surprise: Juda *«ne put chasser les habitants de la plaine, parce qu'ils avaient des chars de fer»*. Ce revers, dans un contexte de triomphe, étonne et désoriente. Il semble même contradictoire. Puisque les villes importantes étaient prises, comment le contrôle du littoral pouvait-il échapper? Certes, on peut avancer que Juda, ayant pris certaines villes lors d'une première campagne, n'a pas su ultérieurement occuper tout le pays. Historiquement, les deux informations ne sont pas inconciliables. Cependant, le mystère demeure. Comment ne pas prendre tout le pays, même s'il est bien défendu (*«Ils avaient des chars de fer»*), alors que Dieu est avec vous et vous a donné des victoires éclatantes?

---

[20] Les fils du Kénien s'étaient intégrés à Israël à la suite du mariage de Moïse (voir commentaire sur 4.11, p. 121 note 22).

[21] cf. note 19.

L'auteur nous impose ce dilemme pour nous faire réfléchir. Aucune solution n'est proposée parce que, fondamentalement, aucune n'existe. Seule l'absence de foi (qui est déraisonnable par nature) peut expliquer la situation. La déraison est la seule raison. La logique s'y perd, car avec le péché, elle ne peut que s'y perdre[22].

Dans un contexte global de succès, cette première fausse note semble insignifiante. L'histoire des autres tribus nous montre malheureusement qu'un petit péché agit souvent comme le grain de sable qui enraye toute la machine.

Caleb, un exemple à suivre: 1.20

On donna Hébron à Caleb, comme l'avait dit Moïse; et il en chassa les trois fils d'Anak.

Pour conclure avec Juda, l'auteur rappelle la prise d'Hébron (déjà mentionnée en 1.10). La part active de Caleb est relevée et permet de clore le chiasme en plaçant au début et à la fin du développement le nom de deux héros de la foi (Josué 1.1 et Caleb 1.20). Ces deux hommes sont les espions qu'Israël aurait dû écouter un demi-siècle plus tôt (Nb 13-14). Ils restent des repères pour la postérité, et leur exemple devrait encourager les générations suivantes à prendre possession du pays malgré les difficultés.

Si l'auteur termine le développement sur Juda par une note positive, c'est parce qu'il serait injuste de s'arrêter sur une faiblesse (1.19), alors que le reste du témoignage est exemplaire. Le ton a été donné; aux autres tribus de suivre.

L'histoire de sept tribus (1.21-36)

Le contraste entre l'histoire de Juda et celle des autres tribus est profond. Si une seule *mauvaise* action a été mentionnée pour Juda (1,20), une seule *bonne* action est mentionnée pour les autres tribus, et encore, devra-t-elle être nuancée. La deuxième narration contient le nom d'une seule ville conquise (Luz-Béthel: 1.22-26) pour vingt-et-un échecs (soit trois fois le chiffre de la totalité!). Certes, le revers n'est pas total puisqu'il est tempéré quatre fois par l'expression *«ils les asservirent à la corvée»*. Israël parvient à dominer partiellement,

---

[22] Que des chars de fer ennemis ne posent pas un problème insurmontable ressort clairement du cycle de Débora (4.3, 15). Pour Juda, le problème était spirituel avant d'être matériel. Le texte hébreu ne souligne pas une impossibilité ici, mais un simple fait. Darby traduit par: *«il ne déposséda pas»* plutôt que *«il ne put déposséder»*.

mais est-ce un succès? Ne sommes-nous pas plutôt face à un compromis tragique? La réponse de l'envoyé de l'Eternel confirme malheureusement cette présomption (2.1-3).

Les fils de Benjamin: 1.21

> *Les fils de Benjamin ne chassèrent pas les Jébusiens qui habitaient à Jérusalem; et les Jébusiens ont habité jusqu'à ce jour dans Jérusalem avec les fils de Benjamin.*

Des autres tribus, Benjamin est la première mentionnée, probablement parce qu'elle est la plus proche de Juda (voir développement ci-dessous).

Le récit de la conquête avortée commence avec la non-conquête de Jérusalem, cette ville que Juda venait de conquérir (1.8)! En peu de mots, toute la faiblesse des Israélites est mise à nu. Si Juda n'a pas occupé le littoral alors que trois places fortes étaient tombées dans la région (1.18-19), Benjamin refuse d'occuper une ville conquise[23]. Les fils de Benjamin suivent le leader dans son unique faux pas. Pire: ils ne prennent pas ce qui ne présentait plus aucune menace.

Un lecteur attentif notera que la cohabitation avec les Jébusiens semble avoir mal tourné pour Israël puisque, dans le dernier appendice, un Lévite évite Jérusalem pour ne pas passer la nuit *«dans une ville d'étrangers, où il n'y a pas d'enfants d'Israël»* (19:12). Lorsqu'on réalise que la dernière section du livre (chapitres 19-21) se situe chronologiquement *au début* de la période des juges (voir p. 295), on est frappé par la rapidité avec laquelle les Benjaminites ont perdu le contrôle de Jérusalem[24].

La maison de Joseph: 1.22-26

> *22 La maison de Joseph monta aussi contre Béthel, et l'Eternel fut avec eux. 23 La maison de Joseph fit explorer Béthel, qui s'appelait autrefois Luz. 24 Les gardes virent un homme qui sortait de la ville, et ils lui dirent: Montre-nous par où nous pourrons entrer dans la ville, et nous te ferons grâce. 25 Il leur montra par où ils pourraient entrer*

---

[23] Jos 15.63 attribue le compromis à Juda: *«les fils de Juda ne purent pas chasser les Jébusiens qui habitaient à Jérusalem, et les Jébusiens ont habité avec les fils de Juda à Jérusalem jusqu'à ce jour»*. Jérusalem était sur la frontière des deux tribus, mais elle avait été attribuée à Benjamin (Jos 18.28). La responsabilité d'une occupation incombait donc premièrement à Benjamin.

[24] Quelques Juifs semblent avoir habité la ville jusqu'au temps de l'auteur (cf. *«les Jébusiens ont habité* jusqu'à ce jour *dans Jérusalem avec les fils de Benjamin»* 1.21), mais ils devaient n'y faire que de la figuration si l'on en croit le Lévite (19.12).

dans la ville. Et ils frappèrent la ville du tranchant de l'épée; mais ils laissèrent aller cet homme et toute sa famille. 26 Cet homme se rendit dans le pays des Héthiens; il bâtit une ville, et lui donna le nom de Luz, nom qu'elle a porté jusqu'à ce jour.

Nous avons là le seul récit victorieux des autres tribus. Il est moins dû au courage des Juifs, qu'à la faiblesse de l'ennemi, à la lâcheté même. La situation rappelle le cas de Jéricho où Rahab avait favorisé les ennemis de la ville. Rahab et l'homme de Luz reçoivent l'assurance de la grâce (le même mot est utilisé[25]). Il y a pourtant des différences notoires: (1) Rahab avait protégé les espions, mais l'homme de Luz livre ses concitoyens; (2) elle avait fait sortir deux hommes, alors que lui fait pénétrer une armée dans la ville; (3) elle adopte la foi juive, mais lui quitte la Terre promise et cherche asile loin du Dieu d'Israël[26]. L'homme trahit les siens pour une cause à laquelle il n'adhère pas, et Israël désobéit à l'Eternel en épargnant cet infidèle. Sans souci pour la justice, le peuple élu et le traître de Luz ne pensent qu'à eux-mêmes.

Ce texte est à cheval entre l'histoire de Benjamin et celle des fils de Joseph. L'armée qui fait le siège est celle de Manassé et d'Ephraïm, mais la ville prise appartient à Benjamin. Ainsi, notre auteur mentionne, pour Benjamin, deux villes situées aux frontières sud et nord, prises par les tribus voisines (Juda au sud, et Manassé-Ephraïm au nord)[27].

On peut se demander pourquoi l'auteur parle de la maison de Joseph plutôt que de Manassé et d'Ephraïm. Pour ces deux tribus, il semble hésiter entre une différenciation (Manassé *et* Ephraïm 1.27-29) et un regroupement (la maison de Joseph 1.22-26 et 1.35-36). Son hésitation peut se comprendre, car sur le plan historique ces deux tribus aux destinées propres avaient un même ancêtre (Joseph). L'unité comme la spécificité de chacune de ces deux tribus étaient indéniables. L'auteur, conscient de ce double point de vue, exploite les deux aspects dans son développement. Ainsi, si l'on considère ces tribus de manière séparée, cela porte le nombre des tribus mentionnées à sept, le chiffre de la totalité: (1) Benjamin 1.21-26,

---

[25] Wolf p. 390.

[26] L'homme fuit le peuple élu pour fonder une nouvelle ville à laquelle il s'empresse de donner le nom de l'ancienne pour garder le souvenir de son passé et de sa culture. L'homme monte vers le nord, car les Héthiens (ou Hittites) étaient établis en Asie Mineure.

[27] Le roi de Béthel avait déjà été tué du temps de Josué (Jos 12.9).

(2) Manassé 1.27-28, (3) Ephraïm 1.29, (4) Zabulon 1.30, (5) Aser 1.31-32, (6) Nephthali 1.33, (7) Dan 1.34.

Lorsqu'on regroupe Ephraïm et Manassé, on obtient l'ordre suivant des tribus: (1) Benjamin 1.21, (2) Joseph 1.22-29, (3) Zabulon 1.30, (4) Aser 1.31-32, (5) Nephthali 1.33, (6) Dan 1.34. On peut alors y relever trois progressions: (1) Une progression géographique: de Benjamin, situé à la frontière de Juda, on s'éloigne vers le nord pour aboutir avec Dan en Haute-Galilée; (2) une progression dans les âges des fils de Jacob: du benjamin, on est conduit à l'aîné des six fils présentés ici (Benjamin le 12e, Joseph le 11e, Zabulon le 10e, Aser le 8e, Nephthali le 6e et Dan le 5e fils de Jacob); (3) une progression négative dans le statut des mères: des enfants des femmes légitimes (Benjamin et Joseph de *Rachel*, et Zabulon de *Léa*), on arrive aux enfants des servantes de Léa et Rachel (Aser de *Zilpa*, et Nephthali et Dan de *Bilha*). D'autre part, les enfants de Rachel, la femme désirée de Jacob (Benjamin et Joseph) précèdent Zabulon, le fils d'une épouse imposée de force à Jacob.

Cette triple progression est particulièrement intéressante parce qu'un même mouvement vers «l'impureté» peut s'y percevoir: (1) un éloignement géographique de Juda peut annoncer un éloignement spirituel du leader; (2) un accroissement de l'âge se caractérise souvent par une diminution de la vie; (3) enfin, la régression dans le statut des mères peut symboliser une immoralité accrue des tribus. Certes, la leçon ici n'est pas du domaine de la démonstration, mais plutôt de l'intuition et de la suggestion. L'auteur, par cet arrangement recherché (il aurait pu aisément choisir un autre ordre), accentue et confirme la leçon qui ressort d'une lecture rapide du texte: l'histoire d'Israël est marquée par une infidélité croissante.

Manassé, Ephraïm, Zabulon, Aser, Nephthali: 1.27-33

27 <u>Manassé</u> ne chassa pas les habitants de Beth-Schean et des villes de son ressort, de Thaanac et des villes de son ressort, de Dor et des villes de son ressort, de Jibleam et des villes de son ressort, de Meguiddo et des villes de son ressort; et les Cananéens voulurent rester dans ce pays. 28 Lorsque Israël fut assez fort, il assujettit les Cananéens à un tribut, mais il ne les chassa pas.

29 <u>Ephraïm</u> ne chassa pas les Cananéens qui habitaient à Guézer, et les Cananéens habitèrent au milieu d'Ephraïm à Guézer.

30 <u>Zabulon</u> ne chassa pas les habitants de Kitron, ni les habitants de Nahalol; et les Cananéens habitèrent au milieu de Zabulon, mais ils furent assujettis à un tribut.

31 <u>Aser</u> ne chassa pas les habitants d'Acco, ni les habitants de Sidon, ni ceux d'Achlal, d'Aczib, de Helba, d'Aphik et de Rehob; 32 et les

Asérites habitèrent au milieu des Cananéens, habitants du pays, car ils ne les chassèrent pas.

33 Nephthali ne chassa pas les habitants de Beth-Schémesch, ni les habitants de Beth-Anath, et il habita au milieu des Cananéens, habitants du pays, mais les habitants de Beth-Schémesch et de Beth-Anath furent assujettis à un tribut.

En plus des remarques faites sur l'ordre des tribus, notons que l'auteur introduit ici un thème important du livre: le compromis politique. A plusieurs reprises, il indique que les habitants ne furent pas chassés, mais *«assujettis à un tribut»* (1.28, 30, 33, 35). Comme le fait remarquer D.R. Davis (p. 25), si l'auteur relève inlassablement les échecs d'Israël, il souligne aussi ses succès militaires. Israël avait la force de chasser l'ennemi (1.28, 35)[28], mais ne l'a pas fait contrairement à l'ordre divin (Dt 20.11-18), préférant sans doute garder des sujets comme esclaves, se satisfaisant trop tôt d'une sécurité illusoire[29].

Les villes abandonnées par Manassé contrôlaient une importante route commerciale qui passait par la vallée de Jizreel (Cundall p. 59), et Dor était un port phénicien. Elles formaient aussi une ligne de bastions cananéens qui séparait les tribus de Joseph, au centre de Canaan, de celles du nord (Bruce p. 267). Plus au sud, Guézer occupait aussi une position stratégique dans la Shephelah. Cette cité ne passa sous contrôle israélite qu'au temps de Salomon (1 Rois 9.16). Au nord, les villes de Beth-Schémesch (la maison du soleil) et Beth-Anath (la maison d'Anath) étaient vraisemblablement des sanctuaires de divinités cananéennes. En cohabitant avec les habitants de ces régions, Nephthali s'exposait à de grandes tentations.

Dan et la maison de Joseph: 1.34-36

34 Les Amoréens repoussèrent dans la montagne les fils de Dan, et ne les laissèrent pas descendre dans la plaine. 35 Les Amoréens voulurent rester à Har-Hérès, à Ajalon et à Schaalbim; mais la main de

---

[28] La traduction de la Colombe n'est pas très heureuse (*«il ne* put *les déposséder»* 1.28). Segond donne: *«il ne les chassa pas»*. TOB, Jérusalem, Synodale, Semeur vont aussi dans ce même sens, et ne soulignent pas une impossibilité, mais un simple fait (voir aussi note 22).

[29] Les versets 27-28 reprennent Jos 17.11-13 et le verset 29 reprend partiellement Jos 16.10. L'auteur des Juges omet de dire qu'Ephraïm assujettit les Cananéens à la corvée. Quant au récit de Josué, il ne mentionne pas les échecs de Zabulon, Aser et Nephthali, ni d'ailleurs celui de Benjamin (1.21). Peut-être que les campagnes militaires de ces tribus n'étaient pas assez avancées au moment de la rédaction du livre de Josué pour pouvoir en laisser un compte-rendu. L'atmosphère est d'ailleurs beaucoup plus optimiste dans Josué que dans Juges.

la maison de Joseph s'appesantit sur eux, et ils furent assujettis à un tribut. 36 Le territoire des Amoréens s'étendait depuis la montée d'Akrabbim, depuis Séla, et en dessus.

Le point le plus tragique de l'occupation partielle du territoire sert de conclusion à cette énumération d'échecs. Dan est non seulement incapable de prendre une région, mais il se fait repousser par l'ennemi. Il perd du terrain *à la montée* (1.34). La faiblesse d'Israël est à son comble[30]. Quant à l'évocation d'Ajalon, elle rappelle les paroles étonnantes de Josué (*«Soleil, arrête-toi sur Gabaon, et toi, lune, sur la vallée d'Ajalon!»* Jos 10:12) le jour où l'Eternel livra les Amoréens entre les mains d'Israël. Le symbole de la victoire est retourné aux mains de l'ennemi![31]

Pourquoi l'auteur revient-il à la maison de Joseph (1.35-36)? En premier lieu, il veut souligner les liens qui rapprochent la première et la dernière section de son développement sur les «autres» tribus. La première tribu mentionnée était caractérisée par l'expression *les fils de* Benjamin (1.21), expression que l'on retrouve pour la dernière tribu mentionnée: *les fils de* Dan (1.34)[32]. La présence et l'action de la maison de Joseph marquent ces deux sections. Par ces points communs, l'auteur délimite l'histoire des «autres» tribus (1.21-36). Son développement comprend donc bien deux parties: l'histoire de la tribu leader (1.1-20) et l'histoire des «autres» tribus (1.21-36).

La maison de Joseph assiste les tribus dans son voisinage (Benjamin et Dan) à accomplir leur tâche. Il joue dans ce sens le rôle d'un deuxième chef à côté de la tribu de Juda[33]. Il est significatif de

---

30 Cet échec de Dan permet de mieux comprendre l'effort de chercher une autre région comme domicile (cf. chapitres 17-18), car l'héritage de Dan était principalement dans la plaine (Jos 19.40-47), et en se faisant repousser dans les montagnes, les fils de Dan perdaient presque tout leur territoire (Keil p. 261). La victoire des fils de Joseph montre, néanmoins, qu'avec plus de persévérance, un succès était possible. Le voyage de cette tribu vers le nord soulignera, sur un plan géographique, l'éloignement spirituel de la tribu: infidèle à Dieu, elle se distance au maximum de la tribu leader.

31 Jordan p. 20.

32 Rappelons que les tribus de Benjamin et Dan tiennent un rôle stratégique dans le livre des Juges. En particulier, les deux appendices se penchent sur ces deux tribus (Dan: chapitres 17-18; Benjamin: chapitres 19-21).

33 Le livre de Josué place Ephraïm et Manassé aux côtés de Juda comme leader (Jos 15-17): d'une part, ces trois tribus ont rapidement cherché leur part d'héritage (Jos 18.1-5); d'autre part, elles ont reçu la part territoriale la plus importante;

constater qu'une fois de plus, l'auteur note un mouvement vers l'infidélité: la maison de Joseph qui avait aidé les Benjaminites à prendre Béthel est maintenant incapable de repousser l'ennemi de Dan.

Les explications divines (2.1-5)

Le reproche: 2.1-2

1 Un envoyé de l'Eternel monta de Guilgal à Bokim, et dit: Je vous ai fait monter hors d'Egypte, et je vous ai amenés dans le pays que j'ai juré à vos pères de vous donner. J'ai dit: Jamais je ne romprai mon alliance avec vous; 2 et vous, vous ne traiterez pas alliance avec les habitants de ce pays, vous renverserez leurs autels. Mais vous n'avez pas obéi à ma voix. Pourquoi avez-vous fait cela?

Après ce long développement technique du chapitre 1, l'auteur passe à une évaluation (2.1-3). L'analyse n'est pas présentée sous la forme de suppositions ou d'hypothèses à discuter, mais sous celle d'un jugement net, absolu et sans appel annoncé par *«l'envoyé de l'Eternel»* en personne: Israël a péché en ne conquérant que partiellement la Terre promise. Aucune excuse ou circonstance atténuante n'est prise en considération. Le problème n'est pas militaire, mais religieux.

Dieu commence par rappeler l'époque de Moïse (*«Je vous ai fait monter hors d'Egypte»*) et de Josué (*«Je vous ai amenés dans le pays que j'ai juré à vos pères de vous donner»*). Les grandes victoires du passé sont la preuve qu'avec l'Eternel, le problème n'est jamais une question de manque de puissance. Si Dieu promet la victoire, la victoire est au rendez-vous. Aucune force ne peut contrecarrer les desseins divins, et si les chars de fer impressionnent les hommes, ils ne peuvent arrêter une armée soutenue par l'Eternel.

L'échec marqué par une conquête partielle du pays est dû au compromis. Israël a traité des alliances avec les habitants du pays et n'a pas renversé leurs autels (2.2). La nation est critiquée pour avoir voulu vivre en paix avec ses ennemis. Elle a cessé trop vite de combattre pour se contenter d'une sécurité illusoire. C'est tout le problème de la période des juges qui est exposé là, car cet esprit calculateur, manifesté une première fois par la génération succédant

---

finalement, les fils de Joseph ont reçu une double part, soit la part de l'aîné d'une famille (Dt 21.15-17; cf. Jordan p. 15).

à Josué, ne fera que se renforcer tout au long des trois siècles suivants.

Une fois de plus, cette introduction évoque un thème majeur du livre, et l'importance stratégique des paroles de l'ange nous fait penser que le compromis religieux est le thème majeur du livre des Juges[34]. En fait, il serait plus correct de dire que le problème fondamental tient à la désobéissance envers l'Eternel. Les dernières paroles de reproche le soulignent bien: *«Vous n'avez pas obéi à ma voix. Pourquoi avez-vous fait cela*?» (2.2). Les alliances avec les Cananéens sont condamnées parce que Dieu les avait interdites.

Le parcours de l'envoyé de l'Eternel est intéressant. Il monte *«de Guilgal à Bokim»*. Pourquoi donner cette information, alors que la description du messager est des plus sobres? Guilgal était une étape importante dans la conquête du pays sous Josué. Après la traversée du Jourdain, douze pierres tirées du Jourdain avaient été dressées dans la Terre promise comme mémorial de l'action divine (Jos 4). Dans ce même endroit, tout le peuple s'était fait circoncire (Jos 5.7) et, en souvenir de la rédemption et des paroles divines, le lieu reçut le nom de Guilgal qui signifie *rouler* (*«L'Eternel dit à Josué: Aujourd'hui, j'ai* roulé *de dessus vous l'opprobre de l'Egypte. Et ce lieu fut appelé du nom de Guilgal jusqu'à ce jour»* Jos 5:9). Guilgal rappelle la grande libération d'Egypte et l'entrée en Terre promise. Ainsi, l'envoyé de l'Eternel passe du lieu de la bénédiction au lieu de la malédiction (Bokim signifie *pleurs* comme l'indique Jug 2.5[35]). Le contraste entre la période de Josué et des Juges est caractérisé par ce voyage. Comme l'indique un commentateur, Bokim donne le ton à tout le livre des Juges, comme Guilgal l'avait fait pour celui de Josué[36].

Notons encore que l'envoyé de l'Eternel est peut-être identique au *«chef de l'armée de l'Eternel»* qui était apparu à Josué dans la région de Guilgal (Jos 5.10-15)[37]. Cet ange joue un rôle fondamental dans

---

34 En s'appuyant sur le slogan de la fin du livre (*«En ce temps-là, il n'y avait pas de roi en Israël; chacun faisait ce qui lui semblait bon»* 21:25), beaucoup d'auteurs pensent que le problème principal d'Israël était lié à son organisation politique déficiente. Comme nous l'avons déjà vu, ce slogan ne concerne pas le domaine politique, mais le domaine religieux.

35 La LXX identifie Bokim avec Béthel. Faut-il y voir un lien avec Gen 35.8 (cf. Wilcock, p. 26)? Si Béthel était le lieu du sanctuaire, l'endroit conviendrait bien pour y proclamer la justice divine.

36 H. Rossier cité par Goslinga p. 262.

37 *BA* p. 97, Keil pp. 264-265.

l'appel de Gédéon (6.11-24) et de Samson (13.3-21) et s'identifie à Dieu lui-même[38].

Le jugement: 2.3

> *J'ai dit alors: Je ne les chasserai pas devant vous; mais ils seront à vos côtés, et leurs dieux vous seront un piège.*

Le jugement de l'Eternel est indirect. Abandonné par son peuple, Dieu se retire: il ne chassera plus leurs ennemis. Israël devra donc vivre avec ces peuples et subir les conséquences de cette cohabitation. Dieu reste le maître de l'histoire, mais il accomplira ses desseins par d'autres peuples qui viendront punir la nation élue chaque fois qu'elle désobéira. Le peuple qui voulait faire confiance à d'autres peuples sera confié (pour son malheur) à ces peuples[39].

Ainsi, si le premier chapitre ne se termine pas par un désastre instantané, toutes les conditions sont réunies pour une calamité future. Comme une pomme pourrie en contamine d'autres, la présence des Cananéens aura immanquablement des effets déplorables. Leur religion polluera l'éthique d'Israël, et leur soif de domination humiliera les Juifs. Oppression politique, immoralité et paganisme seront les problèmes majeurs. Ils sont illustrés de manière particulière dans les deux appendices.

Les pleurs: 2.4-5

> *4 Lorsque l'envoyé de l'Eternel eut dit ces paroles à tous les enfants d'Israël, le peuple éleva la voix et pleura. 5 Ils donnèrent à ce lieu le nom de Bokim, et ils y offrirent des sacrifices à l'Eternel.*

La première introduction se termine avec un petit espoir: le peuple se repent (pleurs et sacrifices). Celui qui connaît le contenu de l'alliance divine sait que la repentance marque l'aube d'une ère nouvelle. Cet espoir n'est, cependant, pas encore clairement évoqué ici comme il le sera dans la deuxième introduction (2.16, 18). L'auteur semble vouloir en rester, dans son premier développement, à son thème principal: celui du péché du peuple[40].

---

[38] Il semble possible d'y voir une préincarnation de la deuxième personne de la Trinité (Bruce p. 268; Jordan p. 22; Wolf p. 392). Keil (p. 263) fait remarquer que les prophètes ne sont jamais appelés *envoyés de l'Eternel*, mais plutôt *hommes de Dieu*.

[39] Une note d'ironie se dégage de ces paroles (Jackman p. 48), mais elle reflète assez la justice divine qui punit toujours le coupable en rapport direct avec la faute commise (voir thème de la rétribution p. 18-20).

[40] On peut se demander si la repentance était sincère puisque aucune réforme n'intervient et les tribus ne reprennent pas la guerre. La suite des Juges montre aussi que si la repentance était sincère, elle était de courte durée. D'un autre côté, les Israélites semblent avoir été marqués par cette repentance puisqu'ils ont laissé un mémorial en nommant le lieu Bokim (*les Pleurants*: Jordan p. 24).

Deuxième introduction : 2.6-3.6

Après une première introduction, l'auteur en donne une deuxième. Pourquoi introduire son oeuvre par un double préambule? Le premier n'était-il pas suffisant? Nous avons pu apprécier la richesse et la densité de cette section. Différents thèmes y étaient abordés avec doigté. Cependant, la valeur d'un développement n'implique pas qu'il soit complet. L'abondance d'une matière amène souvent un auteur à développer un sujet sur plusieurs chapitres. La richesse du message des Juges nécessitait une deuxième introduction. L'auteur y complète sa présentation des thèmes fondamentaux.

Une deuxième raison a pu motiver cette double introduction. Elle tient au style de l'argumentation. L'auteur aime à s'exprimer par comparaisons et par contrastes, parfois par simple répétition. Tout au long du livre, l'élément de dualité est important. A la double introduction correspond un double appendice. Cette manière de s'exprimer est profondément enracinée dans la mentalité hébraïque et l'Ancien Testament fourmille d'exemples. La répétition enrichit un thème, car elle l'examine sous différents angles. Une double leçon permet aussi de laisser un double témoignage et, comme des témoins qui s'accordent, cette reprise d'une leçon est garante d'authenticité. Ainsi la deuxième introduction confirmera la première.

De la géographie à l'histoire

Si le premier développement était tout orienté vers la géographie (n'y avait-on pas relevé 70 noms propres dont 42 noms de villes), le deuxième développement se penche sur la dimension *temporelle*. Un seul nom de ville y figure (Hamath 3.3), et encore est-il d'importance secondaire. Par contre, la notion de *génération* est fondamentale, même si le mot lui-même n'apparaît que trois fois (2.10, 10; 3.2). Les étapes cruciales sont marquées par la mort de Josué (2.8-9), la mort de ses contemporains (2.10) et la mort des juges (2.19). Une génération en suit une autre, et dans la conclusion (3.2), Dieu annonce son dessein pour toutes les *générations* qui n'avaient pas connu les guerres de Josué[1].

---

[1] Goslinga (p. 273) attire l'attention sur le pluriel de générations en 3.2. Puisque le singulier est utilisé en 2.10, il pense que le pluriel en 3.2 doit se référer *aux* générations suivantes.

Ainsi, si la première introduction expose le mal dans son *étendue* (toutes les régions du pays en sont contaminées), la deuxième le révèle dans sa *profondeur* (toutes les générations en sont marquées).

Introduction aux cycles

A cette notion de générations, s'ajoute celle de cycles. Le cours des événements se répète inlassablement d'une génération à une autre, et nous pouvons la caractériser par cinq mots commençant par «R»: **r**ébellion, **r**uine, **r**epentance, **r**édemption, **r**epos. L'histoire est cyclique, car elle retombe toujours au même point: la rébellion. Ainsi, l'endurcissement d'Israël est le dénominateur commun de toutes les générations qui ont succédé à Josué.

Plus schématiquement, on assiste à une oscillation entre un éloignement de Dieu et un retour à lui. Israël est rebelle, mais l'Eternel est bon et il est prêt à pardonner à son peuple. Deux étapes du cycle caractérisent l'éloignement (la rébellion et la ruine) et trois étapes marquent le retour à Dieu, lorsqu'il est réel et complet (la repentance, la rédemption, le repos).

Progression dans la rébellion

Si l'histoire se répète d'une manière globale, elle se modifie aussi légèrement. Elle glisse vers une infidélité grandissante. Ainsi la notion de progression dans le péché relevée dans la première introduction, se retrouve exposée ici. Elle n'est plus simplement suggérée, mais affirmée explicitement: *«à la mort du juge, ils se corrompaient de nouveau plus que leurs pères»* (2:19). Pour souligner cette progression, Michael Wilcock (p. 29) parle de *spirales* plutôt que de cycles.

La dégradation de la situation entre la première génération et les suivantes ressort aussi d'évolutions négatives entre les deux introductions: (1) d'un refus à chasser l'ennemi, on glisse vers les alliances avec l'ennemi (idolâtrie et mariages); (2) du terrain abandonné aux nations, on passe au terrain conquis par les nations[2].

Précision sur le jugement

Une progression se trouve aussi au niveau des explications. Si la première introduction a interprété l'histoire des tribus par quelques paroles de l'ange de l'Eternel (2.1-3), la deuxième est plus riche en explications. En particulier, le jugement de l'Eternel colorant toute la

[2] Wolf p. 393.

période des juges est repris et développé: d'un verset (2.3), on passe à huit versets (2.21-3.5). Ainsi, à la progression du péché, Dieu répond par des explications plus abondantes sur le jugement: le refus de chasser l'ennemi impliquera des difficultés engendrées par les nations païennes.

Le ministère des juges

L'élément le plus important de cette deuxième introduction concerne le ministère des juges. Introduits ici pour la première fois, ces hommes sont les personnages clé du livre des Juges. Ils sont mentionnés à six reprises dans la partie centrale de cette introduction (2.16, 17, 18, 18, 18, 19; voir structure ci-dessous)[3].

Sur le plan humain, ils représentent la note positive. Ils sont les libérateurs envoyés par l'Eternel pour sauver Israël. Certes, les juges ne sont pas capables de réformer durablement le coeur des hommes, mais aucun reproche ne leur est adressé. On ne relèvera sans doute jamais assez *l'évaluation entièrement positive* de leur ministère. Si Israël a péché, ce n'est pas la faute des juges. Au contraire, tous les problèmes d'Israël viennent *de son refus de suivre* ces juges mandatés par Dieu. Cette évaluation entièrement favorable des juges est fondamentale pour comprendre la suite du livre. Le lecteur devra interpréter les autres récits à la lumière de cette introduction. Les juges ne devront pas être critiqués, mais écoutés.

Structure

La deuxième introduction est construite sur trois parties: (1) la génération de Josué (2.6-10), (2) les générations suivantes (2.11-19), (3) le jugement de Dieu sur l'histoire des juges (2.20-3.6). Ces trois parties rappellent les trois parties de la première introduction. Comme la tribu de Juda devait donner l'exemple aux autres tribus, la génération de Josué devait servir de guide à toutes les générations. Quant à la conclusion des deux introductions, elle contient chaque fois des paroles divines éclairant l'histoire. Cette symétrie rapproche les deux introductions.

---

[3] Faut-il faire un lien entre les six mentions du mot *juge* dans cette deuxième introduction et les six ministères développés dans la section principale du livre (3.7-16.31): Othniel, Ehud, Débora, Gédéon, Jephthé et Samson? Notons aussi que si les juges sont au centre de cette introduction (2.11-19), ils sont aussi au centre du livre des Juges (3.7-16.31).

Trois sections	**Première introduction**	**Deuxième introduction**
Le leader	Juda (1.1-20)	La génération de Josué (2.6-10)
Le peuple	Sept tribus (1.21-36)	Les générations suivantes (2.11-19)
L'évaluation divine	Le message de l'ange (2.1-5)	Les paroles divines (2.20-3.6)

Si la deuxième introduction est rattachée à la première, elle a aussi des liens avec la suite. Ses thèmes (cycles, histoire des générations, ministère des juges) sont développés dans la section principale du livre (3.7-16.31). Ce lien est tellement manifeste que certains placent la coupure principale *avant* la deuxième introduction plutôt qu'après[4].

Ainsi, au lieu de voir une structure globale construite autour des 7 cycles (2 introductions, 7 cycles, 2 appendices), certains préfèrent considérer deux parties principales (une histoire des tribus et une histoire des générations), chacune précédée par une introduction[5]. Les deux approches sont valables et sont schématisées dans les deux tableaux ci-dessous.

Le lien de la deuxième introduction avec ce qui précède

1.a	Première introduction (1.1-2.5)
1.b ↑	*Deuxième introduction* ***(2.6-3.6)***
2	Les sept cycles d'oppression/libération (3.7-16.31)
3.a	Premier appendice (17-18)
3.b	Deuxième appendice (19-21)

Le lien de la deuxième introduction avec ce qui suit

1.a	Introduction à l'histoire des tribus (1.1-2.5)
2.a ↓	*Introduction à l'histoire des juges* ***(2.6-3.6)***
2.b	Histoire des juges (3.7-16.31)
1.b	Histoire de deux tribus (17-21)

4 Colombe, TOB, *BA* p. 102, Goslinga p. 276, Keil p. 276.
5 Semeur, Cundall p. 50, Wolf p. 393.

Exégèse détaillée

La génération de Josué (2.6-10)

> *6 Josué renvoya le peuple, et les enfants d'Israël allèrent chacun dans son héritage pour prendre possession du pays. 7 Le peuple servit l'Eternel pendant toute la vie de Josué, et pendant toute la vie des anciens qui survécurent à Josué et qui avaient vu toutes les grandes choses que l'Eternel avait faites en faveur d'Israël.*
>
> *8 Josué, fils de Nun, serviteur de l'Eternel, mourut âgé de cent dix ans. 9 On l'ensevelit dans le territoire qu'il avait eu en partage, à Thimnath-Hérès, dans la montagne d'Ephraïm, au nord de la montagne de Gaasch.*
>
> *10 Toute cette génération fut recueillie auprès de ses pères, et il s'éleva après elle une autre génération, qui ne connaissait pas l'Eternel, ni ce qu'il avait fait en faveur d'Israël.*

La référence à une action de Josué étonne puisque tout le livre est présenté comme posthume à Josué (1.1). Certains pensent que la première introduction a été ajoutée plus tard ou provient d'une autre source[6]. L'unité profonde du livre milite contre une telle idée. Mieux vaut suivre la *BA* qui parle d'un simple retour en arrière et pense que *«les versets suivants ont donc pour l'auteur la valeur de plus-que-parfaits: 'Et Josué avait renvoyé'«* (p. 99).

Le développement contient trois points: (1) l'engagement de la génération de Josué (2.6-7); (2) la mort de Josué (2.8-9); (3) le passage vers une nouvelle génération qui ne connaissait pas l'Eternel (2.10). L'auteur contraste la première et la dernière partie: la fidélité des contemporains de Josué tranche avec la méconnaissance de l'Eternel de la génération suivante. Les premiers avaient *«vu toutes les grandes choses que l'Eternel avait faites en faveur d'Israël»* (2.7), alors que leurs descendants *«ne connaissaient pas l'Eternel, ni ce qu'il avait fait en faveur d'Israël»* (2.10).

Au centre du développement (2.8-9), l'auteur rappelle la mort de Josué[7]. Ces versets reprennent à la lettre Jos 24.29-30[8]. Quand on réalise que les versets précédents (2.6-7) sur la fidélité de la génération de Josué sont très proches de Jos 24.28 et Jos 24.31, on en conclut que l'auteur des Juges a volontairement commencé sa

---

[6] Cundall p. 66.

[7] L'âge élevé de Josué est significatif de la bénédiction divine qui repose sur le fidèle. Jordan (p. 29) développe tout un symbolisme autour du chiffre 110.

[8] Sur les vingt-et-un mots, une seule différence: Thimnath-*Sérach* (Jos 24.30) devient Thimnath-*Hérès* (Jug 2.9). Les trois lettres de ce mot sont les mêmes, mais la première et la dernière sont inversées dans les deux mots: סרח et חרס.

deuxième introduction avec la fin du livre de Josué[9]. Ainsi, par ces quatre versets (2.6-9), il évoque tout un livre[10]. Est-il besoin de rappeler que le livre de Josué est consacré aux exploits de toute une génération, et qu'il se termine avec le renouvellement de l'alliance (Jos 23-24). Ainsi en quelques phrases, l'auteur des Juges rappelle toute la fidélité passée. Difficile de dire plus en moins de mots.

Les cycles de rébellion-rédemption (2.11-19)

Révolte (2.11-13)

11 Les enfants d'Israël firent alors ce qui déplaît à l'Éternel, et ils servirent les Baals. 12 Ils abandonnèrent l'Éternel, le Dieu de leurs pères, qui les avait fait sortir du pays d'Égypte, et ils allèrent après d'autres dieux d'entre les dieux des peuples qui les entouraient; ils se prosternèrent devant eux, et ils irritèrent l'Éternel. 13 Ils abandonnèrent l'Éternel, et ils servirent Baal et les Astartés.

Le développement commence avec la première étape du cycle: la révolte contre l'Eternel. Ce rejet peut être vu sous deux angles: d'une part, un éloignement de Dieu, et d'autre part, un rapprochement des idoles. Pour l'éloignement, l'auteur utilise des expressions comme *déplaire à l'Eternel* (2.11a), *abandonner l'Eternel* (2.12a, 13a), *irriter l'Eternel* (2.12d). Le rapprochement des idoles est formulé dans les termes suivants: *servir les Baals* (2.11b, 13b), *aller après d'autres dieux* (2.2.12b), *se prosterner devant ces dieux* (2.12c).

Ce développement est très répétitif: huit fois, l'auteur souligne l'infidélité d'Israël (quatre fois, c'est l'abandon de l'Eternel qui est relevé, et quatre fois, l'adhésion aux idoles). Ainsi, pour introduire la notion de cycles, l'auteur commence par se répéter. N'est-ce pas le moyen idéal pour véhiculer ce concept?

Répétition n'est, cependant, pas redite, car si le message reste le même, la formulation change. La première ligne souligne l'éloignement de Dieu (2.11a); la seconde exprime l'adhésion aux idoles (2.11b); la troisième revient à l'éloignement de Dieu, mais de manière plus développée (2.12a); la quatrième développe l'adhésion aux idoles (2.12b). Ainsi, le développement des quatre premières lignes est alterné. Pour les quatre suivantes, le développement se fait de manière croisée, c'est-à-dire en chiasme. La cinquième ligne

---

[9] Les deux derniers versets du livre (Jos 24.32-33) n'ont pas été repris, car l'enterrement d'Eléazar et des os de Joseph ne concernaient pas la période des juges.

[10] Si un livre de l'Ancien Testament était parfois désigné par ses premiers mots, il est possible que les derniers mots caractérisaient aussi l'ouvrage.

reprend brièvement l'attachement aux idoles (2.12c); la sixième affirme l'éloignement de Dieu (2.12d), comme la suivante (2.13a); la dernière revient à l'attachement aux idoles (2.13b). On obtient ainsi la structure: A^1 B^1 A^2 B^2, puis B^3 A^3 A^4 B^4.

11	a	A^1	Les enfants d'Israël firent alors ce qui déplaît à l'Eternel,
	b	B^1	et ils servirent les Baals.
12	a	A^2	Ils abandonnèrent l'Eternel, le Dieu de leurs pères, qui les avait fait sortir du pays d'Egypte,
	b	B^2	et ils allèrent après d'autres dieux d'entre les dieux des peuples qui les entouraient;
	c	B^3	ils se prosternèrent devant eux,
	d	A^3	et ils irritèrent l'Eternel.
13	a	A^4	Ils abandonnèrent l'Eternel,
	b	B^4	et ils servirent Baal et les Astartés.

Le rappel de la sortie d'Egypte (2.12a) souligne l'écart entre le présent et le passé. En adhérant aux idoles, Israël est retourné en esclavage[11].

Baal est mentionné une fois au pluriel (2.11) et une fois au singulier (2.13). Aucune différence n'est en vue ici[12]. Baal est le nom de la divinité principale, et il est fréquemment associé à d'autres divinités: Baal-Berith (8.33; 9.4, 46), Baal-Zebub (2 Rois 1.2-3, 6, 16) ce qui explique le pluriel. Astarté est la divinité féminine. Une association entre ces différents dieux était fréquente, car le baalisme était fondamentalement syncrétiste et essayait d'accommoder tout le monde. Même Israël n'a pas su résister à cette politique des bras ouverts.

Ruine (2.14-15a)

14 La colère de l'Éternel s'enflamma contre Israël. Il les livra entre les mains de pillards qui les pillèrent, il les vendit entre les mains de leurs ennemis d'alentour, et ils ne purent plus résister à leurs ennemis. 15 Partout où ils allaient, la main de l'Éternel était contre eux pour leur faire du mal, comme l'Éternel l'avait dit, comme l'Éternel le leur avait juré.

---

11 Jordan p. 39.
12 Goslinga p. 266.

Le deuxième élément abordé constitue la deuxième étape du cycle: la ruine. Lorsque Israël abandonne son Dieu, l'Eternel ne peut que le punir. Dieu s'était engagé à soutenir et à aider son peuple dans la mesure où ce dernier lui était fidèle (Dt 28.1-14), mais il avait aussi annoncé le malheur et l'abandon au cas où Israël se détournerait de lui (Dt 28.15-68). Devant la révolte, la ruine est inévitable. Le principe est rappelé deux fois pour mieux souligner la certitude du jugement: *«Comme l'Eternel l'avait dit, comme l'Eternel le leur avait juré»* (2.15a).

A l'image du développement sur la révolte, l'auteur exprime plusieurs fois les mêmes idées. Si la première ligne relève la colère de l'Eternel (2.14a), les trois suivantes affirment les conséquences de cette colère (2.14b,14c,15a). Dans ce développement sur les cycles répétitifs, l'auteur continue à se répéter.

14	a	La colère de l'Eternel s'enflamma contre Israël.
	b	Il les livra entre les mains de pillards qui les pillèrent,
	c	il les vendit entre les mains de leurs ennemis d'alentour, et ils ne purent plus résister à leurs ennemis.
15		Partout où ils allaient, la main de l'Eternel était contre eux pour leur faire du mal, comme l'Eternel l'avait dit, comme l'Eternel le leur avait juré.

Repentance & rédemption (2.15b-16)

Ils furent ainsi dans une grande détresse. 16 L'Eternel suscita des juges, afin qu'ils les délivrent de la main de ceux qui les pillaient.

Le salut est formé de deux éléments: la repentance du peuple (2.15b) et la rédemption divine (2.16). Ces deux éléments sont rapportés brièvement. Pour la repentance cela n'étonne pas trop, car l'auteur semble toujours la mentionner brièvement (à l'inverse de la rédemption divine) comme pour montrer que l'essentiel du salut n'est pas dans l'action humaine.

La concision avec laquelle la rédemption divine est rapportée est plus surprenante, car elle tient une place fondamentale dans le livre des Juges. En particulier, elle en est l'objet principal de la partie centrale (3.7-16.31). Ici, l'auteur ne la mentionne qu'en quelques mots, ce qui est déjà un progrès par rapport à la première introduction, où elle n'était que suggérée. Ainsi, dans ses deux introductions, l'auteur semble maintenir l'accent sur la *révolte*. Peut-être est-ce pour mieux marquer, dans l'ensemble du livre, cette oscillation révolte-rédemption-révolte: les deux introductions soulignent la révolte (1.1-3.6); la partie principale développe la rédemption apportée par les juges (3.7-16.31); finalement, les deux appendices ramènent le lecteur aux écarts spirituels et moraux les plus profonds (17-21).

Concernant le ministère des juges, il faut surtout relever que ces derniers sont appelés par Dieu (*«L'Eternel suscita des juges...»*). Ils sont vraiment *ses* envoyés.

Révolte (2.17)

Mais ils n'écoutèrent pas même leurs juges, car ils se prostituèrent à d'autres dieux, se prosternèrent devant eux. Ils se détournèrent promptement de la voie qu'avaient suivie leurs pères, et ils n'obéirent pas comme eux aux commandements de l'Eternel.

Le cycle revient à son point de départ avec une nouvelle révolte. Rien n'a été dit sur le repos qui est parfois un élément du cycle. Comme nous venons de le voir, l'auteur place, dans ses introductions, l'accent sur le péché. Comme le repos n'était pas toujours au rendez-vous, l'auteur ne le mentionne même pas dans cette introduction[13].

Le message est à nouveau répété et le péché est relevé plusieurs fois. En particulier, l'auteur affirme que le péché est associé à un rejet des juges: *«ils n'écoutèrent pas même leurs juges»*. Les leaders divins n'ont pas été suivis. Cette remarque montre que le ministère des juges ne se limitait pas à la libération politique. Pour le peuple, ils étaient aussi leurs modèles à suivre[14].

Rédemption & repentance (2.18)

Lorsque l'Eternel leur suscitait des juges, l'Eternel était avec le juge, et il les délivrait de la main de leurs ennemis pendant toute la vie du juge; car l'Eternel avait pitié de leurs gémissements contre ceux qui les opprimaient et les tourmentaient.

Pourquoi parler encore une fois du salut et ne pas arrêter le développement des cycles au verset 17? Si une précision était nécessaire, pourquoi ne pas l'avoir inclue dans le développement antérieur (2.15b-16)? L'auteur veut relever le mouvement répétitif des cycles. Jusqu'à présent, il l'avait fait par une répétition de brèves

---

[13] Le repos n'est mentionné que pour les cycles d'Othniel (3.11), d'Ehud (3.30), de Débora (5.31) et de Gédéon (8.28).

[14] L'écart entre les juges et le peuple est plus marqué à la fin de la période des juges, puisque Gédéon est contesté (8.1), Jephthé agressé (12.1) et Samson est même livré à l'ennemi (15.12-13).

affirmations, maintenant il reprend des développements plus importants (rédemption et repentance). Concernant la repentance, l'accent porte ici davantage sur l'amour divin que sur les cris des hommes (*«l'Eternel avait pitié de leurs gémissements»*).

Révolte (2.19)

Mais, à la mort du juge, ils se corrompaient de nouveau plus que leurs pères, en allant après d'autres dieux pour les servir et se prosterner devant eux, et ils persévéraient dans la même conduite et le même endurcissement.

Le développement sur les cycles se termine sur la ruine. Ainsi une double boucle a été esquissée: *révolte* (2.11-13), ruine (2.14-15a), repentance-rédemption (2.15b-16), *révolte* (2.2.17), rédemption-repentance (2.18), *révolte* (2.19).

A noter aussi que la rechute se fait à la mort du juge. La nécessité, pour chaque génération, d'un attachement personnel à l'Eternel est malheureusement souvent oubliée et le 20e siècle souffre cruellement d'un tel oubli. Comme le dit Wolf, *«un peuple ne peut puiser sa force spirituelle en ses parents, car chaque génération doit faire personnellement l'expérience de la réalité divine»* (p. 394).

La progression dans le péché est manifeste (*«Ils se corrompaient de nouveau plus que leurs pères»*) et tout le livre des Juges témoigne de cette progression. Si les juges ont pu sauver temporairement le peuple de leurs ennemis, ils n'ont pu enrayer le mal fondamental. Un autre sauveur sera nécessaire pour s'attaquer à la racine même du péché. La période des juges sera suivie d'une nouvelle étape du plan divin qui préparera la venue du Messie. Le livre de Samuel annoncera cette promesse messianique[15].

Le jugement (2.20-3.6)

20 Alors la colère de l'Eternel s'enflamma contre Israël, et il dit: Puisque cette nation a transgressé mon alliance que j'avais prescrite à ses pères, et puisqu'ils n'ont pas obéi à ma voix, 21 je ne chasserai plus devant eux aucune des nations que Josué laissa quand il mourut. 22 C'est ainsi que je mettrai par elles Israël à l'épreuve, pour savoir s'ils prendront garde ou non de suivre la voie de l'Eternel, comme leurs pères y ont pris garde.

23 Et l'Eternel laissa en repos ces nations qu'il n'avait pas livrées entre les mains de Josué, et il ne se hâta pas de les chasser.

---

[15] 1 et 2 Samuel forment fondamentalement un seul ouvrage.

3.1 Voici les nations que l'Eternel laissa pour éprouver par elles Israël, tous ceux qui n'avaient pas connu toutes les guerres de Canaan. 2 Il voulait seulement que les générations des enfants d'Israël connaissent et apprennent la guerre, ceux qui ne l'avaient pas connue auparavant. 3 Ces nations étaient: les cinq princes des Philistins, tous les Cananéens, les Sidoniens, et les Héviens qui habitaient la montagne du Liban, depuis la montagne de Baal-Hermon jusqu'à l'entrée de Hamath. 4 Ces nations servirent à mettre Israël à l'épreuve, pour qu'on sache s'ils obéiraient aux commandements de l'Eternel qu'il avait prescrits à leurs pères par Moïse. 5 Les enfants d'Israël habitèrent au milieu des Cananéens, des Héthiens, des Amoréens, des Phéréziens, des Héviens et des Jébusiens; 6 ils prirent leurs filles pour femmes, ils donnèrent à leurs fils leurs propres filles, et ils servirent leurs dieux.

Le troisième et dernier développement contient les paroles divines. Il est préfacé par des termes qui relèvent le jugement divin: *«la colère de l'Eternel s'enflamma contre Israël»* (2.20a)[16].

Au début et à la fin de la section, l'auteur rappelle la nature du péché (2.20b; 3.6)[17]. Les deux aspects de la révolte sont soulignés: Israël s'est éloigné de Dieu (*«Cette nation a transgressé mon alliance... ils n'ont pas obéi à ma voix»* 2.20b), et il s'est rapproché des idolâtres (par les mariages mixtes) et des idoles (*«Ils servirent leurs dieux»* 3.6). Désobéissance à Dieu d'un côté, mariages avec ces peuples et adoration de leurs divinités, de l'autre[18].

L'essentiel du développement concerne la nature du jugement. A nouveau, on note des répétitions. Deux fois, l'auteur relève que Dieu ne chassera pas ces nations (2.22; 3.1); deux fois, il nomme les nations qui demeurèrent dans le pays (3.3, 5); trois fois, il explique le but positif du jugement (2.21; 3.1, 4). Ce dernier élément semble le plus important. Dieu utilisera le mal pour punir et enseigner Israël. La pression des ennemis aidera le peuple à se souvenir de Dieu et des victoires passées.

---

16 Goslinga (p. 271) et Wolf (p. 395) relèvent que Dieu appelle Israël *cette* nation et non pas *ma* nation marquant ainsi la rupture de communion avec son peuple.

17 Quelques rares auteurs arrêtent la deuxième introduction en 3.4 (cf. Goslinga, Segond). La structure proposée ici milite contre une telle interprétation. En faveur d'une fin de section en 3.6, on peut citer la *BA*, Bruce, Cundall, D.R. Davis, Jordan, Keil, Wolf et la plupart des traductions: Colombe, Jérusalem, Semeur, Synodale, TOB.

18 Dieu avait averti Israël de ces dangers: Ex 34.10-16; Dt 7.5 (Bruce p. 269).

La présence des nations est au centre de la préoccupation. Annoncée brièvement dans la première introduction (2.3), elle est maintenant développée[19]. Les Philistins sont en tête de liste peut-être parce que, du temps de l'auteur, ils étaient les ennemis les plus importants[20].

Le séjour prolongé des nations dans la Terre promise équivaut à une nouvelle période de désert[21]. Comme lors du premier refus de conquérir la Terre promise une année après l'exode (Nb 13-14), le péché impose un nouveau délai dans la pleine jouissance de l'héritage. Le peuple devra patienter pour mieux apprendre l'obéissance. Israël sera testé dans la Terre promise comme il a été testé dans le désert (Dt 8.2). A cause de cela, la Terre promise se transforme en désert où les nations étrangères remplacent les chardons pour aiguillonner le peuple rebelle.

---

[19] Huit nations sont nommées: la première fois quatre (3.3), et la deuxième fois six (3.5), deux nations étant nommées deux fois. La deuxième liste de nations est traditionnelle, car les Cananéens, Héthiens, Amoréens, Phéréziens, Héviens et Jébusiens représentent régulièrement les nations occupant la Terre promise à cette époque (Ex 3.8, 17; 23.23; 33.2; 34.11; Dt 20.17; Jos 9.1; 11.3; 12.8). Parfois, les Guirgasiens sont ajoutés pour porter la liste à sept noms (Dt 7.1; Jos 3.10; 24.11), parfois une des nations manque (Phéréziens, Ex 13.5; Héviens, Neh 9.8). La première liste en 3.5 mentionne deux nations traditionnelles (Cananéens et Héviens) et deux autres (Philistins et Sidoniens). Les premiers représentent toutes les nations de la Palestine (on précise bien *tous les* Cananéens), et les seconds, des nations situées aux extrémités sud et nord. La *BA* (p. 101) suggère un circuit allant du sud au nord, puis revenant par l'est: *«un demi-cercle autour d'Israël»*.

[20] Wolf p. 396.

[21] Le nom de Moïse associé (pour la seule fois dans le livre) à l'observance des commandements (3.4) et la notion même de mise à l'épreuve rappellent le temps formateur passé au désert.

Othniel : 3.7-11

Remarques générales

La section centrale du livre commence avec le cycle d'Othniel. Formé de cinq versets seulement, il est de loin le plus court des sept cycles. Mais ne nous fions pas aux apparences. Ce qui prend le plus de place n'est pas toujours le plus important. Le rôle stratégique d'un général ne se mesure pas à sa corpulence. En littérature, un mot peut changer tout le sens d'un texte. Othniel est ce mot pour le livre des Juges. Il est comme une tour fortifiée à l'entrée d'un défilé, comme un pion avancé sur l'échiquier du livre des Juges. La compréhension de son ministère est fondamentale; elle est un passage obligé pour l'interprétation de tout le livre. Négliger le cycle d'Othniel, c'est s'aventurer sans guide dans les régions escarpées et difficiles de ce livre[1].

Othniel tient son rôle-clé de sa place et de son origine. Des douze juges du livre, il est le premier, l'éclaireur en quelque sorte; il est aussi le seul qui vienne de Juda (1.13; 3.9), c'est-à-dire de la tribu désignée par l'Eternel pour ouvrir le chemin (1.2; 20.18). Othniel est le premier juge et il vient de la tribu leader: tout le désigne pour servir de guide.

Le portrait d'Othniel est sommaire. L'auteur, qui va consacrer la partie centrale de son ouvrage à développer le ministère des juges (3.7-16.31), ne veut pas, dans un premier temps, noyer son sujet dans une foule de détails. Au contraire, il cherche à mettre en évidence les points saillants des juges. Othniel servira de portrait-robot. Ce qui est dit de lui sera vrai des autres. Les repères nécessaires pour orienter le lecteur dans une compréhension du comportement des juges doivent être nets. Aucun ornement, rien de superflu. Comme l'arbre dépouillé de ses feuilles en hiver laisse apparaître les branches maîtresses, le tableau du premier juge sera squelettique.

Les différentes phases du cycle ressortent particulièrement bien: révolte (3.7), ruine (3.8), repentance (3.9a), rédemption (3.9b-10), repos (3.10). Comme pour les autres cycles, la dimension de la rédemption est la mieux développée. Dans l'exégèse détaillée, nous

---

[1] Plusieurs commentateurs discernent l'importance du cycle d'Othniel et parlent de paradigme (D.R. Davis pp. 47-48, 55; Wilcock p. 37). Goslinga (p. 279), au contraire, attribue la pauvreté des informations à la déficience de la tradition.

suivrons cette division du texte, mais en conclusion, nous proposerons une deuxième structure organisée en chiasme.

Dans ce cycle, l'auteur souligne fortement l'action divine. Si Israël est à l'origine du mal, c'est l'Eternel qui est l'agent de la ruine et de la rédemption. C'est lui qui envoie des ennemis asservir Israël, c'est lui aussi qui suscite un libérateur pour affranchir son peuple. L'oppresseur, comme le sauveur, tirent leur force du Tout-Puissant. Dieu *vend* Israël *entre les mains* de Cuschan-Rischeathaïm (3.8), puis il *livre* ce roi *entre les mains* d'Othniel (3.10). Le lien entre le juge et Dieu est particulièrement relevé. L'Eternel appelle le juge, puis il le qualifie en le revêtant de son Esprit; enfin, il le bénit en lui accordant la victoire. Cette intimité entre Dieu et son juge est fondamentale. Elle est un élément incontournable pour comprendre correctement le ministère des juges.

Exégèse détaillée

Révolte (3.7)

> *Les enfants d'Israël firent ce qui déplaît à l'Eternel, ils oublièrent l'Eternel, et ils servirent les Baals et les idoles.*

Le cycle commence par une expression qui devient rapidement un slogan pour introduire cinq des six autres cycles: *Les enfants d'Israël firent ce qui déplaît à l'Eternel* (3.12; 4.1; 6.1; 10.6; 13.1). Seul le cycle particulier d'Abimélec débute d'une autre manière[2]. Ainsi, la valeur de paradigme de ce premier cycle ressort dès les premiers mots.

En plus du slogan qui relève d'une manière générale le péché du peuple (3.7a), deux précisions sont apportées sur la nature du péché: d'une part, Israël s'est écarté de l'Eternel (*ils oublièrent l'Eternel* 3.7b), et d'autre part, il s'est rapproché des idoles (*ils servirent les Baals et les idoles* 3.7c). L'auteur reprend ainsi l'enseignement de la deuxième introduction où il avait relevé ce double mouvement de séparation et d'intégration. Cet aspect fondamental du péché (éloignement de Dieu et rapprochement des idoles) n'aura pas besoin d'être repris systématiquement par la suite. Incluses dans le cycle type, ces deux précisions seront valables pour tous les cycles. Néanmoins, pour souligner l'étendue du péché, les cycles d'Abimélec (8.33) et de Jephthé (10.6) apporteront quelques précisions sur les idoles.

---

[2] Abimélec n'est pas un juge qui sauve, mais un tyran qui opprime son peuple.

Ruine (3.8)

> *La colère de l'Eternel s'enflamma contre Israël, et il les vendit entre les mains de Cuschan-Rischeathaïm, roi de Mésopotamie. Et les enfants d'Israël furent asservis huit ans à Cuschan-Rischeathaïm.*

La deuxième phase du cycle concerne la ruine. L'origine de l'asservissement, le nom de l'oppresseur et la durée d'humiliation sont indiqués.

Offensé par son peuple, l'Eternel lui retire son soutien. Comme pour les autres cycles (excepté celui d'Abimélec), l'auteur relève que Dieu est à l'origine de la ruine. La formulation peut varier, mais l'idée reste la même. Ainsi, l'Eternel *vend* Israël aux mains de l'ennemi (cycles d'Othniel, Débora, Jephthé) ou leur *donne* Israël (cycles de Gédéon et Samson). Une fois, il *fortifie* l'oppresseur (cycle d'Ehud).

Pour tous les cycles, la durée de l'oppression est indiquée. Elle fluctue entre quelques années et quelques décennies: dans l'ordre 8, 18, 20, 7, 3, 18 et 40 ans (3.8, 14; 4.3; 6.1; 9.22; 10.8; 13.1). Aucune progression n'est manifeste. Faut-il comprendre que la durée de l'oppression n'est limitée que par la repentance du peuple? Dès les premiers cris, Dieu intervient pour envoyer un libérateur.

Dans le cycle d'Othniel, le lieu d'origine du roi et son nom posent quelques problèmes. Le roi vient de *Aram-les-deux-rivières*. Souvent traduit par Mésopotamie, certains situent la région simplement au nord de la Syrie[3]. Que l'on adopte une position ou l'autre, une attaque du *nord* repoussée par un juge du *sud* étonne plusieurs commentateurs[4]. Une telle situation n'est cependant pas impossible, surtout si un puissant ennemi a envahi tout le pays. Une mobilisation générale est alors nécessaire et Othniel semble parfaitement qualifié pour une telle tâche[5].

Le nom de l'envahisseur souligne sa cruauté. Cuschan-Rischeathaïm signifie *Cuschan-la-double-méchanceté*[6]. Ce nom peut avoir été choisi par le roi pour intimider ses adversaires[7]. Cependant,

---

[3] cf. Wolf pp. 397-398.

[4] Bruce (pp. 269-270) suggère une erreur de transcription et lit *Edom* au lieu de Aram pour avoir un envahisseur du sud-est et non du nord.

[5] Goslinga p. 279.

[6] La terminaison *aim* n'est ni un singulier ni un pluriel, mais un dual (Jordan p. 54). Cette forme hébraïque peu utilisée exprime une paire. Le tyran est particulièrement perfide.

[7] Wolf (p. 398) propose cette solution parmi d'autres.

la majorité des commentateurs pensent qu'il ne s'agit pas du nom officiel du souverain, mais plutôt d'un surnom que ses ennemis lui ont donné. Devant les humiliations du tyran et n'ayant que l'ironie pour se venger, on peut comprendre qu'un peuple lui ait donné ce sobriquet. L'auteur mentionne ce nom qui caractérise si bien l'oppresseur. Peut-être cherche-t-il aussi à relever une leçon spirituelle. Israël qui avait été tiré de l'esclavage égyptien se retrouve maintenant doublement humilié. Du puissant voisin du sud, Israël passe entre les mains de son non moins puissant voisin du nord[8]. L'indépendance politique est précaire et elle ne peut être trouvée qu'en l'Eternel.

Repentance (3.9a)

Les enfants d'Israël crièrent à l'Eternel.

La repentance est exprimée en quelques mots. Comme dans les autres cycles, elle est toujours des plus concises. Est-ce pour signifier qu'au moindre cri, Dieu intervient? D'ailleurs on peut se demander si ce cri est une vraie repentance[9].

L'expression utilisée (*«Les enfants d'Israël crièrent à l'Eternel»*) se retrouve pour quatre autres cycles (Ehud 3.15; Débora 4.3; Gédéon 6.6; Jephthé 10.10). Elle n'est absente que du cycle particulier d'Abimélec et de celui de Samson. Pour ce dernier, l'absence d'un retour à Dieu permettra de mieux comprendre le ministère particulier de ce juge (voir introduction sur Samson pp. 235-236).

Rédemption (3.9b-10)

L'Eternel leur suscita un libérateur qui les délivra, Othniel, fils de Kenaz, frère cadet de Caleb. 10 L'Esprit de l'Eternel fut sur lui. Il devint juge en Israël, et il partit pour la guerre. L'Eternel livra entre ses mains Cuschan-Rischeathaïm, roi de Mésopotamie, et sa main fut puissante contre Cuschan-Rischeathaïm.

La rédemption est l'élément dominant de ce cycle, comme il le sera de tous les cycles (excepté celui d'Abimélec). Les priorités de l'auteur sont manifestes: tous les regards convergent vers Dieu

---

[8] Jordan (p. 54) voit dans cette première oppression une annonce prophétique de l'invasion babylonienne de 586 av. J.-C.; la victoire sur ce même roi (3.10) annoncerait la victoire ultime sur le mal (Apo 19.11-16). Keil (p. 293) se contente de faire un rapprochement avec l'invasion de Kedorlaomer et ses alliés du temps d'Abraham (Gen 14).

[9] D.R. Davis (pp. 49-50) qui s'est penché en détail sur cette expression conclut que l'accent est toujours sur la détresse plutôt que sur la repentance.

d'abord, et vers le juge ensuite. Rien n'est dit du peuple pour ne pas détourner l'attention des principaux acteurs de la rédemption.

Dans le cycle d'Othniel (véritable préambule du ministère des juges), Dieu est à l'avant-scène. Sans lui, le juge ne serait rien, et sans le juge, la rédemption ne pourrait pas se faire. Ce point est important à saisir, car dans les autres cycles, l'auteur parlera davantage du juge et du peuple, et moins de Dieu. Il ne faudra pas alors comprendre cette mise en avant des hommes comme une négation de la toute-puissance divine. L'ayant affirmé dans le cycle type, l'auteur n'aura plus besoin d'y revenir dans les autres cycles. Il ne la mentionnera que là où cela est indispensable.

Dans le même ordre d'idées, il faut relever l'onction divine du juge: *«l'Esprit de l'Eternel fut sur lui (Othniel)»* (3.10). Cette onction est fondamentale, car elle implique que le ministère du juge est spirituel. Mentionnée pour le juge-type, elle est valable pour tous les autres. Ainsi, une seule mention de cette onction serait suffisante, mais comme l'auteur veut insister sur cette onction qui est à la base du ministère des juges, il la répète néanmoins sept fois (le chiffre de la totalité). La mentionner pour chaque juge serait monotone et n'ajouterait pas grand-chose. C'est pourquoi notre écrivain chevronné place chaque référence à un endroit judicieux, là où elle aide vraiment le lecteur à comprendre le ministère des juges en question. Comme des panneaux de signalisation routière orientent les voyageurs aux croisements, l'Esprit est mentionné chaque fois que le lecteur pourrait s'égarer. Rencontré une fois en salle de théorie avec Othniel, le panneau réapparaît six fois sur le terrain, là où les difficultés sont réelles: une fois pour Gédéon (6.34), une fois pour Jephthé (11.29), quatre fois pour Samson (13.25; 14.6,19; 15.14). Si le lecteur n'a pas écouté les recommandations de départ, la sortie de route est garantie, en particulier sur un terrain aussi verglacé que celui de Samson, où peu d'interprètes terminent le parcours sans être meurtris à l'image de ce héros qu'ils finissent tous par blâmer plus que nécessaire (voir commentaire sur Samson)[10]. Comme

[10] Beaucoup de commentateurs limitent l'action de l'Esprit à une tâche particulière du juge (J.J. Davis p. 107; Wolf p. 381). Ils marquent une différence fondamentale entre l'Ancien et le Nouveau Testament, où l'Esprit est donné sans retenue. Leur opinion est commandée principalement par les actions déroutantes de certains hommes oints de l'Esprit (Jephthé et Samson en particulier). Notre approche est tout autre. Comme le fait remarquer Keil (p. 294), il semble difficile de

l'auteur l'avait enseigné dans la deuxième introduction, les problèmes, à l'époque des juges, ne viennent pas du juge, mais du peuple.

Peu d'informations sont données ici sur le juge. Othniel n'est cependant pas un inconnu, car l'auteur a pris soin de le présenter auprès de ses lecteurs dès la première introduction (1.12-15). Son courage et sa foi étaient relevés (voir commentaire). L'agencement des éléments est intéressant. L'auteur introduit Othniel avant le premier cycle afin de pouvoir concentrer l'attention du lecteur, dans ce cycle type, sur *Dieu*. Certes, la dimension humaine est importante, mais pas autant que l'action divine. Or, lorsqu'on pose les fondations, le secondaire doit céder la place à l'essentiel; l'homme doit s'esquiver devant Dieu[11]. Ainsi, l'auteur nous dit que l'homme est appelé et fortifié par Dieu, mais aucune précision n'est donnée ni sur la manière de l'appel ni sur la réaction du héros pressenti. A ce stade du récit, tout ce que le lecteur peut savoir sur l'élu, c'est qu'il est un homme parmi les plus fidèles de la nation[12]. Les autres juges seront de la même trempe.

Othniel remporte une victoire décisive sur l'ennemi: *«sa main fut puissante contre Cuschan-Rischeathaïm»* (3.10). Ainsi, la fonction du juge ne consiste pas seulement à sauver Israël, mais aussi à punir l'ennemi. Son titre de juge est bien choisi. Il doit, au nom de l'Eternel, exercer la justice divine et punir les coupables. Son ministère se rapproche ainsi de celui du peuple élu qui devait passer par le fil de l'épée tous les païens de la Terre promise.

Pour terminer, notons que le nom du roi est mentionné ici deux fois, comme il avait été mentionné deux fois au sujet de la ruine (3.8). Cette quadruple mention de *Cuschan-la-double-méchanceté* peut étonner dans un cycle si succinct. L'auteur veut-il relever que la sévère oppression est totalement mâtée? La double mention de la domination, fait place à une double mention de l'écrasement du tyran. L'auteur cherche-t-il à donner à son cycle la forme d'un chiasme (voir tableau ci-dessous) peut-être pour indiquer que les autres cycles seront aussi construits sur cette forme?

---

diviser l'Esprit. Les actions des juges sont spirituelles, sauf lorsque l'auteur affirme clairement le contraire comme dans l'affaire de Dalila (16.19-20).

[11] Le nom même d'Othniel (*Dieu est puissant*: *NDB* p. 945, *BA* p. 102) attire l'attention sur Dieu. Selon Jordan (p. 55), le sens *lion de Dieu* est aussi possible.

[12] Cette information est indirecte puisqu'elle nous vient de la première introduction.

Repos (3.11)

Le pays fut en repos pendant quarante ans. Et Othniel, fils de Kenaz, mourut.

Le dernier élément du cycle est le repos. La durée de ce premier répit est fixée à quarante ans. Ce chiffre correspond à la réalité historique, mais a aussi une dimension symbolique, car quarante ans représentent une génération[13]. Comme annoncé dans la deuxième introduction, le repos s'étend au mieux sur une génération (2.18-19).

Le repos caractérise quatre cycles: ceux d'Othniel (40 ans, 3.11), d'Ehud (80 ans, 3.30), de Débora (40 ans, 5.31) et de Gédéon (40 ans, 8.28). Il s'élève en général à 40 ans, soit à une génération. L'exception du cycle d'Ehud annonce une bénédiction particulièrement importante. Par contre, l'absence de repos pour les cycles de Jephthé et de Samson suggère un problème (voir commentaire).

La notion de repos ne doit pas être confondue avec une conquête totale du pays. Les juges n'ont fait que repousser les envahisseurs. Grâce à leur ministère, Israël retrouvait les terres conquises précédemment. Cependant, les régions abandonnées autrefois aux habitants du pays (cf. 1.19-36) attendaient toujours d'être conquises. Elles ne tomberont entre les mains d'Israël qu'au temps de David.

Structure

Une double structure se dégage du texte. Celle fondée sur les cycles a déjà été présentée. La seconde s'appuie sur la répétition du nom de l'ennemi (Cuschan-Rischeathaïm):

La partie centrale contient sept éléments[14]. Ainsi, la structure de ce premier cycle est la même que celle du livre (2-7-2). Notons que

---

[13] Que le Dieu souverain conduise l'histoire de telle manière que les chiffres aient une dimension symbolique ne devrait pas nous surprendre. Le séjour dans le désert était fixé à 40 ans, une durée liée directement au nombre de jours que les espions avaient mis pour explorer le pays (Nb 14.34).

[14] Chaque élément est introduit par la conjonction de coordination *et* (waw). Dans le tableau, les conjonctions absentes dans Segond ont été indiquées entre parenthèses: (et). Au centre de la section, se trouve le nom du juge. Les traductions modernes fondées sur le principe de l'équivalence dynamique s'éloignent souvent de

cette structure sera aussi celle du dernier cycle (voir structure sur Samson p. 243).

Révolte	A¹	7 (et) Les enfants d'Israël firent ce qui déplaît à l'Eternel, (et) ils oublièrent l'Eternel, et ils servirent les Baals et les idoles.
Ruine	B¹	8 (et) La colère de l'Eternel s'enflamma contre Israël, et il les vendit entre les mains de *Cuschan-Rischeathaïm, roi de Mésopotamie*. Et les enfants d'Israël furent asservis huit ans à *Cuschan-Rischeathaïm*.
	1	9 (et) Les enfants d'Israël crièrent à l'Eternel,
	2	et l'Eternel leur suscita un libérateur
	3	(et) qui les délivra,
Appel	**4**	**Othniel**, fils de Kenaz, frère cadet de Caleb.
	5	10 (et) L'Esprit de l'Eternel fut sur lui.
	6	(et) Il devint juge en Israël,
	7	et il partit pour la guerre.
Salut	B²	(et) L'Eternel livra entre ses mains *Cuschan-Rischeathaïm, roi de Mésopotamie*, et sa main fut puissante contre *Cuschan-Rischeathaïm*.
Repos	A²	11 (et) Le pays fut en repos pendant quarante ans. Et Othniel, fils de Kenaz, mourut.

---

la structure hébraïque du texte et ne permettent pas de discerner la structure détaillée de la section centrale (cf. Semeur, Français courant, NIV).

Ehud : 3.12-31

Les regards centrés sur le juge

Avec Ehud, nous avons le premier portrait coloré des juges. La chair humaine absente de l'ossature d'Othniel est maintenant présente. La stratégie du juge est décrite avec soin et les détails sur la mort de l'ennemi permettent à chacun de visualiser la scène comme s'il était lui-même présent. La réalité humaine est contée sans retenue, avec humour et sarcasme, comme pour mieux décrire ces renversements de situation qui sont le propre du monde des hommes. Du personnage stéréotype d'Othniel, on entre dans les pulsions de la vie où la chair humaine est même physiquement présente avec l'obèse Eglon.

Dans le cycle type (3.7-11), toute l'attention était centrée sur Dieu. Maintenant, les regards se tournent vers le juge car, après l'Eternel, il est le principal artisan du salut. Le rôle fondamental d'Ehud dans la libération de son peuple est souligné. Avec courage, Ehud laisse ses compagnons pour pénétrer seul dans le quartier général moabite. Livré à lui-même, entouré d'ennemis dans un premier temps, il arrive finalement à se retrouver seul en présence du chef ennemi. Dans la chambre du roi, Ehud affronte le corpulent Eglon. Le face à face est de courte durée, car après une brève parole, le juge transperce le tyran de part en part.

Suivi du regard de chaque lecteur, Ehud le héros échappe cependant à l'attention des Moabites. En apparence inoffensif, le juge trompe la vigilance des gardes et du roi puisqu'il passe sans encombre le contrôle «anti-terroriste» avec son arme et obtient d'Eglon une entrevue privée. Venu inoffensif, il repart incognito. Sans être inquiété, il peut rejoindre ses troupes, et le temps mis par les gardes à réaliser sa véritable identité montre à quel point il a aveuglé ses adversaires.

Pour ne pas détourner l'attention du héros, les propos sur le peuple juif sont peu nombreux. Dans les cycles suivants, plus de détails seront donnés sur Israël, mais pour ce premier portrait coloré des juges, l'auteur veut en rester avec le leader. Ainsi, si le cycle d'Othniel a mis l'accent sur Dieu et si le prochain cycle (celui de Débora) le mettra sur le peuple, celui-ci est entièrement consacré au juge. Les rares informations sur le peuple ne sont fournies que pour montrer le soutien total accordé au juge. Dès réception de la convocation, le peuple emboîte le pas de son chef pour achever la victoire. Ce soutien massif d'Ehud est à la base d'une bénédiction particulièrement abondante. La fidélité conjuguée du juge et du peuple entraîne une double bénédiction. Le repos standard de 40 ans est porté à 80 ans.

La présence divine

Ehud est le centre d'intérêt de ce cycle, mais Dieu n'est pas absent du récit. Présent au début (*«L'Eternel fortifia Eglon»*, puis il *«suscita Ehud»*: 3.12) et à la fin (Ehud attribue sa victoire à l'Eternel: 3.28), Dieu domine tout le récit. Même dans la partie centrale où il n'est pas mentionné, sa présence transparaît. La narration détaillée des différentes étapes de l'action du juge ne signale pas la moindre difficulté. Aucun grain de sable pour gripper l'ingénieuse machination élaborée par le juge. C'est trop beau pour être vrai: on croit rêver. Pourtant, l'action d'Ehud fourmillait d'obstacles. Certains étaient même prévisibles comme la fouille probable à l'entrée du camp moabite. L'auteur les ignore tous; aucun n'est mentionné. Cela ne veut pas dire qu'ils n'existaient pas. C'est pourquoi, Ehud prend toutes les précautions pour se fabriquer une arme discrète. Simplement, l'auteur ne mentionne pas les difficultés[1]. Comme le fait remarquer Yairah Amit[2], seule la présence de Dieu explique l'absence d'obstacle. L'auteur omet les embûches parce qu'elles ont été enlevées par Dieu, ou plus exactement: surmontées par Dieu.

La stratégie d'Ehud pour approcher et tuer Eglon était minutieusement élaborée mais, sans l'aide de Dieu, le juge n'aurait jamais pu réussir. Au mieux, il y aurait laissé sa vie. Avec l'Eternel, non seulement il parvient à ses fins, mais il peut retrouver ses troupes, en toute tranquillité, pour les mobiliser ensuite contre les forces moabites. Du début à la fin, les circonstances semblent se mettre au garde-à-vous pour servir le juge. Eglon somme ses serviteurs de le laisser seul avec son meurtrier, puis il se lève pour mieux servir de cible à l'épée d'Ehud. Ses problèmes de constipation et les excréments répandus (voir commentaire 3.20-22 p. 105) laissent croire à ses serviteurs qu'il s'est enfermé aux toilettes. Ehud est intelligent, mais il ne pouvait pas tout prévoir. Dieu l'accompagne à chaque étape, et lui donne discernement et sagesse pour tirer profit de chaque situation. Même le calme olympien de notre héros ne peut venir que de l'Eternel. Dieu est omniprésent dans le récit, mais

---

[1] La fouille, bien que suggérée, n'est jamais mentionnée.

[2] »The Story of Ehud (Judges 3.12-30): The Form and the Message», in *Signs and Wonders: biblical texts in literary focus*, ed. Exum, pp. 97-124. Semeia Studies, The Society of Biblical Literature, 1989.

comme l'auteur veut, dans ce deuxième cycle, centrer les regards sur le juge, l'action divine n'est que suggérée.

Les renversements de situation

Le cycle d'Ehud réserve au lecteur certaines surprises. Ehud marche sur les traces d'Othniel: il pénètre comme lui dans une ville ennemie, puis libère Israël d'une oppression païenne. Le même courage anime les deux hommes, mais l'action d'Ehud présente des différences sensibles. Othniel fait penser à un général à cinq étoiles quand il conquiert Debir, alors qu'Ehud le gaucher ressemble à un traître quand il se faufile entre les gardes moabites pour atteindre Eglon[3]. Si la force caractérise le premier, la ruse est la marque du second. En fait, les deux cycles sont bien différents. Les ennemis changent (Mésopotamie au nord; coalition entraînée par Moab à l'est), ainsi que la durée de l'oppression (8 ans; 18 ans), l'origine du juge (Juda; Benjamin) et certains aspects de la stratégie suivie. Si le scénario général reste le même avec les différentes étapes du cycle, les acteurs changent[4].

La note de changement ressort encore davantage dans le cycle lui-même. Avec Ehud, tout est construit à l'envers[5]. Sa stratégie repose entièrement sur de fausses impressions: (1) Un don est offert au roi, mais c'est sa mort qui est planifiée. (2) Apparemment inoffensif (puisque sa main droite est liée: 3.15), Ehud est un vaillant combattant, et bien armé de surcroît. (3) La parole divine interprétée comme une faveur se trouve être un jugement sans appel. (4) Les portes verrouillées empêchent les gardes non seulement d'approcher, mais de comprendre, et le sens leur échappe même complètement.

Les Moabites sont aveugles et Eglon est le dindon de la farce. Lui qui veut connaître tous les secrets est même pris de court pour lancer un cri devant l'épée d'Ehud. Le lecteur doit pourtant se garder du triomphalisme. Sa compréhension est de loin supérieure à celle de l'ennemi, mais une lecture trop rapide pourrait égarer quelques perles. Quand l'auteur présente Ehud comme ayant sa main droite liée, il ne veut pas dire qu'il est handicapé, ni même gaucher, mais au contraire qu'il est ambidextre, c'est-à-dire extrêmement habile (voir commentaire 3.15-18). Pour saisir toutes les subtilités de la stratégie d'Ehud, il faut du temps. L'essentiel du récit est aisé à comprendre, mais l'auteur veut aussi pousser ses lecteurs à la réflexion.

---

[3] Jackman p. 71.
[4] Wilcock pp. 45-46.
[5] Jackman p. 72.

Structure

Les différentes étapes du cycle sont évidentes: révolte (3.12a), ruine (3.12b-14), repentance (3.15a), rédemption (3.15b-30a), repos (3.30b). Cependant, l'inégalité entre les cinq phases est manifeste. La rédemption occupe, à elle seule, les quatre cinquièmes du cycle.

A cette structure s'ajoute une seconde en forme de chiasme. Celle-ci est fondée sur une comparaison de thèmes et rend mieux compte de l'importance relative de chaque section.

A^1	Révolte et ruine de 18 ans (3.12-14)
B^1	Préparation de l'attaque en équipe (315-18)
C^1	Détour par les carrières (3.19a)
D^1	Les serviteurs du roi sont mis à l'écart (3.19b)
E^1	Eglon se lève devant la parole de Dieu (3.20)
E^2	Eglon s'effondre sous l'épée d'Ehud (3.21-22)
D^2	Les serviteurs du roi sont gardés à l'écart (3.23-26a)
C^2	Détour par les carrières (3.26b)
B^2	Dénouement de l'attaque en équipe (3.27-30a)
A^2	Repos de 80 ans (3.30b)

L'auteur place au centre du chiasme la confrontation entre les deux leaders. Précédé et suivi de la mise à l'écart des serviteurs, le combat des chefs au coeur de la forteresse moabite reçoit toute l'attention. La mention des carrières (C^1, C^2) est aussi mise en évidence par le chiasme. Cette référence géographique n'est pas sans importance, comme nous le verrons plus loin.

Exégèse détaillée

Révolte et ruine (3.12-14)

> *12 Les enfants d'Israël firent encore ce qui déplaît à l'Eternel; et l'Eternel fortifia Eglon, roi de Moab, contre Israël, parce qu'ils avaient fait ce qui déplaît à l'Eternel. 13 Eglon réunit à lui les fils d'Ammon et les Amalécites, et il se mit en marche. Il battit Israël, et ils s'emparèrent de la ville des palmiers. 14 Et les enfants d'Israël furent asservis dix-huit ans à Eglon, roi de Moab.*

La formule classique ouvre le cycle: *«les enfants d'Israël firent encore ce qui déplaît à l'Eternel»*. Puis, à la révolte succède immédiatement la ruine: *«l'Eternel fortifia Eglon.»* Les ennemis viennent de l'est et prennent la ville des palmiers. Cette cité est identifiée à Jéricho du temps du roi Achaz, vers 730 av. J.-C. (2 Chr

28.15). Cependant, à l'époque des juges, Jéricho était en ruine, puisque la ville détruite par Josué en 1406 av. J.-C., ne fut reconstruite que cinq siècles plus tard sous Achab (874-853 av. J.-C.: 1 Rois 16.34). Il est possible que, peu après la prise de Jéricho par Josué, une deuxième ville fut érigée à proximité des ruines de Jéricho[6]. La prise de cette ville par Moab est significative d'un renversement total. Moab suit le même parcours qu'Israël: il vient de l'est, traverse le Jourdain et prend la ville des palmiers bâtie à côté des ruines de Jéricho. Ainsi le trophée de la bénédiction divine passe aux mains de l'ennemi. Moab, qui avait tremblé autrefois devant Israël (Nb 22.3; Ex 15.15), s'est ressaisi.

La durée de l'oppression souligne l'endurcissement d'Israël qui attend 18 ans avant de se tourner vers l'Eternel.

Préparation de la libération (3.15-18)

> *15 Les enfants d'Israël crièrent à l'Eternel, et l'Eternel leur suscita un libérateur, Ehud, fils de Guéra, Benjaminite, qui ne se servait pas de la main droite. Les enfants d'Israël envoyèrent par lui un présent à Eglon, roi de Moab. 16 Ehud se fit une épée à deux tranchants, longue d'une coudée, et il la ceignit sous ses vêtements, au côté droit. 17 Il offrit le présent à Eglon, roi de Moab: or Eglon était un homme très gras. 18 Lorsqu'il eut achevé d'offrir le présent, il renvoya les gens qui l'avaient apporté.*

Israël se repent et Dieu lui envoie un libérateur qui vient de la région la plus touchée par l'oppression. Ehud le Benjaminite s'engage pour le salut de son peuple.

Le courage est la qualité première de notre homme. Il pénètre seul au centre de la forteresse ennemie pour abattre le tyran. Rien n'arrête notre héros: ni l'imposant système défensif entourant le roi, ni le nombre de soldats moabites, ni le manque total de soutien extérieur, ni la stature d'un adversaire au tour de taille avoisinant un mètre cinquante[7]. S'oubliant soi-même, Ehud ne pense qu'à délivrer son peuple. Comme Caleb et Othniel, qui ont osé pénétrer dans une ville de géants[8], comme David plus tard qui osera relever le défi

---

[6] Keil (p. 295) et la *BA* (p. 103) suggèrent que Jéricho a été reconstruite par Israël, mais sans fortifications. Bruce (p. 270) parle d'une occupation temporaire de l'oasis d'Ain-es-Sultan.

[7] Eglon était très gras (3.17) et une épée de 50 centimètres était nécessaire pour traverser son corps.

[8] Hébron (prise par Caleb: 1.20) et Debir (conquise par Othniel: 1.12-13) étaient habitées par des géants (Anakim): Jos 11.21.

lancé par Goliath, Ehud ne recule pas devant un adversaire apparemment invulnérable.

Au courage s'ajoute le discernement. Certes, le raid d'Ehud est osé, même insensé aux yeux de certains, mais il n'est pas irrationnel. Le juge cherche à frapper le chef ennemi, car il réalise que toute tyrannie repose presque exclusivement sur la personne de son chef. La mort d'Eglon est fondamentale. Général en chef de ses troupes et artisan qui tire toutes les ficelles, le roi de Moab est le centre névralgique de la force ennemie. C'est lui qui doit être abattu en premier. Pour se défaire d'une tyrannie, il faut lui trancher la tête. Déstabilisé, désorienté, désemparé même, l'ennemi sera ensuite détrôné et détruit. A la décapitation suivra le démembrement. Certes, attaquer de front un tyran n'est pas chose aisée, car sa sécurité est toujours bien assurée. Conscient de la difficulté de l'entreprise, Ehud devra frapper l'ennemi par surprise.

Pour commencer, le juge confectionne une arme appropriée pour l'opération. Son épée, longue de 50 centimètres (une coudée) n'a pas de garde puisque le manche même de l'arme pénétrera dans le corps d'Eglon. La longueur et surtout l'absence de garde rendent l'arme aisée à dissimuler. Plaquée contre le corps, le long de la cuisse, l'épée a des chances de passer inaperçue. Ehud place l'épée sur le côté *droit*. Il est dit du juge qu'*«il ne se servait pas de la main droite»* (3.15). Littéralement le texte hébreu dit: *«sa main droite était liée»*. A première vue, on pourrait croire que l'homme est handicapé. Mais le lecteur doit faire attention, car avec Ehud les apparences sont parfois trompeuses! Ehud s'avère très adroit par la suite, c'est pourquoi plusieurs commentateurs traduisent l'expression par *gaucher*[9]. Cependant, la tournure de 3.15 revient en 20.16 pour qualifier sept cents hommes d'élite de Benjamin qui semblent plus ambidextres que gauchers. En 1 Chr 12.2, des Benjaminites, vaillants serviteurs de David sont manifestement ambidextres: *«des archers, lançant des pierres de la main droite et de la main gauche, et tirant des flèches avec leur arc: ils étaient de Benjamin»*. Ainsi, il semble bien qu'Ehud ait aussi appris à se servir des deux mains comme les autres Benjaminites. Ambidextre[10], Ehud aurait pu placer l'arme à gauche (pour l'utiliser de la main droite) ou à droite (pour la main gauche). En plaçant l'arme à sa droite, Ehud espère échapper aux

---

[9] Cundall p. 76, Keil p. 295, TOB, Semeur, Jérusalem, Darby.

[10] Cf. Vulgate, Bruce p. 270, Wolf p. 399, note de la Colombe.

regards des gardes plus habitués à chercher les armes sur le côté gauche[11].

L'absence de garde à son épée rendait l'arme plus discrète, mais présentait aussi un inconvénient si son complot était découvert. Sans garde à son épée, Ehud aurait eu beaucoup de peine à parer les coups de ses adversaires. Cet inconvénient est accepté, car il réalise bien que son salut ne réside pas dans son habileté à se défendre, mais dans sa ruse. D'ailleurs, Ehud ne cherche pas à se défendre, mais à attaquer l'ennemi. Sans égards pour sa sécurité personnelle, il oriente tous ses efforts vers l'offensive.

Maintenant, Ehud doit approcher l'adversaire sans éveiller ses soupçons. La tâche est difficile. Avec intelligence et ruse, il cherche à endormir la méfiance de l'adversaire. Un présent fera l'affaire. Ehud offre un don important puisque plusieurs personnes sont recrutées pour l'apporter. Etait-ce un tribut exigé par l'ennemi ou un cadeau spontané?[12] Peu importe. L'abondance des biens matériels et le calme dans lequel l'opération se déroule semblent témoigner de la soumission et du bon vouloir des sujets. Eglon se félicite de sa puissance et de sa domination. L'efficacité du soporifique est rapide et agit dès le départ du groupe israélite. Lorsque Ehud reviendra, la vigilance sera déjà relâchée.

Détour par les carrières et mise à l'écart des gardes (3.19)

Il revint lui-même depuis les carrières près de Guilgal, et il dit: O roi! j'ai quelque chose de secret à te dire. Le roi dit: Silence! Et tous ceux qui étaient auprès de lui sortirent.

Ehud passe par les *carrières*. Certains ont pensé à un emplacement d'idoles qui marquerait les limites du territoire d'Eglon. Ehud raccompagnerait ainsi ses compagnons jusqu'au territoire juif pour s'assurer de leur bon retour[13]. Le contexte de la domination moabite rend cette interprétation douteuse. Il est préférable d'y voir un amoncellement de pierres, celui-là même que les Israélites avaient

---

[11] La majorité des gens sont droitiers, et placent donc leur arme à gauche (D.R. Davis p. 60; J.J. Davis p. 108).

[12] Le mot *présent* n'est probablement qu'un euphémisme (Cundall p. 76; Keil pp. 296, 298), car depuis 18 ans, l'ennemi asservit Israël. Le nombre d'hommes nécessaires au transport peut indiquer un don en nature (nourriture et laine; Goslinga p. 281).

[13] Goslinga p. 282. Le sens littéral de l'hébreu *pesilim* (פסלים) est *images taillées* (Bruce p. 270).

érigé à Guilgal comme mémorial de leur traversée du Jourdain[14]. Ehud en passant par cet endroit rappelle l'opprobre égyptien qui avait été ôté (Guilgal signifie *rouler*, *ôter*). L'entrée en Terre promise marquait la fin de l'esclavage, puisque Israël devenait enfin propriétaire d'une terre. Par cette mention de Guilgal, l'auteur présente l'action d'Ehud comme une nouvelle sortie de l'esclavage.

Lorsque le juge revient vers les Moabites, la partie n'est pas encore gagnée, car il doit maintenant chercher à isoler son adversaire. Ayant misé sur le despotisme de son adversaire (un défaut manifeste à la cuirasse de tout tyran), Ehud exploite une deuxième fois l'orgueil et la convoitise du roi. Apparemment soumis et revenu seul, Ehud n'attire aucune méfiance, uniquement de la curiosité. «Quelle bonne chose cet homme veut-il encore nous apporter?». Ehud demande un entretien privé: *«O roi! J'ai un message secret pour toi»* (3.19). Eglon qui rêve, comme tout tyran, d'asseoir encore davantage sa domination, «discerne» dans notre héros un traître prêt à trahir Israël. Le souhait d'Ehud pour un entretien privé se comprend, car un traître ne se dévoile pas devant une foule. Eglon ne méprise pas non plus la possibilité d'être mieux informé que ses soldats, car la connaissance confère toujours une supériorité sur les autres[15]. A l'instant, l'entretien désiré est accordé: *«Le roi dit: Silence! Et tous ceux qui étaient auprès de lui sortirent»* (3.19).

La mort d'Eglon (3.20-22)

> *20 Ehud l'aborda comme il était assis seul dans sa chambre d'été, et il dit: J'ai une parole de Dieu pour toi. Eglon se leva de son siège. 21 Alors Ehud avança la main gauche, tira l'épée de son côté droit, et la lui enfonça dans le ventre. 22 La poignée même entra après la lame, et la graisse se referma autour de la lame; car il ne retira pas du ventre l'épée, et il (ou elle) sortit par-derrière.*

Prenant Ehud pour un traître de sa nation, Eglon l'invite sans se douter que le Benjaminite cherche justement à le tromper. Aux côtés du roi ne se trouve pas un *fils de ma droite* (c'est le sens du mot Benjamin) qui aurait passé à gauche (changé de camp), mais un homme qui *«sans se servir de la main droite»* a placé l'épée de la justice à sa droite! Le méchant qui veut écraser les fidèles par la

---

[14] Jordan p. 66, Keil p. 296. Comme le mot pour *carrières* (פסלים: *pesilim*) est souvent utilisé pour des pierres gravées, Keddie (p. 51) suggère que les Moabites avaient érigé des idoles de pierre à Guilgal pour renforcer leur supériorité sur le Dieu d'Israël.

[15] Cundall (p. 77) pense qu'Eglon est surtout mû par la curiosité.

parole d'un traître reçoit la parole de Dieu (3.20), celle de la justice divine qui le transperce (l'épée du juge). L'ironie est à son comble; le renversement est total. Le méchant tombe par sa méchanceté.

Notons encore qu'Eglon se lève lorsque Ehud annonce: *«J'ai une parole de Dieu pour toi»*. Le juge prononce le nom général de Dieu (Elohim) plutôt que celui du Dieu d'Israël (Yahweh). Par respect pour le nom de Dieu (les païens ont des égards pour les divinités), Eglon se lève espérant recevoir peut-être une parole prophétique. Le passage à la station verticale ne doit pas se faire sans peine vu la forte taille du roi[16]. Ehud profite d'un moment d'inattention du roi, tout concentré à se mettre debout, pour tirer son épée de la main gauche, puis, sans se laisser impressionner par son ennemi debout, le frappe au ventre. L'action surprend totalement Eglon qui n'a même pas le temps de pousser un cri.

Le comportement et la stratégie du juge soulèvent quelques questions: peut-on ainsi tromper et tuer un adversaire? Ehud est-il un exemple à suivre?[17] Dans l'optique du livre des Juges, le meurtre d'Eglon ne pose pas de problème particulier. Il est même pleinement justifié puisque Israël devait débarrasser la Terre promise de tout adversaire et passer ses occupants par le fil de l'épée. La tromperie *en cas de guerre* est tout aussi acceptable. Celui qui doit être tué parce qu'il a perdu le droit à la vie, a aussi perdu le droit à la transparence. A la guerre, tout est fait pour tromper l'ennemi. Josué, le grand héros de la foi, avait agi de la même manière lors de la prise d'Aï, et c'est même l'Eternel qui l'avait instruit sur la manière de tromper l'ennemi (Jos 8.2). Plus tard, Samuel reçoit un conseil analogue (1 Sam 16.1-4).

Le coup porté est fatal. Eglon est transpercé de part en part, comme pour annoncer et marquer la défaite totale de l'oppresseur. Dans sa fuite, Ehud ne s'embarrasse pas d'une épée qui pourrait le trahir. Il préfère aussi la laisser dans le corps de l'ennemi pour souligner l'aspect irrévocable de la défaite. Après avoir frappé Eglon,

---

16 J.J. Davis p. 108.

17 Jackman (p. 72) approuve le comportement d'Ehud et relève qu'il ne s'agit pas d'une vengeance personnelle, mais d'un acte guerrier. Jordan (p. 64) précise qu'une traîtrise en cas de guerre n'est jamais condamnée dans l'Ecriture. Goslinga (p. 284) soutient aussi le juge, mais ne voit pas de tromperie dans ses paroles, alors que Keddie (p. 49) limite son exemple à l'Ancien Testament. Wolf (p. 400) doute de la justesse d'Ehud et Keil (p. 298) s'y oppose nettement en invoquant l'absence de toute référence à l'Esprit de l'Eternel. Pourtant, l'auteur des Juges avait bien relevé que le juge était suscité par l'Eternel (3.15).

l'épée d'Ehud doit aussi saper le moral du peuple, à commencer par celui des plus proches collaborateurs du tyran. Les deux tranchants de l'épée reflètent bien le coup double porté à l'ennemi; ils annoncent aussi la débâcle complète de l'oppresseur.

La description de la mort d'Eglon est des plus grotesques. Comme dans un film tourné au ralenti, les détails donnés permettent de mieux saisir la scène[18]. L'ennemi est frappé avec une telle violence que la poignée même de l'arme disparaît dans le corps recouvert par la graisse de l'obèse Eglon. La fin de la scène est énigmatique: *«il sortit par-derrière»* (3.22). De qui ou de quoi s'agit-il? (1) *D'Ehud* qui en combattant rusé se serait échappé par une issue secondaire[19]. (2) *De l'épée* qui, après avoir pénétré dans l'adversaire, sort dans son dos[20]. (3) *Des excréments* d'Eglon[21]. Le roi qui s'empiffrait au détriment des pauvres éclate sous l'épée. Sujet à des problèmes de constipation (comme le suggère la longue attente des serviteurs: 3.24), le voilà délivré de son mal puisque ses excréments se répandent au-dehors! De son côté, Ehud abandonne le cadavre du tyran dans son impureté[22], et profite du quiproquo créé par l'odeur (*«Il se couvre les pieds»* est un euphémisme pour quelqu'un qui fait ses besoins) pour s'échapper et organiser ses troupes. La chambre

---

18 D.R. Davis (p. 60), Graham Ogden («The Special Features of a Story: A study of Judges 3.12-30», in *The Bible Translator* 42/4, 1991, p. 412).

19 Le mot traduit par *derrière* (פרשדנה: *parchedonâ*) n'apparaît que dans ce texte. Le sens de cet *hapax legomena* n'est pas certain. L'assyrien, l'akkadien et le sumérien suggèrent une certaine cavité ou ouverture, ce qui a amené certains exégètes à penser à un vestibule par lequel Ehud serait sorti (LXX, TOB, Semeur, Jérusalem, Français courant, notes de la Colombe), mais cette explication cadre mal avec le verset suivant (Cundall p. 77). Baruch Halpern («The Assassination of Eglon - The First Locked-Room Murder Mystery», in *Bible Review* 4/6 (1988) pp. 32-41, 44.) s'appuie sur l'archéologie pour défendre cette position. Ehud se serait échappé par les toilettes en empruntant le passage réservé aux excréments. Il aurait abouti dans un réduit réservé au personnel chargé du nettoyage.

20 Segond, Colombe, Synodale. Darby et Keil (p. 297) proposent: *elle sortit entre les jambes*. Pour la *BA* (p. 104), le mot (*parchedonâ*) indique une séparation et peut indiquer (1) soit le point de séparation entre les deux jambes, (2) soit un endroit retiré, comme un lieu d'aisances, (3) soit les excréments, comme ce que l'on jette à l'écart.

21 On peut rattacher le mot *derrière* (פרשדנה: *parchedonâ*) à פֶּרֶשׁ qui représente les excréments (*TWOT* p. 740, *BDB* p. 832). Le sens serait alors: *les excréments sortirent*. Dans une étude approfondie de ce mot, Michael L. Barré («The Meaning of PRSDN in Judges III.22», in *Vetus Testamentum* XVI, 1 [1991] pp. 1-11) propose ce sens.

22 Jordan (pp. 63, 66) relève particulièrement cette notion d'impureté. Le tyran retombe à sa juste place.

d'été, qui devait donner au despote fraîcheur et repos, s'est transformée en tombeau nauséabond[23]. Cette troisième explication cadre bien avec l'humour et l'ironie de l'auteur. Elle devrait faire sourire le lecteur devant le sort réservé au méchant.

Gardes trompés et détour par les carrières (3.23-26)

> *23 Ehud sortit par le portique, ferma sur lui les portes de la chambre haute, et tira le verrou. 24 Quand il fut sorti, les serviteurs du roi vinrent et regardèrent; et voici, les portes de la chambre haute étaient fermées au verrou. Ils dirent: Sans doute il se couvre les pieds dans la chambre d'été. 25 Ils attendirent longtemps; et comme il n'ouvrait pas les portes de la chambre haute, ils prirent la clé et ouvrirent, et voici, leur maître était mort, étendu par terre. 26 Pendant leurs délais, Ehud prit la fuite, dépassa les carrières, et se sauva à Seïra.*

Avec sang froid, sans précipitation, Ehud assure sa fuite en verrouillant la pièce. La poudre jetée aux yeux de l'ennemi les a tellement éblouis qu'il quitte la forteresse moabite sans la moindre inquiétude.

Il passe ensuite par les *carrières*. C'est la deuxième fois que l'auteur mentionne ce lieu (3.19). Guilgal, le mémorial de la libération apportée sous Josué, deviendra aussi celui de la libération moabite[24].

Appel au combat et victoire totale (3.27-29)

> *27 Dès qu'il fut arrivé, il sonna de la trompette dans la montagne d'Ephraïm. Les enfants d'Israël descendirent avec lui de la montagne, et il se mit à leur tête. 28 Il leur dit: Suivez-moi, car l'Eternel a livré entre vos mains les Moabites, vos ennemis. Ils descendirent après lui, s'emparèrent des gués du Jourdain vis-à-vis de Moab, et ne laissèrent passer personne. 29 Ils battirent dans ce temps-là environ dix mille hommes de Moab, tous robustes, tous vaillants, et pas un n'échappa.*

Les trompettes retentissent (*«Ehud sonna de la trompette»* 3.27) comme lors de la première chute de Jéricho. Le juge appelle à la rescousse Ephraïm, une des plus puissantes tribus[25]. Les troupes sont rassemblées et le peuple suit sans hésitation son chef. Le succès d'Ehud a galvanisé les troupes. Israël commence par contrôler *«les gués du Jourdain»* pour couper toute voie de retraite à l'ennemi. Repousser l'ennemi dans ses terres ne ferait que reporter l'oppression

---

[23] En été, dans la chaleur étouffante de Jéricho, une pièce surélevée permettait de capter la moindre brise.

[24] Seïra n'est pas identifié (Cundall p. 78).

[25] Wolf p. 401.

moabite à une date ultérieure. Israël veut vivre en paix, et pour cela il doit se débarrasser *définitivement* de l'adversaire. Incapables de fuir, les ennemis sont tués. Le comportement d'Israël est conforme aux instructions divines qui spécifiaient qu'en Terre promise aucun païen ne devait survivre. La victoire totale (pas un seul guerrier robuste et vaillant n'échappe) et le nombre des victimes (dix mille hommes tués) rappelle le début du livre des Juges, lorsque Juda avait donné le bon exemple en matant le grand oppresseur de l'époque Adoni-Bézek (1.4). Un nouvel espoir est donné. Eglon transpercé de part en part par Ehud annonçait bien la défaite totale de l'ennemi.

Le repos (3.30)

> *En ce jour, Moab fut humilié sous la main d'Israël. Et le pays fut en repos pendant quatre-vingts ans.*

L'annihilation des Moabites est aussi une aide considérable pour les tribus de Transjordanie. Ruben, en particulier, avait dû subir l'oppression moabite avant Benjamin. L'auteur ne l'a pas mentionné, car son propos se limite pour l'instant aux tribus de Cisjordanie. Ce n'est que dans le cycle de Jephthé qu'il évoquera l'histoire des tribus de Transjordanie.

Une longue paix récompense l'engagement fidèle du juge *et* du peuple. La prime de fidélité passe du simple au double, d'une génération à deux, de quarante ans de paix à quatre-vingts ans[26]. Avec Ehud, la fidélité est au zénith.

Schamgar: 3.31

> *31 Après lui, il y eut Schamgar, fils d'Anath. Il battit six cents hommes des Philistins avec un aiguillon à boeufs. Et lui aussi fut un libérateur d'Israël.*

L'histoire de ce juge est très résumée. Du cycle classique l'auteur ne mentionne que la rédemption. Pourquoi inclure une telle référence? L'auteur, qui a limité sa narration à sept portraits significatifs, ajoute quelques flashs pour indiquer que son récit aurait

---

[26] Cette paix est la plus longue pour Israël durant la période des juges. Wood (*A Survey of Israel's History*, p. 215) suggère que ce repos correspond à une période où les pharaons de la dix-neuvième dynastie (Seti I, 1316-1304, et Ramsès II, 1304-1238, en particulier) dominaient la côte palestinienne et luttaient contre le royaume hittite au nord. La présence de l'Egypte dans la région aurait dissuadé les peuples plus petits de guerroyer et d'attirer sur eux l'attention de la grande puissance.

pu être beaucoup plus étendu. Bien d'autres événements ont caractérisé cette époque, d'autres héros ont marqué leur génération[27].

La concision de l'histoire de Schamgar ne vient pas de l'homme, qui serait un juge peu ordinaire ou un simple guerrier[28]. Schamgar est un juge typique, une réplique même d'Ehud. Comme pour le vainqueur d'Eglon, toute l'attention est concentrée sur le juge. Il est présenté comme l'artisan principal, et même unique, du salut. L'aiguillon à boeufs rappelle l'épée d'Ehud même si l'arme est cinq fois plus longue[29]. Comme pour Ehud, le nombre d'ennemis tués est indiqué. Les variantes entre les deux récits sont secondaires: qu'il s'agisse de 10 000 envahisseurs de l'est (Moab) ou de 600 oppresseurs de l'ouest (les Philistins)[30], Israël remporte une victoire éclatante grâce à l'initiative du juge. Schamgar confirme Ehud, comme un deuxième témoin renforce les paroles d'un premier. Ehud récite la leçon principale, à laquelle Schamgar répond par un bref et puissant amen[31]. Dieu est à l'oeuvre au travers des exploits des juges.

Si le flash sur Schamgar se fait l'écho du récit antérieur, il annonce aussi la suite. Au double témoignage des hommes (Ehud, Schamgar) suivra un double témoignage de femmes (Débora et Jaël). Le pieu de tente de Jaël rappellera aussi étrangement l'aiguillon à boeufs de Schamgar: les deux outils de la vie quotidienne se ressemblent comme deux jumeaux et se transforment en armes

---

27 Les six «petits» juges portent le nombre total des juges à douze, le nombre des tribus d'Israël.

28 Keil (p. 299) minimise son importance parce que toute mention de paix est omise. Au contraire, Wilcock (p. 37) discerne un condensé de l'idéal où seul l'essentiel est rapporté, et Bruce (p. 270) s'appuie sur 5.6 pour affirmer que Schamgar avait un grand renom parmi ses contemporains. Plus simplement, Wolf (p. 402) trouve que sa référence intrigue. Son nom est d'origine païenne, mais cela ne signifie pas nécessairement que l'homme n'était pas Israélite, puisque l'intégration du peuple élu en Canaan était avancée (Cundall p. 80).

29 Un aiguillon à boeufs était un long bâton de 2,50 à 3 mètres, équipé à son extrémité d'une pointe de métal. A bien des égards, l'objet avait les qualités d'une lance (Cundall pp. 80-81).

30 J.J. Davis (p. 109) et Jordan (p. 69) suggèrent que le nombre des victimes de Schamgar est le résultat de toute une vie.

31 Le lien entre les deux juges est renforcé par le mot aussi: *«Et lui* aussi *fut un libérateur d'Israël»* (Webb cité par Jackman p. 75). Jackman s'arrête sur les contrastes entre les deux hommes. Si Ehud semble handicapé avec sa main droite liée, Schamgar se présente comme un colosse. Tout en étant la réplique d'Ehud, Schamgar serait alors aussi son complément.

redoutables entre des mains remplies de courage[32]. L'auteur rapproche ces deux héros en les citant côte à côte dans son unique poème (*«Au temps de Schamgar, fils d'Anath, au temps de Jaël, les routes étaient abandonnées»* 5.6). Contemporains, ils partageaient les mêmes difficultés. Schamgar annonce aussi Samson qui tuera, comme lui, un nombre impressionnant de Philistins en les combattant tout seul.

Schamgar est un des grands héros de la foi, à l'image d'Ehud, de Jaël et de Samson. La brièveté de son récit n'est due qu'au refus de l'auteur de se répéter inutilement.

---

[32] Schamgar, avec un simple outil, ridiculise le peuple équipé des armes les plus sophistiquées (Jackman p. 75).

Débora : 4-5

L'auteur résume trois siècles d'histoire par sept cycles d'oppression-libération. Chaque scène complète le tableau général. L'apport constant d'éléments nouveaux maintient l'intérêt du lecteur et enrichit la compréhension globale de cette période. Le rythme de la narration, de tumultueux (5 versets pour le cycle d'Othniel: 3.7-11) et soutenu (19 versets pour le cycle d'Ehud: 3.12-30), devient calme avec Débora (55 versets: Jug 4-5). Le torrent initial se transforme en rivière de plaine, avec un méandre même, puisque l'auteur reprend le récit de Débora une deuxième fois sous forme poétique (chapitre 5).

Une femme juge

Débora est à la tête de l'Etat. Voilà de quoi surprendre. Si on exclut l'abominable reine Athalie, salie à jamais par son acharnement à détruire la lignée messianique pour usurper le trône royal (2 Rois 11.1-16), la situation de Débora est unique. Elle est la seule femme mentionnée dans les Ecritures qui ait été un leader politique. Lorsqu'on est sensible aux innombrables enseignements bibliques sur les rôles respectifs de l'homme et de la femme, la position de Débora à la tête de la nation ne peut que refléter un malaise profond. La situation est anormale, les équilibres brisés, l'harmonie rompue. Péché il y a, mais à qui la faute: usurpation féminine ou irresponsabilité masculine?

Aucun doute n'est permis: Débora est exempte de tout blâme. La femme de Lappidoth se situe à l'opposé d'une militante d'un mouvement féministe: aucune contestation des rôles n'apparaît chez elle. Chef de la nation, elle ne cherche aucune gloire personnelle. Devant une victoire assurée (car Dieu a promis de libérer Israël), consciente que la gloire rejaillira sur le vainqueur, elle préfère s'effacer et appeler un homme pour prendre le commandement des forces armées (4.6-7).

Mais voilà: Barak l'appelé hésite. Indigne de la gloire du héros, il devra laisser les honneurs du champion à quelqu'un d'autre, à une personne animée d'une foi exemplaire: en l'occurrence, à une autre femme (Jaël). Bien qu'étant le meilleur des hommes de sa génération (Débora ne l'a-t-elle pas choisi? N'est-il pas le seul homme cité en exemple au chapitre 5?), Barak est frappé du mal rongeant la gent masculine de son époque: hésitation, tergiversation, vacillement, flottement, tâtonnement, renoncement. La lâcheté masculine pousse

Débora «à porter les pantalons»[1]. Aucune usurpation, simplement un vide à remplir, temporairement, puisque à tous moments, elle est prête à s'effacer.

Les propos sur le juge ne sont pas légion, car dès le début, Débora cherche à s'effacer. Si elle est présente lors du combat, c'est uniquement sur l'insistance du général, mais là encore, aucune action d'éclat. Elle ne marche pas à la tête de l'armée et ne manie ni épée (comme Ehud) ni même une arme de fortune (comme Jaël). Débora reste discrète. Son action principale se situe au niveau des paroles, car son ministère est *prophétique*. Elle appelle Barak (4.6-7) et l'encourage (9.14). Elle annonce aussi l'avenir. Elle prédit (1) la réaction de l'ennemi, (2) le lieu du combat (*«J'attirerai vers toi, au torrent de Kison, Sisera, chef de l'armée de Jabin, avec ses chars et ses troupes»*), (3) la victoire d'Israël (*«Je le livrerai entre tes mains»*), (4) la mort du chef ennemi, (5) l'auteur de cette mort (*«L'Eternel livrera Sisera entre les mains d'une femme»*). Elle discerne encore le moment de l'intervention divine et l'annonce (*«Lève-toi, car voici le jour où l'Eternel livre Sisera entre tes mains»* 4:14). Finalement, son caractère se dévoile surtout par les paroles du psaume (chapitre 5) qui représentent plus de la moitié du cycle. Là transparaît toute la grandeur d'âme de Débora, car elle attribue à Dieu et aux autres la victoire sur l'ennemi.

Si l'auteur consacre peu de place à Débora, ce n'est certainement pas parce qu'il se désintéresse de cette femme, mais c'est pour mieux marquer son effacement volontaire. Contrairement à Ehud, vers qui tous les regards convergeaient, Débora agit dans les coulisses, et si elle est contrainte de faire une apparition publique, ce n'est que l'instant d'un éclair, à l'image d'ailleurs de cet orage imprévu qui s'est abattu sur le champ de bataille (5.4, 21).

Un regard sur le peuple

La discrétion de Débora permet à l'auteur de développer, dans ce cycle, un autre aspect de la période des juges. Puisque, avec Othniel, les regards étaient concentrés sur *Dieu*, et avec Ehud, sur le *juge*, maintenant l'attention se porte sur le *peuple*.

Les projecteurs convergent en particulier vers deux personnes: Barak et Jaël, très différents l'un de l'autre. Nous avons face à face un homme et une femme, un général et une ménagère, un Juif et une

---

[1] *BA* p. 107, Jordan p. 81, Keddie p. 63, Wolf p. 404.

étrangère, un appelé et une volontaire, un timide et une intrépide. Difficile de trouver des caractères et des situations plus contrastés.

Barak n'est pas une baraque. L'ennemi le paralyse. Appelé à conduire les troupes israélites, Barak n'accepte sa tâche que si Débora l'accompagne. La *«mère en Israël»* (5.7) doit lui tenir la main. Faut-il s'étonner que la gloire du héros lui échappe! Mais si Barak est faible, il n'est pas sans mérite. Malgré ses hésitations initiales, le courage finit par l'emporter: la mission est acceptée, les troupes sont menées au front. Lorsque l'auteur reprend le récit au chapitre 5, Barak partage le podium du vainqueur avec Débora (5.1,12). L'épître aux Hébreux présente aussi Barak comme un champion de la foi (Héb 11.32). Avec le temps, les hésitations sont oubliées; seuls restent les exploits.

Jaël ne présente pas ce visage hésitant. Par son engagement, elle rappelle l'héroïque Ehud qui a osé affronter seul l'ennemi. Les différences entre ces deux champions sont minimes. Qu'il s'agisse d'un homme haut placé (Ehud) ou d'une femme insignifiante (Jaël), d'une épée enfoncée à l'horizontale dans le corps du roi Eglon ou d'un pieu martelé à la verticale dans la tête du général Sisera, d'une visite dans la ville fortifiée de l'ennemi ou d'une invitation dans la tente vulnérable d'une fidèle, les paramètres majeurs sont les mêmes: un combat solitaire, des paroles séductrices pour endormir la méfiance de l'oppresseur, un coup décisif et mortel porté au chef ennemi. Jaël est du même calibre qu'Ehud, et si l'auteur s'est limité à suggérer la fidélité d'Ehud, il proclame haut et fort le comportement irréprochable de Jaël: *«Bénie soit entre les femmes Jaël, femme de Héber, le Kénien! Bénie soit-elle entre les femmes qui habitent sous les tentes!»* (5.24).

Les portraits de Barak et de Jaël sont développés parce que ces deux individus représentent tout un peuple: une nation où les hommes hésitent et les femmes s'engagent, une génération où les petits encouragent les grands au combat. Comme chef du peuple, Barak représente la majorité, alors que Jaël, isolée de tous, exprime l'exception. Une poignée de fidèles est entourée d'une majorité craintive (*«Les chefs étaient sans force en Israël»* 5.7). Les hésitations de Barak, puis son engagement (hésitant) reflètent son époque. Dans le cantique de la victoire, l'engagement (après hésitations) des chefs et de plusieurs tribus est relevé: *«Des chefs se sont mis à la tête du peuple en Israël»* (5.2) et le coeur de Débora est *«aux chefs d'Israël, à ceux du peuple qui se sont montrés prêts à combattre»* (5.9). Sur les dix tribus concernées (Juda et Siméon étaient trop au sud), six se sont engagées (Ephraïm, Benjamin, Makir [c.-à-d. Manassé], Zabulon, Issacar et Nephthali: 5.13-15a, 18) et quatre sont lamentablement restées en retrait (Ruben, Galaad [c.-à-d. Gad], Dan et Aser: 5.15b-17).

Le thème de la crainte et du courage

Le cycle de Débora développe le thème de la crainte et du courage[2]. Barak hésite (4.8); Ruben revient sur sa parole (5.15b); Gad, Dan et Aser restent en arrière (5.17). Tout le contexte de cette époque est marqué par la crainte et les hésitations. Les brigands profitent d'une autorité effacée et craintive (*«Les chefs étaient sans force en Israël»* 5:7) pour imposer leur loi (*«Les routes étaient abandonnées, et ceux qui voyageaient prenaient des chemins détournés»* 5:6). L'anarchie règne dans le pays. Personne n'ose combattre le mal. Les chefs sont sans force.

Face à l'angoisse et au désespoir, quelqu'un se lève. Débora stimule le courage des autres. Barak le craintif est appelé. Certes, il hésite dans un premier temps, mais il finit par s'engager et entraîne à sa suite dix mille hommes. Le courage initial de Débora fait tache d'huile et la crainte du peuple finit par fondre comme neige au soleil.

La tension entre le bien et le mal domine tout ce cycle et, pour mieux faire sentir la polarité créée par le doute, l'auteur va multiplier les contrastes: (1) contraste entre Barak le commandant en chef des armées israélites et Jaël la femme d'un étranger, (2) entre l'engagement des hommes et celui des femmes, (3) entre Barak, l'homme qui doute, et Barak le héros qui s'engage, (4) entre les tribus qui sont restées sur la réserve (5.15b-17) et celles qui se sont engagées (5.14-15a, 18), (5) entre la mère de Sisera (5.28-30) et Débora, une mère en Israël (5.7), (6) entre la paire Jabin-Sisera et la paire Débora-Barak[3].

---

[2] Le cycle d'Othniel relevait la *force* (Dieu était au centre du développement et contrôlait tous les événements, et Othniel, présenté comme l'homme qui pénètre en force dans une ville de géants en 1.12-13, véhiculait une idée de puissance) et le cycle d'Ehud s'était arrêté sur le *courage* et l'emploi de la *ruse* pour triompher d'un ennemi plus fort.

[3] Dans les deux cas, le chef suprême (Jabin ou Débora) est moins engagé que le général des forces armées (Sisera et Barak).

Pour renforcer encore cette dualité liée au doute, l'auteur développe deux fois la même histoire. Une première fois en prose, selon le style général du livre, et une deuxième fois sous la forme d'un poème. Des sept cycles, c'est le seul qui est marqué par une telle structure bipolaire. Contrairement à l'exégèse historico-critique qui se borne à soupçonner dans toute répétition une pluralité de sources contradictoires, la reprise d'un événement est une partie intégrante de la pensée hébraïque qui aime les images et les comparaisons. Reprise n'équivaut pas à redite: deux témoignages valent mieux qu'un; une image en complète une autre. Pour le cycle de Débora, le parallélisme convient à merveille. Comme l'auteur a relevé les contrastes de la vie pour souligner la notion de dualité créée par le doute, il renforce maintenant la dualité des attitudes, par une dualité sur le plan littéraire. Les chapitres 4 et 5 reflètent deux genres littéraires (prose et poésie), deux points de vue (pendant et après le combat), deux évaluations de Barak (blâme et louange). Il ne s'agit pas de sources contradictoires, mais d'une plume habile qui sait adapter son style au message proclamé, tout en intégrant à son oeuvre le poème de notre juge-poète.

Structure

Richesse de la structure

A la structure bipolaire présentée ci-dessus (chapitre 4 et chapitre 5) s'ajoute, bien sûr, la structure type des cycles avec ses cinq phases: révolte (4.1), ruine (4.2), repentance (4.3), rédemption (4.4-5.31a) et repos (5.31b). La rédemption y occupe une place prédominante (52 versets sur 55).

Trois arrangements en chiasmes complètent une composition déjà riche. Chacun des deux chapitres est structuré sous la forme d'un chiasme: le texte en prose de l'auteur (chapitre 4) et le poème attribué à Débora (chapitre 5). On est encore plus étonné de trouver un chiasme chapeautant l'ensemble du cycle (chapitres 4 et 5)[4]. Le chiasme du chapitre 5 sera présenté après l'exégèse détaillée du chapitre 4.

---

[4] Parmi les rares auteurs qui proposent une structure unifiée des deux chapitres, on peut nommer Athalya Brenner: »A Triangle and a Rhombus in Narrative Structure: A Proposed Integrative Reading of Judges IV and V», in *VT* XL/2 (1990), pp. 129-138.

Le chiasme global (chap. 4-5)

A^1	Révolte et ruine (4.1-3)
B^1	Barak hésite et perd la gloire (4.4-10)
C^1	Un étranger se sépare d'Israël (4.11)
D^1	L'ennemi attaque et Dieu se lève (4.12-14a)
E^1	Barak et le peuple obtiennent la victoire (4.14b-16)
F^1	Jaël combat Sisera le tyran (4.17-22)
G^1	Dieu et Israël humilient l'ennemi (4.23-24)
G^2	Israël et Dieu battent l'ennemi (5.1-5)
F^2	Des chefs se lèvent au temps de Jaël (5.6-12)
E^2	Les tribus qui s'engagent et celles qui restent en retrait (5.13-18)
D^2	L'ennemi attaque et Dieu intervient (5.19-22)
C^2	Une ville inconnue abandonne Israël (5.23)
B^2	Jaël est bénie pour son courage (5.24-27)
A^2	Ruine de l'ennemi et repos d'Israël (5.28-31)

Le chiasme est riche et complexe. Pour ne pas alourdir le texte, les explications complémentaires sont renvoyées en notes de bas de page[5].

---

[5] Explications sur le chiasme:

* A^1 et A^2: la première et la dernière section sont contrastées (parallélisme antithétique). Elles marquent le début et la fin du cycle: révolte et ruine pour commencer (A^1), défaite de l'ennemi et repos d'Israël pour terminer (A^2).
* B^1 et B^2 sont contrastés aussi, mais moins fortement. Jaël reçoit la gloire perdue par Barak, mais Barak reste un héros qui s'engage comme Jaël. A noter que B^1 annonce la victoire de Jaël (*«L'Eternel livrera Sisera entre les mains d'une femme»* 4:9).
* C^1 relève l'*éloignement* d'une *famille*, alors que C^2 parle d'une *ville* qui ne s'est *pas déplacée*; ces différences sont secondaires, car C^1 et C^2 forment avant tout un parallélisme synonymique en soulignant l'infidélité. Notons encore que si Héber est un *étranger*, Méroz est une ville dont *on ignore tout*, hier comme aujourd'hui (l'Ecriture ne la mentionne pas ailleurs et les archéologues sont incapables de l'identifier).
* D^1 indique l'origine de l'ennemi et la rivière où il s'est rassemblé (*«depuis Haroscheth-Goïm... vers le torrent de Kison»* 4:13), alors que D^2 nomme le point de rassemblement des troupes cananéennes et la source du cours d'eau (*«à Thaanac, aux eaux de Meguiddo»* 5:19). D^1 note la force de l'ennemi (*«neuf cents chars de fer, et tout le peuple qui était avec lui»* 4:13) et D^2 sa faiblesse (*«ils ne remportèrent nul butin, nul argent»* 5:19). En D^1, Débora discerne que l'Eternel va intervenir pour Israël, et en D^2, l'auteur explique comment Dieu est intervenu.

Le chiasme du chapitre 4

A^1	Oppression (4.1-3)	
B^1	Barak hésite et perd la gloire (4.4-10)	
a^1		Les hommes montent vers Débora (4.4-5)
b^1		Débora convoque Barak (4.6a)
c^1		Débora donne un ordre à Barak (4.6b)
d^1		Débora promet la victoire à Barak (4.7)
e		*Barak exprime son hésitation (4.8)*
d^2		Débora annonce que la gloire échappe à Barak (4.9a)
c^2		Débora répond à la demande de Barak (4.9b)
b^2		Barak convoque deux tribus (4.10a)
a^2		Débora monte avec 10 000 hommes (4.10b)
C	L'affrontement des armées (4.11-17)	
a^1		Héber l'étranger se sépare d'Israël (4.11)
b^1		L'ennemi monte attaquer Israël (4.12-13)
c		*Débora discerne le jour de la victoire (4.14a)*
b^2		Barak descend et bat l'ennemi (4.14b-16)
a^2		Sisera se réfugie chez la femme d'Héber (4.17)
B^2	Jaël est courageuse et tue l'ennemi (4.18-22)	
a^1		Jaël s'avance vers Sisera et l'invite chez elle (4.18)
b^1		Sisera demande de l'aide et Jaël le sert (4.19)
c		*Sisera demande à Jaël de mentir (4.20)*
b^2		Jaël tue Sisera (4.21)
a^2		Jaël s'avance vers Barak et l'invite chez elle (4.22)
A^2	Délivrance (4.23-24)	

---

* E^1 mentionne le nombre des soldats d'Israël (*«dix mille hommes»* 4:14) et l'étendue de la victoire; E^2 commence par noter la victoire totale (5.13), puis relève quelles tribus furent engagées (5.14-18).
* F^1 décrit l'action de Jaël et F^2 signale l'engagement de Débora et d'autres leaders. En F^1, Jaël résiste à un tyran qui pénètre dans sa maison, et en F^2, on parle du temps de Jaël (5.6) où l'insécurité régnait dans le pays, en particulier sur les routes .
* G^1 et G^2 se penchent sur la victoire de Dieu et du peuple. L'ordre est inversé, pour placer au centre du chiasme la victoire du peuple (4.24) et de ses chefs (5.1-2). Ainsi, l'auteur place, au centre du développement, son thème majeur: *l'engagement du peuple.*

Il est formé de trois sections principales (B^1; C; B^2) entourées d'une introduction (A^1) et d'une conclusion (A^2). Chacune des trois sections est organisée en chiasme[6].

Exégèse détaillée du chapitre 4

Révolte et oppression (4.1-3)

> *1 Les enfants d'Israël firent encore ce qui déplaît à l'Eternel, après qu'Ehud fut mort. 2 Et l'Eternel les vendit entre les mains de Jabin, roi de Canaan, qui régnait à Hatsor. Le chef de son armée était Sisera, et habitait à Haroscheth-Goïm. 3 Les enfants d'Israël crièrent à l'Eternel, car Jabin avait neuf cents chars de fer, et il opprimait avec violence les enfants d'Israël depuis vingt ans.*

Le cycle commence, comme les autres, avec la révolte. L'oppression qui suit est le fait d'un peuple redoutablement armé (*«Jabin avait neuf cents chars de fer»*)[7]. Face à un tel adversaire, la libération semble difficile, mais comme nous l'avons déjà dit, l'intervention divine ne dépend pas de la force de l'adversaire, mais de l'orientation du coeur d'Israël. Or, le peuple élu met une demi-génération pour se tourner vers l'Eternel. L'augmentation de la durée d'oppression qui passe de dix-huit à vingt ans indique, peut-être, l'endurcissement d'Israël qui fléchit de moins en moins facilement le genou pour s'humilier.

Hatsor est située à 16 kilomètres au nord du lac de Galilée[8]. Centre très important qui contrôlait la route menant à Damas, elle comptait jusqu'à 40 000 habitants[9]. Capitale d'une coalition des royaumes du nord, elle avait été prise par Josué qui l'avait brûlée (Jos 11.1-13). Grand trophée des conquêtes de Josué, Hatsor, comme Jéricho, était ensuite retombée entre les mains de l'ennemi, mais contrairement à la ville des palmiers prise par Eglon, roi de Moab

---

[6] Le détail des sections B^1 et B^2 s'appuie en grande partie sur l'article de John H. Stek, «The Bee and the Mountain Goat: A Literary Reading of Juges 4», in *A Tribute to Gleason Archer*, ed. Walter C. Kaiser, Moody, 1986, pp. 53-86.

[7] Déjà au 15e siècle, Thutmosis III affirmait avoir saisi 924 chars à Meguiddo (James B. Pritchard, *Ancient Near Eastern Texts Relating to the Old Testament*, Princeton, 1969, p. 237), et du temps de Josué, les Cananéens contrôlaient aussi la plaine avec leurs chars de fer (Jos 17.16).

[8] Stek («The Bee and the Mountain Goat» p. 60) pense que l'oppression du nord complète géographiquement les trois premières: Cuschan-Rischeathaïm avait envahi le sud (cf. Othniel le juge venait de Juda), Eglon opprimait l'est, et Schamgar s'était opposé aux Philistins à l'ouest. Ainsi, pour Israël infidèle, les ennemis viennent des quatre coins du monde.

[9] Bruce p. 271, Cundall pp. 81-82.

(3.13), aucune conquête d'Hatsor n'est mentionnée. Nephthali, qui devait dominer la région, cohabitait allègrement avec l'ennemi (1.33) et la ville semble avoir glissé aux mains des Cananéens sans le moindre conflit[10]. Le virus érosif inhérent à toute politique de compromis ne peut conduire, à terme, qu'à la perte de tout l'héritage.

La dualité présente tout au long du cycle (voir remarques introductives) est comme annoncée par un double ennemi venant de deux villes différentes (Jabin le roi de Hatsor et Sisera le général résidant à Haroscheth-Goïm). Un Jabin, roi de Hatsor, est déjà mentionné dans Jos 11.1-11, mais il ne s'agit manifestement pas de la même personne, puisque cet homme avait été tué par Josué. Plusieurs commentateurs pensent que le nom de Jabin était un titre héréditaire[11]. Sisera venait de Haroscheth-Goïm, ville mal identifiée, mais généralement située dans les plaines à l'ouest du pays. Comme du temps de Josué, la coalition septentrionale des forces ennemies était formée de petites villes-royaumes. Sisera pourrait avoir été non seulement général de l'armée coalisée, mais aussi roi d'une de ces villes qui gravitaient autour de Hatsor, la métropole[12].

Barak hésite et perd la gloire (4.4-10)

4 Dans ce temps-là, Débora, prophétesse, femme de Lappidoth, était juge en Israël. 5 Elle siégeait sous le palmier de Débora, entre Rama et Béthel, dans la montagne d'Ephraïm; et les enfants d'Israël montaient vers elle pour être jugés.

6 Elle envoya appeler Barak, fils d'Abinoam, de Kédesch-Nephthali, et elle lui dit: N'est-ce pas l'ordre qu'a donné l'Eternel, le Dieu d'Israël? Va, dirige-toi sur le mont Thabor, et prends avec toi dix mille hommes des enfants de Nephthali et des enfants de Zabulon; 7 j'attirerai vers toi, au torrent de Kison, Sisera, chef de l'armée de Jabin, avec ses chars et ses troupes, et je le livrerai entre tes mains. 8 Barak lui dit: Si tu viens avec moi, j'irai; mais si tu ne viens pas avec moi, je n'irai pas. 9 Elle répondit: J'irai bien avec toi; mais tu n'auras pas de gloire sur la voie où tu marches, car l'Eternel livrera Sisera entre les mains d'une femme.

Et Débora se leva, et elle se rendit avec Barak à Kédesch. 10 Barak convoqua Zabulon et Nephthali à Kédesch; dix mille hommes marchèrent à sa suite, et Débora partit avec lui.

Dans le texte hébreu, Débora est présentée dans l'ordre comme (1) femme, (2) prophétesse, (3) femme de Lappidoth, (4) juge. En

---

10 Jordan p. 72.
11 Cundall p. 81, J.J. Davis p. 109, Keil p. 301, Wolf p. 403.
12 *BA* p. 106.

plaçant la qualification de juge en fin de liste, l'auteur veut attirer l'attention sur deux particularités. Avant d'être juge, Débora est une femme, et une femme mariée; dans le poème du chapitre 5, on parlera même de mère (5.7). D'autre part, Débora est prophétesse. Son statut de femme et son ministère prophétique précèdent chronologiquement son appel de juge. Ainsi, avant la libération, les hommes venaient déjà vers la femme de Lappidoth pour être guidés.

Débora est femme et elle est prophétesse. Ces deux éléments vont colorer tout son ministère de juge. En tant que femme, Débora ne cherche pas à se mettre en avant (voir pp. 110-111). En tant que prophétesse, elle va exercer son ministère de juge essentiellement *par la parole*. Elle ne marche pas au devant de l'ennemi comme Othniel et Ehud l'avaient fait, mais elle siège sous un palmier, recevant ceux qui viennent lui demander conseil. Assise comme les maîtres, elle dispense un enseignement. Même pour donner le coup d'envoi de la libération d'Israël, elle ne quitte pas son poste, mais envoie un simple courrier mandater Barak. Finalement, lorsqu'elle quitte temporairement son statut sédentaire pour rejoindre les troupes, ce n'est que pour soutenir *verbalement* un homme.

Barak reçoit un ministère très différent. Il doit se déplacer, rassembler les troupes, monter contre l'ennemi et le combattre. Alors que les paroles de Débora sont abondantes (tout le psaume du chapitre 5 lui est attribué) et exquises comme le miel (Débora signifie abeille), les propos de Barak sont brefs et décevants. Placés au centre du développement (Section B^1: 4.4-10), ils reflètent un homme irrésolu et craintif[13]. Contrairement à Débora, il porte mal son nom (Barak signifie éclair): lent à obéir, sa lumière est pâle et son action sans éclat. La gloire ira à quelqu'un d'autre.

Barak vient de Kédesch-Nephthali, c'est-à-dire de la tribu la plus opprimée, et il doit convoquer en premier Nephthali et Zabulon dont l'héritage recouvrait la plus grande partie du territoire nord d'Israël. Les premiers intéressés doivent aussi être les premiers à se mettre en marche[14].

---

[13] D'autres évaluent Barak différemment. Cundall (p. 85) justifie le comportement de Barak, car «l'ennemi est très fort». Pour Keddie (p. 60) le refus de Barak n'est pas de la lâcheté et J.J. Davis (p. 110) pense que l'homme ne devrait pas être accusé d'un manque de foi, car il cherchait simplement une direction divine. Keil (p. 303) estime que Barak ne fait pas confiance à sa propre force, mais s'appuie sur la promesse divine.

[14] Le poème de Débora mentionne aussi l'engagement de quatre autres tribus. Leur rôle sera examiné au chapitre 5.

Le lieu choisi pour le rassemblement est important. Le Mont Thabor est le point de rencontre des territoires de Nephthali, Zabulon et Issacar[15]. Cône bien visible et caractéristique, la montagne se dégage nettement des plaines environnantes. Avec ses pentes abruptes et boisées, elle protège Israël des chars cananéens[16]. Assemblée sur la montagne, l'armée de Barak sera momentanément en sécurité, mais ne passera pas inaperçue. Sisera ne pourra que réagir, car la présence d'une telle force à Thabor menace d'isoler ses troupes des renforts stationnés à Hatsor au nord. L'espoir de briser toute résistance israélite décuplera son ardeur à mobiliser ses troupes: avec ses chars de fer postés autour du Mont Thabor, il place Israël devant la perspective d'un siège implacable. Privés de tout contact avec l'extérieur, isolés sur la butte, les dix mille soldats de Barak devront, tôt ou tard, l'affronter dans la plaine ou déposer les armes.

A ce stade du récit, le lecteur peut douter du bien fondé de la stratégie. Sisera réagira, ses troupes seront massées dans la plaine, mais comment Dieu livrera-t-il l'ennemi entre les mains de Barak? En habile narrateur, l'auteur ne dit rien sur le détail de l'intervention divine, plaçant ainsi le lecteur dans les mêmes conditions que Barak[17]. Lui non plus n'a pas su comment Dieu allait le tirer de ce guêpier. Il n'avait que la promesse divine qu'il serait vainqueur.

Puisque Barak refuse de s'engager sur la seule base des promesses divines, la gloire du héros lui est refusée. Débora prophétise que l'Eternel livrera Sisera entre les mains d'une femme. De qui s'agit-il et comment cela se passera-t-il, l'auteur n'en souffle mot. Le suspense règne. Débora sera-t-elle l'héroïne malgré elle, car aucune autre femme n'est présente dans l'armée de Barak? La prophétie tait le nom de cette personne, car Dieu ne révèle que ce qu'il juge nécessaire et suffisant. A l'homme qui doute de la victoire de dix mille hommes sur l'armée de Sisera, Dieu annonce que les mains d'une femme serviront d'instrument à la victoire[18].

---

15 Bruce p. 271, Cundall p. 84.

16 Goslinga (p. 291) fait observer que la position sur le mont Thabor était favorable, mais Israël ne pouvait y rester indéfiniment.

17 Le seul indice possible est la référence au torrent de Kison. Pourquoi Débora a-t-elle ainsi identifié la plaine? Un esprit particulièrement attentif pouvait peut-être imaginer la nature de la délivrance divine. Après la victoire, lorsque l'auteur reprend le récit dans le poème, il donnera de plus amples renseignements sur les détails de l'intervention divine (5.4-5, 20-21).

18 Stek pp. 56, 62, 65.

Le chiasme de la section B[1] se termine rapidement. Débora répond à l'appel de Barak et monte à Kédesch[19] (c[2]), comme elle avait demandé à Barak de monter à Thabor (c[1]). Barak convoque Zabulon et Nephthali (b[2]), comme Débora avait convoqué Barak (b[1]). Dix mille hommes montent avec Débora (a[2]), comme les hommes montaient vers la prophétesse (a[1]).

Héber l'étranger se sépare d'Israël (4.11)

> *Héber, le Kénien, s'était séparé des Kéniens, des fils de Hobab, beau-père de Moïse, et il avait dressé sa tente jusqu'au chêne de Tsaannaïm, près de Kédesch.*

La progression du récit marque une pause. L'information sur Héber semble tout à fait déplacée, mais cette notice intercalée ici prépare la suite du récit (cf. 4.17-22)[20] et permet à l'auteur de structurer son texte (voir chiasme). Lorsque Sisera s'enfuira à pied après la défaite de son armée, la maison de Jaël ne sera pas inconnue. L'auteur se garde pourtant à ce stade de mentionner la femme de Héber, car il ne veut pas dévoiler trop vite l'héroïne au lecteur[21].

Héber est un homme qui a quitté ses frères installés au sud du pays dans le territoire de Juda (1.16)[22]. La raison de son déménagement n'est pas indiquée, mais dans le livre des Juges un éloignement du chef (ici de la tribu leader) n'est jamais bon signe. Comme *«la paix régnait entre Jabin, roi de Hatsor, et la maison de Héber, le Kénien»* (4:17), Héber avait peut-être déménagé pour se

---

[19] Il ne s'agit probablement pas de Kédesch-Nephthali, la ville de Barak (4.6), mais d'une autre Kédesch. Plusieurs villes en Palestine portaient ce nom signifiant *sanctuaire*.

[20] *BA* p. 107, Cundall p. 85, Goslinga p. 290, Keddie p. 60, Keil p. 304, Wolf p. 405.

[21] Un lecteur intéressé à tout élément permettant de découvrir l'héroïne pourrait au mieux suspecter que la parenthèse soit en rapport avec l'énigme.

[22] Les fils du Kénien s'étaient intégrés à Israël à la suite du mariage de Moïse. Trois noms sont donnés au beau-père de Moïse: Réuel (Ex 2.18), Jéthro (Ex 3.1) et *Hobab* (Jug 4.11). Hobab est aussi présenté comme le fils de Réuel (Nb 10.29). Cundall (p. 56) relève que les mots hébreux pour beau-père et beau-frère ont les mêmes consonnes. Comme la vocalisation du texte massorétique ne date que du 6e au 9e siècle de l'ère chrétienne, on peut admettre que l'un des trois est le beau-frère. Une autre solution consiste à considérer Réuel comme le grand-père de Séphora, et Hobab (alias Jéthro) comme le père. Une autre difficulté tient à l'origine de ces gens: sont-ils Kénites (Jug 1.16; 4.11) ou Madianites (Ex 3.1; 18.1; Nb 29.10)? Le caractère nomade des Kénites pourrait expliquer une association avec d'autres peuples (Cundall p. 56), puisqu'on les considère ailleurs comme étroitement liés aux Amalécites (1 Sam 15.6).

mettre au service des Cananéens. S'il était chaudronnier (c'est le sens du mot Kénien), il a dû facilement trouver un l'emploi auprès des Cananéens qui avaient 900 chars de *fer*. Comme beaucoup de fabricants d'armes, il ne se serait pas trop soucié à qui et à quoi elles pouvaient servir.

Quoi qu'il en soit, avec un peu de recul, on réalise que Jaël est souverainement placée là où elle doit accomplir la bonne oeuvre que Dieu a préparée d'avance pour elle[23].

L'affrontement des armées (4.12-16)

> *12 On informa Sisera que Barak, fils d'Abinoam, s'était dirigé sur le mont Thabor. 13 Et, depuis Haroscheth-Goïm, Sisera rassembla vers le torrent de Kison tous ses chars, neuf cents chars de fer, et tout le peuple qui était avec lui.*
>
> *14 Alors Débora dit à Barak: Lève-toi, car voici le jour où l'Eternel livre Sisera entre tes mains. L'Eternel ne marche-t-il pas devant toi?*
>
> *Et Barak descendit du mont Thabor, ayant dix mille hommes à sa suite. 15 L'Eternel mit en déroute devant Barak, par le tranchant de l'épée, Sisera, tous ses chars et tout le camp. Sisera descendit de son char, et s'enfuit à pied. 16 Barak poursuivit les chars et l'armée jusqu'à Haroscheth-Goïm; et toute l'armée de Sisera tomba sous le tranchant de l'épée, sans qu'il en restât un seul homme.*

Comme prévu, l'armée de Barak est repérée, et comme prévu, Sisera rassemble ses troupes dans la plaine. Comment Dieu va-t-il secourir Israël? Tout à coup, Débora discerne le jour de l'intervention divine (4.14a). Que voit-elle? L'auteur ne nous le dit toujours pas. Les propos sont condensés au maximum: l'ennemi est mis en déroute. Les redoutables chars semblent immobilisés puisque Sisera doit s'enfuir à pied.

La défaite est totale: tous les hommes meurent (4.16). Le lecteur attentif est un instant dérouté. Si tous les hommes sont morts, la prophétie de Débora ne s'est pas accomplie. Très vite, l'auteur rassure ce lecteur: Sisera n'est pas mort, mais en fuite (4.17). L'affirmation du verset 16 n'était qu'une généralisation.

Les détails qui ont fait cruellement défaut pour le combat principal vont maintenant abonder pour décrire la mort de Sisera par les mains d'une femme. Le centre d'intérêt de l'auteur est manifeste. Il est tentant, à ce stade du commentaire, de donner quelques détails

---

[23] D.R. Davis p. 77.

sur l'intervention divine qui a provoqué la déroute de l'ennemi[24]. Puisque l'auteur fait patienter le lecteur jusqu'au chapitre 5, nous ferons de même. Nous nous bornerons à noter quelques indices qu'un lecteur pourrait relever: (1) le torrent du Kison est nommé une deuxième fois et semble donc avoir une certaine importance; (2) le verbe *hamam* dans l'expression *«l'Eternel mit en déroute»* était déjà employé lorsque les chars égyptiens poursuivaient Israël à travers la mer Rouge (Ex 14.24)[25].

Les propos de Débora posent aussi une énigme: comment l'Eternel peut-il livrer Sisera entre les mains de Barak (4.14), puisque cet ennemi sera vendu entre les mains d'une femme (4.9)? La même promesse semble être faite, mais deux verbes différents sont utilisés: donner (*natan*) et vendre (*makar*)[26].

Action courageuse de Jaël (4.17-22)

> *17 Sisera se réfugia à pied dans la tente de Jaël, femme de Héber, le Kénien; car il y avait paix entre Jabin, roi de Hatsor, et la maison de Héber, le Kénien.*
>
> *18 Jaël sortit au-devant de Sisera, et lui dit: Entre, mon seigneur, entre chez moi, ne crains pas. Il entra chez elle dans la tente, et elle le cacha sous une couverture. 19 Il lui dit: Donne-moi, je te prie, un peu d'eau à boire, car j'ai soif. Elle ouvrit l'outre du lait, lui donna à boire, et le couvrit. 20 Il lui dit encore: Tiens-toi à l'entrée de la tente, et si l'on vient t'interroger en disant: Y a-t-il ici quelqu'un? tu répondras: Non. 21 Jaël, femme de Héber, saisit un pieu de la tente, prit en main le marteau, s'approcha de lui doucement, et lui enfonça dans la tempe le pieu, qui pénétra en terre. Il était profondément endormi et accablé de fatigue; et il mourut.*
>
> *22 Comme Barak poursuivait Sisera, Jaël sortit à sa rencontre et lui dit: Viens, et je te montrerai l'homme que tu cherches. Il entra chez elle, et voici, Sisera était étendu mort, le pieu dans la tempe.*

La bataille est terminée et pourtant le récit ne l'est pas. Une prophétie a été donnée; elle doit s'accomplir. Pourquoi Sisera s'arrête-t-il à la tente de Jaël? Comment connaît-il Héber? Depuis combien de temps est-il en route? Pourquoi a-t-il fui dans cette

---

[24] Tous les commentaires expliquent, à ce stade, l'intervention divine en s'appuyant sur 5.4-5, 20-21.

[25] Keil p. 304, Wolf p. 406. *Hâmam* (המם) n'est utilisé que trois fois dans le Pentateuque (Ex 14.24; 23.27; Dt 2.15) et une fois dans Josué (Jos 10.10).

[26] Le verbe *mâkar* (מכר) du verset 9 (cf. Jaël) est plus fort et plus précis que le verbe *nâtan* (נתן) du verset 14 (cf. Barak) qui signifie simplement donner. *Mâkar* est utilisé pour des esclaves qui sont livrés pieds et poings liés.

direction? Se sauve-t-il vers le nord pour rejoindre Hatsor? Aucun détail n'est donné. Ces aspects ne sont pas importants, car manifestement Dieu a guidé l'homme vers son bourreau. Dès la mention de Jaël, femme de Héber (4.17), le lecteur comprend que l'Eternel est en passe d'accomplir sa parole.

Sisera connaît Héber et le prend pour un allié. Il s'arrête à son domicile dans l'espoir de trouver de l'aide. Jaël vient à sa rencontre et l'invite chez elle: *«Entre, mon seigneur, entre chez moi»* (4.18). C'est la cachette idéale, car la tente d'une femme est un endroit inviolable. L'offre est généreuse et les paroles respectueuses (Jaël l'appelle *mon seigneur*). Sisera se laisse vite convaincre sans s'inquiéter de la réaction du mari. Héber devrait comprendre: n'est-il pas un allié et lui-même n'est-il pas un homme important? Peut-être Héber est-il absent, et dans ce cas, Sisera peut s'attendre à recevoir encore d'autres choses de la charmante Jaël[27]. La femme de Héber l'amène chez *elle*, dans la partie plus reculée de la tente, là où nul étranger ne peut pénétrer[28]. La référence à la couverture semble indiquer que l'homme s'étend sur un lit, dans la chambre à coucher de la femme.

Sisera, d'animal pourchassé qu'il était, se reprend rapidement en mains. Maintenant, c'est lui qui parle et qui demande à Jaël de lui donner d'abord de l'eau, puis de garder l'entrée. Il est de nouveau là pour dominer[29] et Jaël s'exécute sans une parole, comme une servante soumise. Elle va au-delà de la demande puisque, au lieu de l'eau, elle offre du lait (4.19). Tout semble sourire à Sisera. Il se détend sans réaliser que la boisson offerte est un soporifique qui a un effet semblable au lebben moderne[30].

Dans ses dernières paroles (placées au centre du développement de B^2), Sisera demande à Jaël de fonctionner comme garde et de mentir pour tromper l'ennemi. En fidèle servante soumise à son maître, Jaël va s'exécuter, sans une parole, mais comme son maître est Dieu et non Sisera, elle va frapper celui qu'elle a déjà trompé. Le renversement est total, et l'aveuglement du tyran fait sourire.

Le moment tant attendu est arrivé. Sisera va mourir des mains d'une femme. L'auteur prend soin de répéter les mots *femme* et *main* comme pour mieux rappeler la prophétie (4.9, 21). Toute l'action se

---

27 Jordan (p. 85) relève qu'en 5.30 Sisera est compté parmi les violeurs. En pénétrant dans la tente de Jaël, il est déjà symboliquement un violeur.

28 *BA* p. 108.

29 Stek p. 72.

30 Voir commentaire sur 5.25.

déroule en silence. Aucun mot n'est prononcé. Le lecteur retient son souffle. Jaël s'approche doucement. Sisera dort profondément. Le pieu s'abat comme un éclair. Aucun cri, même pas un soupir. Sisera reste silencieux à jamais. Le moment est intense, solennel. Toute la scène reste gravée dans la mémoire.

Jaël a-t-elle bien agi ou au contraire doit-elle être condamnée pour cette action? Sommes-nous en face d'une héroïne ou d'une personne digne de notre mépris? Plusieurs commentateurs hésitent à justifier l'action de Jaël, mais les paroles du psaume ne laissent aucun doute: *«Bénie soit entre les femmes Jaël, Femme de Héber, le Kénien! Bénie soit-elle entre les femmes qui habitent sous les tentes!»* (5:24)[31]. L'action de Jaël rappelle celle d'Ehud. Ajoutons aux remarques de l'introduction (p. 112) que dans les deux cas la soudaineté de la mort empêche l'ennemi de pousser le moindre cri. La violence du coup de pieu (qui traverse la tempe de Sisera et pénètre dans le sol)[32] rappelle l'intensité du coup d'épée qui avait pourfendu Eglon. Même crudité du récit; même observation relative à l'arme qui ressort de l'autre côté.

L'histoire est terminée et pourtant Barak poursuit toujours Sisera (4.22). Ayant marché jusqu'à Haroscheth-Goïm (4.16) sans le trouver, Barak cherche ailleurs. Sisera a dû fuir dans une autre direction. Barak (l'éclair) porte à nouveau mal son nom, car il n'est ni éclairé ni rapide. Jaël, qui a délivré Israël de son ennemi, vient

---

[31] La *BA* (p. 108) fait observer que *«le narrateur raconte l'action de Jaël sans la juger»*, mais pour le commentateur il est évident qu'*«on ne saurait approuver cette violation des lois de l'hospitalité»*. Comme dans la conduite d'Ehud, *«il y a un mélange de bien et de mal qui est en rapport naturel avec ces temps où la lumière divine n'avait encore jeté que ses premières lumières»*. De même pour Keil (p. 306), les actes de Jaël ne sont pas justifiés: *«ce n'est pas une opération de l'Esprit divin, mais d'un héroïsme inspiré par la chair et le sang»*.

D'autres commentateurs sont perplexes, comme Keddie (p. 61) pour qui les paroles de 5.24 représentent *un grand mystère*. Gleason L. Archer (*Encyclopedia of Bible Difficulties,* p. 163) pense que Jaël a choisi le moindre mal.

Parmi ceux qui approuvent l'action de Jaël, on trouve Jordan (p. 87) qui rappelle que si l'hospitalité est importante, le fidèle ne doit pas accueillir le méchant. Wolf (p. 407) pense que Sisera était placé sous la sentence de «destruction totale» édictée sur les Cananéens. Il cite aussi les cas de Saül et d'Achab qui ont été condamnés pour avoir laissé vivre un ennemi (1 Sam 15.33; 1 Rois 20.42). D.R. Davis (p. 79) souligne que si l'on critique Jaël, il faut aussi censurer le psaume de Débora qui vante Jaël et condamne Méroz pour n'avoir rien fait (5.23). Or, Méroz a été condamné par l'ange de l'Eternel lui-même.

[32] Jaël manie le pieu avec adresse. Plusieurs commentateurs notent que les femmes avaient pour tâche d'ériger les tentes (Cundall p. 89, Wolf p. 407).

maintenant aider Barak: *«Viens, et je te montrerai l'homme que tu cherches»* (4:22). Barak reçoit la même invitation que Sisera à pénétrer dans la tente de Jaël (4.18, 22). Bien sûr le contexte est différent: Barak est accompagné par des hommes et il ne cherche pas à se cacher, mais à découvrir son ennemi. Malgré ces différences, les ressemblances interpellent. Barak, qui est sur les traces de Sisera, marche aussi dans ses voies. Il lui ressemble par certains aspects: (1) incrédulité pour Barak, dureté pour Sisera; (2) lenteur à comprendre pour le Juif, aveuglement total pour le Cananéen. Comme Sisera, Barak reste probablement bouche bée devant l'action de Jaël.

Délivrance de l'oppression ennemie (4.23-24)

> *23 En ce jour, Dieu humilia Jabin, roi de Canaan, devant les enfants d'Israël. 24 Et la main des enfants d'Israël s'appesantit de plus en plus sur Jabin, roi de Canaan, jusqu'à ce qu'ils aient exterminé Jabin, roi de Canaan.*

L'action conjuguée de Débora et Jaël procure la paix au peuple d'Israël. Jaël *la chèvre de montagne* (c'est le sens de son nom) et Débora *l'abeille* redonnent vie à Israël, un pays où coulent le *lait* et le *miel*[33]. Plus jamais une coalition cananéenne ne montera contre Israël[34]. Même si Jabin reste en vie, la colonne vertébrale de l'opposition est brisée, les forces armées sont anéanties. Le mot repos n'est pas utilisé, car ce n'est pas la fin du récit. Une seconde narration (le chapitre 5) va reprendre et compléter la première.

Dans les derniers versets de ce chapitre (4.23-24), l'auteur rappelle que, malgré le courage et le discernement des deux femmes, Dieu reste l'agent principal du succès. Sans lui, le courage des plus vaillants ne serait qu'un château de cartes, et le discernement des sages une bougie en pleine tempête.

Le cantique de Débora: remarques générales

Le poème du chapitre 5 reprend le récit du chapitre 4. Il l'enrichit d'éléments nouveaux tout en le confirmant. Deux témoignages sont toujours préférables à un seul. Les idées présentées sont les mêmes, mais la perspective a changé[35]. La prose cède sa place à la poésie. Le

---

[33] John H. Stek a écrit un article remarquable sur ce chapitre 4 («The Bee and the Mountain Goat: A Literary Reading of Juges 4», in *A Tribute to Gleason Archer*, ed. Walter C. Kaiser, Moody, 1986, pp. 53-86).

[34] *BA* p. 108, Wolf p. 406.

[35] Le cantique nomme six tribus pour la coalition israélite au lieu de deux. Du côté de l'ennemi, Jabin n'est pas mentionné, mais on parle de rois cananéens au

journaliste à l'affût de l'actualité politique s'efface devant le poète qui laisse libre cours aux sentiments de son âme. Le mystère et les aléas du quotidien sont remplacés par la réflexion du poète qui, avec recul, peut contempler l'ensemble des événements[36]. Le chapitre 5 se veut postérieur à la victoire. Plus besoin de garder le lecteur sur le qui-vive. Les thèmes importants peuvent être développés[37].

L'auteur ne s'arrête pas sur le comment de la victoire, mais sur le pourquoi. Une chronique historique où fourmillent les détails est moins précieuse qu'un bilan honnête sur les causes réelles de la victoire. Le cheminement du développement passera du général au particulier, tout en donnant à l'ensemble l'équilibre classique du chiasme. La première moitié présentera des thèmes généraux (5.1-19) que la seconde illustrera par quelques détails (5.20-31). Le poème suit ainsi l'approche générale du livre des Juges, qui exprime les généralités avant les détails. Le plan chronologique n'est pas pour autant délaissé. Une première partie relève le recrutement des combattants (5.2-18), le centre se penche sur la confrontation des troupes (5.19-22), et une troisième et dernière partie évoque les derniers soubresauts du conflit (5.23-31).

---

pluriel (5.19). Le lieu du conflit est plus à l'ouest (Meguiddo au lieu de Thabor) et Barak est présenté comme un héros. Toutes ces différences peuvent s'expliquer relativement facilement.

[36] Cette remarque peut surprendre, car les commentateurs ont tendance à considérer un cantique comme antérieur à un texte en prose. Un chant refléterait une première expression d'un événement, alors que la chronique historique serait plus tardive. Cette affirmation est plus le reflet d'un a priori que de preuves objectives. Pour le cantique de Débora, de nombreux commentateurs attirent l'attention sur son ancienneté (Bruce p. 271, Cundall p. 90, Goslinga p. 294, Wolf p. 408 et d'autres), mais l'affirmation semble difficile (sinon impossible) à étayer. Si le livre des Juges date de la période de Samuel (voir pp. 44-45), il ne peut être séparé du cantique de Débora de plus de deux siècles. Les textes datant de cette période (13e au 11e siècle) et qui permettraient de relever une évolution de la langue se limitent aux livres des Juges et de Ruth: une base bien fragile pour analyser l'évolution d'une langue. En considérant le cantique comme une *réflexion* sur la victoire, nous confirmons simplement le point de vue de l'auteur qui place le cantique après la narration et le considère comme une conclusion.

[37] Ce cantique rappelle celui que Moïse a composé après la traversée de la mer Rouge (Keddie p. 61, Wolf p. 408). Suite à la narration, le cantique (Ex 15.1-21) reprenait la défaite d'un ennemi vaincu par les eaux que Dieu avait envoyées au moment opportun.

Structure du chapitre 5

A^1	Le titre (5.1)
B^1	Une armée de courageux s'est levée (5.2)
C^1	L'Eternel (le Père d'Israël) est souverain (5.3-5)
D^1	Les héros d'Israël se lèvent (5.6-12)
E^1	Quelques tribus s'engagent (5.13-18)
F^1	Les rois païens combattent sans succès (5.19)
F^2	Les armées célestes triomphent de l'ennemi (5.20-22)
E^2	Une ville reste en retrait (5.23)
D^2	Une héroïne s'engage (5.24-27)
C^2	La mère du chef païen est angoissée (5.28-30)
B^2	La faiblesse des ennemis et la force des fidèles (5.31a)
A^2	L'épilogue (5.31b)

Certains parallélismes sont moins manifestes que d'autres. C^1 et C^2 sont contrastés à l'extrême[38].

Exégèse détaillée du chapitre 5

En raison du langage poétique, les difficultés de traduction sont plus nombreuses pour ce chapitre que pour les textes narratifs. Les principales difficultés seront mentionnées dans les notes[39].

Le titre et le thème principal (5.1-2)

1 *En ce jour-là, Débora chanta ce cantique, avec Barak, fils d'Abinoam:*

2 *Des chefs se sont mis à la tête du peuple en Israël,*
Et le peuple s'est montré prêt à combattre:
Bénissez-en l'Eternel!

«Débora chanta ce cantique, avec Barak, fils d'Abinoam» (5.1). Barak a perdu la gloire du héros, mais il s'est quand même engagé.

---

38 C^1 rapporte l'action souveraine du Créateur avant le combat, alors que C^2 se moque, quand tout est achevé, du destin qui frappe un individu isolé. D'un côté, le chef d'Israël est le Tout-Puissant; de l'autre, la mère du général ennemi, sans force et angoissée, ne peut qu'attendre, les bras croisés, le retour d'un fils déjà mort.

39 Comme D.R. Davis (pp. 81-82), il nous paraît sage de renvoyer, pour certains problèmes, à d'autres ouvrages. En plus des commentaires, voir: Richard D. Patterson, «The Song of Debora», in *Tradition and Testament: Essays in Honor of Charles Lee Feinberg*, ed. John S. Feinberg and Paul D. Feinberg, Moody, 1981, pp. 123-160.

Avec générosité, Débora l'associe à son cantique de la victoire. Le premier verset sert de titre au cantique et présente Débora et Barak comme ses auteurs. Par la mention de ces deux noms, la dimension de la dualité est immédiatement annoncée.

Le verset suivant (5.2) présente le thème du poème: les chefs ont pris leurs responsabilités et le peuple s'est engagé[40]. Comme au chapitre 4, l'accent reste sur le peuple plutôt que sur le juge. La crainte qui paralysait Israël a enfin été enrayée. La joie de Débora se comprend, puisque l'origine du mal est conjurée.

L'action divine (5.3-5)

3 *Rois, écoutez! Princes, prêtez l'oreille!*
Je chanterai, oui, je chanterai à l'Eternel,
Je chanterai à l'Eternel, le Dieu d'Israël.

4 *O Eternel! quand tu sortis de Seïr,*
Quand tu t'avanças des champs d'Edom,
La terre trembla, et les cieux se fondirent,
Et les nuées se fondirent en eaux;
5 *Les montagnes s'ébranlèrent devant l'Eternel,*
Ce Sinaï devant l'Eternel, le Dieu d'Israël.

Les versets 3 à 5 contiennent deux parties: la louange de Débora (5.3) et l'intervention divine (5.4-5).

L'artisan principal de la victoire est Dieu. L'Eternel est intervenu du ciel en envoyant un orage violent. Le tonnerre et une pluie abondante sont décrits (*«La terre trembla, et les cieux se fondirent, et les nuées se fondirent en eaux; les montagnes s'ébranlèrent devant l'Eternel»*). L'auteur ne parle pas encore du débordement de la rivière qui a provoqué l'enlisement des chars cananéens (5.20-21), mais le lecteur familier avec la topographie de la région peut facilement l'imaginer. Pour l'instant, l'auteur en reste à la mobilisation des forces. Dieu s'est engagé, et il l'a fait en enrôlant la nature.

Seïr et *Edom* indiquent le lieu d'où l'orage est venu, et *Sinaï* le lieu de l'alliance mosaïque. Ainsi *«l'intervention puissante de l'Eternel dans cette bataille a été comme une répétition de son*

---

[40] Au lieu de traduire *«des chefs se sont mis à la tête du peuple»* (Segond, Darby, TOB, Synodale, Français courant), plusieurs traductions donnent *«on a laissé flotter sa chevelure»* (Colombe, Jérusalem, Semeur). Cundall (p. 94) accepte les deux possibilités. Les cheveux non coupés sont le signe d'un voeu qui, dans ce cas, marquent l'engagement d'Israël (Jordan p. 93, Wolf p. 409).

apparition merveilleuse sur la montagne de Sinaï»[41]. Fidèle à son alliance, Dieu se révèle aussi comme supérieur au dieu Baal vénéré comme le maître des orages.

Les héros d'Israël (5.6-12)

6 *Au temps de Schamgar, fils d'Anath,*
Au temps de Jaël, les routes étaient abandonnées,
Et ceux qui voyageaient prenaient des chemins détournés.
7 *Les chefs étaient sans force en Israël, sans force,*
Quand je me suis levée, moi, Débora,
Quand je me suis levée comme une mère en Israël.
8 *Il avait choisi de nouveaux dieux:*
Alors la guerre était aux portes;
On ne voyait ni bouclier ni lance
Chez quarante milliers en Israël.
9 *Mon coeur est aux chefs d'Israël,*
A ceux du peuple qui se sont montrés prêts à combattre.
Bénissez l'Eternel!
10 *Vous qui montez de blanches ânesses,*
Vous qui avez pour sièges des tapis,
Et vous qui marchez sur la route, chantez!
11 *Que de leur voix les archers, du milieu des abreuvoirs,*
Célèbrent les bienfaits de l'Eternel,
Les bienfaits de son conducteur en Israël!
Alors le peuple de l'Eternel descendit aux portes.
12 *Réveille-toi, réveille-toi, Débora!*
Réveille-toi, réveille-toi, dis un cantique!
Lève-toi, Barak, et emmène tes captifs, fils d'Abinoam!

De l'engagement divin (5.3-5), l'auteur passe à l'engagement des hommes. Quatre noms prestigieux sont nommés: Schamgar, Jaël, Débora, Barak[42]. L'auteur ne nous parle pas de leurs exploits personnels, mais il veut simplement rappeler leur existence. L'accent

---

[41] *BA* p. 109. Keil (p. 309) partage la même opinion. D'autres pensent que Seïr et Edom se réfèrent à la libération d'Egypte (cf. Dt 33.2). La TOB traduit le verset 5: *«Les montagnes s'affaissèrent devant le Seigneur (celui du Sinaï), devant le Seigneur, le Dieu d'Israël».*

[42] La mention de Jaël pose un problème à plusieurs commentateurs (*BA* p. 11, Bruce p. 272, Keil p. 310, Wolf p. 410) qui ne peuvent pas voir ici la même Jaël qu'aux versets 24-27. Pour eux, le poète oppose précisément le temps de la victoire à celui de cette Jaël. Cundall (p. 95) suggère que Schamgar et Jaël sont mentionnés ici parce qu'ils n'ont pas donné de paix permanente. Goslinga (p. 301) est plus proche de la réalité lorsqu'il affirme que ces deux ne sont pas responsables de la situation. En fait, l'auteur se contente d'identifier la période. Ainsi, la section qui parle de l'engagement d'individus est-elle entourée de quatre noms illustres: Schamgar et Jaël au début (5.6), Débora et Barak à la fin (5.12).

est mis sur la mobilisation d'un certain nombre d'individus, les chefs d'abord, mais aussi des gens du peuple (*«Mon coeur est aux chefs d'Israël, à ceux du peuple qui se sont montrés prêts à combattre»* 5.9).

Débora a pris la première la défense de son peuple mue par un amour semblable à celui d'une mère pour ses enfants. Sa discrétion pendant le conflit (voir pp. 110-111) n'était pas synonyme de désintérêt, car on la voit ici très engagée émotionnellement, vibrant pour les siens.

La situation de chaos antérieure à l'engagement des fidèles est décrite: (1) insécurité sur les routes (*«Les routes étaient abandonnées, et ceux qui voyageaient prenaient des chemins détournés»*), (2) faiblesse de l'autorité politique (*«Les chefs étaient sans force en Israël»*), (3) confusion spirituelle (*«Israël avait choisi de nouveaux dieux»*), (4) tensions internationales (*«La guerre était aux portes»*), (5) armée sous-équipée ou découragée (*«On ne voyait ni bouclier ni lance chez quarante milliers en Israël»*)[43].

L'engagement des fidèles est un sujet de joie pour tout le peuple. Les commerçants peuvent reprendre leurs échanges (*«Vous qui montez de blanches ânesses, vous qui avez pour sièges des tapis, et vous qui marchez sur la route, chantez!»*)[44], les paysans n'ont plus besoin de vivre dans la hantise des pillards (*«Que de leur voix les archers, du milieu des abreuvoirs, célèbrent les bienfaits de l'Eternel»*)[45], le peuple quitte ses abris et reprend ses activités (*«Le peuple de l'Eternel descendit aux portes»*)[46].

---

[43] Beaucoup de commentateurs pensent qu'Israël disposait d'armes (contrairement à la situation sous Saül plus tard: cf. 1 Sam 13.19-21), mais avait trop peur de les prendre (*BA* p. 110, Cundall p. 95, Keil p. 312, Wolf p. 410).

[44] Les rois et les riches voyageaient sur des ânesses (10.4; 12.14), et les rares ânesses blanches marquaient encore plus un statut social élevé (Goslinga p. 304). Les gens assis sur les tapis peuvent représenter soit le même groupe (des tapis étaient posés sur les ânesse: cf. Jordan p. 80), soit des gens aisés qui restent à la maison sans travailler (Keil p. 314). Le troisième groupe représente le peuple qui voyage à pied. Quel que soit le niveau social, chacun peut maintenant se réjouir.

[45] *»Archers»* (Segond, Synodale): les paysans n'ont plus besoin de porter leurs armes quotidiennement pour se défendre des pillards. Cundall (p. 97) pensent à des *«musiciens»* qui peuvent de nouveau chanter. Comme le verbe peut aussi signifier *diviser,* certains pensent à ceux qui distribuent le butin (Darby, TOB) ou plus probablement de l'eau (Colombe, Semeur, Français courant).

[46] Les gens *«descendent»* aux portes parce que les portes sont au bas de la ville ou parce que les gens qui se cachaient dans les collines peuvent maintenant retourner

L'engagement des tribus (5.13-18)

13 *Alors un reste du peuple triompha des puissants,*
L'Eternel me donna la victoire sur les héros.
14 *D'Ephraïm arrivèrent les habitants d'Amalek.*
A ta suite marcha Benjamin parmi ta troupe.
De Makir vinrent des chefs,
Et de Zabulon des commandants.
15 *Les princes d'Issacar furent avec Débora,*
Et Issacar suivit Barak,
Il fut envoyé sur ses pas dans la vallée.

Près des ruisseaux de Ruben,
Grandes furent les résolutions du coeur!
16 *Pourquoi es-tu resté au milieu des étables*
A écouter le bêlement des troupeaux?
Aux ruisseaux de Ruben,
Grandes furent les délibérations du coeur!
17 *Galaad au delà du Jourdain n'a pas quitté sa demeure.*
Pourquoi Dan s'est-il tenu sur les navires?
Aser s'est assis sur le rivage de la mer,
Et s'est reposé dans ses ports.

18 *Zabulon est un peuple qui affronta la mort,*
Et Nephthali de même, sur les hauteurs des champs.

Des individus, on passe aux collectivités. L'engagement des tribus suit celui des particuliers. Dix tribus sont mentionnées. Six se sont engagées, quatre sont restées en retrait, et deux ne sont pas nommées: Juda (la tribu leader) et Siméon[47].

Puisque le cantique de Débora complète le texte en prose du chapitre 4, six tribus fidèles sont mentionnées au lieu de deux seulement. Nephthali et Zabulon, menacés plus directement par l'occupant cananéen, devaient fournir le gros de l'effort. Barak les convoque en premier (4.10) et les place en première ligne

---

dans leurs habitations (Goslinga p. 305). Le peuple se retrouve dans ce lieu public pour louer Dieu (Cundall p. 96).

47 Peut-être, Débora ne les a-t-elle pas convoquées en raison de leur éloignement géographique (Wolf p. 412). Etaient-elles trop isolées des autres tribus puisque entre elles se trouvaient Jérusalem et d'autres villes aux mains des païens (Cundall p. 99)? Leurs effectifs militaires étaient-ils mobilisés contre les Philistins au sud puisque Schamgar avait lutté contre eux: 3.31 (Goslinga p. 311)? Dans tous les cas, une absence fautive de ces deux tribus aurait été signalée dans le cantique.

(*«Zabulon est un peuple qui affronta la mort, et Nephthali de même»* 5.18)[48].

Le texte se divise manifestement en trois sections: les tribus *infidèles* (c'est-à-dire celles qui n'ont apporté aucun soutien à leurs frères: 5.15b-17) sont entourées par les tribus qui se sont engagées (5.13-15a et 5.18). Zabulon est mentionné dans les deux sections positives peut-être parce que son engagement était le plus important.

Sur les dix tribus mentionnées, deux noms sont inhabituels: Makir (5.14) et Galaad (5.17). Galaad était fils de Makir, lui-même fils de Manassé (Nb 26.29; 27.1), mais Galaad est aussi le nom du territoire attribué à la tribu de Gad et à la demi-tribu de Manassé à l'est du Jourdain (Jos 13.24-25, 31). La tribu de Manassé est donc manifestement représentée par ces deux noms. Comme Galaad est la demi-tribu de l'est, Makir ne peut représenter que l'autre demi-tribu située à l'ouest. Pourquoi désigner les deux demi-tribus de cette manière? Peut-être pour renforcer l'idée que la fidélité du père (Makir) est plus grande que celle du fils (Galaad). Dans tous les cas, les tribus qui se sont engagées à soutenir Nephthali et Zabulon sont venues du sud (Ephraïm et Benjamin), du centre (Manassé) et du nord (Issacar) du pays, et celles qui sont restées en retrait étaient établies à l'est (Ruben, Gad et Manassé) et à l'ouest (Aser et Dan[49]).

L'infidélité est à l'est et à l'ouest. Faut-il y voir les régions les plus éloignées ou celles les plus soumises aux influences païennes? Pour ces tribus, de l'eau est mentionnée ou suggérée: les *ruisseaux* de Ruben, le *Jourdain* de Galaad, les *navires* de Dan, le *rivage de la mer* et les *ports* pour Aser. Les cours d'eau et la mer sont des frontières et

---

[48] Le lieu du danger est décrit comme élevé (*«les hauteurs des champs»*). Il s'agit probablement du Mont Thabor où ces deux tribus s'étaient réunies pour attirer l'adversaire (cf. 4.6; Goslinga p. 311). Sur le plan littéraire, le cantique mentionne Zabulon et Nephthali juste avant l'engagement des hostilités (5.19) comme pour mieux marquer leur présence au coeur du conflit.

[49] Comment expliquer la localisation de Dan à l'ouest et non au nord où la tribu avait émigré (Jug 17-18)? Wolf (p. 412) pense que la tribu n'avait pas encore émigré vers le nord, mais cela paraît peu probable, car Jug 17-18 se situe au début de la période des juges. J.J. Davis (p. 112) suggère que les Danites du nord se seraient amalgamés avec les Phéniciens du nord-ouest. Il semble préférable d'envisager deux groupes, puisque les parents de Samson habitaient encore le littoral à la fin de la période des juges (*BA* p. 112, Bruce p. 272, Cundall p. 98). En mentionnant le désintérêt des Danites méditerranéens, le cantique montre que même les plus fidèles des Danites, c'est-à-dire ceux qui n'avaient pas abandonné leur territoire, avaient pourtant abandonné leurs frères.

des moyens de transport. Il semble que les tribus de Transjordanie préféraient l'isolement (Ruben est bien parmi ses troupeaux et Galaad dans sa demeure), alors que Dan et Aser sont ouverts au monde par leurs navires et leurs ports.

L'infidélité n'est pas marquée par une révolte ouverte contre les autres tribus, mais par des préoccupations égoïstes. Ruben s'est penché sur la question d'un engagement militaire, mais les discussions sont restées sans lendemain. Quant à Dan et Aser, ils semblaient trop préoccupés par leur commerce pour s'intéresser à autre chose.

De nombreux auteurs suggèrent que le problème principal d'Israël durant la période des juges est un manque d'unité. L'absence d'un pouvoir centralisé serait à la base des déboires du peuple. Le cantique de Débora (comme le reste du livre des Juges) ne confirme pas cette opinion. L'unité des tribus résidait dans leur appartenance au même Dieu. Le spirituel domine le politique et donne au pays tout ce dont il a besoin pour vivre. L'érosion de la relation avec Dieu entraîne immanquablement une perte d'identité nationale. La solidarité entre les tribus diminuait dans la mesure où les alliances avec les peuples voisins augmentaient. Lorsqu'une tribu devait combattre un ennemi, elle devait être la première à le faire, mais si les forces lui manquaient, elle pouvait faire appel aux autres pour l'épauler dans sa tâche. Les tribus qui s'étaient trop vite contentées d'un héritage en Transjordanie, et celles qui s'étaient trop compromises avec les habitants du littoral sont les premières à rompre l'unité de la famille spirituelle.

Le combat (5.19-22)

19 Les rois vinrent, ils combattirent,
Alors combattirent les rois de Canaan,
A Thaanac, aux eaux de Meguiddo;
Ils ne remportèrent nul butin, nul argent.
20 Des cieux on combattit,
De leurs sentiers les étoiles combattirent contre Sisera.
21 Le torrent de Kison les a entraînés,
Le torrent des anciens temps, le torrent de Kison.
Mon âme, foule aux pieds les héros!
22 Alors les talons des chevaux retentirent,
A la fuite, à la fuite précipitée de leurs guerriers.

Après un long préambule sur l'engagement des fidèles, on arrive au coeur du cantique avec l'affrontement des forces armées. Le combat est brièvement rapporté. Quatre verbes sont utilisés pour décrire l'adversaire[50]. Les trois premiers font présager le pire: ils viennent, ils combattent, ils combattent. Dans le texte hébreu, suit ensuite la mention du butin à emporter, mais le quatrième verbe, qui aurait dû conclure ce déferlement de force et d'énergie, est précédé de la particule négative: le butin à prendre, ils *ne* prirent *pas*.

La cause de l'échec est immédiatement mentionnée. L'échec ne vient ni d'une erreur stratégique de Sisera, ni d'une faiblesse de l'ennemi[51], ni de la force d'Israël, mais de l'Eternel (*«Des cieux on combattit, de leurs sentiers les étoiles combattirent contre Sisera»*). De manière imagée, on mentionne l'orage qui, du ciel, a déversé des trombes d'eau. Le torrent du Kison déborde, inonde la plaine, emporte certains chars, embourbe les autres, confond la stratégie de Sisera et jette le désarroi dans le coeur de ses soldats.

Plus la confusion augmente du côté cananéen, plus Israël se fortifie. L'atout majeur des chars se transforme en handicap, et devant l'impétuosité des flots, ce ne sont pas seulement les chars qui basculent, mais le monde entier. Le fort devient faible et le faible fort. Les chars rapides comme l'éclair se figent dès que l'orage éclate, et Barak (l'éclair) et ses hommes fondent comme la foudre sur leurs ennemis. Barak porte enfin son nom: justice divine et rapidité lui sont attachés. La victoire est facile (*«Mon âme, foule aux pieds les héros!»*) et s'achève par une chasse à l'homme (*«Alors les talons des chevaux retentirent, à la fuite, à la fuite précipitée de leurs guerriers»*).

Dieu se révèle comme le vrai maître de la nature. La victoire sur les Cananéens est aussi une victoire sur Baal. Comme les eaux ont sauvé Israël des troupes égyptiennes, ainsi sauvent-elles des troupes cananéennes. Les différences sont secondaires: dans le premier cas, Israël devait quitter un pays, dans le second, il doit reprendre ce qu'il a perdu. Autrefois, l'eau était retombée à son lieu de départ, maintenant, elle quitte son lit habituel. Dieu est le maître incontesté

---

[50] La présence de *rois* indique que l'ennemi formait une coalition. Même si elle n'est pas expressément mentionnée au chapitre 4, la présence de Jabin et de Sisera habitant des villes différentes nous l'avait fait pressentir. Le lieu du combat se trouve près de Meguiddo, alors qu'au chapitre précédent le Mont Thabor était nommé. Peut-être y a-t-il eu plusieurs lieux de bataille: un premier au pied de la montagne, puis un second sur le chemin du retour (Goslinga p. 312, citant Garstang pp. 92-95, 296-302).

[51] La pluie est pratiquement absente en Palestine de juin à septembre (Wolf p. 406). Sisera n'aurait pas commis l'erreur stratégique d'engager ses chars en saison de pluie dans une plaine. L'orage est survenu à l'improviste en période de sécheresse.

du monde naturel: vent, nuage, pluie, éclairs, tonnerres, étoiles, tout lui obéit.

Une communauté rebelle (5.23)

23 *Maudissez Méroz, dit l'ange de l'Eternel,*
Maudissez, maudissez ses habitants,
Car ils ne vinrent pas au secours de l'Eternel,
Au secours de l'Eternel, parmi les hommes vaillants.

A l'heure du bilan, les vaillants reçoivent les honneurs et les lâches, les blâmes. Une ville est restée en retrait. Méroz n'est mentionnée que dans ce texte. Elle est inconnue même des archéologues[52]. Son sort lui convient bien, car les lâches sombrent vite dans l'oubli. Pour cette raison, l'auteur n'épilogue pas sur ce faux-frère. Plus vite on l'oublie, mieux on s'en porte. Méroz n'est mentionnée que pour signaler la réalité de telles communautés, et peut-être aussi pour équilibrer le chiasme. A l'engagement communautaire globalement fidèle des tribus (5.13-18) correspond le non-engagement d'une petite communauté. Le peuple sans être parfait a fini dans l'ensemble par s'engager. Le bilan se veut définitivement positif[53].

Jaël l'héroïne (5.24-27)

24 *Bénie soit entre les femmes Jaël,*
Femme de Héber, le Kénien!
Bénie soit-elle entre les femmes qui habitent sous les tentes!
25 *Il demanda de l'eau, elle a donné du lait,*
Dans la coupe d'honneur elle a présenté de la crème.
26 *D'une main elle a saisi le pieu,*
Et de sa droite le marteau des travailleurs;
Elle a frappé Sisera, lui a fendu la tête,
Fracassé et transpercé la tempe.
27 *Aux pieds de Jaël il s'est affaissé,*
Il est tombé, il s'est couché;
A ses pieds il s'est affaissé, il est tombé;
Là où il s'est affaissé, là il est tombé sans vie.

L'exploit de Jaël l'étrangère mérite plus d'attention. Son engagement spontané est aux antipodes du neutralisme des Israélites

---

[52] Tous les commentateurs placent cette localité à proximité du conflit. Par crainte de représailles, elle était restée en retrait (Cundall p. 100). Beaucoup plus sévèrement critiquée que les tribus qui venaient de loin, cette communauté avait un devoir plus grand de soutenir Barak et son armée (Goslinga p. 316).

[53] Cette remarque s'applique aussi à Barak, puisque dans ce cantique, il est placé parmi les héros.

de Méroz[54]. Même s'il a déjà été conté en détail dans le texte narratif (4.17-22), une répétition ne fera pas de mal. Un tel courage et une telle sagesse doivent se graver dans les mémoires.

Deux fois plus long que le précédent, ce récit le complète. Une évaluation entièrement positive de Jaël et des précisions sur la mort de Sisera augmentent la saveur que doit procurer le souvenir d'un tel exploit. La bénédiction est sans réserve (*«Bénie soit entre les femmes Jaël»*) et elle est répétée. Il est difficile d'être plus clair. De toutes les femmes, seule la mère de Jésus a reçu un tel témoignage (Luc 1.42).

Celui qui n'a jamais vécu sous l'oppression a souvent de la peine à apprécier le sarcasme de ce récit où tant de détails sont rapportés: coupe, pieu, marteau, tête, pieds[55]. Le contraste est profond entre l'hospitalité poussée à l'extrême (*«Il demanda de l'eau, elle a donné du lait, dans la coupe d'honneur elle a présenté de la crème»* 5.25) et la violence du coup fatal. Le récit précise que le lait offert était de la crème ou du lait caillé, probablement un soporifique qui a un effet semblable au lebben moderne[56]. Au sujet de la mort, un rapprochement est fait avec le cycle d'Ehud. En se servant des deux mains pour venir à bout de Sisera (le pieu dans la gauche et le marteau dans la droite), Jaël rappelle le juge ambidextre. Pour les deux héros, l'arme fatale (épée ou pieu) qui a traversé le ventre d'Eglon ou transpercé la tempe de Sisera est tenue de la main gauche (voir aussi p. 112).

La conclusion raconte la mort et l'humiliation de l'ennemi (5.27). Dans le texte hébreu, sept verbes sont utilisés et répartis en deux groupes de sept mots: a) *«Aux pieds de Jaël il s'est affaissé, il est tombé, il s'est couché à ses pieds»*; b) *«Il s'est affaissé, il est tombé; là où il s'est affaissé, là il est tombé sans vie»*. Même si Sisera était couché au moment de sa mort (4.21), l'auteur parle symboliquement d'une chute. Du coeur de l'opprimé sort le cri de la victoire. L'ennemi est abattu (sept verbes pour le rappeler), humilié (double flash sur l'homme gisant aux pieds d'une femme) et mort une fois pour toutes (le dernier mot du texte sert aussi de point final: שׁדוד, détruit).

---

54 De la part de Jaël, une réserve aurait été acceptée (Goslinga p. 316).
55 D.R. Davis p. 88.
56 Bruce p. 271.

La mère du chef païen angoissée (5.28-30)

28 *Par la fenêtre, à travers le treillis,*
La mère de Sisera regarde, et s'écrie:
Pourquoi son char tarde-t-il à venir?
Pourquoi ses chars vont-ils si lentement?
29 *Les plus sages d'entre ses femmes lui répondent,*
Et elle se répond à elle-même:
30 *Ne trouvent-ils pas du butin? ne le partagent-ils pas?*
Une jeune fille, deux jeunes filles par homme,
Du butin en vêtements de couleur pour Sisera,
Du butin en vêtements de couleur, brodés,
Un vêtement de couleur, deux vêtements brodés,
Pour le cou du vainqueur.

Pourquoi s'arrêter sur cette mère qui s'inquiète du retard de son fils? Le cantique de la victoire personnalise la défaite de l'ennemi. La mort et l'humiliation de Sisera étaient proclamées au verset précédent, mais cela ne suffit pas. La douleur d'une mère qui perd son fils exprime encore mieux le désarroi de l'ennemi. Avant de regimber contre un tel texte, notons que les paroles viennent d'une mère (Débora) et concernent une personne qui n'est pas innocente[57]. La mère de Sisera partage les mêmes valeurs que son fils, puisqu'elle se réjouit des viols (5.30)[58] et du pillage (5.31). La mère est comme le fils. Le même péché les habite. Le fils jouira des femmes et la mère des vêtements et *des colliers*[59]. La seule différence importante entre les deux est que l'un est mort et l'autre vit. Peu importe, car si la mère n'est pas punie comme son fils, le malheur la frappe aussi. Elle devra porter le deuil de son fils.

La lamentation du vaincu est formée de deux parties. A l'inquiétude de la mère (5.28), répond l'espérance des femmes et de la mère elle-même (5.29-30). Elles ne peuvent concevoir la défaite de leurs troupes, alors elles les imaginent retardées par l'ampleur du butin[60]. La vanité de cette espérance ne peut qu'amuser le lecteur, car

---

57 Jordan (p. 106) fait observer que Débora, la mère, se réjouit du sort de la mère de l'ennemi comme celle-ci se réjouissait du sort des victimes israélites.

58 Le mot *reḥem* (רחם) traduit par *jeune fille* signifie à l'origine *sein maternel* (Jordan p. 105, Goslinga p. 321). Il a pris ensuite le sens de *fille-esclave* (Cundall p. 101). Sur la pierre de Moab de Mescha (vers 850 av. J.-C.), il signifie *fille de rues* (Bruce p. 273).

59 La Bible de Jérusalem traduit *pour mon cou.* Segond, Colombe, Semeur, Français courant ont *pour le cou du vainqueur*; la TOB: *son cou*; Darby: *pour le cou des captives.* Littéralement l'hébreu donne *pour le cou du butin* (cf. note Colombe, TOB).

60 Toutes les femmes cananéennes sont comme la mère de Sisera.

à l'heure où la mère de Sisera imagine son fils pénétrer dans les demeures des femmes pour les violer et ramasser des habits colorés, il est effectivement couché sur le lit d'une femme recouvert d'une étoffe teintée de son propre sang[61]. Pour décrire le sort du méchant, l'ironie est impitoyable[62].

Conclusion et épilogue (5.31)

31 Périssent ainsi tous tes ennemis, ô Eternel!
Ceux qui l'aiment sont comme le soleil,
Quand il paraît dans sa force.

Le pays fut en repos pendant quarante ans.

Pour Israël, la victoire est totale, car même si quelques ennemis ont échappé à la mort, leurs souffrances les marquent profondément.

En rappelant la force du peuple fidèle, le verset 31 fait écho au verset 2. A la disponibilité à se battre contre l'ennemi (5.2) correspond l'amour pour l'Eternel (5.31). Les deux choses n'en font qu'une, car celui qui aime l'Eternel lui obéit, et celui qui obéit au Dieu qui a demandé de conquérir le pays, se bat contre l'occupant.

Pour clore le cycle, l'auteur mentionne bien évidemment le repos. La durée correspond à la norme, soit une génération.

---

[61] D.R. Davis p. 87, Jordan p. 106.
[62] Goslinga (p. 319) parle d'une ironie mordante inégalée.

Gédéon (1) : 6

Remarques générales

Le cycle de Gédéon tient dans le livre des Juges une place fondamentale par sa position et son ampleur. Précédé d'une double introduction et des trois premiers cycles, et suivi des trois derniers cycles et d'un double appendice, le récit de Gédéon est au carrefour de toute la réflexion sur la période des juges.

La longueur du récit aussi est unique, puisque ce cycle est le plus long des sept. L'auteur, qui s'est attardé sur Débora au point de répéter l'histoire deux fois, prend encore plus de temps avec Gédéon. Le récit contient plus du double de mots que le cycle précédent, et l'amplification réelle du récit est encore plus marquée puisque l'histoire de Gédéon n'est racontée qu'une fois[1]. L'auteur entre dans les détails. Différentes phases du cycle sont développées: l'oppression de l'ennemi, l'appel du juge, son combat spirituel, ses prières, le rassemblement des effectifs et la préparation de l'armée, la stratégie militaire et le combat, les pourparlers avec les contestataires, la justice civile, les problèmes majeurs rencontrés après la guerre[2]. L'historien s'attarde sur la ruine (6.1b-6a), la repentance (6.6b-32), la rédemption bien sûr (6.33-8.21) et le repos (8.22-28). Seule la révolte est résumée en quelques mots (6.1a).

Une nouvelle fois, l'accent principal se déplace. Après avoir été concentrée sur *Dieu* (cycle d'Othniel), sur le *juge* (cycle d'Ehud) et sur le *peuple* (cycle de Débora), l'attention se porte sur le *combat contre l'ennemi*. Le cycle commence par plusieurs versets consacrés à l'oppression madianite (6.1-6). Un prophète intervient ensuite pour rappeler que l'ennemi principal est spirituel (6.7-10). Ainsi, Gédéon doit commencer par détruire l'autel païen érigé dans la maison de son père (6.25-32). Le combat contre les Madianites requiert une force armée. Le texte décrit la composition particulière de la troupe de choc (7.1-8), et l'exploration du camp ennemi permet de connaître l'état d'esprit de l'adversaire (7.9-15). Ensuite, la

---

[1] Le cycle de Gédéon est le plus long des sept. Sur l'ensemble du livre, Othniel représente 0,8%, Ehud 2,7%, Débora 8,2% (3,8% pour le chapitre 4 et 4,4% pour le chapitre 5), *Gédéon 16,9%*, Abimélec 8,9%, Jephthé 9,9%, Samson 16,4%. La narration de Gédéon est quatre fois et demie plus longue que la narration de Débora (le chapitre 4).

[2] 6.1-6; 6.11-24; 6.25-32; 6.36-40; 7.1-8; 7.9-25; 8.1-3; 8.4-9,13-17; 8.22-32.

confrontation est minutieusement rapportée: les instruments de libération, l'emplacement des troupes, la période choisie pour lancer l'attaque, bref, toute la stratégie est exposée (7.16-22). Le récit se poursuit et rapporte la mort des méchants, aussi bien celle des païens que des Israélites renégats (8.4-21). En guise de conclusion, l'auteur signale encore les dangers qui se sont dressés sur la route du juge: ceux qu'il a évités (8.22-23) et ceux qui lui ont échappé (8.24-27). L'engagement contre les Madianites est le thème dominant du cycle de Gédéon.

Le combat contre l'ennemi est une préoccupation constante de toute la période des juges. Dès la première introduction (1.1-2.5), l'auteur avait relevé le manque de courage qui empêchait le peuple de combattre l'adversaire. Après deux introductions et trois cycles, et avant trois autres cycles et deux appendices, il était approprié de s'arrêter sur ce thème fondamental. Au coeur du livre, le cycle de Gédéon développe un thème central: la lutte contre l'ennemi.

Tous les protagonistes sont évoqués et décrits. L'ennemi, bien sûr, mais aussi Israël, sans oublier Dieu et le juge. Le peuple hébreu est présent dès que la convocation a été proclamée. Le récit informe le lecteur sur le nom des tribus convoquées, le nombre des soldats craintifs et ceux qui ont été courageux, l'origine des renforts, le nom des villes renégates, les aspirations du peuple. L'Eternel se manifeste par des signes prodigieux (l'offrande consumée; les signes de la toison; la victoire par un petit nombre qui ne peut que lui être attribuée: 7.2) et surtout par la présence de *l'ange de l'Eternel.* Quant au juge, il tient, lui aussi, un rôle central. L'auteur rapporte son appel divin, ses prières lors des signes de la toison, sa fidélité dans la réduction de l'armée, son discernement au moment où il a entendu le songe du soldat ennemi, son engagement lors du combat nocturne, sa justice manifestée envers les coupables, son humilité à rejeter le pouvoir absolu.

L'évaluation de Gédéon est ambiguë. Certains éléments du récit lui semblent favorables et d'autres défavorables. J. P. Tanner dresse une liste des reproches adressés à notre héros[3]: (1) Désapprobation cynique de la manière dont Dieu traite la nation (6.13); (2) Hésitation pour accepter l'appel divin à libérer son peuple (6.15); (3) Demande d'un signe pour confirmer que l'appel venait réellement de Dieu (6.17); (4) Même si l'autel de Baal a été démoli, l'opération s'est déroulée de nuit, par crainte des hommes (6.27);

---

[3] »The Gideon Narrative as the focal Point of Judges», in *Bibliotheca Sacra* 149 (Apr-Jun 1992) p. 154.

(5) Les signes de la toison témoignent d'un manque de foi manifeste à croire ce que Dieu avait clairement révélé; (6) Vengeance démesurée à l'égard de ses compatriotes de Succoth et de Penuel (8.16-17); (7) Erection d'un éphod qui a induit le peuple à l'idolâtrie (8.27); (8) Aspiration à la royauté. Même s'il a décliné l'offre du peuple, ses actions montrent qu'il convoitait cet honneur (8.23-32); (9) Etablissement d'un harem et lien avec une concubine de Sichem (8.30-31).

Cette attitude critique à l'égard de Gédéon suit une fausse piste, car elle s'arrête sur quelques indices placés à la surface du texte pour permettre une vue de plus en plus négative des juges. En apparence, l'auteur des Juges laisse croire que les juges ont échoué à cause de leurs manquements personnels et que la solution aux problèmes d'Israël ne pouvait venir que d'un roi. Le summum de ces indices trompeurs se trouve dans le slogan final. L'auteur permet une lecture royaliste probablement pour contourner la censure (voir mystères et explications p. 28), mais le message réel est tout autre. L'auteur souligne la valeur du ministère des juges, et nous nous efforcerons de montrer comment Gédéon mérite sa place dans le panthéon de la foi de l'épître aux Hébreux (Héb 11.32).

Structure du cycle

A^1	Oppression de Madian (6.1-6)
B^1	Idolâtrie et appel divin de Gédéon (6.7-32)
C^1	Signes annonçant la victoire d'Israël, et la défaite de Madian et de Baal (6.33-40)
D^1	Diminution des effectifs (craintifs, puis courageux) (7.1-8)
E^1	Vision nocturne de la victoire sur Madian (7.9-15)
E^2	Victoire nocturne sur Madian (7.16-22)
D^2	Augmentation des effectifs (courageux, puis contestataires) (7.23-8.3)
C^2	Victoire complète sur l'ennemi et jugement des Juifs infidèles (8.4-17)
B^2	Offre de la royauté à Gédéon par le peuple et idolâtrie (8.22-27)
A^2	Humiliation de Madian (8.28)

Le combat et la défaite de l'ennemi sont au centre du chiasme. La première moitié décrit la préparation au combat (7.9-15); la deuxième moitié rapporte la confrontation elle-même et ses conséquences (7.16-22).

Exégèse détaillée du chapitre 6

L'oppression de Madian (6.1-6a)

> *1 Les enfants d'Israël firent ce qui déplaît à l'Eternel; et l'Eternel les livra entre les mains de Madian, pendant sept ans. 2 La main de Madian fut puissante contre Israël.*
>
> *Pour échapper à Madian, les enfants d'Israël se retiraient dans les ravins des montagnes, dans les cavernes et sur les rochers fortifiés.*
>
> *3 Quand Israël avait semé, Madian montait avec Amalek et les bédouins de l'Orient, et ils marchaient contre lui. 4 Ils campaient en face de lui, détruisaient les productions du pays jusque vers Gaza, et ne laissaient en Israël ni vivres, ni brebis, ni boeufs, ni ânes.*
>
> *5 Car ils montaient avec leurs troupeaux et leurs tentes, ils arrivaient comme une multitude de sauterelles, ils étaient innombrables, eux et leurs chameaux, et ils venaient dans le pays pour le ravager.*
>
> *6 Israël fut très malheureux à cause de Madian.*

Comme pour les autres cycles, l'auteur commence par mentionner la révolte du peuple en quelques mots (6.1a)[4]. L'étape suivante marque, par contre, un premier arrêt. Consacrant autant de mots que pour tout le cycle d'Othniel, l'auteur précise la nature de l'oppression madianite: Israël est terrifié et dépossédé par cet ennemi venu de l'est.

A première vue, l'oppression semble moins importante que lors des cycles précédents, puisqu'elle ne dure que 7 ans au lieu de 8, 18 ou 20 ans (3.8, 14; 4.3), mais l'intensité et la répétition des attaques compensent largement la durée: «*Israël fut très malheureux*» (6.6a). Les Madianites ne semblent pas occuper le pays en permanence, mais viennent chaque année à la période des moissons ravager le pays (6.3). Leur domination équivaut à sept invasions successives. La comparaison avec des sauterelles («*comme une multitude de sauterelles*») est bien choisie, car elle évoque à la fois le caractère destructeur et le grand nombre de ces nomades[5]. Comme ces insectes, les Madianites se jettent sur la nourriture plutôt que sur les hommes[6]. Ainsi, à l'adoration du dieu de la nature et de la prospérité (Baal), Dieu répond par la pénurie alimentaire. Israël ne peut que se terrer dans des trous, dans l'espoir que le vent destructeur qui a amené ces ennemis les emporte sous d'autres cieux. Leur pénétration

---

[4] La révolte sera développée au prochain cycle (Abimélec).

[5] Bruce p. 273

[6] Les meurtres perpétrés par les Madianites ne sont que brièvement rapportés à la fin du cycle (8.19).

jusqu'à Gaza (6.4) témoigne de la voracité de ces Madianites qui, comme les sauterelles, ne quittent un territoire que lorsque la dernière plante est dévorée. Les chameaux, utilisés pour la première fois par une armée sur un plan global[7], augmentent encore l'angoisse.

Un chiasme accentue le contraste entre les deux peuples: Israël est retranché dans des abris de fortune, caché et immobile (b^1: 6.2b), alors que Madian déploie ses forces à la vue de tous, mobile et vagabond comme les nomades (référence aux *tentes* et aux *chameaux*), rapide, volatile et dévastateur comme les *sauterelles* (b^2: 6.5). Le premier est sous terre, sans vie comme un cadavre, alors que le second domine, opprime et écrase comme un adversaire tenace et indestructible. L'auteur indique aux extrémités du chiasme, la puissance de Madian (a^1: *sept ans* d'oppression sous une *main puissante:* 6.1b-2a) et la faiblesse d'Israël (a^2: *«il fut très malheureux»* 6.6a), et au centre, les ravages économiques tant au niveau des plantations que de l'élevage (c: 6.3-4).

Repentance et message d'un prophète (6.6b-10)

> *Les enfants d'Israël crièrent à l'Eternel. 7 Lorsque les enfants d'Israël crièrent à l'Eternel au sujet de Madian, 8 l'Eternel envoya un prophète aux enfants d'Israël. Il leur dit: Ainsi parle l'Eternel, le Dieu d'Israël: Je vous ai fait monter d'Egypte, et je vous ai fait sortir de la maison de servitude. 9 Je vous ai délivrés de la main des Egyptiens et de la main de tous ceux qui vous opprimaient; je les ai chassés devant vous, et je vous ai donné leur pays. 10 Je vous ai dit: Je suis l'Eternel, votre Dieu; vous ne craindrez pas les dieux des Amoréens, dans le pays desquels vous habitez. Mais vous n'avez pas écouté ma voix.*

La repentance intéresse encore davantage notre auteur. Alors que les cycles précédents la limitaient à quelques mots (*«Les enfants d'Israël crièrent à l'Eternel»* 3.9, 15; 4.3), ici elle inclut non seulement les cris de souffrance du peuple, mais aussi les paroles de reproche d'un prophète et la destruction d'un autel païen par le juge (6.6b-32)[8].

Pour attirer l'attention sur ce développement, l'auteur commence par répéter la mention des cris du peuple (*«...les enfants d'Israël crièrent à l'Eternel. Lorsque les enfants d'Israël crièrent à*

---

[7] Bruce p. 273, Cundall p. 103.

[8] Le texte consacré à la *repentance* sous Gédéon est plus long que la narration de la *rédemption* sous Débora (Jug 4) ou le poème de Débora (Jug 5).

l'Eternel...» 6.6-7). Dieu répond à ces lamentations par un prophète[9] qui brosse l'état de la situation. Trois points sont rappelés au peuple: (1) L'Eternel s'est révélé comme un grand libérateur dans le passé; (2) Il a manifesté sa volonté en interdisant à son peuple toute association avec des idoles; (3) Israël n'a pas obéi.

Par les paroles du prophète, Dieu renvoie la balle dans le camp des Israélites: «Vous venez à moi pour être sauvés, mais comment voulez-vous être sauvés si vous ne venez pas réellement à moi». Dieu ne ferme pas ses oreilles aux cris de son peuple. Il veut bien sauver ceux qui lui appartiennent, mais Israël lui appartient-il vraiment? La désobéissance passée et présente ne témoigne-t-elle pas du contraire? Même si le prophète ne le dit pas expressément, une réforme spirituelle est attendue. Si Israël veut que Dieu redevienne son libérateur, il doit accepter l'Eternel comme Seigneur. L'un ne va pas sans l'autre.

La purification spirituelle du pays commencera par Gédéon, qui détruit l'autel païen érigé dans la maison de son père (6.25-27). Mais avant d'en arriver là, l'auteur relate l'appel de Gédéon. En matière de salut, l'Eternel est omniprésent. La réforme spirituelle demandée trouve son origine dans le Tout-Puissant. Dieu lui-même appelle le libérateur qui conduira le peuple à la repentance. Gédéon est plus qu'un guerrier. Il est d'abord un homme spirituel, un guide et un réformateur qui ramène son peuple à une juste communion avec l'Eternel. La libération spirituelle précède toujours la libération politique.

L'appel de Gédéon (6.11-24)

Le récit est composé de deux parties: annonce de promesses divines (6.11-16) et réalisation d'un signe demandé (6.17-24). Chaque partie est caractérisée par un dialogue entre Dieu et le juge. On compte chaque fois cinq répliques, dont trois interventions de l'Eternel et deux de Gédéon. Dans la première partie, Dieu mène le dialogue, dans la seconde les rôles sont inversés.

Les limites du texte (6.11, 24) sont nettes, marquées par le nom du père (*Abiézer*) et le lieu d'origine de Gédéon (*Ophra*). Au début, Dieu est présent par son ange, à la fin il l'est par l'autel qui rappelle sa visite; l'incertitude causée par l'ennemi est chassée par la paix de l'Eternel, et le rocher du pressoir est remplacé par la pierre de l'autel.

---

[9] C'est la seule intervention d'un prophète dans le livre des Juges.

> *11 Puis vint l'ange de l'Eternel, et il s'assit sous le térébinthe d'Ophra, qui appartenait à Joas, de la famille d'Abiézer. Gédéon, son fils, battait du froment au pressoir, pour le mettre à l'abri de Madian.*
>
> *12 L'ange de l'Eternel lui apparut, et lui dit: L'Eternel est avec toi, vaillant héros! 13 Gédéon lui dit: Ah! mon seigneur, si l'Eternel est avec nous, pourquoi toutes ces choses nous sont-elles arrivées? Et où sont tous ces prodiges que nos pères nous racontent, quand ils disent: L'Eternel ne nous a-t-il pas fait monter hors d'Egypte? Maintenant l'Eternel nous abandonne, et il nous livre entre les mains de Madian! 14 L'Eternel se tourna vers lui, et dit: Va avec cette force que tu as, et délivre Israël de la main de Madian; n'est-ce pas moi qui t'envoie? 15 Gédéon lui dit: Ah! mon seigneur, avec quoi délivrerai-je Israël? Voici, ma famille est la plus pauvre en Manassé, et je suis le plus petit dans la maison de mon père. 16 L'Eternel lui dit: Mais je serai avec toi, et tu battras Madian comme un seul homme (Juges 6.11-16).*

Dieu se présente à Gédéon dans la personne de l'ange de l'Eternel. Ce messager est désigné quatre fois par l'expression *l'ange de l'Eternel* (6.11, 12, 21, 21), une fois par l'expression *l'ange de Dieu* (6.20), et quatre fois par le mot *l'Eternel* (6.14, 16, 17, 23). L'identification entre l'ange de l'Eternel et l'Eternel est totale. L'ange de l'Eternel est l'Eternel en personne. L'incarnation divine est manifeste et le lecteur néo-testamentaire ne peut manquer de faire un rapprochement avec le Christ[10].

Dès les premiers mots, l'auteur identifie le messager. Le lecteur peut ainsi concentrer son attention sur la réaction de Gédéon, plutôt que sur l'identité du messager. La présence personnelle de Dieu fait aussi présager un événement important et aiguise l'attention du lecteur. Gédéon est présenté par son père, sa famille, son domicile[11] et son activité. Celle-ci étonne. Un pressoir n'est pas fait pour battre du froment car, pour séparer le grain de la paille, une grande surface exposée au vent convient beaucoup mieux. Le lieu choisi illustre le désarroi de Gédéon qui cherche dans la discrétion un moyen d'échapper aux ravages de l'ennemi. L'exiguïté du lieu témoigne aussi d'une récolte modeste.

L'ange s'assied sous un arbre (6.11). Dans un premier temps, Gédéon peut prendre le visiteur pour un voyageur fatigué, à la

---

[10] Comme dans d'autres textes vétéro-testamentaires, nous avons probablement ici une incarnation temporaire et partielle de la seconde personne de la Trinité (Walter C. Kaiser: *Hard Sayings of the Old Testament*, IVP, 1988, pp. 98-100).

[11] Ophra n'est pas localisé avec précision.

recherche d'un peu d'ombre, mais il réalise vite qu'il a en face de lui un messager qui veut prendre le temps de discuter.

La salutation de l'ange est brève (6.12), mais optimiste et chaleureuse: deux mots dans le texte hébreu pour dire que Dieu est avec lui (*«L'Eternel est avec toi»*), et deux mots pour souligner le statut important de Gédéon (*«vaillant héros»*). Cette dernière expression formée des deux mots *gibbôr hayil* (גבור חיל) peut suggérer soit la puissance, soit la richesse[12]. Le lecteur qui s'attend à une description du juge pense naturellement à la puissance, mais Gédéon, préoccupé par ses faibles récoltes, pense à la richesse.

Les paroles sont prophétiques, mais Gédéon a tout lieu de les prendre pour de l'ironie, car la situation d'Israël est à l'opposé des paroles du messager. Comment notre juge réagit-il: incrédulité, amertume, foi? Ses propos reflètent l'étonnement (6.13). Comment Dieu peut-il être avec lui puisque Israël est dominé par les ennemis? Sa réflexion est théologiquement fondée et reflète une foi profonde dans la souveraineté et la justice divine. Gédéon ne dit pas que Dieu est impuissant ou que l'ennemi est tout-puissant. Les misères d'Israël viennent directement de Dieu (*«Maintenant l'Eternel nous abandonne, et il nous livre entre les mains de Madian»* 6.13b). Israël est sous le jugement de Dieu. Certains pourraient croire que Gédéon se révolte contre cette situation, mais c'est aller au-delà de ses paroles. Il se contente de marquer son étonnement devant des paroles qui annoncent la paix avec Dieu, alors que la réalité témoigne d'un jugement de Dieu. Le terme seigneur (*adonaï*) pour s'adresser à l'ange n'indique pas que Gédéon reconnaît l'Eternel, mais simplement qu'il répond au messager avec une grande politesse.

Les paroles de Gédéon ne créent aucune réaction négative chez l'Eternel. Au contraire, *«l'Eternel se tourna vers lui»* (6.14a). Par cette attitude, Dieu marque l'ouverture et l'accueil, non le rejet. L'auteur du livre confirme cet accueil favorable en remplaçant l'expression *l'ange de l'Eternel* par *l'Eternel*, comme pour indiquer qu'en réponse aux paroles de Gédéon, ce n'est pas seulement l'ange de l'Eternel qui est présent, mais l'Eternel lui-même[13]. Jordan (p. 118) suggère que les paroles de Gédéon sont la confession des péchés que Dieu attendait pour rétablir une communion totale.

---

[12] Les mêmes termes décrivent Boaz, un grand propriétaire: Ruth 2.1 (Cundall p. 104, Wolf p. 419).

[13] Ce n'est qu'à la fin de l'apparition que l'auteur parle de nouveau de *l'ange de Dieu* ou de *l'ange de l'Eternel* (6.20-21). Il souligne ainsi que tout le discours est fait par l'Eternel en personne.

La deuxième réplique de l'ange va plus loin que la première (6.14). Ce n'est plus une simple salutation, mais un appel. Dieu indique clairement qu'il veut délivrer Israël, et que Gédéon sera l'agent de Dieu pour opérer sa libération.

Gédéon est de nouveau étonné. Comment peut-il être le libérateur? Il énumère ses faiblesses. Il ne faut pas prendre Gédéon au mot quand il dit: *«Ma famille est la plus pauvre en Manassé, et je suis le plus petit dans la maison de mon père»* (6.15). Son père exerce une grande influence dans Ophra. Ainsi, lorsque les hommes veulent tuer Gédéon, Joas les rappelle rapidement à l'ordre. La famille dispose aussi de certains biens malgré le chaos économique. Gédéon offre un don important à l'ange (un chevreau et des pains faits avec 35 kilos de farine); pour renverser l'autel, il dispose de deux taureaux et recrute rapidement dix hommes parmi ses serviteurs. L'âge de Gédéon n'est pas donné, mais il n'est plus tout jeune puisque il demande à son fils aîné de tuer les chefs madianites (8.20). Manifestement, Gédéon exagère sa faiblesse. Comme la suite de l'histoire le montre, il ne cherche pas une excuse pour échapper à l'appel, car dès qu'il est convaincu que l'appel vient de Dieu, il s'engage totalement. Ce qu'il dit sur sa personne exprime simplement son sentiment de ne pas être à la hauteur de la tâche[14].

Dieu ne reprend pas Gédéon sur sa faiblesse (6.16), car il est effectivement faible, et Dieu veut précisément montrer par Gédéon comment un faible peut vaincre une armée. L'Eternel répond simplement aux objections en réitérant sa promesse de victoire. Il précise que Gédéon ne sera pas seulement envoyé par Dieu, mais aussi accompagné par lui. La victoire sera même des plus aisées puisqu'il battra Madian *«comme un seul homme»* (6.16), c'est-à-dire d'un seul coup, comme on tue un seul adversaire.

> *17 Gédéon lui dit: Si j'ai trouvé grâce à tes yeux, donne-moi un signe pour montrer que c'est toi qui me parles. 18 Ne t'éloigne pas d'ici jusqu'à ce que je revienne auprès de toi, que j'apporte mon offrande, et que je la dépose devant toi. Et l'Eternel dit: Je resterai jusqu'à ce que tu reviennes. 19 Gédéon entra, prépara un chevreau, et fit avec un épha de farine des pains sans levain. Il mit la chair dans un panier et le jus dans un pot, les lui apporta sous le térébinthe, et les présenta.*
>
> *20 L'ange de Dieu lui dit: Prends la chair et les pains sans levain, pose-les sur ce rocher, et répands le jus. Et il fit ainsi. 21 L'ange de*

---

[14] Lorsque Gédéon s'adresse à l'ange la deuxième fois (6.15), le texte ponctué massorétique substitue le terme *adoni* (seigneur) par *adonaï* (Seigneur) qui ne s'applique qu'à Dieu (*BA* p. 116). Faut-il suivre Goslinga (p. 325) qui suggère que Gédéon reconnaît dans l'interlocuteur un messager divin?

l'Eternel avança l'extrémité du bâton qu'il avait à la main, et toucha la chair et les pains sans levain. Alors il s'éleva du rocher un feu qui consuma la chair et les pains sans levain. Et l'ange de l'Eternel disparut à ses yeux. 22 Gédéon, voyant que c'était l'ange de l'Eternel, dit: Malheur à moi, Seigneur Eternel! car j'ai vu l'ange de l'Eternel face à face. 23 Et l'Eternel lui dit: Sois en paix, ne crains pas, tu ne mourras pas.

24 Gédéon bâtit là un autel à l'Eternel, et lui donna pour nom l'Eternel paix: il existe encore aujourd'hui à Ophra, qui appartenait à la famille d'Abiézer (Juges 6.17-24).

Gédéon demande un signe à l'Eternel pour authentifier l'appel (*«pour montrer que c'est toi qui me parles»* 6.17). L'interlocuteur est-il vraiment un porte-parole divin? L'Eternel a-t-il vraiment pardonné les péchés passés (*«Si j'ai trouvé grâce à tes yeux»*)? Avant de s'engager, Gédéon doit être sûr. Son hésitation se comprend. L'Eternel est-il vraiment derrière ce messager humain? Gédéon demande un signe sans préciser ce qu'il attend. Il laisse à Dieu le soin de choisir le moyen de la révélation. Tout ce dont il a besoin est un signe, peu importe lequel, du moment qu'il est clair.

Dans l'attente, Gédéon invite le messager à rester et à recevoir de lui un cadeau. Puisque l'ange a annoncé la paix avec Dieu, Gédéon veut s'assurer que la communion est rétablie. *«Ne t'éloigne pas d'ici»* (6.17), reste avec moi, accepte mon offrande et mon invitation pour me montrer que la paix est réelle. L'Eternel accepte l'invitation: *«Je resterai jusqu'à ce que tu reviennes»*. Aucune impatience de repartir; aucun délai n'est fixé. Dieu attendra le temps qu'il faudra. Pour Gédéon, c'est de bon augure. Le messager divin n'est pas pressé de le quitter et semble accepter sa compagnie.

Gédéon prépare un repas somptueux: un chevreau et des pains faits avec 35 kilos de farine[15]. Malgré la crise économique, il ne lésine pas sur les moyens[16]. Il offre le meilleur. Si Dieu accorde son pardon et sa paix, rien ne sera de trop. Gédéon offre au messager un repas, signe par excellence de la communion. L'ange de Dieu accepte le don, mais transforme le repas en sacrifice. Sans toucher la nourriture, il demande à Gédéon de la déposer sur ce qui ressemble à un autel.

---

[15] Gédéon n'a pas peur de prendre du temps pour préparer ce repas (D.R. Davis p. 96). Sans abuser, il teste la promesse divine qui lui assure que Dieu veut être avec lui.

[16] Jordan p. 120, Wolf p. 420. Même si Gédéon n'est pas sûr de l'identité du messager, il semble quand même en avoir une bonne idée (D.R. Davis p. 96).

Pour la première fois, Gédéon obéit sans discuter, et comme pour souligner l'absence d'histoire, l'auteur exprime la réaction du juge par deux mots seulement (dans le texte hébreu): *«Il fit ainsi»* (6.20). La réaction de l'Eternel est immédiate, comme pour montrer qu'une parole de Dieu obéie ne reste pas sans effet. Alors que toutes les questions de Gédéon n'avaient pas réussi à dissiper entièrement le doute, l'obéissance est à l'origine de la révélation tant attendue. Si les questions (honnêtes) ont leur raison d'être, c'est l'obéissance qui ouvre le chemin à la connaissance profonde de Dieu.

Par ce signe, Dieu marque sa présence, sa puissance, mais aussi sa sainteté. Dès que le moindre contact avec le messager est établi (*«L'ange de l'Eternel avança l'extrémité du bâton»* 6.21), le feu consume l'offrande. Paix et communion avec Dieu ne sont pas synonymes de familiarité. Dieu est saint et une saine distance doit être gardée entre lui et nous. Gédéon ne comprend que trop bien la manifestation de la sainteté divine. Il craint pour sa vie, car aucun pécheur ne peut voir Dieu en face (Ex 20.19; 33.20), mais Dieu le rassure vite (*«Sois en paix, ne crains pas, tu ne mourras pas»* 6.23)[17]. L'offrande a servi d'holocauste et a effacé les péchés de l'homme.

Il est intéressant de noter qu'au début du récit, l'absence de la présence divine était responsable du désarroi de Gédéon, et que maintenant, la présence manifeste de Dieu l'effraie encore davantage. Le mémorial de paix témoigne pourtant qu'il n'est pas resté sur cette crainte. Non seulement il a accepté le pardon divin, mais il a encore désiré laisser aux générations futures un rappel de ce pardon.

Pour terminer, il convient d'attirer l'attention sur les liens étroits qui unissent ce récit à deux autres textes importants du Pentateuque: (1) la visite de l'ange de l'Eternel à Abraham dans Genèse 18 et (2) l'appel de Moïse au buisson ardent (Ex 3-4).

1. La visite de l'ange de l'Eternel à Gédéon rappelle la visite des messagers divins à Abraham (Gen 18): (1) Dans les deux récits, Dieu rencontre les hommes au moyen d'un ou de plusieurs messagers identifiés à l'Eternel lui-même. (2) Des arbres (chênes ou térébinthe) sont mentionnés sous lesquels il fait bon s'asseoir (Abraham ou le messager de Gédéon). (3) Un repas de communion est offert aux anges: d'un côté, un jeune veau, des gâteaux faits avec trois mesures de fleur de farine, de la crème et du lait; de l'autre, un chevreau, des

---

[17] L'Eternel parle *«soit par une révélation intérieure, soit par une voix»* (*BA* p. 117).

pains faits avec un épha de farine, du jus. (4) Le premier repas est mangé et le second consumé par le feu. (5) Le message divin est communiqué à Abraham après le repas, et lui annonce une bénédiction (sa femme deviendra enceinte) et un jugement sur les païens (Sodome et Gomorrhe seront détruites). Pour Gédéon, le message divin est donné avant le repas, et annonce une bonne nouvelle (Israël sera libéré) et un jugement sur les païens (Madian sera battu comme un seul homme). (6) En réponse au message, Abraham intercède pour les justes et pose des questions à Dieu au sujet de sa justice; alors que Gédéon intercède pour lui-même et demande un signe pour s'assurer que l'Eternel veut vraiment libérer Israël. «Es-tu bien ce Dieu» questionne Abraham; «est-ce bien toi Seigneur» demande Gédéon.

2. L'appel de Gédéon rappelle l'appel de Moïse: (1) Dans les deux cas, l'ange de l'Eternel rencontre un homme au travail: Moïse garde les troupeaux, Gédéon cherche à conserver ses récoltes. (2) Aux deux, l'Eternel promet de libérer le peuple de l'esclavage. (3) Dans les deux cas, la sortie d'Egypte est mentionnée: une fois comme événement futur, une fois comme fait passé. (4) Les deux élus engagent un dialogue avec l'Eternel: Moïse réplique huit fois, Gédéon quatre fois. (5) Chacun affirme ne pas convenir à la mission proposée: l'un déclare ne pas savoir parler, l'autre se sent indigne. (6) Dans les deux cas, Dieu intervient par un miracle lié au feu: le buisson ardent brûle sans se consumer, alors que l'offrande de Gédéon disparaît dès que Dieu la touche. (7) Le signe de Dieu ouvre le dialogue pour Moïse, mais le clôt pour Gédéon. (8) Le premier considère le signe à la légère (Moïse s'approche du buisson pour l'inspecter), alors que le second réalise immédiatement la présence de Dieu. (9) Finalement, devant la difficulté de leur tâche, les deux bénéficieront d'un autre signe: Moïse reçoit le double signe du serpent et de la lèpre, alors que Gédéon demande le double signe de la toison.

Ces parallélismes et ces contrastes sont remarquables. Ils rapprochent Gédéon d'Abraham et de Moïse, et placent le juge sur un même plan que le patriarche et le législateur. Une même onction divine semble revêtir les trois hommes. Avec Gédéon, une nouvelle descendance et une nouvelle libération semblent en vue.

L'idole abattue (6.25-32)

La libération politique doit commencer par la libération spirituelle. Pour que Dieu redevienne l'allié d'Israël, il faut que le peuple retourne vers lui. Une repentance réelle est demandée. De même que Gédéon avait demandé un signe pour s'assurer de la parole divine, Dieu demande un signe de la sincérité de la repentance. Les idoles doivent disparaître et Gédéon doit montrer la voie en commençant à domicile.

Le récit est composé de deux parties. Dans la première (6.25-27), Gédéon témoigne de son obéissance à Dieu et renverse l'autel de Baal, et dans la seconde (6.28-32), l'Eternel se manifeste comme rédempteur et protège Gédéon (par l'intermédiaire de son père) de la colère des ennemis.

> *25 Dans la même nuit, l'Eternel dit à Gédéon: Prends le jeune taureau de ton père, et un second taureau de sept ans. Renverse l'autel de Baal qui est à ton père, et abats le pieu sacré qui est dessus. 26 Tu bâtiras ensuite et tu disposeras, sur le haut de ce rocher, un autel à l'Eternel ton Dieu. Tu prendras le second taureau, et tu offriras un holocauste, avec le bois de l'idole que tu auras abattue. 27 Gédéon prit dix hommes parmi ses serviteurs, et fit ce que l'Eternel avait dit; mais, comme il craignait la maison de son père et les gens de la ville, il l'exécuta de nuit, et non de jour (Juges 6.25-27).*

L'appel à un engagement concret suit rapidement la révélation donnée. Gédéon obéit sans tarder: *«dans la même nuit»*[18]. Le juge dont le nom signifie *abattre* ou *couper*[19] abat le pieu sacré et renverse l'idole de Baal.

Deux taureaux sont employés peut-être *«pour former un attelage et transporter les matériaux qu'exigera le double acte qu'il va accomplir»*[20]. Le taureau de sept ans, symbole des sept années d'oppression, est offert en holocauste[21]. En pleine famine, après avoir vu partir en fumée un chevreau et des pains, Gédéon n'hésite pas à sacrifier une bête très précieuse. Animé d'une grande foi, il s'attend à une libération rapide.

L'auteur relève que l'opération a lieu de nuit *par crainte des hommes*. A première vue, on pourrait croire à un manque de courage du juge qui ne serait prêt à accomplir l'action que dans la mesure où

---

[18] Goslinga (p. 329) pense que Gédéon agit la nuit même de l'appel, alors que la *BA* (p. 118) opte pour la nuit suivante.

[19] *NDB* p. 513, *BA* p. 116.

[20] *BA* p.118. Symboliquement Gédéon commence avec deux taureaux et termine avec un seul, car Dieu ne tolère aucune alliance avec une autre divinité. Keil (p. 335) pense que Gédéon n'a pris qu'un taureau, le terme *«second»* désignant le deuxième taureau de son père, le plus jeune, celui qui avait sept ans.

[21] Cundall (p. 107) et Wolf (p. 421) observent que les boeufs étaient associés au culte de Baal, mais cette remarque ne paraît pas très importante puisque ces animaux servaient aussi régulièrement d'offrande dans le culte israélite.

elle reste inconnue des hommes. Cette opinion résiste mal à la réflexion. Gédéon est rempli de courage et s'engage sans tarder dans une opération extrêmement périlleuse. Il sait que l'opération aura un impact rapide puisque l'autel à l'Eternel doit être érigé *«sur le haut de ce rocher»* (6.26), et, s'entourant de dix hommes, Gédéon ne cherche manifestement pas la discrétion à long terme[22]. L'obscurité choisie pour son action est signe de discernement et non d'angoisse. Le verbe *yârê'* (*il craignait*: ירא) peut exprimer l'angoisse, mais aussi *«une simple anticipation intellectuelle du mal sans accent sur la réaction émotionnelle»*[23]. Gédéon connaît la folie meurtrière de ses proches et réalise qu'une action diurne ne pourrait jamais être menée à terme. Sans se soucier de son sort, Gédéon s'engage de nuit avec comme seul souci d'accomplir la volonté divine[24].

Un engagement nocturne semble même suggéré par l'Eternel qui se révèle *de nuit* à Gédéon. Le parallélisme avec le deuxième engagement nocturne (7.19-22) précédé lui aussi d'une révélation nocturne (7.9, 13-15) doit être relevé ici. L'auteur, manifestement, veut associer l'engagement de Gédéon à la nuit. Nous aurons l'occasion, lors du conflit armé, de nous étendre plus longtemps sur le sens symbolique de ces combats nocturnes.

Gédéon s'entoure de dix serviteurs. L'information n'est pas commentée par l'auteur. Gédéon voit-il dans ces hommes (1) des compagnons qui vont le soutenir en cas de défaillance, (2) des gardes chargés de le protéger, (3) des ouvriers nécessaires à la démolition de l'autel, (4) des disciples à former pour poursuivre la réforme religieuse, (5) des militants engagés comme lui dans la lutte contre Baal? Le choix entre ces options dépend de l'image que l'on a du juge et du contexte. Excepté la première, toutes semblent possibles.

28 Lorsque les gens de la ville se furent levés de bon matin, voici, l'autel de Baal était renversé, le pieu sacré placé dessus était abattu, et le second taureau était offert en holocauste sur l'autel qui avait été bâti. 29 Ils se dirent l'un à l'autre: Qui a fait cela? Et ils s'informèrent et firent des recherches. On leur dit: C'est Gédéon, fils de Joas, qui a fait cela. 30 Alors les gens de la ville dirent à Joas: Fais sortir ton fils, et qu'il meure, car il a renversé l'autel de Baal et abattu le pieu sacré qui était dessus.

---

22 Un secret connu par dix hommes n'est pas un secret (Cundall p. 107, Jordan p. 124).

23 *TWOT* p. 399.

24 Keddie (p. 68) critique Gédéon; D.R. Davis (p. 98) et Jordan (p. 124) hésitent; Goslinga (p. 329) et Wolf (p. 422) le complimentent.

31 Joas répondit à tous ceux qui se présentèrent à lui: Est-ce à vous de prendre parti pour Baal? est-ce à vous de venir à son secours? Quiconque prendra parti pour Baal mourra avant que le matin vienne. Si Baal est un dieu, qu'il plaide lui-même sa cause, puisqu'on a renversé son autel. 32 Et en ce jour l'on donna à Gédéon le nom de Jerubbaal, en disant: Que Baal plaide contre lui, puisqu'il a renversé son autel (Juges 6:28-32).

La réaction du peuple (6.30) confirme le discernement de Gédéon. Elle montre aussi à quel point le peuple s'était éloigné de l'Eternel. Malgré la famine, l'idole de la fertilité continue à être adorée. L'aveuglement renverse toute notion de justice et mène au meurtre. Ainsi, aux antipodes du code mosaïque qui demandait la mise à mort des idolâtres (Dt 13.6-10), les habitants d'Ophra veulent tuer le réformateur.

La situation est des plus critiques, mais l'engagement courageux de Gédéon porte ses premiers fruits et ranime l'esprit théocratique du père[25]. Mis au pied du mur, il prend parti pour son fils. Joas semble influent et sage. A la menace aveugle du peuple, il répond par une menace empreinte de bon sens: «si Baal est un dieu, qu'il le manifeste»[26]. Mis au défi, Baal ne peut répondre que par le silence. Protégé par son père de sang, Gédéon est fondamentalement sous la protection de son Père céleste. Lorsque la repentance ou la réforme spirituelle est profonde, la rédemption est assurée. Dieu vole au secours des siens.

La section sur la repentance s'achève avec le surnom de Gédéon (6.32). *Jerubbaal* signifie *que Baal se venge* ou *que Baal combatte*. Ce nom de malheur si Baal avait des pouvoirs se transforme en titre d'honneur devant l'impuissance de l'idole[27]. Gédéon n'a pas seulement renversé un autel, il a porté un coup fatal au baalisme. Le prestige de l'idole est à terre et la réforme religieuse est en marche. La libération politique peut donc commencer.

Convocation des troupes (6.33-35)

33 Tout Madian, Amalek et les fils de l'Orient, se rassemblèrent; ils passèrent le Jourdain, et campèrent dans la vallée de Jizréel.

---

[25] Comme Barak, Joas se révèle courageux lorsque quelqu'un le précède sur le droit chemin.

[26] Joas énonce-t-il ses doutes sur la puissance d'une idole qui ne peut délivrer des Madianites (Wolf p. 422) ou faut-il discerner la satire derrière ses paroles (D.R. Davis p. 99)? Les menaces reflètent-elles une croyance attachée au culte de Baal ou une imprécation formulée par Joas (note de la Colombe; Jordan p. 125)?

[27] *BA* p. 118, Wolf p. 422.

34 Gédéon fut revêtu de l'Esprit de l'Eternel; il sonna de la trompette, et Abiézer fut convoqué pour marcher à sa suite. 35 Il envoya des messagers dans tout Manassé, qui fut aussi convoqué pour marcher à sa suite. Il envoya des messagers dans Aser, dans Zabulon et dans Nephthali, qui montèrent à leur rencontre.

La description de l'ennemi est brève (6.33), car l'accent n'est plus sur la ruine, mais sur la libération. Pour la huitième année consécutive, l'ennemi traverse le Jourdain[28]. Le même scénario de dévastation est en voie de se réaliser, mais quelque chose a changé. Gédéon n'est plus le même. Au lieu de se terrer dans son pressoir pour échapper aux regards des ennemis, le fils de Joas se met en avant, attire l'attention de tous en sonnant de la trompette et convoque ses voisins immédiats.

Quelques membres de la famille de son père (Abiézer) sont mandatés (6.34) comme messagers pour appeler les tribus les plus proches (6.35): celle au sud du campement ennemi (Manassé) et celles au nord (Aser, Zabulon et Nephthali). L'absence d'Issacar étonne puisque ses ressortissants de la plaine de Jizreel sont les premiers concernés (6.33). Etaient-ils déjà trop sous l'emprise madianite pour pouvoir réagir?

«*Gédéon fut revêtu de l'Esprit de l'Eternel*» (6.43). Après Othniel (3.10), c'est la deuxième fois que l'auteur des Juges fait référence à l'Esprit de l'Eternel. Manifestement, Ehud et Débora en étaient aussi remplis, comme Gédéon d'ailleurs qui a déjà témoigné d'une foi exemplaire lorsqu'il a renversé l'autel de Baal. Pourquoi l'auteur des Juges nous informe-t-il *maintenant* de ce qui est manifeste? Cette référence à l'Esprit ne peut que surprendre le lecteur. Comme les cinq autres références à l'Esprit, celle-ci doit aider le lecteur à comprendre positivement une action du juge qui, à première vue, semble discutable (voir pp. 15-18). Les signes de la toison ne reflètent pas un coeur chancelant, mais témoignent au contraire d'une foi solide. Comme nous allons le voir, Gédéon a demandé les signes de la toison *à cause de sa foi.*

Les signes de la toison (6.36-40)

36 Gédéon dit à Dieu: Si tu veux délivrer Israël par ma main, comme tu l'as dit, 37 voici, je vais mettre une toison de laine dans l'aire; si la toison seule se couvre de rosée et que tout le terrain reste sec, je connaîtrai que tu délivreras Israël par ma main, comme tu l'as dit. 38 Et il arriva ainsi. Le jour suivant, il se leva de bon matin, pressa la toison, et en fit sortir la rosée, qui donna de l'eau plein une coupe.

---

[28] Cundall p. 108.

39 Gédéon dit à Dieu: Que ta colère ne s'enflamme pas contre moi, et je ne parlerai plus que cette fois: Je voudrais seulement faire encore une épreuve avec la toison: que la toison seule reste sèche, et que tout le terrain se couvre de rosée. 40 Et Dieu fit ainsi cette nuit-là. La toison seule resta sèche, et tout le terrain se couvrit de rosée.

Peut-on demander des signes à Dieu? Et, dans l'affirmative, faut-il être aussi précis que Gédéon lorsqu'il a réclamé les signes de la toison? Périodiquement, ces questions se posent aux croyants soucieux de plaire à leur Seigneur. Comment connaître la volonté divine là où la Bible reste muette? Gédéon est-il le type du fidèle à suivre ou de l'incrédule qui exaspère l'Eternel?

Une lecture rapide du texte engendre souvent une attitude critique à l'égard de Gédéon. Pour beaucoup le *«si tu veux sauver Israël par ma main comme tu l'as dit»* marque l'incrédulité (6.36). Gédéon n'a-t-il pas demandé un signe pour confirmer la parole de Dieu? Mais le témoignage de l'Eternel n'est-il pas toujours digne de confiance? De plus, fait-on remarquer, Gédéon a eu mauvaise conscience à demander ces signes. *«Que ta colère ne s'enflamme pas contre moi»* reflète un coeur culpabilisé (6.39)[29].

D'autres éléments mettent en garde contre une attitude trop critique. En premier lieu, il faut relever la réponse divine aux requêtes du juge: aucun reproche, mais au contraire un double exaucement, et même à la lettre. Difficile de ne pas y voir une approbation divine[30]. En deuxième lieu, les trois chapitres consacrés au fils de Joas nous présentent un homme d'une foi exemplaire. Dès la rencontre avec l'ange de l'Eternel sous le térébinthe d'Ophra,

---

[29] Nombreux sont les critiques de Gédéon. Keddie (pp. 68, 70) trouve que la démarche du juge est très suspecte et frise la présomption. Pour Wolf (p. 424), les demandes sont arbitraires et l'insistance pour une direction divine se rapproche de l'attitude de Zacharie le prêtre qui a été frappé de mutisme (Luc 1.18). Pour Cundall (p. 109), la foi de Gédéon n'est pas constante, mais la patience de Dieu est remarquable. Wood (*Distressing Days of the Judges,* pp. 213-214) parle d'un triple péché: (1) la demande de signe n'était pas justifiée puisque Dieu avait déjà exprimé sa volonté; (2) la nature du signe n'avait rien à voir avec les Madianites et n'était qu'une manipulation de Dieu; (3) la réitération de la demande témoigne d'un homme qui ne pouvait tenir sa parole. Plus rares sont les auteurs qui relèvent des points positifs. D.R. Davis (p. 99) et Kaiser (*More Hard Sayings of the Old Testament,* pp. 127-129) pensent que Gédéon n'est pas incroyant, mais veut être encore plus sûr de la parole divine, alors que Goslinga (p. 332) admire la grande dépendance de Gédéon qui ne compte pas sur ses forces, mais sur Dieu.

[30] Quel contraste avec les demandes du roi Saül à qui Dieu a souvent refusé de répondre: 1 Sam 14.37; 1 Sam 28.6.

Gédéon s'engage au péril de sa vie. L'autel de Baal et le poteau d'Achéra sont démolis sans tarder. Quand les Madianites attaquent, quatre tribus sont convoquées, puis sans un murmure, il accepte de réduire son armée de 32 000 à 300. Dans le Nouveau Testament, l'auteur de l'épître aux Hébreux confirme cette évaluation globale positive du juge (Héb 11.32). Un troisième indice vient de l'onction divine du juge mentionnée seulement deux versets avant la demande de signes. Cette référence à l'Esprit indique au lecteur que l'action du juge doit être comprise positivement. Finalement, si Gédéon manquait de foi, pourquoi avoir demandé une confirmation de la promesse *après* avoir convoqué le peuple et non *avant?*

Le contexte de la demande permet de comprendre l'action du juge. Lorsque Gédéon demande les signes de la toison, il n'est pas seul. Il vient, en effet, de convoquer quatre tribus afin de repousser l'ennemi (6.33-35). Trente-deux mille hommes ont répondu à l'appel. La tâche du juge est des plus difficiles. Non seulement ses effectifs sont en infériorité numérique (les chameaux des Madianites - lisez «leur cavalerie» - *«étaient innombrables comme le sable qui est sur le bord de la mer»* 7.12), mais encore ses troupes sont composées d'une majorité d'hommes craintifs. (Même après les encouragements apportés par les signes de la toison, la peur domine encore 70% des coeurs). Comment mener cette troupe hésitante à la victoire? Le peuple a besoin d'assurance. Comme Gédéon dans un passé proche, eux aussi ont besoin maintenant de recevoir une parole claire de la part de l'Eternel, une parole qui les assure que Dieu est totalement de leur côté et que Gédéon est son envoyé. Celui-ci demande les signes de la toison, *non pour lui-même, mais pour le peuple*. Le juge sait que Dieu accordera la victoire; eux en doutent. Voilà le point crucial à saisir: Gédéon demande à Dieu de confirmer au peuple l'appel qu'il a reçu en privé.

Certains objecteront l'absence de toute référence au peuple dans les paroles adressées à Dieu. Concernant l'accomplissement du signe, le juge n'a-t-il pas dit: *«je connaîtrai que tu délivreras Israël par ma main, comme tu l'as dit»* (6.37)? L'argument est de poids. Mais est-il incontournable? Gédéon s'identifie peut-être tellement au peuple qu'il prend leur demande (et leur incrédulité) à son compte. Moïse avait désiré mourir avec ses contemporains si un de leurs péchés n'était pas pardonné (Ex 32.32); l'apôtre Paul souhaitait être anathème et séparé de Christ pour ses frères selon la chair (Rom 9.3); quant à Daniel, le juste, il intercédait pour les péchés de son peuple en utilisant la première personne du pluriel (*«Nous avons péché, nous avons commis des fautes, nous avons été méchants et rebelles...»* Dan 9.5); enfin, le Messie lui-même a porté les péchés du monde. Par amour pour leurs frères, les hommes de Dieu n'ont-ils pas souvent porté leurs faiblesses? Gédéon semble s'inscrire dans cette ligne. Il prend sur lui d'approcher Dieu pour demander la confirmation de la parole divine. Sa demande de recevoir un signe est pleine d'amour et de sagesse. Elle est aussi marquée par le respect et la foi envers Dieu, comme nous allons le voir.

Un profond respect de Dieu

Comment persuader le peuple? Gédéon aurait pu demander à Dieu d'envoyer son ange pour convaincre les soldats. L'ange de l'Eternel qui lui était apparu aurait pu revenir pour tous les hommes. Gédéon choisit pourtant un autre moyen. Deux raisons peuvent avoir motivé notre juge.

Premièrement, la préoccupation de garder une certaine distance entre Dieu et le peuple. Sachant que l'homme pécheur ne s'approche pas impunément du Dieu trois fois saint, Gédéon craint de faire appel à l'ange de l'Eternel. Comme ce dernier représente Dieu en personne, il partage aussi sa sainteté. Gédéon n'était-il pas encore marqué par cette rencontre avec l'ange, où il avait suffi que *l'extrémité* du bâton tenu par l'ange touche l'offrande pour que celle-ci soit immédiatement consumée par le feu? Gédéon avait alors craint pour sa vie, mais dans sa grâce, Dieu l'avait épargné. Toutefois, comme on ne joue pas avec la grâce, Gédéon préfère garder une saine distance entre le Dieu saint et ce peuple encore incrédule. Un objet profane (la toison) sera un intermédiaire suffisant entre l'Eternel et son peuple.

La deuxième raison ayant pu pousser Gédéon à recourir à une toison comme porte-parole de Dieu, est sa crainte de troubler l'Eternel. Comme le centenier qui avait voulu déranger Jésus le moins possible lorsque son serviteur était malade, se sentant lui-même indigne d'une visite du Messie dans sa demeure (Mt 8.5-13; Luc 7.2-10), ainsi Gédéon ne veut pas importuner Dieu plus que nécessaire. Un mot de la part de Jésus avait suffi au centenier; une toison engorgée d'eau est tout ce que Gédéon demande. Ni un chef païen ni le peuple craintif et incrédule conduit par Gédéon ne mérite une visite personnelle de l'Eternel. Gédéon, comme le centenier, manifeste un respect profond pour le Dieu rédempteur. La foi de l'un comme de l'autre est digne d'admiration.

Le respect de Gédéon pour Dieu se manifeste aussi par son hésitation à demander un deuxième signe. (Notons en passant qu'aucune hésitation ne marque la première demande, celle-ci étant entièrement légitime). Pourquoi demander un deuxième signe ou pourquoi hésiter à en demander un? Nous l'avons dit: Gédéon craint d'importuner Dieu. Un signe pourrait suffire, mais Gédéon préfère apporter au peuple un double témoignage, car dans la Loi juive, un double témoignage était demandé. Certes Dieu dit toujours la vérité, et une seule parole divine en vaut mille autres. Néanmoins, sans être indispensable, un double témoignage serait quand même le bienvenu. Gédéon sent qu'il est à la limite de ce qu'il peut demander au Seigneur: *«Que ta colère ne s'enflamme pas contre moi, et je ne parlerai plus que cette fois»* (6.39). Le deuxième signe complétera donc le témoignage du premier, et nous verrons plus loin en quoi son message confirme le premier. Mais pour l'instant, revenons au premier des deux signes.

Le symbolisme du premier signe (6.37-38)

L'intermédiaire entre Dieu et les hommes sera donc un objet. Mais pourquoi une toison, ou plus exactement pourquoi la toison, l'aire et la rosée?

Il est possible d'attribuer à chaque élément un sens particulier. La rosée représente la bénédiction divine, car rosée et bénédictions viennent d'en-haut (de l'air et du ciel) et renouvellent la vie jour après jour en se posant sur la terre[31]. Les deux autres éléments pourraient représenter les deux peuples: la toison, Israël; l'aire, les Madianites. Chaque élément typifierait la nation représentée dans trois domaines: le monde matériel, l'activité des hommes et la relation avec Dieu: (1) Sur le plan de la géographie physique (c.-à-d. le monde matériel), si l'ampleur et la douceur d'une toison rappellent la prospérité du pays d'Israël (terre où coulent «le lait et le miel»), la surface dénudée sur laquelle on bat le blé (l'aire) symbolise ces régions désertiques d'où sont venus les Madianites. (2) Sur le plan social (c.-à-d. l'activité des hommes), si la toison formée de la peau et des poils d'un animal (probablement un mouton) identifie un peuple formé d'un grand nombre de bergers (Israël), l'aire qui recueille les récoltes symbolise les dévastateurs (les Madianites) qui ramassent tout le produit des moissons israélites (6.4-5). (3) Sur le plan spirituel (c.-à-d. la relation avec Dieu), la douceur de la toison et la dureté du sol illustrent respectivement l'ouverture et l'endurcissement à Dieu des deux peuples. Israël une fois repenti prête une oreille attentive au Seigneur, alors que les Madianites restent idolâtres.

---

[31] La rosée est très abondante dans cette région du monde. Parmi les nombreux textes qui soulignent la bénédiction attachée à la rosée, on peut citer: Gen 27.28; Dt 32.2; 33.13; Ps 133.3; Es 26.19; Os 14.6; Mi 5.6; Za 8.12.

Ainsi le premier signe demandé par Gédéon devait annoncer la venue de la bénédiction divine sur Israël et non sur les Madianites. Ces derniers ne seront donc plus vainqueurs comme par le passé. L'abondance de la rosée (la toison pressée remplit toute une coupe d'eau) annonce une victoire totale sur l'ennemi.

Avant de passer au deuxième signe, notons encore que le premier signe se rapproche passablement de l'ordre naturel. En effet, il est dans l'ordre des choses que la rosée s'attache mieux à un objet laineux (la toison) qu'à une surface dénudée (l'aire)[32]. Comment interpréter cela? Gédéon aurait-il été trop incrédule pour demander un miracle plus grand, un miracle anti-naturel?[33] Cette interprétation cadre mal avec le portrait de notre héros. Mieux vaut voir ici un autre aspect symbolique: puisqu'il est dans l'ordre des choses que la bénédiction divine s'attache au peuple élu plutôt qu'à des Madianites idolâtres et meurtriers, Gédéon demande un signe *naturel*. Ainsi, la demande de notre juge est en rapport non seulement avec les peuples concernés, mais aussi avec les desseins divins.

Le symbolisme du deuxième signe (6.39-40)

Le premier signe accordé, Gédéon en demande un deuxième: cette fois la rosée doit s'attacher à l'aire et non à la toison. Pour comprendre ce signe, il faut se rappeler que Gédéon cherche un deuxième témoignage pour confirmer le premier, et non pour le contredire. En demandant que la rosée se pose sur l'aire et non sur la toison, notre juge ne souhaite pas que la bénédiction s'attache maintenant aux ennemis! Il cherche au contraire un signe qui confirme l'annonce de la victoire d'Israël sur les ennemis.

Mieux qu'une confirmation, ce signe marquera la victoire sur tous les ennemis, car Gédéon réalise bien que le danger n'est pas seulement militaire, mais aussi idéologique. En fait, l'ennemi le plus difficile à vaincre est l'idolâtrie qui s'est infiltrée en Israël. Baal en était la principale divinité. Comme dieu de la nature, Baal était supposé apporter la pluie (et par elle, la fertilité et la prospérité). En conséquence, Gédéon demande à l'Eternel un signe *anti-naturel*

---

[32] Bruce p. 275, Cundall p. 109, Jordan p. 130, Goslinga pp. 332-333, Keil p. 339, Wolf p. 424.

[33] J.J. Davis (p. 115) pense que Gédéon réalise avoir parlé trop vite la première fois puisqu'il n'est pas contre nature que la rosée reste sur la toison et qu'une surface dénudée (rocher ou une terre battue) sèche rapidement au soleil.

pour montrer au peuple que le Dieu d'Israël peut et veut donner la victoire sur le prétendu dieu de la nature.

Comme l'adversaire spirituel est le plus coriace des ennemis, le signe témoin de sa défaite sera plus miraculeux que le premier. Ainsi, si le premier signe était relativement facile à accomplir (la rosée sur la toison), le second l'est beaucoup moins (la rosée sur l'aire). Dieu accomplira cependant les deux signes, car il est capable de donner la victoire non seulement sur les hommes (les Madianites), mais aussi sur les divinités (Baal). Le double témoignage d'une double victoire est clair. Dieu sauvera Israël par la main de Gédéon. Le peuple, assuré de l'engagement et du choix divins, est prêt maintenant à marcher à la suite de son juge[34].

Gédéon a été l'homme de Dieu pour Israël. Mais l'est-il aussi pour les chrétiens, et dans l'affirmative, de quelle manière? Peut-on ou doit-on demander des signes à Dieu à l'instar du fils de Joas? Répondre directement à cette question exigerait une étude plus étendue. L'ensemble de l'Ecriture devrait être consulté, mais l'extrême rareté (pour ne pas dire l'absence) de demandes de signes aussi précis que ceux de la toison devrait nous rendre prudents. Gédéon est un cas particulier, comme l'a été Abraham lorsque Dieu lui a demandé d'offrir son fils en sacrifice (Gen 22). Faut-il en conclure que la demande de signe ou l'offrande d'Isaac ne présentent aucune leçon pour les autres fidèles? Nullement. Dans les deux cas, le lecteur chrétien doit s'attacher au caractère des hommes et non à des actes très particuliers. Ainsi, les signes de la toison nous révèlent un homme plein de sagesse, de foi et de respect pour Dieu. Gédéon a su discerner les besoins légitimes du peuple, il a cru que son Dieu n'était limité en aucune manière, il a abordé le Créateur avec la crainte de celui qui a compris la sainteté du Rédempteur. Ce sont ces qualités qui doivent nous servir de guides, plutôt que les signes par lesquels ces qualités se sont exprimées.

---

[34] Keil (p. 340) voit dans la première illustration une représentation de la *situation idéale* (Israël est riche et les nations pauvres) et dans la deuxième illustration la situation *durant l'oppression:* la toison représenterait les nations qui sont dans l'abondance (Madian a dépossédé Israël de ses richesses) et l'aire représenterait Israël dépouillé par les nations. Si les deux signes devaient représenter deux étapes, il aurait été plus logique de commencer avec le second. Pour d'autres identifications voir Jordan pp. 128-132.

Gédéon (2) : 7-8

Exégèse détaillée du chapitre 7

Le chapitre 7 décrit le combat décisif contre les Madianites. La stratégie suivie est aux antipodes du bon sens: pour vaincre une multitude, Dieu demande à Gédéon de réduire ses troupes au minimum. Un autre étonnement vient des armes utilisées: épées, lances, boucliers, frondes, chevaux, chars, sont remplacés par des trompettes, des cruches vides et des torches. De quoi dérouter non seulement les Madianites, mais tout stratège militaire. Même le lecteur familier avec le miraculeux des Ecritures reste perplexe devant la voie suivie par Gédéon. Comment comprendre la réduction de l'armée? Quel sens donner aux instruments de la victoire? Seule une réponse judicieuse à ces questions fera sauter le double verrou de ce récit énigmatique.

Diminution des effectifs (7.1-8)

> *1 Jerubbaal, qui est Gédéon, et tout le peuple qui était avec lui, se levèrent de bon matin, et campèrent près de la source de Harod. Le camp de Madian était au nord de Gédéon, vers la colline de Moré, dans la vallée.*
>
> *2 L'Eternel dit à Gédéon: Le peuple que tu as avec toi est trop nombreux pour que je livre Madian entre ses mains; il pourrait en tirer gloire contre moi, et dire: C'est ma main qui m'a délivré. 3 Publie donc ceci aux oreilles du peuple: Que celui qui est craintif et qui a peur s'en retourne et s'éloigne de la montagne de Galaad. Vingt-deux mille hommes parmi le peuple s'en retournèrent, et il en resta dix mille.*
>
> *4 L'Eternel dit à Gédéon: Le peuple est encore trop nombreux. Fais-les descendre vers l'eau, et là je t'en ferai le triage; celui dont je te dirai: Que celui-ci aille avec toi, ira avec toi; et celui dont je te dirai: Que celui-ci n'aille pas avec toi, n'ira pas avec toi. 5 Gédéon fit descendre le peuple vers l'eau, et l'Eternel dit à Gédéon: Tous ceux qui laperont l'eau avec la langue comme lape le chien, tu les sépareras de tous ceux qui se mettront à genoux pour boire. 6 Ceux qui lapèrent l'eau en la portant à la bouche avec leur main furent au nombre de trois cents hommes, et tout le reste du peuple se mit à genoux pour boire.*
>
> *7 Et l'Eternel dit à Gédéon: C'est par les trois cents hommes qui ont lapé, que je vous sauverai et que je livrerai Madian entre tes mains. Que tout le reste du peuple s'en aille chacun chez soi. 8 On prit les vivres du peuple et ses trompettes. Puis Gédéon renvoya tous les hommes d'Israël chacun dans sa tente, et il retint les trois cents hommes. Le camp de Madian était au-dessous de lui dans la vallée.*

La raison invoquée pour réduire le nombre des combattants est donnée par Dieu: si Israël gagne, *«il pourrait en tirer gloire contre moi, et dire: c'est ma main qui m'a délivré»* (7.2). Le problème d'Israël à l'époque des juges est du domaine de la foi. Au lieu de placer sa confiance dans les paroles de l'Eternel, le peuple élu la met dans les choses visibles. Lorsqu'il sent la victoire à sa portée, il engage les hostilités pour chasser les habitants du pays, mais quand l'ennemi est mieux armé, Israël recherche des compromis. La cohabitation semble préférable à la défaite. Mais ces ententes amicales sont en horreur à l'Eternel, qui le leur a bien fait comprendre (2.1-5). Israël doit conquérir tout le pays. Peu importe la force respective des armées en présence, puisque c'est Dieu qui décide de l'issue des combats; c'est lui qui désigne vainqueurs et vaincus. Pour Israël, un succès avec une armée imposante ne résoudrait qu'un mal secondaire (la domination des Madianites). Le problème principal resterait (l'incrédulité envers l'Eternel). Or, le peuple élu doit apprendre à vivre par la foi. Dieu l'aidera en donnant une victoire où la part de la foi sera immense et la part de la force humaine insignifiante.

La diminution des forces armées se fera en deux étapes[1]. La première réduction purge les troupes de Gédéon de tout craintif. Voilà une des plus sages mesures que peut prendre un général. Mieux vaut être accompagné de dix mille hommes vaillants que de trente-deux mille dont les deux tiers sont craintifs. La peur est un fléau des plus contagieux. Un petit groupe en contamine rapidement toute une troupe. Dans son testament spirituel, Moïse avait déjà recommandé de dispenser de l'armée non seulement tout craintif (Dt 20.8), mais aussi ceux qui risquaient d'être indécis, soit tout homme en passe de jouir d'un bien nouveau important tel que maison, vigne ou épouse (Dt 20.5-7). Imposer un combat difficile aux coeurs indécis produit plus de mal que de bien à la troupe.

Déjà en infériorité numérique, Gédéon voit le rapport des forces passer de 1 contre 4 à 1 contre 13 (les troupes madianites comptaient 135 000 hommes[2]). Le nombre des craintifs est considérable pour des volontaires (les hommes avaient librement répondu à l'appel de Gédéon: 6.35) et le nom du lieu de rassemblement (*Harod* signifie

---

[1] Le récit de la sélection des soldats est organisé en chiasme: a[1] Campement des troupes israélites (7.1); b[1] La gloire doit revenir à Dieu (7.2); c[1] Première diminution des troupes (7.3); c[2] Deuxième diminution des troupes (7.4-6); b[2] La gloire reviendra à Dieu car il sauvera Israël (7.7a); a[2] Levée partielle du campement (7.7b-8).

[2] 15 000 + 120 000 (8.10).

tremblement) s'accorde bien avec ce témoignage lamentable du moral d'Israël[3]. Les craintifs sont renvoyés à la montagne de Galaad dont l'identification reste indéterminée[4].

La deuxième réduction limite les effectifs de dix mille à trois cents. Pourquoi ne garder que ceux *«qui laperont l'eau avec la langue comme lape le chien»* (7.5)? Le critère de sélection est énigmatique et l'expression difficile à comprendre, car les hommes ne peuvent laper l'eau avec la langue comme un chien. En s'appuyant sur la deuxième expression (*«ceux qui lapèrent l'eau en la portant à la bouche avec leur main»* 7.6), les trois cents hommes semblent utiliser leur main comme un chien utilise sa langue[5]. Les hommes seraient alors debout puisque les autres guerriers sont décrits (par deux fois) comme ayant mis les *genoux* à terre (7.5, 6).

Certains commentateurs considèrent le critère de sélection comme purement arbitraire, mais la plupart cherchent un sens particulier et en principe *favorable* aux trois cents hommes. Puisque la première sélection avait écarté les moins qualifiés, il semble logique de poursuivre dans la même direction. Les trois cents sélectionnés seraient debout, sur leurs gardes, les armes à la main pour ne pas se laisser surprendre par une attaque soudaine[6]. La station verticale identifie surtout des hommes plus résistants que les autres. Ils n'ont pas profité d'un arrêt pour mettre le genou à terre et reprendre des forces. Dieu sélectionne-t-il déjà l'armée de Gédéon en vue d'une longue marche forcée à la poursuite des fuyards (8.4-5)? Sur un plan symbolique, le genou à terre rappelle l'humiliation et puisque l'Eternel veut donner la victoire par ceux qui ne plient pas le genou devant l'ennemi, il utilisera le symbole du genou plié pour limiter le nombre des soldats. Avec ces trois cents vaillants, Dieu sauvera Israël.

---

[3] Bruce p. 274, D.R. Davis p. 102, Wolf p. 424. La source a-t-elle reçu son nom après la sélection des troupes (Jordan p. 133) ou le nom était-il prophétique (une eau jaillissante peut facilement recevoir le nom de tremblement)?

[4] Comme Galaad en Transjordanie ne peut convenir, certains ont pensé à une confusion avec le mont Guilboa (Cundall p. 110). La *BA* (p. 120) parle d'une erreur de copie. Mieux vaut proposer un autre Galaad en Nephthali (Bruce p. 274, *NDB* p. 505; Galaad signifie *dur, rugueux*).

[5] Cundall p. 110.

[6] Cundall p. 110, Jordan p. 133, Keddie p. 74, Wolf p. 425, Wood p. 215. Goslinga (p. 335) pense que les 300 se sont jetés à plat ventre pour boire rapidement et reprendre leur poste. Au contraire, Flavius Josèphe (*Antiquités* V.6.3) affirme étrangement que les 300 hommes étaient les moins capables, mais son récit de Gédéon idéalise Israël, car il ne mentionne jamais des 22 000 lâches!

Ils ne sont qu'une poignée, mais remplis de courage et de force, ils sont les meilleurs.

Animé d'une foi exceptionnelle, Gédéon renvoie tous les autres combattants. Aucune parole de protestation, aucune question. Gédéon répond de manière admirable à la double épreuve de réduction[7]. Puisque Dieu le demande, notre juge combattra dans un rapport défavorable de 1 contre 450, mais Dieu n'avait-il par promis qu'un homme en poursuivrait mille et plus (Lév 26.8; Dt 32.30)! Gédéon, ici comme ailleurs, est un héros de la foi, un homme qui croit aux paroles de l'Eternel.

Avant de renvoyer les 9 700, Gédéon prend soin de garder les vivres et les trompettes (7.7b). Pourquoi garder les trompettes? Le lecteur s'attend plutôt à la mention d'armes. Faut-il voir dans les trompettes une référence à toutes les armes offensives ou Gédéon prévoit-il déjà l'attaque surprise? Dieu va soutenir Israël, c'est manifeste, mais les hommes devront néanmoins se battre, et dans une position d'infériorité numérique aussi manifeste, Gédéon envisage peut-être déjà une stratégie particulière.

Vision nocturne de la victoire sur Madian (7.9-15)

9 L'Eternel dit à Gédéon pendant la nuit: Lève-toi, descends au camp, car je l'ai livré entre tes mains. 10 Si tu crains de descendre, descends-y avec Pura, ton serviteur. 11 Tu écouteras ce qu'ils diront, et après cela tes mains seront fortifiées: descends donc au camp. Il descendit avec Pura, son serviteur, jusqu'aux avant-postes du camp. 12 Madian, Amalek, et tous les fils de l'Orient, étaient répandus dans la vallée comme une multitude de sauterelles, et leurs chameaux étaient innombrables comme le sable qui est sur le bord de la mer.

13 Gédéon arriva; et voici, un homme racontait à son camarade un songe. Il disait: J'ai eu un songe; et voici, un gâteau de pain d'orge roulait dans le camp de Madian; il est venu heurter jusqu'à la tente, et elle est tombée; il l'a retournée sens dessus dessous, et elle a été renversée. 14 Son camarade répondit, et dit: Ce n'est pas autre chose que l'épée de Gédéon, fils de Joas, homme d'Israël; Dieu a livré entre ses mains Madian et tout le camp.

15 Lorsque Gédéon eut entendu le récit du songe et son explication, il se prosterna, revint au camp d'Israël, et dit: Levez-vous, car l'Eternel a livré entre vos mains le camp de Madian.

L'Eternel est omniprésent dans ce combat. Ayant poussé Gédéon à réduire son armée, il le conduit maintenant à explorer le camp

---

[7] Le double signe de foi demandé par Dieu à Gédéon fait écho au double signe de la toison demandé par Gédéon à Dieu (Keddie p. 74).

ennemi. Aucune minute n'est perdue puisque l'ordre est donné *cette nuit-là*, soit quelques heures après la deuxième réduction. L'attaque du camp ennemi ne peut tarder, car elle doit se produire avant que les Madianites réalisent leur énorme supériorité numérique (leurs espions auront tôt fait de les renseigner sur le départ du gros des troupes israélites) et avant que les trois cents Israélites méditent trop sur leur faiblesse. Quand une opération difficile est décidée, il ne faut pas la remettre au lendemain[8].

Dieu va donner un signe (c'est le quatrième dans ce cycle) pour encourager et aider Gédéon: *«Tes mains seront fortifiées»*[9]. Le juge n'est pas nécessairement découragé ni même craintif quand Dieu lui permet de prendre Pura. L'Eternel est simplement sensible à la difficulté de l'opération et permet à Gédéon de prendre un compagnon.

L'exploration du camp doit renseigner Gédéon sur l'ennemi. Dans un premier temps, Gédéon pourrait être découragé quand il voit de près la multitude des Madianites: *«Madian, Amalek, et tous les fils de l'Orient étaient répandus dans la vallée comme une multitude de sauterelles, et leurs chameaux étaient innombrables comme le sable qui est sur le bord de la mer»* (7.12). La conversation qu'il surprend le rassure vite, car elle expose une faiblesse importante de l'adversaire. Conformément au rêve, l'ennemi s'attend à une défaite. Frappée de découragement et minée par l'angoisse, la force madianite ressemble à une barre d'acier rongée par la rouille. Gédéon, en homme avisé, exploitera cette faiblesse en gonflant au maximum leur crainte.

L'exploration du camp est couronnée de succès. Guidé au bon endroit, au bon moment, et sans encombre, Gédéon réalise que Dieu est avec lui[10]. Son coeur est raffermi, alors que l'ennemi est affaibli. L'Eternel a déjà commencé la libération.

Les détails du rêve renseignent aussi Gédéon sur la stratégie à suivre pour vaincre les Madianites. Comme l'ennemi l'a bien compris, *le pain d'orge* représente Israël (un peuple agricole). Véritable grenier à blé pour les troupes madianites, les Israélites dépouillés de

---

8 La remise au lendemain se justifie quand on discerne mal l'action à entreprendre. La nuit porte alors conseil et permet souvent de mieux comprendre la voie à suivre. Par contre, quand l'engagement est clair, il faut agir sans tarder. Gédéon semble avoir attaqué la nuit même, dès le retour de l'exploration.

9 le verbe *hâzaq* (חזק) peut avoir les deux sens d'encourager et d'aider (7.11).

10 Le rêve était plus qu'une coïncidence (Keil p. 346, Wolf p. 427, Wood p. 218).

leurs biens doivent se contenter de l'orge, la nourriture des pauvres. *Les tentes* désignent les Madianites (un peuple nomade) et *les tentes renversées*, la défaite madianite. En poussant plus loin l'interprétation, Gédéon peut aussi comprendre que l'attaque devait (1) être l'initiative d'Israël, car le pain a roulé *agressivement dans* le camp madianite[11], (2) créer la confusion, car tout est retourné *sens dessus dessous*, (3) se dérouler de nuit, car le pain a frappé *la tente*, lieu de repos du guerrier.

En envoyant Gédéon explorer le camp ennemi, Dieu fournit au juge les éléments majeurs de la stratégie: l'attaque du camp adverse doit se dérouler de nuit en créant une grande confusion. Gédéon en homme sage méditera cette parole divine pour y puiser toute la sagesse nécessaire à l'accomplissement de l'oeuvre divine. Foi et sagesse ne sont que deux faces d'une même pièce, car la confiance accordée par Gédéon aux paroles divines renouvelle son intelligence. Notons encore que ce signe de Dieu confirme la parole divine (Gédéon savait déjà que la victoire était au rendez-vous) tout en précisant quelques aspects: le juge voyait maintenant dans quel contexte une attaque surprise devait se faire.

Victoire nocturne sur Madian (7.16-22)

> *16 Il divisa en trois corps les trois cents hommes, et il leur remit à tous des trompettes et des cruches vides, avec des flambeaux dans les cruches. 17 Il leur dit: Vous me regarderez et vous ferez comme moi. Dès que j'aborderai le camp, vous ferez ce que je ferai; 18 et quand je sonnerai de la trompette, moi et tous ceux qui seront avec moi, vous sonnerez aussi de la trompette tout autour du camp, et vous direz: Pour l'Eternel et pour Gédéon! 19 Gédéon et les cent hommes qui étaient avec lui arrivèrent aux abords du camp au commencement de la veille du milieu, comme on venait de relever les gardes. Ils sonnèrent de la trompette, et brisèrent les cruches qu'ils avaient à la main. 20 Les trois corps sonnèrent de la trompette, et brisèrent les cruches; ils saisirent de la main gauche les flambeaux et de la main droite les trompettes pour sonner, et ils s'écrièrent: Epée pour l'Eternel et pour Gédéon! 21 Ils restèrent chacun à sa place autour du camp, et tout le camp se mit à courir, à pousser des cris, et à prendre la fuite. 22 Les trois cents hommes sonnèrent encore de la trompette; et, dans tout le camp, l'Eternel leur fit tourner l'épée les uns contre les autres.*

Gédéon incarne la foi et la sagesse. En fin stratège, il place l'attaque au moment où la vigilance de l'ennemi est au plus bas. *«Au commencement de la veille du milieu»* (7.19) situe l'action entre

---

[11] Jordan p. 135.

22 h. et 24 h.[12], c.-à-d. lorsque le sommeil est le plus profond[13]. Une précision supplémentaire nous est donnée: *«comme on venait de relever les gardes»* (7.19). Ce moment est particulier, car en plus du sommeil général, il est marqué par (1) des gardes qui tombent de sommeil (ceux qui viennent de veiller), (2) des gardes encore mal réveillés (ceux qui doivent prendre leur tour de garde), (3) des mouvements d'hommes (les uns allant se coucher, les autres rejoignant leur poste). Ce moment est propice pour jeter la confusion. Morts de fatigue ou mal réveillés, les gardes ne disposent pas de toutes leurs facultés. Les mouvements à l'intérieur du camp sont pris pour des incursions ennemies, et dans l'effroi et la confusion, les Madianites s'entre-tuent, chacun croyant voir dans l'autre un Israélite. Ainsi, *«l'Eternel leur fit tourner l'épée des uns contre les autres»* (7.22).

Les trompettes, les cris et le bruit des cruches brisées galvanisent les Juifs tout en semant la panique parmi les Madianites. Les chameaux pouvaient aussi être effrayés et augmenter la confusion[14]. Entourés de partout, les nomades se croient victime d'une agression de grande envergure. Gédéon exploite au maximum le rêve et son interprétation[15]. Puisque les Madianites sont impressionnés par le nom de Gédéon (7.14), notre juge demandera à ses hommes de rappeler son nom aux Madianites au moment de l'attaque (*«Pour l'Eternel et pour Gédéon»* 7.18, 20). Les 300 trompettes laissent croire qu'une force colossale les attaque, car seuls les chefs de troupes utilisaient une trompette[16]. La lumière des torches, cachées jusqu'au moment voulu dans les cruches[17], éclaire maintenant les Hébreux et les réconforte, tout en plaçant les Madianites dans une semi-obscurité où les ombres fugitives accroissent la confusion et l'angoisse. Encerclés, les ennemis d'Israël n'osent pas fuir. Si d'aventure l'un d'entre eux s'engage dans une direction, la vue des

---

[12] Bruce p. 275, Cundall p. 113, J.J. Davis p. 116, Wolf p. 428. Les nuits étaient divisées en trois veilles.

[13] Jordan p. 137.

[14] Cundall p. 113, J.J. Davis p. 116.

[15] Jordan pp. 136-138.

[16] Les trompettes étaient des cornes de béliers ou de bovins. Une main suffisait pour l'utiliser et elle était attachée en bandoulière pour ne pas gêner lorsqu'elle n'était pas utilisée (Bruce p. 275, Cundall p. 112). Lors de la prise de Jéricho, seulement sept trompettes étaient utilisées (Jos 6.4).

[17] Bruce p. 275, J.J. Davis p. 116, Keil p. 346, Wolf p. 427, Wood p. 219.

Israélites le repousse rapidement dans l'obscurité de son camp où une épée madianite le frappe croyant discerner un assaillant pénétrer dans l'enceinte.

De la valeur stratégique des éléments du combat, nous passons à leur sens symbolique. Le combat contre Madian doit marquer la priorité de la foi. Tout sera mis en oeuvre pour cela, et chaque élément du récit développera un peu mieux cette lettre ouverte sur la supériorité de la foi. *Aucune arme* pour les troupes d'élite de Gédéon[18]. Ainsi obtenue, la victoire manifestera d'autant mieux la place secondaire des armements. La priorité est située sur le plan idéologique. Ce qui importe c'est la parole de Dieu. Lorsque l'Eternel parle, tout est dit. La réalisation de ses promesses n'est plus qu'une question de temps. Ainsi, pour mieux manifester la supériorité de la parole, les armes sont absentes. La primauté de la parole entraîne la victoire *par la parole*. Le cri de guerre du juge constitue le premier élément de l'offensive: *«pour l'Eternel et pour Gédéon»* (7.18) ou *«épée pour l'Eternel et pour Gédéon»* (7.20). Comme les paroles de Christ sont un parfum de vie pour ceux qui s'y accrochent, mais une odeur de mort pour ceux qui les rejettent, les paroles de Gédéon raniment le courage d'Israël tout en préparant la perte de l'ennemi. L'épée de Gédéon n'est pas faite, ici, de métal, mais de mots: c'est l'épée de la parole de Dieu (cf. Héb 4.12).

Le combat *nocturne* symbolise la lutte contre les ténèbres. Dans le cycle de Gédéon, la destruction de l'autel de Baal s'était déjà déroulée de nuit, ainsi que l'exploration du camp ennemi. Le combat de Gédéon contre les Madianites est aussi et surtout un combat *psychologique*, car fondamentalement le combat contre le mal est idéologique. Les fausses fois doivent être combattues, car elles éloignent l'homme du seul vrai Dieu.

Les torches, les trompettes et les cruches peuvent aussi avoir un sens symbolique en plus de leur utilité fonctionnelle: (1) Les torches illustreraient certains principes: fils de la lumière, Gédéon et ses vaillants compagnons sont dans la lumière et voient ce qu'ils font, alors que les ennemis païens et idolâtres, enfants des ténèbres, sont plongés dans le noir et s'entre-tuent dans leur confusion. (2) Les trompettes véhiculeraient aussi un message de vie et de mort. Pour les uns, elles sont une douce mélodie introduisant la venue de leur rédempteur; pour les autres, elles annoncent la venue du jugement

---

[18] L'épée est mentionnée dans le cri d'assaut, mais n'est jamais utilisée pour tuer (dans tous les cas, l'auteur ne le signale pas); les torches éclairent les Juifs, mais ne servent pas à brûler les ennemis.

dernier. (3) Quant aux cruches brisées, elles ne représentent pas des vies humiliées comme certains prédicateurs l'affirment, surtout pas les vies des fidèles qui sont tout sauf brisées. A la rigueur pourrait-on y voir la mort des Madianites. Plus vraisemblablement, elles symbolisent la défaite de leur divinité. Baal est le dieu de la fertilité. Mais c'est une idole, un faux dieu qui ne peut tenir ses promesses. Les cruches de ses fidèles ne peuvent être que vides, car Baal est incapable d'envoyer la moindre goutte d'eau. En brisant les cruches vides (symboles de Baal), Gédéon et ses compagnons proclament la défaite du faux dieu. Ainsi, après la démolition de son autel (6.25), Baal est brisé une deuxième fois par Gédéon surnommé Jerubbaal (*«Que Baal plaide contre lui»*).

Appel à Ephraïm (7.22b-25)

> *Le camp s'enfuit jusqu'à Beth-Schitta vers Tseréra, jusqu'au bord d'Abel-Mehola près de Tabbath. 23 Les hommes d'Israël se rassemblèrent, ceux de Nephthali, d'Aser et de tout Manassé, et ils poursuivirent Madian. 24 Gédéon envoya des messagers dans toute la montagne d'Ephraïm, pour dire: Descendez à la rencontre de Madian, et coupez-leur le passage des eaux jusqu'à Beth-Bara et celui du Jourdain. Tous les hommes d'Ephraïm se rassemblèrent et ils s'emparèrent du passage des eaux jusqu'à Beth-Bara et de celui du Jourdain. 25 Ils saisirent deux chefs de Madian, Oreb et Zeeb; ils tuèrent Oreb au rocher d'Oreb, et ils tuèrent Zeeb au pressoir de Zeeb. Ils poursuivirent Madian, et ils apportèrent les têtes d'Oreb et de Zeeb à Gédéon de l'autre côté du Jourdain.*

Limités à 300 contre 135 000, les compagnons de Gédéon ne peuvent éviter la fuite de tous les Madianites (7.22b). Les tribus précédemment contactées se chargent de poursuivre les fuyards (7.23)[19]. Notre juge appelle aussi Ephraïm, situé plus au sud, à contrôler certains passages clés du Jourdain et à couper toute voie de retraite à l'ennemi qui fuit vers le sud-sud-ouest (7.24). Comme Ehud, Gédéon ne se contente pas de repousser l'ennemi, mais veut le vaincre totalement pour éviter des agressions ultérieures[20].

Le discernement de Gédéon et la promptitude d'Ephraïm à exécuter l'ordre reçu permettent de tuer deux princes madianites (7.25). Les lieux d'exécution (*«rocher d'Oreb»* et *«pressoir de Zeeb»*) sont nommés en souvenir d'un succès qui restera gravé dans les mémoires puisque cinq siècles plus tard, Esaïe reparle de *«la défaite de Madian au rocher d'Oreb»* (Es 10.26).

---

[19] L'absence de Zabulon n'est pas expliquée.

[20] Les Madianites ne seront plus jamais une menace pour Israël.

Les deux lieux d'exécution (un rocher et un pressoir) sont inhabituels et surprenants. Dans le contexte du récit de Gédéon, le pressoir rappelle les moissons de froment vannées par Gédéon. De manière plus générale, le pressoir et le rocher sont des lieux où les récoltes sont rassemblées. Le pressoir est utilisé pour les récoltes de l'automne et le rocher comme aire de vannage pour les moissons du printemps. Le choix de ces deux lieux d'exécution peut symboliser la justice de Dieu qui punit les malfaiteurs au lieu de leur méfait. Cette idée est encore renforcée lorsqu'on réalise que les deux princes madianites portent des noms d'animaux voleurs et carnassiers: Oreb signifie *corbeau* et Zeeb, *loup*.

Exégèse détaillée du chapitre 8

La mort des deux princes madianites pourrait facilement marquer la fin du récit. Cependant, l'auteur des Juges poursuit la narration, car des éléments importants sur *la lutte contre l'ennemi* doivent encore être signalés. D'une part, les deux rois madianites sont toujours en vie (7.5), ainsi que 15 000 soldats (7.10), mais l'auteur s'intéresse surtout à Israël et aux problèmes posés par ce peuple au juge. Gédéon doit se battre non seulement contre Baal et Madian, mais aussi contre Israël. Les difficultés viennent de tous les côtés. L'opposition se manifeste d'abord par des soldats mécontents qui contestent le juge (8.1-3), puis par deux villes qui refusent tout soutien à l'armée israélite (8.4-9). Les uns sont en Cisjordanie, les autres en Transjordanie. Les premiers sont courageux et obéissants, mais orgueilleux; les seconds craintifs et lâches[21]. Même ceux qui sont favorables au juge posent des problèmes. Son fils aîné refuse de suivre les ordres du père (8.18-21), et le peuple plein de reconnaissance pour la victoire obtenue veut honorer Gédéon plus que Dieu: la royauté lui est offerte et l'éphod réalisé par reconnaissance envers l'Eternel devient un objet de prostitution (8.22-27).

Ces développements du chapitre 8 sont intéressants, car ils nous rappellent que l'ennemi principal n'est pas extérieur, mais intérieur. La cause première des malheurs d'Israël doit être cherchée dans son propre péché. L'infidélité à l'Eternel est la racine de tous les maux.

La contestation d'Ephraïm (8.1-3)

> *1 Les hommes d'Ephraïm dirent à Gédéon: Que signifie cette manière d'agir envers nous? pourquoi ne pas nous avoir appelés, quand tu es allé combattre Madian? Et ils eurent avec lui une violente querelle.*

---

[21] D.R. Davis p. 109, Wolf p. 430.

2 Gédéon leur répondit: Qu'ai-je fait en comparaison de vous? Le grappillage d'Ephraïm ne vaut-il pas mieux que la vendange d'Abiézer? 3 C'est entre vos mains que Dieu a livré les chefs de Madian, Oreb et Zeeb. Qu'ai-je donc pu faire en comparaison de vous? Lorsqu'il eut ainsi parlé, leur colère contre lui s'apaisa.

Ephraïm est mécontent de n'avoir pas été appelé au combat principal. La tribu aspirait à jouer un rôle de premier plan en Israël et pensait plus à sa gloire (peut-être aussi au tribut de guerre) qu'à la libération des autres[22]. Avec psychologie et humilité, Gédéon affronte et surmonte cette difficulté inattendue. Tous les commentateurs se plaisent à souligner la sagesse du juge en cette occasion[23]. Gédéon ne cherche pas les honneurs, mais le bien de son pays.

Plutôt que de leur demander ce qu'ils avaient accompli pendant les sept années d'oppression madianite[24], le juge relève la valeur et le succès de leur engagement (8.2-3). Cette flatterie apaise la colère des contestataires et permet au juge de poursuivre les vrais ennemis sans perdre un temps précieux en vains palabres. Lorsqu'on connaît l'agressivité des hommes d'Ephraïm à l'égard de Jephthé un siècle plus tard (12.1), on réalise que la réponse de Gédéon a peut-être aussi évité un dérapage douloureux face à ces soldats armés.

La contestation de Succoth et de Penuel (8.4-9)

4 Gédéon arriva au Jourdain, et il le passa, lui et les trois cents hommes qui étaient avec lui, fatigués, mais poursuivant toujours. 5 Il dit aux gens de Succoth: Donnez, je vous prie, quelques pains au peuple qui m'accompagne, car ils sont fatigués, et je suis à la poursuite de Zébach et de Tsalmunna, rois de Madian. 6 Les chefs de Succoth répondirent: La main de Zébach et de Tsalmunna est-elle déjà en ton pouvoir, pour que nous donnions du pain à ton armée? 7 Et Gédéon dit: Eh bien! lorsque l'Eternel aura livré entre mes mains Zébach et Tsalmunna, je broierai votre chair avec des épines du désert et avec des chardons.

8 De là il monta à Penuel, et il fit aux gens de Penuel la même demande. Ils lui répondirent comme avaient répondu ceux de Succoth. 9 Et il dit aussi aux gens de Penuel: Quand je reviendrai en paix, je renverserai cette tour.

---

[22] *BA* p. 123, Cundall p. 115, J.J. Davis p. 117.

[23] Plusieurs relèvent le contraste avec Jephthé (12.1-7). En temps voulu (voir commentaire: 12.1-7), nous examinerons les circonstances particulières de Jephthé qui l'ont poussé à agir différemment de Gédéon.

[24] Wolf p. 429.

Gédéon est tenace dans sa poursuite. Succoth est à 60 kilomètres du lieu de bataille et Penuel est encore 10 kilomètres plus loin. Le juge ne s'encombre pas d'une lourde armée, mais se contente des 300 vaillants sélectionnés par Dieu. Aucune ligne de soutien n'est prévue, car Gédéon se sait en territoire ami et compte être accueilli et soutenu en libérateur par les Juifs de Transjordanie[25].

Les deux villes de Succoth et de Penuel lui refusent toute aide invoquant la puissance madianite: *«La main de Zébach et de Tsalmunna est-elle déjà en ton pouvoir, pour que nous donnions du pain à ton armée?»* (8.6). Gédéon a remporté une victoire, mais pas encore la guerre. Les habitants de ces deux localités craignent manifestement les représailles des Madianites en cas d'échec du juge. Situés en Transjordanie, ils seraient effectivement les premiers exposés.

Gédéon ne veut pas perdre du temps à convaincre et à contraindre ces lâches et ces incrédules à l'aider. Il leur promet simplement de revenir non comme libérateur, mais comme juge pour les châtier de leur péché. Puis, sans se décourager, il poursuit sa marche forcée espérant peut-être trouver ailleurs la nourriture nécessaire, sachant aussi que ses hommes sont très résistants (ils n'avaient pas besoin de repos à la source de Harod: 7.5-6).

La portée du châtiment annoncé aux habitants de Succoth n'est pas très claire: *«Je broierai votre chair avec des épines du désert et avec des chardons»* (8.7). Un supplice aussi douloureux qu'humiliant semble en vue[26]. Va-t-il les coucher sur un tapis d'épines et les battre comme on bat le blé[27]? Il est possible que Gédéon punisse les villes de la punition qu'ils attendaient des Madianites. Ces hommes du désert devaient fréquemment utiliser épines et chardons comme moyen de torture et de punition.

Le nom des deux rois est particulier puisqu'il annonce la défaite: Zébach signifie *victime* et Tsalmunna, *la protection déniée*[28].

La défaite des Madianites (8.10-12)

> *10 Zébach et Tsalmunna étaient à Karkor et leur armée avec eux, environ quinze mille hommes, tous ceux qui étaient restés de l'armée entière des fils de l'Orient; cent vingt mille hommes tirant l'épée*

---

[25] Cundall p. 116.

[26] *BA* p. 124.

[27] Le verbe *broierai* (*dûch*: דוש) est utilisé pour décrire le vannage des céréales.

[28] Jordan (pp. 142-143) pense que ces noms ridicules leur ont été donnés plus tard.

> *avaient été tués. 11 Gédéon monta par le chemin de ceux qui habitent sous les tentes, à l'orient de Nobach et de Jogbeha, et il battit l'armée qui se croyait en sûreté. 12 Zébach et Tsalmunna prirent la fuite; Gédéon les poursuivit, il s'empara des deux rois de Madian, Zébach et Tsalmunna, et il mit en déroute toute l'armée.*

La défaite madianite est rapportée en quelques mots. D'une part, l'armée des oppresseurs ne présentait plus une menace majeure puisqu'elle avait perdu près de 90% des effectifs, et d'autre part, l'intérêt de l'auteur est concentré sur les Israélites. Le nombre considérablement réduit des Madianites montre le sérieux de Gédéon qui, malgré la distance, veut achever sa tâche, mais il souligne aussi la stupidité de Succoth et de Penuel.

Gédéon prend une nouvelle fois l'ennemi par surprise (l'armée madianite *«se croyait en sûreté»* 8.11). Les Madianites pensaient s'être suffisamment éloignés du lieu de bataille pour être en sécurité. C'était compter sans la ténacité de Gédéon et la rapidité de sa poursuite. En passant *«à l'orient de Nobach et de Jogbeha»*, Gédéon contourne peut-être le camp ennemi pour l'attaquer de l'est plutôt que de l'ouest d'où on aurait pu l'attendre.

Dans toutes ses actions, Gédéon se révèle comme un homme décidé, prêt à accomplir sur-le-champ la mission qui lui est confiée. Appelé deux fois en pleine nuit, Gédéon répond dans les heures qui suivent soit pour renverser l'idole de Baal, soit pour espionner et assiéger les Madianites. La course-poursuite entamée sans vivres et maintenue malgré les obstacles et la distance, ainsi que les discussions inutiles évitées avec les contestataires d'Ephraïm et les lâches de Succoth et de Penuel, tout témoigne d'un homme résolu et obéissant.

Le jugement de Succoth et de Penuel (8.13-17)

> *13 Gédéon, fils de Joas, revint de la bataille par la montée de Hérès. 14 Il saisit d'entre les gens de Succoth un jeune homme qu'il interrogea, et qui lui mit par écrit les noms des chefs et des anciens de Succoth, soixante-dix-sept hommes. 15 Puis il vint auprès des gens de Succoth, et dit: Voici Zébach et Tsalmunna, au sujet desquels vous m'avez insulté, en disant: La main de Zébach et de Tsalmunna est-elle déjà en ton pouvoir, pour que nous donnions du pain à tes hommes fatigués? 16 Et il prit les anciens de la ville, et châtia les gens de Succoth avec des épines du désert et avec des chardons. 17 Il renversa aussi la tour de Penuel, et tua les gens de la ville.*

Gédéon revient sur ses pas pour accomplir la justice. La punition est équitable et correspond à l'offense sous plusieurs rapports: les gens de Succoth qui avaient abandonné leurs frères de race pour ne pas encourir les représailles des Madianites sont maintenant châtiés par Gédéon de la punition des nomades (*«avec des épines du désert et avec des chardons»* 8.16). Comme ils s'étaient moqués du libérateur (*«Vous m'avez insulté»*), ils sont à leur tour humiliés. Gédéon limite son jugement aux responsables[29].

Le sort de Penuel est différent. La tour est renversée et les gens sont tués (8.17). Le jugement est plus sévère, car Gédéon ne se contente pas d'humilier les responsables, mais il tue toute la population. La différence dans le jugement doit trouver son origine au niveau du péché commis. Lors de son premier passage à Penuel, Gédéon n'avait pas menacé de tuer la population, mais seulement de renverser la tour (8.9). Il voulait par là frapper cette ville du jugement des oppresseurs (les Madianites n'auraient pas accepté qu'une ville rebelle conserve ses défenses) et donner un jugement équivalent à l'humiliation des gens de Succoth. Cependant à son retour, Gédéon ne reçoit pas l'appui de la population pour punir les responsables. Tous les habitants semblent s'être réfugiés dans la tour, armes à la main, prêts à défendre leurs responsables et à tuer quiconque s'approche pour les arrêter. En prenant fait et cause pour les coupables, toute la population devient coupable. Le péché jusqu'alors limité à la moquerie devient beaucoup plus grave. Les habitants de Penuel se transforment en meurtriers potentiels, car ils sont prêts à tuer les personnes mandatées pour accomplir la justice. En s'endurcissant dans le péché, ces gens ne peuvent que recevoir un jugement plus sévère[30].

La mort des chefs Madianites (8.18-21a)

> *18 Il dit à Zébach et à Tsalmunna: Comment étaient les hommes que vous avez tués au Thabor? Ils répondirent: Ils étaient comme toi, chacun avait l'air d'un fils de roi. 19 Il dit: C'étaient mes frères, fils de ma mère. L'Eternel est vivant! si vous les aviez laissés vivre, je ne vous tuerais pas. 20 Et il dit à Jéther, son premier-né: Lève-toi, tue-les! Mais le jeune homme ne tira pas son épée, parce qu'il avait peur, car il n'était encore qu'un jeune homme. 21 Zébach et Tsalmunna*

---

29 *»Un jeune homme... mit par écrit les noms des chefs...»* (8.14): non seulement l'écriture existait, mais le degré d'instruction primaire en Israël semblait très élevé (*BA* p. 124, Cundall p. 118, Wolf p. 432, Wood p. 232).

30 Cette leçon sera pleinement développée dans le deuxième appendice lorsque Benjamin défendra, pour son malheur, les coupables de Guibea (voir commentaire sur Juges 20). Notons encore que les soldats d'Ephraïm n'ont jamais été punis (8.1-3), car leur faute était beaucoup moins grave que celle des habitants de Succoth et de Penuel.

dirent: Lève-toi toi-même, et tue-nous! car tel est l'homme, telle est sa force. Et Gédéon se leva, et tua Zébach et Tsalmunna.

Deux indices nous font penser que Gédéon a emmené les deux rois madianites dans son pays avant de les tuer. D'une part, leur mise à mort n'est pas rapportée immédiatement après la défaite de leur armée en 8.12, et d'autre part, on voit mal le jeune Jéther accompagner son père en Transjordanie avec les 300 vaillants[31]. Pourquoi ramener ces deux hommes plutôt que de les tuer avec les autres Madianites?

L'attitude de Gédéon est critiquée par plusieurs commentateurs. Le juge perdrait de vue ses priorités: au lieu de servir de juge à toute la nation, il ne penserait qu'à la vengeance personnelle[32]. De plus, en demandant à son fils aîné de tuer les chefs ennemis, Gédéon chercherait à offrir la renommée à sa descendance. Les Israélites semblent comprendre son geste dans ce sens puisque juste après, ils proposent à Gédéon et à ses fils l'équivalent de la royauté (*«Domine sur nous, et toi, et ton fils, et le fils de ton fils»* 8.22).

A ce regard critique, on peut opposer une interprétation favorable au comportement de Gédéon. En emmenant les rois ennemis en Cisjordanie, Gédéon n'avait aucune intention de leur faire grâce; cela transparaît clairement dans la réponse des rois au sujet de l'identité de leurs victimes (*«Ils étaient comme toi, chacun avait l'air d'un fils de roi»* 8.18). Si les deux Madianites espéraient encore une grâce, ils n'auraient jamais avoué, avec une légèreté qui frise la provocation, avoir tué la famille de Gédéon. Leur réponse montre qu'ils n'attendaient rien d'autre que la mort, et tout ce qu'ils espéraient était de mourir dignement. Pour eux, cela signifiait mourir des mains du chef d'Israël. En provoquant sa colère, ils espéraient une mort rapide. Gédéon ne veut pas leur accorder cet honneur et demande à son fils encore adolescent de les tuer. Devant l'hésitation de Jéther, les deux rois insistent pour que Gédéon lui-même leur porte le coup fatal (8.21)[33].

---

[31] Cundall p. 119, Goslinga p. 347.

[32] Goslinga p. 347, Wolf p. 433. Jordan (p. 147), qui voit généralement le ministère des juges d'un oeil favorable, pense que le récit marque ici le début des erreurs de Gédéon. Cundall (p. 119) suggère que le comportement du juge est le reflet des valeurs morales limitées de son époque.

[33] Bruce (p. 275) parle d'un honneur *«de mourir de la main d'un guerrier tel que Gédéon, dont on est sûr d'autre part qu'il tue d'un seul coup, et qu'il ne s'y prend pas maladroitement comme le ferait le jeune homme»*. Abimélec voulait aussi mourir

Gédéon emmène les chefs ennemis dans son pays pour les tuer aux yeux de tous. Il veut montrer à chacun que l'ennemi est réellement vaincu, car combien de fois un ennemi prétendument mort hante encore les esprits des victimes. Plus que des paroles, le spectacle de leur mise à mort rassurera les victimes de la disparition définitive des oppresseurs.

Leur mort sera laissée au vengeur de sang. Puisqu'ils sont nombreux, car les victimes étaient nombreuses, Gédéon se basera sur la confession des meurtriers pour désigner le bourreau. Lorsque Gédéon répond *«si vous les aviez laissés vivre, je ne vous tuerais pas»* (8.19), il ne veut pas dire qu'ils ne seraient pas morts, mais qu'ils ne seraient pas morts par sa main. Un homme d'une autre famille les aurait frappés.

Gédéon ne veut pas donner aux Madianites la mort honorable qu'ils demandent avec tant d'arrogance. C'est pourquoi il ordonne à son fils aîné de les tuer[34]. Devant son refus, il ne peut que le faire lui-même. Cet incident illustre un principe qui caractérise malheureusement toute la période des juges: la nouvelle génération ne marche pas sur les traces de l'ancienne. L'intrépide Gédéon n'est pas suivi par un fils du même calibre.

Offre de la royauté et idolâtrie du peuple (8.21b-27)

Il prit ensuite les croissants qui étaient aux cous de leurs chameaux. 22 Les hommes d'Israël dirent à Gédéon: Domine sur nous, et toi, et ton fils, et le fils de ton fils, car tu nous as délivrés de la main de Madian. 23 Gédéon leur dit: Je ne dominerai pas sur vous, et mes fils ne domineront pas sur vous; c'est l'Eternel qui dominera sur vous.

24 Gédéon leur dit: J'ai une demande à vous faire: donnez-moi chacun les anneaux que vous avez eus pour butin. - Les ennemis avaient des anneaux d'or, car ils étaient Ismaélites. - 25 Ils dirent: Nous les donnerons volontiers. Et ils étendirent un manteau, sur lequel chacun jeta les anneaux de son butin. 26 Le poids des anneaux d'or que demanda Gédéon fut de mille sept cents sicles d'or, sans les croissants, les pendants d'oreilles, et les vêtements de pourpre que portaient les rois de Madian, et sans les colliers qui étaient aux cous de leurs chameaux. 27 Gédéon en fit un éphod, et il le plaça dans sa ville, à

---

d'une manière digne (9.54) et Saül ne voulait pas souffrir aux mains des Philistins (1 Sam 31.4).

34 Le fils est appelé un *n'r* (נער) tantôt traduit par *jeune homme*, *garçon* ou *enfant*. Le mot a un sens étendu et peut décrire un bébé (Ex 2.6) aussi bien qu'un jeune adulte (2 Sam 14.21; *TWOT* p. 585). Le fils de Gédéon était assez âgé pour pouvoir tuer, mais semblait n'avoir encore eu aucune expérience de la guerre.

Ophra, où il devint l'objet des prostitutions de tout Israël; et il fut un piège pour Gédéon et pour sa maison.

Le peuple propose à Gédéon d'établir une monarchie héréditaire: «*Domine sur nous, et toi, et ton fils, et le fils de ton fils*» (8.22). Même si le mot *roi* n'est pas utilisé, la royauté est en vue[35]. L'étendue du territoire n'est pas précisée, mais on peut penser qu'elle était limitée aux tribus qui avaient participé à la campagne militaire, à l'exclusion de l'orgueilleux Ephraïm[36].

Gédéon rejette immédiatement cet honneur, car cela porterait ombrage à l'Eternel. Les juges sont appelés pour une tâche occasionnelle et un temps limité. Le seul qui doit régner en permanence est l'Eternel. Quand on pense au soin pris par Dieu pour réduire l'armée de Gédéon à une poignée d'hommes afin de recevoir toute la gloire, la réaction du peuple fait pleurer. L'homme semble toujours vouloir rivaliser avec Dieu pour s'arroger la gloire divine. Mais n'est-ce pas là l'essence même du péché?

Plusieurs commentateurs doutent de la sincérité de Gédéon dans son refus de la royauté[37]. Selon eux, son style de vie est trop royaliste: (1) L'éphod reflète un effort à s'imposer comme innovateur religieux; (2) son harem dénote une richesse royale; (3) le nom d'un de ses fils trahit les pensées profondes du père (Abimélec signifie *mon père est roi*); (4) Après la mort de Gédéon, Abimélec aspire comme son père à un pouvoir absolu.

Les deux dernières critiques ne pèsent pas lourd. Les noms composés avec *mélek* sont abondants en Israël et toujours en rapport avec Dieu[38]. En nommant son fils Abimélec, Gédéon veut honorer Dieu, car c'est le Père céleste qui est roi. Quant à la réaction du fils, elle ne dit rien sur le père. Gédéon avait 70 fils et un seul se transforme en meurtrier pour régner en maître absolu. Il est difficile de reporter les fautes de ce fils sur le père. D'ailleurs, l'auteur des Juges relève souvent que les enfants ne suivent pas nécessairement leurs parents. Les critiques relatives à l'éphod et au harem méritent des explications plus développées.

---

[35] D.R. Davis p. 111

[36] Goslinga p. 349, Wood p. 226.

[37] Cundall p. 121, D.R. Davis p. 112, Wolf p. 434, Wood p. 229. La *BA* (p. 125) et Jordan (p. 148) discernent aussi certaines aspirations au pouvoir. Pour Bruce (p. 276), le refus apparent est peut-être une façon indirecte d'accepter la royauté (cf. Gen 23.6, 11, 15).

[38] Cundall p. 124, Goslinga p. 353, Wolf p. 434.

Dans quel but Gédéon a-t-il fait un éphod et pourquoi l'objet est-il devenu un objet de prostitution? Le récit de l'éphod laisse songeur. Notons aussi que l'histoire est racontée de manière énigmatique: juste après avoir refusé la royauté, Gédéon demande un don à chacun. Quelle est son intention? Toutes sortes d'idées nous viennent à l'esprit pendant que l'auteur s'étend en détail sur l'offrande et l'étendue du tribut de guerre (8.24b-26)[39]. Gédéon considère-t-il le don comme (1) une compensation pour la royauté refusée, (2) une aide au développement, (3) une avance pour la construction d'un palais, (4) une réserve financière pour l'armée? La réponse surprend: Gédéon utilise le don pour faire *un éphod* (8.27). Pourquoi cet habit religieux? Même si certains commentateurs pensent à une statuette en raison du poids (1700 sicles, c.-à-d. 27 kilos) et du contexte (l'objet est placé dans une ville comme on place une statuette), le mot éphod n'a jamais le sens d'une idole[40]. Il représente une partie de l'habit du grand prêtre décoré de pierres précieuses souvent accompagné par l'Ourim et le Toummin pour consulter la volonté divine. Dans 1-2 Samuel, d'autres prêtres portaient parfois aussi un éphod de lin[41].

Comme pour d'autres actes de Gédéon, le récit de l'éphod peut être interprété négativement, et beaucoup de commentateurs vont dans ce sens[42]. Gédéon aurait établi un sanctuaire rival, fonctionné comme prêtre ou installé d'autres dans ce sacerdoce sous l'influence des Cananéens.

Une lecture positive est néanmoins possible. Gédéon ne cherche pas à se mettre en avant. Il dit vouloir honorer Dieu (*«Je ne dominerai pas sur vous, et mes fils ne domineront pas sur vous; c'est l'Eternel qui dominera sur vous»* 8.23) et maintenant, il passe concrètement à l'action en réalisant cet éphod. Très reconnaissant de l'intervention divine, il veut réaliser un *mémorial* en l'honneur de l'Eternel[43]. Puisque Dieu l'a guidé du début à la fin, il pense à l'habit du grand-prêtre qui sert habituellement à connaître la volonté divine

---

[39] Les Madianites sont appelés ici des Ismaélites (8.24). Les deux peuples étaient des descendants d'Abraham: les Madianites par Ketura (Gen 25.1-2) et les Ismaélites par Agar (Gen 16.15). Parfois comme ici, le nom *Ismaélites* désigne simplement les gens du désert (Gen 37.25, 28, 36; Bruce p. 276, Goslinga p. 350).

[40] *BA* p. 126, Goslinga p. 351, Keil p. 357.

[41] *NDB* p. 416.

[42] *BA* p. 126, Cundall p. 121, J.J. Davis p. 117, Jordan p. 149, Goslinga p. 350, Wood p. 227.

[43] Keddie p. 79.

(quel autre objet aurait pu mieux convenir?)[44]. Son effort est des plus louables, car des mémoriaux ont souvent été demandés par Dieu pour aider le peuple à se souvenir des libérations divines.

Malheureusement, le peuple transforme ce mémorial en une idole (*«Il devint l'objet des prostitutions de tout Israël»* 8.27). L'éphod de Gédéon n'est pas un deuxième *veau d'or* établi par un homme infidèle (Ex 32)[45], mais un nouveau *serpent d'airain*. Gédéon marche sur les traces de Moïse, non sur celles d'Aaron. De même que l'aide visuelle érigée par Moïse dans le désert était devenue plus tard une idole (Nb 21.9; 2 Rois 18.4), l'éphod de Gédéon devient un objet de corruption. Le peuple qui voulait déjà remplacer le serviteur par le maître (la royauté était offerte à Gédéon plutôt qu'à l'Eternel), adore maintenant l'objet rappelant le Libérateur au lieu du Libérateur lui-même. L'éphod devient un *piège* pour Gédéon (8.27), car malgré ses efforts, le pays glisse subtilement vers l'idolâtrie. Notons toutefois que l'adoration manifeste d'idoles ne s'est réalisée qu'après la mort de Gédéon (8.33). Le cycle d'Abimélec montre à quel point ce dérapage vers l'infidélité s'est retourné contre la famille du juge.

Repos du pays et mort de Gédéon (8.28-32)

> *28 Madian fut humilié devant les enfants d'Israël, et il ne leva plus la tête. Et le pays fut en repos pendant quarante ans, durant la vie de Gédéon.*
>
> *29 Jerubbaal, fils de Joas, s'en retourna, et demeura dans sa maison. 30 Gédéon eut soixante-dix fils, issus de lui, car il eut plusieurs femmes. 31 Sa concubine, qui était à Sichem, lui enfanta aussi un fils, à qui on donna le nom d'Abimélec. 32 Gédéon, fils de Joas, mourut après une heureuse vieillesse; et il fut enterré dans le sépulcre de Joas, son père, à Ophra, qui appartenait à la famille d'Abiézer.*

Le cycle de Gédéon se termine comme les précédents par la mention du repos. La durée normale est notée (*«Le pays fut en repos pendant quarante ans»* 8.28). Si le lecteur pouvait avoir quelques doutes sur «l'affaire de l'éphod» ou sur quelques autres actions du juge, la conclusion de l'auteur ne peut que rassurer. Tout se termine bien pour Gédéon: (1) le pays est en repos durant sa vie, (2) il jouit

---

[44] Gédéon n'a pas nécessairement utilisé tout l'or récolté pour confectionner l'éphod ou peut-être a-t-il utilisé les 1700 sicles pour fabriquer un éphod que personne n'était appelé à porter, mais qui devait simplement être exposé dans un lieu public.

[45] Cundall (p. 123), Jordan (p. 149) et Wolf (p. 435) associent l'éphod et le veau d'or.

d'une heureuse vieillesse, (3) il est entouré d'une famille nombreuse. Tout indique que le ministère du juge a été approuvé par l'Eternel.

La polygamie de Gédéon pose un dernier problème dans l'évaluation du juge. Peut-on approuver ces mariages multiples? Le mariage monogame n'est-il pas le seul voulu par Dieu? Le cycle d'Abimélec n'est-il pas la démonstration de la faillite du système polygame? Face à ces questions et ces remarques, il convient de relever plusieurs points.

Même s'il est incontestable que le mariage monogame reflète l'idéal divin, la polygamie n'est jamais directement condamnée dans l'Ancien Testament. Dans un système judiciaire qui est loin d'être laxiste (l'adultère est puni par la peine capitale), aucune peine judiciaire ne sanctionne la polygamie. De grands hommes comme David et Salomon ont pratiqué la polygamie. Certes, leurs exemples devraient faire réfléchir, car un contexte polygame ne présente jamais des situations heureuses: tensions, rivalités, jalousies semblent toujours plus vives dans un cadre polygame que dans une famille monogame. Il faut cependant noter que les auteurs bibliques attribuent les problèmes de ces grands hommes non à la polygamie, mais à un autre péché. Les rivalités entre les enfants de David sont un jugement divin suite à *l'adultère* de David avec Bath-Schéba et *au meurtre* de son mari (2 Sam 12.7-12). Salomon est condamné non pour la multiplicité des mariages, mais pour avoir épousé des femmes *«de nations réprouvées par Dieu»* (1 Rois 11.1-11). Dans le cas de Gédéon, l'auteur ne lie pas les malheurs de la famille de Gédéon à la polygamie, mais à la révolte du peuple et au péché d'un fils (8.33-35).

Ayant atténué la polygamie de Gédéon, il convient de répéter que la polygamie n'est pas l'idéal divin. Dans le livre des Juges, la polygamie semble témoigner d'une préoccupation excessive *à marquer son passage sur la terre*. Ce sujet sera repris et développé avec l'étude des «petits» juges puisque trois d'entre eux étaient polygames: Jaïr (10.4), Ibtsan (12.9) et Abdon (12.14). Vouloir une descendance est normal, mais désirer marquer exagérément son passage sur la terre par une descendance surabondante révèle des aspirations orgueilleuses. Gédéon a marché avec Dieu, mais il n'est pas resté, semble-t-il, totalement insensible à la tentation de laisser son empreinte plus qu'il ne convenait.

Abimélec : 9

La place du cycle dans le développement du livre

Le cycle d'Abimélec est très particulier. A l'inverse d'Othniel, Ehud, Débora, Gédéon, Jephthé et Samson, Abimélec n'a jamais cherché à libérer le peuple. Au contraire, il l'a réduit en esclavage. Le contraste avec les autres cycles est immense[1]. Abimélec n'est pas un libérateur, mais un oppresseur, un tyran de la pire espèce, le type même de *l'anti-juge*. Notons aussi que le récit est plus court que le précédent. Alors que, jusqu'à présent, l'auteur prenait de plus en plus de place pour ses développements, l'histoire d'Abimélec est deux fois plus courte que celle de Gédéon. Avec Abimélec, l'auteur semble marquer un arrêt dans son développement.

Comment faut-il comprendre ce changement à la lumière de l'ensemble de l'oeuvre? Un regard sur la suite permet de mieux cerner l'orientation générale et de voir qu'Abimélec marque moins un arrêt qu'une nouvelle orientation. Avec Jephthé et Samson, l'histoire des juges reprend, et la longueur des récits augmente de nouveau (par rapport à Gédéon, Abimélec représente 52%, Jephthé 58% et Samson 97%). Bien que très différents, les trois derniers cycles ont des points communs: (1) aucun repos n'est mentionné, (2) les conflits internes sont immenses (tyrannie d'Abimélec; guerre civile sous Jephthé; opposition à Samson, le héros de la nation), (3) les trois personnages principaux sont très particuliers (Abimélec est un tyran qui a trompé le peuple; Jephthé est un marginal rejeté, puis appelé par le peuple; Samson est un héros appelé par Dieu et doté d'une force colossale, mais rejeté par le peuple).

Ainsi avec les trois derniers cycles, l'auteur poursuit son développement, mais au lieu de se pencher sur les aspects fondamentaux de l'histoire des Juges comme dans les quatre premiers cycles, il considère des cas particuliers. Après avoir attiré l'attention sur *Dieu* (cycle d'Othniel), sur le *juge* (cycle d'Ehud), sur le *peuple* (cycle de Débora) et sur le *combat contre l'ennemi* (cycle de Gédéon), l'auteur porte, en guise de conclusion, un regard sur *les cas particuliers* (cycles d'Abimélec, Jephthé et Samson). Trois

---

[1] Goslinga (p. 354) considère ce cycle comme un appendice. La *BA* (p. 132) et Wolf (p. 444) relèvent que Abimélec ne juge pas mais *règne* (le mot n'est utilisé que dans 9.22). Wood (p. 234) note la perplexité du lecteur qui s'interroge sur la raison d'inclure un tel récit.

exemples donnent une idée de l'ampleur de ces cas particuliers, et ainsi regroupés, ces trois cycles poursuivent la tendance de l'auteur à développer toujours mieux les thèmes abordés.

Le caractère central du cycle

Ayant souligné la continuité dans le développement, il convient de revenir à la place du cycle par rapport aux autres. Le récit d'Abimélec est marqué par la «centralité». Cette notion se manifeste au niveau littéraire, au niveau géographique et au niveau thématique.

1. Sur le plan littéraire, le récit se situe au centre de la section sur les cycles (3.7-16.31), c'est-à-dire à équidistance du début (3.7) et de la fin (16.31)[2].

2. Sur le plan géographique, le récit d'Abimélec se déroule à *Sichem*, une localité située au centre de la nation. A vol d'oiseau, elle est à 116 km de Dan (extrémité nord) et 113 km de Beer-Schéba (extrémité sud), à 41 km de la Méditerranée (frontière naturelle à l'ouest) et 27 kilomètres du Jourdain (frontière naturelle à l'est). Dieu avait désigné Sichem comme lieu pour ratifier l'alliance dans la Terre promise (Jos 8.30-35; Dt 27.1-26), et Josué y avait convoqué le peuple pour renouveler l'alliance juste avant sa mort (Jos 24). Ce lieu central était idéal pour y rassembler le peuple. Par ailleurs, la ville jouissait d'une excellente sécurité puisqu'elle était totalement entourée par des territoires aux mains des Israélites. Cet élément explique assez bien une caractéristique du cycle d'Abimélec, à savoir l'absence d'ennemis extérieurs.

3. Sur le plan thématique, la notion de «centralité» est remplacée par une notion très proche: l'intériorité. Le centre d'une personne n'est-il pas au fond d'elle-même? Abimélec gagne le pouvoir non par la force, mais par des paroles persuasives. Comme Gédéon, Abimélec remporte le combat principal sans armes. Alors que Gédéon avait mystifié l'ennemi par sa stratégie militaire, Abimélec trompe le peuple par un discours politique. La force des mots est manifeste puisque vingt-six lui suffisent pour obtenir les pleins pouvoirs (9.2). Une question et une affirmation (9.2), et un chèque en blanc lui est signé par le peuple. Aveuglé par un message qu'il croit juste, le peuple renégat se laisse tromper par la parole. Le cycle d'Abimélec met en évidence (comme le cycle précédent) la priorité des idées sur les choses. Au coeur de la vie (et au coeur du livre) se trouvent les questions de foi.

---

[2] Dans la traduction Segond, exactement 5104 mots après le début (3.7) et 4971 mots avant la fin (16.31).

L'absence de juge

Si l'on considère ces divers éléments sur le caractère central du cycle d'Abimélec, on peut s'étonner que l'auteur place au coeur de son développement sur les juges un cycle qui ne mentionne pas de juge. Cette absence est voulue, car l'auteur veut montrer qu'au coeur du pays un juge n'est pas nécessaire. Le juge n'est pas un roi, mais un libérateur. Il n'est pas appelé à régner sur le pays, mais à sauver le peuple des envahisseurs. Si aucun étranger ne domine, le juge n'a pas de raison d'être. Une nouvelle fois, l'auteur manifeste son opposition à la royauté.

D'ailleurs, la critique de la royauté, sous-jacente tout au long du livre, ne transparaît jamais autant que dans le discours de Jotham placé au coeur du cycle d'Abimélec (9.7-21). Le sarcasme et l'ironie des propos ne laissent aucun doute sur la valeur de cette forme de gouvernement.

Le rapport avec le cycle précédent

Alors même qu'Abimélec semble marquer un arrêt par rapport aux développements antérieurs, le tyran est étroitement lié au juge précédent. Premièrement, les deux hommes sont les seuls leaders du livre à être membres d'une même famille: Gédéon est le père, Abimélec, le fils. Deuxièmement, les deux récits sont placés côte à côte. Mieux, ils sont au centre du développement en chiasme sur les juges (3.5-16.31; voir structure du livre p. 43): Gédéon est précédé d'un juge inhabituel (Débora, une femme), elle-même précédée d'un juge solitaire (Ehud), alors que Abimélec est suivi d'un juge inhabituel (Jephthé, un bâtard) suivi à son tour d'un juge solitaire (Samson). Troisièmement, la séparation entre les cycles de Gédéon et d'Abimélec est floue. Si un éditeur de la Bible veut insérer des sous-titres, il est emprunté ici. Doit-il placer le début du cycle d'Abimélec (1) en 8.29 après la mention du repos du pays sous Gédéon et avant la naissance d'Abimélec, (2) en 8.33 après la mort de Gédéon, ou même (3) en 9.1, puisque le verset précédent donne encore une évaluation du ministère de Gédéon[3]? Ce flou entre les deux cycles surprend et contraste avec la séparation sans bavure caractérisant les autres cycles. Par ce fondu-enchaîné, l'auteur semble rapprocher les deux hommes pour mieux les comparer.

---

[3] La fidélité de Gédéon est encore rappelée plus tard (9.16-17).

Des liens relevés, passons aux contrastes. Les deux hommes sont aussi différents que le jour et la nuit. Nous sommes aux antipodes du dicton: «Tel père, tel fils»: (1) Gédéon est le champion de l'orthodoxie; Abimélec, le chef des hérétiques. (2) Rectitude doctrinale d'un côté; syncrétisme religieux de l'autre. (3) Lutte contre Baal pour le père et ses compagnons; alliance avec Baal pour la génération du fils (*Baal-Berith* signifie «alliance avec Baal» 9.4). (4) Humilité de Gédéon qui confesse d'emblée sa faiblesse (6.15); orgueil d'Abimélec qui, sans hésitation, tue ses frères pour dominer toute une population (9.2-5). (5) Gédéon, le juge, est appelé par Dieu pour un ministère de salut; Abimélec, le tyran, décide de lui-même de devenir chef pour asservir le peuple. (6) Pour le premier, Dieu opère le miracle de la toison pour confirmer son ministère devant toute son armée; le second, livré à lui-même, mène une campagne électorale pour gagner l'approbation du peuple. (7) Là, domine la justice qui libère de l'oppression; ici, l'injustice des hommes qui s'érigent en maîtres absolus.

Le contraste entre les deux cycles expose toute l'horreur de l'éloignement de Dieu. La distance entre le père et le fils marque l'abîme entre la bénédiction et la malédiction divines. De plus, la révolte du fils impur (Abimélec n'a-t-il pas été engendré par une concubine: 8.31) illustre celle d'Israël. Ce peuple, en reniant son rédempteur et Père céleste, marche sur les traces d'Abimélec. Si l'anti-juge a tué ses propres frères, le peuple infidèle persécute ses prophètes.

Structure

Le cycle d'Abimélec ne contient que les deux premières phases du cycle: la révolte (8.33-9.21) et la ruine (9.22-57).

Comme pour les autres cycles, une structure en chiasme se superpose aux phases du cycle. Elle est formée de trois sections principales[4]: la prise de pouvoir d'Abimélec (8.29-9.6), l'annonce du jugement divin (9.7-21), la ruine et la mort d'Abimélec (9.22-57).

---

[4] D.R. Davis (p. 120) attire l'attention sur les trois parties principales et certaines sous-sections.

A^1		**Prise de pouvoir** (8.29-9.6)
	a^1	Le bonheur de Gédéon (8.29-32)
	b^1	Le peuple se tourne vers Baal (8.33-35)
	c	Le discours séducteur d'Abimélec (9.1-2)
	b^2	Les notables de Sichem accueillent Abimélec (9.3-4)
	a^2	Le massacre de la famille de Gédéon (9.5-6)
B		**Annonce du jugement** (9.7-21)
	a^1	Jotham monte sur la montagne (9.7)
	b^1	La parabole (9.8-15)
	b^2	L'explication de la parabole (9.16-20)
	a^2	Jotham se retire (9.21)
A^2		**Ruine et mort d'Abimélec** (9.22-57)
	a^1	Le principe général (9.22-24)
	b^1	Le tyran contesté (9.25-29)
	c^1	Menaces contre les contestataires (9.30-33)
	d^1	Premier conflit armé (9.34-41)
	d^2	Deuxième conflit armé (9.42-45)
	c^2	Mort des notables (9.46-49)
	b^2	Mort d'Abimélec (9.50-55)
	a^2	Le principe général (9.56-57)

Exégèse détaillée

Le peuple se tourne vers Baal (8.33-35)

> *33 Lorsque Gédéon fut mort, les enfants d'Israël recommencèrent à se prostituer aux Baals, et ils prirent Baal-Berith pour leur dieu. 34 Les enfants d'Israël ne se souvinrent pas de l'Eternel, leur Dieu, qui les avait délivrés de la main de tous les ennemis qui les entouraient. 35 Et ils n'eurent pas d'attachement pour la maison de Jerubbaal, de Gédéon, après tout le bien qu'il avait fait à Israël.*

A la mort de Gédéon, Israël se prostitue une fois de plus avec des idoles (*«Ils prirent Baal-Berith pour leur dieu»* 8.33); à l'alliance avec les divinités suit le rejet de Dieu (*«Les Israélites ne se souvinrent plus de l'Eternel»* 8.34); à l'oubli du créateur succède le mépris de la justice (*«Les Israélites n'usèrent pas de loyauté envers la maison de Gédéon après tout le bien qu'il avait fait à Israël»* 8.35). Dans cette marche vers les ténèbres, chaque pas en engendre un autre. Le rejet du premier commandement est toujours suivi du rejet du second.

Sans amour pour Dieu, pas de véritable amour pour le prochain. Le rejet de Dieu au 19e siècle est responsable de la crise morale du 20e.

Le nouveau compromis s'appelle Baal-Berith, c'est-à-dire Baal-Alliance. Faut-il voir dans le mot *alliance* une référence au renouvellement des promesses effectué à Sichem du temps de Josué (Jos 8.30-35; 24) ou le mot s'applique-t-il à l'alliance avec Baal? Dans le premier cas, nous serions face à un syncrétisme avec Baal; dans le second, face à une adhésion totale à la divinité cananéenne[5].

L'auteur ne se contente pas de rapporter les faits, mais donne aussi une évaluation précieuse[6]. Le rejet de Dieu (9.34) est responsable du rejet de la famille du juge (9.35). Le blâme pèse sur le peuple et non sur la maison de Gédéon (exception bien sûr d'Abimélec).

Le discours séducteur d'Abimélec (9.1-2)

> *1 Abimélec, fils de Jerubbaal, se rendit à Sichem vers les frères de sa mère, et voici comment il leur parla, ainsi qu'à toute la famille de la maison du père de sa mère: 2 Dites, je vous prie, aux oreilles de tous les habitants de Sichem: Vaut-il mieux pour vous que soixante-dix hommes, tous fils de Jerubbaal, dominent sur vous, ou qu'un seul homme domine sur vous? Et souvenez-vous que je suis votre os et votre chair.*

L'évaluation générale donnée par l'auteur (cf. 8.35) pousse le lecteur à interpréter les propos d'Abimélec négativement[7]. Abimélec ne cherche pas le bien des habitants de Sichem, et ses paroles sur la domination des soixante-dix fils de Gédéon ne reflètent pas la vérité, mais ne sont que de la propagande politique. Abimélec parle des fils de *Jerubbaal* plutôt que des fils de *Gédéon*. Ce rappel du combat

---

[5] Remarquons que tout le cycle est marqué par le thème *des alliances*: alliance rejetée avec l'Eternel et avec la maison de Gédéon; alliance conclue, puis rejetée avec Abimélec; alliance proposée par Gaal.

[6] Tout le cycle est marqué par des évaluations plus importantes que d'habitude: 8.35; 9.16-20, 23-24, 56-57.

[7] Certains commentateurs citent le cas de Jephthé (11.1-3) et suggèrent qu'Abimélec réagit au mauvais traitement infligé par ses frères. Une telle approche est erronée, car elle place les deux hommes sur un même plan, ce que l'auteur des Juges ne fait justement pas. Aucun crédit ne doit être accordé aux accusations d'Abimélec à l'égard de ses frères (cf. Keil p. 361), car les paroles d'un meurtrier ne sont jamais dignes de confiance.

contre Baal entrepris par Gédéon ne peut être que mal reçu par les adeptes de Baal[8].

Dans un premier temps, le fils de Gédéon oriente sa campagne électorale vers une petite minorité à qui il promet monts et merveilles. Aux frères de sa mère et à tout le clan familial de sa mère (9.1), il suggère le gain de nouveaux privilèges: *«Souvenez-vous que je suis votre os et votre chair»* (9.2). Ne soyez plus dominés par une autre famille. Aucun mot sur la justice: tout est axé sur la jouissance personnelle. Dans une société gagnée au matérialisme (Baal n'est-il pas le dieu de la fertilité et de la prospérité matérielle), la lutte des classes proposée par Abimélec trouve rapidement des adeptes.

Les notables de Sichem accueillent Abimélec (9.3-4)

> *3 Les frères de sa mère répétèrent pour lui toutes ces paroles aux oreilles de tous les habitants de Sichem, et leur coeur inclina en faveur d'Abimélec, car ils se disaient: C'est notre frère. 4 Ils lui donnèrent soixante-dix sicles d'argent, qu'ils enlevèrent de la maison de Baal-Berith. Abimélec s'en servit pour acheter des misérables et des turbulents, qui allèrent après lui.*

Avec l'appui de son petit groupe de disciples, Abimélec étend sa campagne auprès des personnes influentes (les notables de Sichem). Ceux-ci sont vite gagnés à la nouvelle idéologie. Le succès d'Abimélec ne vient pas de l'absence d'un pouvoir central[9], mais de la corruption éthique et idéologique du peuple. L'avènement d'un tyran n'est possible que dans un milieu déterminé. Dans une société ancrée en Dieu, toute quête d'un despote est balayée d'un coup de vent. Par contre, lorsque le créateur est abandonné, les promesses du méchant sont prises pour paroles d'évangile.

Du temple de la fausse religion, des fonds sont retirés et confiés au despote (9.4). Celui-ci les utilise, non pour achever sa campagne électorale, mais pour engager des hommes de main[10], car des paroles,

---

[8] Keil p. 361, Wolf p. 436. D'une manière générale le nom de Gédéon est propre au cycle de Gédéon, et le nom de Jerubbaal caractérise le cycle d'Abimélec. Le nom de Gédéon apparaît 50 fois dans les chapitres 6 à 8, mais jamais au chapitre 9, alors que le nom de Jerubbaal est utilisé 2 fois dans le cycle de Gédéon (6.32; 7.1) et 11 fois dans le cycle d'Abimélec.

[9] Goslinga p. 354.

[10] Les hommes engagés par Abimélec sont *«des misérables et des turbulents»*. Le premier terme (*rêq*: ריק) qualifie aussi les hommes de Jephthé (11.3). Fondamentalement, il signifie *vide*, mais n'a pas, en lui-même, de connotation morale. Il peut décrire par exemple la pauvreté de Noémi (Ruth 1.21). Le deuxième terme (*pâhiaz*: פחז) contient l'idée d'agitation, comme celui marqué par les eaux d'une

Abimélec est passé aux actes. Ses premières victimes seront ses propres frères: soixante-dix meurent, un seul s'échappe.

Le massacre de la famille de Gédéon (9.5-6)

> *5 Il vint dans la maison de son père à Ophra, et il tua ses frères, fils de Jerubbaal, soixante-dix hommes, sur une même pierre. Il n'échappa que Jotham, le plus jeune fils de Jerubbaal, car il s'était caché. 6 Tous les habitants de Sichem et toute la maison de Millo se rassemblèrent; ils vinrent, et proclamèrent roi Abimélec, près du chêne planté dans Sichem.*

Abimélec avait parlé d'une domination de la famille de sa mère, non d'un massacre de la famille de son père. Devant ce bain de sang innocent, le peuple reste impassible. Ayant signé un chèque en blanc à leur nouveau maître, chacun ferme les yeux sur ce nouveau développement. Pire: ils donnent leur aval au meurtrier et l'intronisent roi (9.6)[11].

Ayant adhéré au dieu du matérialisme, la vie humaine a perdu toute valeur. Les meurtriers des fils de Gédéon ne touchent qu'un sicle par tête égorgée: un montant dérisoire si on le compare aux autres sommes mentionnées dans les Juges. L'argent de poche annuel d'un Lévite mal payé est de 10 sicles (17.10), et Dalila touche 1100 sicles de chaque prince Philistin pour livrer Samson (16.5)[12].

Abimélec commet le massacre lui-même pour être sûr qu'aucune victime n'échappe et ne puisse contester son pouvoir[13]. Il les tue sur *«une même pierre»*. Le geste rappelle une immolation d'animaux en

---

rivière (Gen 49.4). Les deux termes reçoivent leur sens négatif du contexte plus que du mot.

[11] L'aveuglement du peuple est énorme, car quelle confiance peut-on accorder à un homme qui se propose d'être notre frère (9.2) et qui tue tous ses frères (9.5) (cf. Boogaart, p. 50). Les notables de Sichem et toute la maison de Millo donnent les pleins pouvoirs à Abimélec. Le terme *Millo* vient d'un verbe qui signifie *être rempli*. Il correspond à un rempart ou une butte de terre, et représente souvent l'équivalent d'une forteresse. La maison de Millo semble se rapporter à une famille dirigeante ou à une classe privilégiée de la population. Les expressions *«maison de Millo»* et *«forteresse de Sichem»* sont probablement équivalentes (9.46, 49). Les notables de Sichem chercheront à s'y réfugier trois ans plus tard lorsque Abimélec les poursuit.

[12] Un sicle (environ 16 g.) est considéré comme le lot du plus démuni (1 Sam 2.36).

[13] Goslinga p. 356. Malgré les efforts du tyran, Jotham s'échappera et lancera une critique sévère (9.7-21). Trois ans plus tard, Dieu suscitera un autre contestataire (Gaal: 9.28-29).

public ou des sacrifices humains[14]. La pierre choisie est-elle celle érigée par Josué pour commémorer l'alliance avec l'Eternel (Jos 24.26-27)? Dans l'affirmative, le rejet de l'Eternel en serait encore plus marqué. Dans tous les cas, l'abomination est commise à Sichem, une ville lévite (Jos 21.21) et une ville refuge (Jos 20.7), c'est-à-dire un lieu où les meurtriers *innocents* devaient trouver refuge. La ville est aussi celle choisie par Josué pour renouveler l'alliance. Le renversement est total. Le lieu du meurtre (*«une même pierre»* 9.4) et le lieu de l'intronisation d'Abimélec (*«Ils vinrent, et proclamèrent roi Abimélec, près du chêne planté dans Sichem»* 9.5) semblent être l'endroit même où Josué a renouvelé l'alliance avec Dieu (*«Josué écrivit ces choses dans le livre de la Loi de Dieu. Il prit une grande pierre, qu'il dressa là sous le chêne qui était dans le lieu consacré à l'Eternel»* Jos 24:26)[15].

Annonce du jugement par une fable (9.7-15)

> *7 Jotham en fut informé. Il alla se placer sur le sommet de la montagne de Garizim, et voici ce qu'il leur cria à haute voix: Ecoutez-moi, habitants de Sichem, et que Dieu vous écoute!*
>
> *8 Les arbres partirent pour aller oindre un roi et le mettre à leur tête. Ils dirent à l'olivier: Règne sur nous. 9 Mais l'olivier leur répondit: Renoncerais-je à mon huile, qui m'assure les hommages de Dieu et des hommes, pour aller planer (me balancer) sur les arbres?*
>
> *10 Et les arbres dirent au figuier: Viens, toi, règne sur nous. 11 Mais le figuier leur répondit: Renoncerais-je à ma douceur et à mon excellent fruit, pour aller planer (me balancer) sur les arbres?*
>
> *12 Et les arbres dirent à la vigne: Viens, toi, règne sur nous. 13 Mais la vigne leur répondit: Renoncerais-je à mon vin, qui réjouit Dieu et les hommes, pour aller planer (me balancer) sur les arbres?*
>
> *14 Alors tous les arbres dirent au buisson d'épines: Viens, toi, règne sur nous. 15 Et le buisson d'épines répondit aux arbres: Si c'est de bonne foi que vous voulez m'oindre pour votre roi, venez, réfugiez-vous sous mon ombrage; sinon, un feu sortira du buisson d'épines, et dévorera les cèdres du Liban.*

Israël a mal choisi. Il devra en supporter les conséquences. Jotham, le seul rescapé de la maison de Gédéon, est chargé par Dieu d'apporter une parole prophétique. Ce message céleste est au centre du cycle d'Abimélec. Précédée par la prise du pouvoir (8.30-9.6) et suivie par la désintégration du pouvoir (9.22-57), la parole divine est ainsi mise en évidence. Malgré l'ampleur de la débâcle et malgré le

---

[14] Cundall p. 127, Jordan p. 159.

[15] Jordan p. 161, Goslinga p. 357, Keil p. 362, Wolf p. 438.

rejet de la révélation divine, la parole de l'Eternel reste au centre de toute chose, puisque c'est par elle que Dieu dicte le cours de l'histoire.

Jotham allie courage et sagesse. Tout en reprenant Israël avec force, il garde ses distances, car il sait qu'avec ou sans critique, sa vie est en danger. Il tient son discours sur la montagne de la bénédiction (le mont Garizim: 9.7) plutôt que sur celle de la malédiction (le mont Ebal) qui lui fait face (Dt 11.29; 27.12-13)[16]. Peut-être choisit-il cette montagne pour ne pas trop vite éveiller l'attention sur ses intentions réelles? Les gens peuvent s'attendre à une bonne nouvelle émanant du mont Garizim. Son message est d'ailleurs enrobé dans une fable qui invite à la réflexion. Même l'explication garde un aspect équivoque puisqu'elle est faite d'affirmations et de questions, et qu'elle envisage deux possibilités. Israël est invité à méditer, et Jotham profite du temps de réflexion pour disparaître[17].

Le fils de Gédéon appelle Dieu à être juge du procès entre lui et les habitants (*«Ecoutez-moi, habitants de Sichem, et que Dieu vous écoute!»*). Il décide de transmettre son message par une fable, car en période d'endurcissement, les petites histoires (innocentes au premier abord) permettent de contourner la carapace d'excuses derrière laquelle se terrent les mauvaises consciences. Que ce soient les prophètes - à l'instar de Nathan qui reprend David (2 Sam 12.1-15) - ou Jésus qui parle en paraboles aux Juifs incrédules (Mt 13), les messagers célestes se sont souvent servis en dernier recours d'histoires ou d'actes symboliques.

Jotham choisit la fable comme genre littéraire[18]. Divers arbres tiennent lieu de personnages. Est-ce pour mieux parler à un peuple vendu au panthéisme (l'adoration des forces naturelles)?[19] Est-ce pour souligner le renversement des choses? Sans exclure l'une ou l'autre de ces explications, peut-être faut-il voir dans les personnages de la fable l'ironie de Jotham. Puisque l'anti-juge et les habitants de

---

16 *»L'élasticité de l'air dans cette contrée facilite une transmission rapide et claire de la voix»* (*BA* p. 128; observation analogue par Cundall p. 128 et Wolf p. 439).

17 Jotham a peut-être choisi le mont Garizim pour montrer que les bénédictions s'étaient transformées en malédictions (Jordan p. 163).

18 C'est la première fable dans la Bible. Les fables sont beaucoup plus rares dans les Ecritures que les paraboles et elles ne tirent pas leurs illustrations de la vie réelle (Goslinga p. 358, Keddie p. 84).

19 L'intronisation de leur roi s'était-elle tenue dans un lieu sacré (cf. *«près du chêne de la pierre»* 9.6)?

Sichem en méprisant totalement la vie humaine ont cessé de se comporter comme des hommes, ils ne seront plus décrits comme des hommes. Qu'ils soient représentés par des plantes plutôt que des animaux en dit long sur leur inhumanité!

Les arbres demandent un roi. L'idée est saugrenue. Les arbres ne sont pas faits pour dominer les autres arbres, mais pour servir et honorer *«Dieu et les hommes»* (9.9, 13). La futilité et la stérilité de la domination se reflètent dans le «balancement» des arbres (*«Renoncerais-je... pour aller me balancer au-dessus des arbres?»* 9.9, 11, 13)[20]. Esclaves de la moindre brise, feuilles et branches s'agitent sans rien produire. Jotham tourne en dérision ces stupides plaisirs à vouloir dominer sur les autres. Tout le système de la royauté est visé par cette fable et pas seulement le mauvais choix du candidat[21].

Quatre arbres sont approchés pour recevoir la royauté. Les trois premiers refusent avec la même fermeté, à l'image d'ailleurs de Gédéon qui avait rejeté le pouvoir absolu (8.23)[22]. L'identité des termes renforce encore le parallélisme entre les trois arbres fruitiers[23]. Utiles aux *hommes*, ces derniers ne trouvent aucune raison d'abandonner ce ministère pour aller dominer stérilement des *arbres*. Mieux vaut servir un supérieur que de dominer un égal, mieux vaut honorer Dieu que d'écraser son prochain.

Le buisson d'épines, qui est le seul à n'offrir ni fruit ni ombre, accepte l'offre sans l'ombre d'une hésitation. En vrai maître, il pose tout de suite ses conditions. En cas de soumission (*«Si c'est de bonne foi que vous voulez m'oindre pour votre roi»* 9.15), il offre son ombre, autant dire rien du tout. Près du sol et plus étendu à sa base

---

[20] Le mot *nûa'* (נוע) est traduit par *balancer* (Colombe, Jérusalem), *agiter* (TOB, Darby), *planer* (Segond, Synodale), *pavaner* (Semeur), *fatiguer à gouverner* (Français courant). Fondamentalement, le mot exprime un mouvement répétitif de faible ou grande amplitude (bouger, trembler, agiter, errer). Il est utilisé pour décrire les arbres agités par le vent (Es 7.2; *TWOT* p. 564).

[21] Cundall (p. 128) et D.R. Davis (p. 123) estiment que la monarchie n'est pas condamnée et limitent la critique de la fable au choix du candidat. C'est oublier que tous les bons candidats déclinent sans réserve cette forme de gouvernement.

[22] Les rabbins ont suggéré que l'olivier, le figuier et la vigne représentent Othniel, Débora et Gédéon (cf. Cundall p. 129 et Keil p. 363), alors que certains commentateurs voient dans ces trois arbres les fils de Gédéon. De telles approches ne sont pas nécessaires, car la valeur de la fable ne dépend d'aucune identification.

[23] La moitié des mots sont identiques dans les trois affirmations (9.8-9, 10-11, 12-13).

qu'au sommet, son ombre est insignifiante et si par malheur quelqu'un voulait s'en approcher pour chercher quelques éventuels centimètres carrés de fraîcheur, ses épines l'en repousseraient rapidement. L'absence de bénédiction contraste avec l'abondance des malédictions. En cas d'insoumission, le jugement sera terrible. La destruction totale est annoncée puisque même les plus grands arbres (les cèdres du Liban) sont menacés d'être dévorés. Le buisson présente un grand danger d'incendie, particulièrement en été. Une forêt peut être embrasée en quelques minutes. Le comble de l'étonnement vient du désir unanime de choisir le buisson d'épines (*«Tous les arbres dirent...»* 9.14)[24].

Le jugement expliqué (9.16-21)

> *16 Maintenant, est-ce de bonne foi et avec intégrité que vous avez agi en proclamant roi Abimélec? avez-vous eu de la bienveillance pour Jerubbaal et sa maison? l'avez-vous traité selon les services qu'il a rendus? - 17 Car mon père a combattu pour vous, il a exposé sa vie, et il vous a délivrés de la main de Madian; 18 et vous, vous vous êtes levés contre la maison de mon père, vous avez tué ses fils, soixante-dix hommes, sur une même pierre, et vous avez proclamé roi sur les habitants de Sichem, Abimélec, fils de sa servante, parce qu'il est votre frère. -*
>
> *19 Si c'est de bonne foi et avec intégrité qu'en ce jour vous avez agi envers Jerubbaal et sa maison, eh bien! qu'Abimélec fasse votre joie, et que vous fassiez aussi la sienne! 20 Sinon, qu'un feu sorte d'Abimélec et dévore les habitants de Sichem et la maison de Millo, et qu'un feu sorte des habitants de Sichem et de la maison de Millo et dévore Abimélec! 21 Jotham se retira et prit la fuite; il s'en alla à Beer, où il demeura loin d'Abimélec, son frère.*

Les explications suivent une structure proche de la fable. A la triple section sur l'olivier, le figuier et la vigne (9.8-13), correspond un triple rappel des faits (9.16-18), et à la double section sur le buisson épineux (9.14-15) correspond un jugement en deux points (9.19-20). Le rappel des faits est formé de trois sections de trois éléments: (1) une triple question sur l'intention du peuple (9.16), (2) trois verbes pour rappeler des services rendus par Gédéon (*combattre, exposer, délivrer:* 9.17), (3) trois verbes pour illustrer le comportement du peuple (*lever, tuer, proclamer:* 9.18). Quant au

---

[24] Les chardons et les broussailles symbolisent la malédiction sur la terre (Gen 3.18; cf. Jordan p. 165). Les épines rappellent aussi le jugement de Succoth l'infidèle (8.7, 16). Si le buisson n'avait pas été fait roi, il n'aurait jamais été en mesure de réaliser ses menaces (Jordan p. 165).

jugement, il est formé de deux parties selon que l'accusé est reconnu innocent (9.19) ou coupable (9.20).

Jotham demande au peuple de faire sa propre évaluation (9.16). Avez-vous bien agi? Le contraste est immense entre les oeuvres de Gédéon qui a *combattu, exposé sa vie, et délivré le peuple* (9.17), et les oeuvres du peuple qui s'est révolté contre Gédéon, a tué ses fils, puis récompensé le meurtrier. L'éventualité d'une innocence (9.19) est pure ironie de la part de Jotham, car rarement une culpabilité a été aussi manifeste. L'ironie permet à Jotham de gagner un peu de temps pour sa fuite, mais surtout de dénoncer le péché du peuple avec une force qu'une simple affirmation n'aurait pu atteindre[25].

Le jugement sera à la mesure du péché. Rejeter les humbles qui refusent de se mettre en avant et accepter le pire des orgueilleux relève de la folie. Avec sarcasme, Jotham annonce que celui qui fait confiance à un menteur ne peut être que trompé. Avec un peu de lucidité, le premier venu peut annoncer la suite des événements: tôt ou tard, le méchant chef et ses méchants alliés finiront par se tromper les uns les autres. *«Le feu sortira du buisson d'épines et dévorera les cèdres du Liban»* (9.15). Tous les coupables seront punis et finiront par s'entre-tuer.

Jotham s'enfuit à Beer qui signifie *puits* (9.21). En descendant du sommet de la montagne pour aller dans une ville qui s'appelle puits, Jotham veut-il marquer symboliquement la chute d'Abimélec qui, d'une position des plus élevées, finira par perdre tout honneur en mourant des mains d'une femme (9.54)?

Principe général sur la ruine (9.22-24)

> *22 Abimélec avait dominé trois ans sur Israël. 23 Alors Dieu envoya un mauvais esprit entre Abimélec et les habitants de Sichem, et les habitants de Sichem furent infidèles à Abimélec, 24 afin que la violence commise sur les soixante-dix fils de Jerubbaal reçoive son châtiment, et que leur sang retombe sur Abimélec, leur frère, qui les avait tués, et sur les habitants de Sichem, qui l'avaient aidé à tuer ses frères.*

---

[25] Relevons que l'auteur des Juges affectionne particulièrement l'ironie (voir introduction pp. 29-30) et son opposition à la royauté est aussi marquée que celle de Jotham. Il n'est donc pas surprenant qu'il ait placé au centre de son livre ces paroles de Jotham.

La domination d'Abimélec sur Israël est limitée vraisemblablement à quelques villes, au mieux aux tribus d'Ephraïm et Manassé[26].

Le délai pour permettre à l'iniquité de germer et de faire éclater l'alliance est de trois ans (9.22)[27]. L'autodestruction est inévitable, car le mal n'a aucune cohésion durable[28]. Comme au temps de Gédéon, où les Madianites plongés dans les ténèbres physiques et spirituelles avaient fini par tourner l'épée les uns contre les autres (7.22), Abimélec et les hommes de Sichem s'entre-tuent. Devenus idolâtres comme les Madianites, les Juifs infidèles subissent le même sort. Unis dans le paganisme, ils sont unis dans le jugement. Notons que Dieu reste souverain, même lorsqu'il s'agit d'un phénomène psychologique prévisible (*«Dieu envoya un mauvais esprit entre Abimélec et les habitants de Sichem»* 9.22). Dieu décide de la manière et du moment du jugement.

Le tyran contesté (9.25-29)

> *25 Les habitants de Sichem placèrent en embuscade contre lui, sur les sommets des montagnes, des gens qui dépouillaient tous ceux qui passaient près d'eux sur le chemin. Et cela fut rapporté à Abimélec. 26 Gaal, fils d'Ebed, vint avec ses frères, et ils passèrent à Sichem. Les habitants de Sichem eurent confiance en lui. 27 Ils sortirent dans la campagne, vendangèrent leurs vignes, foulèrent les raisins, et se livrèrent à des réjouissances; ils entrèrent dans la maison de leur dieu, ils mangèrent et burent, et ils maudirent Abimélec. 28 Et Gaal, fils d'Ebed, disait: Qui est Abimélec, et qu'est Sichem, pour que nous servions Abimélec? N'est-il pas fils de Jerubbaal, et Zebul n'est-il pas son commissaire? Servez les hommes de Hamor, père de Sichem; mais nous, pourquoi servirions-nous Abimélec? 29 Oh! si j'étais le maître de ce peuple, je renverserais Abimélec. Et il disait d'Abimélec: Renforce ton armée, mets-toi en marche!*

L'opposition au roi semble assez confuse au début (9.25). Cherche-t-on à attraper Abimélec, à récupérer une partie des impôts ou les attaques visent-elles simplement à déstabiliser l'administration[29]? Gaal, un étranger et un opportuniste, réalise vite le parti qu'il pourrait tirer du mécontentement général. Lors de la fête des récoltes en automne, lorsque tout le peuple est rassemblé, ivre, et

---

26 Cundall p. 127, J.J. Davis p. 118, Goslinga p. 362, Wolf p. 441.
27 Le même temps qui unira l'Antichrist à Israël (Dan 9.27)!
28 D.R. Davis p. 128, Jordan p. 167.
29 Keil p. 367.

insatisfait à l'idée de devoir céder prochainement une partie des récoltes au roi, Gaal incite la foule à la révolte.

Son discours rappelle étrangement les propos d'Abimélec trois ans plus tôt. De même qu'Abimélec avait relevé ses liens étroits avec les citoyens de Sichem par opposition *aux* fils de Jerubbaal, Gaal rappelle ses liens avec les ancêtres de la ville par opposition *au* fils de Jerubbaal. Le surnom de l'ancien juge paraît toujours aussi impopulaire aux adorateurs de Baal, et Gaal éloigne les gens encore plus de l'Eternel en réveillant les affinités cananéennes d'une partie de la population (cf. Gen 33.18-34.31).

Alors qu'Abimélec avait proposé un gouvernement centralisé (un chef vaut mieux que soixante-dix chefs), Gaal propose un gouvernement décentralisé (servez les hommes de Hamor plutôt qu'Abimélec et son gouverneur). Les habitants de Sichem, déçus probablement de n'avoir pas vu leur ville devenir la capitale du royaume, aspirent maintenant à plus d'indépendance[30]. En l'absence du roi, Gaal vante sa propre force et se moque du pouvoir (*«Renforce ton armée, mets-toi en marche!»* 9.29).

Menaces contre le contestataire (9.30-33)

> *30 Zebul, gouverneur de la ville, apprit ce que disait Gaal, fils d'Ebed, et sa colère s'enflamma. 31 Il envoya secrètement des messagers à Abimélec, pour lui dire: Voici, Gaal, fils d'Ebed, et ses frères, sont venus à Sichem, et ils soulèvent la ville contre toi. 32 Maintenant, pars de nuit, toi et le peuple qui est avec toi, et mets-toi en embuscade dans la campagne. 33 Le matin, au lever du soleil, tu fondras avec impétuosité sur la ville. Et lorsque Gaal et le peuple qui est avec lui sortiront contre toi, tu lui feras ce que tes forces permettront.*

Sans répondre aux paroles du contestataire, le gouverneur appelle le roi à intervenir rapidement, car il ne faut pas que l'opposition ait le temps de s'organiser ni de gagner trop de citoyens[31]. Le soutien du gouverneur à Abimélec rend l'abandon total de la famille de Gédéon encore plus tragique. Contrairement au méchant, la famille de Gédéon n'avait bénéficié de l'aide d'aucun partisan.

---

[30] Sous Abimélec, Sichem n'est qu'une province avec un gouverneur (Zebul), alors que sa position géographique et le soutien accordé au tyran trois ans plus tôt, l'autorisaient à espérer davantage (Wolf p. 442).

[31] Cundall p. 133. Peut-être Zebul voulait-il tirer profit de l'ivresse de la population de Sichem (Jordan p. 172).

Premier conflit armé (9.34-41)

34 Abimélec et tout le peuple qui était avec lui partirent de nuit, et ils se mirent en embuscade près de Sichem, divisés en quatre corps. 35 Gaal, fils d'Ebed, sortit, et il se tint à l'entrée de la porte de la ville. Abimélec et tout le peuple qui était avec lui se levèrent alors de l'embuscade.

36 Gaal aperçut le peuple, et il dit à Zebul: Voici un peuple qui descend du sommet des montagnes. Zebul lui répondit: C'est l'ombre des montagnes que tu prends pour des hommes. 37 Gaal, reprenant la parole, dit: C'est bien un peuple qui descend des hauteurs du pays, et une troupe arrive par le chemin du chêne des devins. 38 Zebul lui répondit: Où donc est ta bouche, toi qui disais: Qui est Abimélec, pour que nous le servions? N'est-ce pas là le peuple que tu méprisais? Marche maintenant, livre-lui bataille!

39 Gaal s'avança à la tête des habitants de Sichem, et livra bataille à Abimélec. 40 Poursuivi par Abimélec, il prit la fuite devant lui, et beaucoup d'hommes tombèrent morts jusqu'à l'entrée de la porte. 41 Abimélec s'arrêta à Aruma. Et Zebul chassa Gaal et ses frères, qui ne purent rester à Sichem.

Abimélec attaque à l'aube. Il a divisé ses troupes en quatre corps pour mieux encercler le camp. Dès que Gaal aperçoit les troupes (redoutait-il une attaque?), un dialogue étrange s'engage entre lui et Zebul (9.36-38). Les propos sont d'autant plus étonnants qu'ils pourraient, à première vue, être supprimés, le verset 39 enchaînant parfaitement le verset 35. Gaal aperçoit les troupes, et Zebul lui répond de manière bizarre: *«C'est l'ombre des montagnes que tu prends pour des hommes»* (9.36). On pourrait croire que Zebul s'efforce de retarder Gaal et de lui faire perdre un temps précieux[32]? A l'aube, les détails sur le flanc d'une montagne recouvert de forêts[33] peuvent être difficiles à discerner et Zebul chercherait à faire douter son ennemi. Dans le même ordre d'idées, si Gaal était ivre la veille, le gouverneur chercherait peut-être à exploiter une vision défaillante?

D'un autre côté, les paroles de Zebul (9.36) peuvent au contraire refléter un effort à pousser Gaal à l'offensive, c'est-à-dire à affronter Abimélec *à l'extérieur* de la ville. La deuxième réplique de Zebul va d'ailleurs dans ce sens (*«Marche maintenant, livre-lui bataille»* 9.38). Ainsi, dès le premier échange, le gouverneur se moquerait du contestataire et chercherait à piquer son orgueil pour le pousser à l'offensive. En d'autres termes, il lui dirait que les assaillants sont trop

---

[32] Cundall p. 133, Wolf p. 443, Wood p. 246.
[33] La montagne de Tsalmon dans le voisinage immédiat était boisée (8.48-49).

peu nombreux pour être inquiétants. «Ils ne sont pas plus menaçants que l'ombre des montagnes». Comme Abimélec a pris soin de diviser ses troupes en quatre groupes, Gaal peut n'apercevoir qu'un seul corps d'armée[34]. Lorsque Gaal estime que les troupes sont quand même importantes parce qu'il voit maintenant deux corps d'armée (*«C'est bien un peuple qui descend des hauteurs du pays, et une troupe arrive par le chemin du chêne des devins»* 9.37), Zebul excite une nouvelle fois l'orgueil de Gaal: «je croyais que tu n'avais pas peur d'Abimélec» (*«Où donc est ta bouche, toi qui disais: Qui est Abimélec, pour que nous le servions? N'est-ce pas là le peuple que tu méprisais? Marche maintenant, livre-lui bataille!»* 9.38). Poussé par son orgueil et par les paroles de Zebul, Gaal s'engage à découvert, sans réaliser que deux autres corps vont le prendre à revers. Gaal se fait ainsi attraper, lui aussi, par des paroles trompeuses (c'est un des thèmes du cycle).

La plupart des traductions donnent l'impression que Gaal est accompagné des responsables de Sichem (*«Gaal s'avança à la tête des notables de Sichem»* 9.39)[35], mais le texte hébreu n'est pas aussi explicite. Il dit simplement que Gaal sort *devant* les hommes (cf. Darby). Gaal avec ses compagnons d'armes (appelés frères) combat *à la vue* du peuple[36] cherchant à démontrer sa force afin de gagner le respect des habitants de Sichem. Devant la défaite, tout soutien lui est retiré et il est chassé de la ville, car on redoute la vengeance du roi. Abimélec semble satisfait du rejet du contestataire, renvoie ses troupes et rentre chez lui. Le peuple de Sichem respire.

Deuxième conflit armé (9.42-45)

> *42 Le lendemain, le peuple sortit dans la campagne. Abimélec, qui en fut informé, 43 prit sa troupe, la partagea en trois corps, et se mit en embuscade dans la campagne. Ayant vu que le peuple sortait de la ville, il se leva contre eux, et les battit. 44 Abimélec et les corps qui étaient avec lui se portèrent en avant, et se placèrent à l'entrée de la porte de la ville; deux de ces corps se jetèrent sur tous ceux qui étaient dans la campagne, et les battirent. 45 Abimélec attaqua la ville pendant toute la journée; il s'en empara, et tua le peuple qui s'y trouvait. Puis il rasa la ville, et y sema du sel.*

Le peuple estime le coupable puni et pense que le roi est satisfait d'avoir mâté la révolte. Il sort en paix le lendemain pour rentrer ses

---

[34] Goslinga p. 369.
[35] Segond, Colombe, TOB, Jérusalem, Français courant.
[36] La NIV propose en note marginale: *à la vue* des hommes.

récoltes[37]. C'est mal juger Abimélec. L'homme qui n'a pas hésité à tuer ses soixante-dix frères est un être de la pire espèce. Pour leur malheur, les habitants de Sichem semblent l'avoir oublié (si jamais ils l'ont réalisé).

Abimélec divise son armée en trois corps (9.43). Comme il en avait quatre la veille (9.34), faut-il y voir une restructuration des troupes due à une stratégie différente, mais il semble difficile et peu sage de modifier ainsi les troupes en l'espace d'une nuit. Plus vraisemblablement, le nombre de corps témoigne de la perte du quart des effectifs lors du combat contre Gaal.

Abimélec aveuglé par la colère détruit toute la ville, peuple et constructions. Le sel répandu marque un jugement définitif. Le despote qui ne semblait pas disposer d'un très grand territoire scie la branche sur laquelle il était assis. Le péché défie toute logique.

Mort des notables (9.46-49)

> *46 A cette nouvelle, tous les habitants (notables) de la tour de Sichem se rendirent dans la forteresse de la maison du dieu Berith. 47 On avertit Abimélec que tous les habitants (notables) de la tour de Sichem s'y étaient rassemblés. 48 Alors Abimélec monta sur la montagne de Tsalmon, lui et tout le peuple qui était avec lui. Il prit en main une hache, coupa une branche d'arbre, l'enleva et la mit sur son épaule. Ensuite il dit au peuple qui était avec lui: Vous avez vu ce que j'ai fait, hâtez-vous de faire comme moi. 49 Et ils coupèrent chacun une branche, et suivirent Abimélec; ils placèrent les branches contre la forteresse, et l'incendièrent avec ceux qui y étaient. Ainsi périrent tous les gens de la tour de Sichem, au nombre d'environ mille, hommes et femmes.*

Ayant échappé au massacre, les notables se réfugient *«dans la maison du dieu Berith»* (9.46). Ils ne veulent pas se battre, car ils ont vu la force d'Abimélec. Adorateurs de Baal, ils viennent chercher aide et refuge auprès de leur idole. Espèrent-ils aussi qu'Abimélec respecte ces lieux sacrés? C'est mal connaître le tyran que rien n'arrête, car celui qui a rejeté Dieu pense d'abord à lui-même[38]. Quant à l'idole Berith (alliance), elle est bien sûr totalement impuissante à tenir son alliance et à protéger ses fidèles.

Le lieu du refuge est une *cave* et non une *citadelle* ou une *tour* (9.46, 49). Le mot *tseriaḥ* (צריח) ne se trouve que dans un autre passage où il semble décrire des cavernes aménagées (1 Sam 13.6).

---

[37] *BA* p. 131.
[38] Jordan p. 174.

Les notables de Sichem meurent au lieu de leur crime: ayant placé tous leurs espoirs en leur divinité, ils mourront dans le sanctuaire de l'idole. Leur temple devient leur tombe et Abimélec s'empresse de la verrouiller avec de la fumée et du feu comme il sied à un buisson d'épines[39].

Enfermés sous terre, ils sont jugés par ceux qui sont au-dessus d'eux: géographiquement (Abimélec les surplombe), politiquement (le roi les domine) et spirituellement (Dieu, le vrai maître, a envoyé l'esprit de discorde pour provoquer l'autodestruction).

Mort d'Abimélec (9.50-55)

> *50 Abimélec marcha contre Thébets. Il assiégea Thébets, et s'en empara. 51 Il y avait au milieu de la ville une forte tour, où se réfugièrent tous les habitants de la ville, hommes et femmes; ils fermèrent sur eux, et montèrent sur le toit de la tour. 52 Abimélec parvint jusqu'à la tour; il l'attaqua, et s'approcha de la porte pour y mettre le feu. 53 Alors une femme lança sur la tête d'Abimélec un morceau de meule de moulin, et lui brisa le crâne. 54 Aussitôt il appela le jeune homme qui portait ses armes, et lui dit: Tire ton épée, et donne-moi la mort, de peur qu'on ne dise de moi: C'est une femme qui l'a tué. Le jeune homme le perça, et il mourut. 55 Quand les hommes d'Israël virent qu'Abimélec était mort, ils s'en allèrent chacun chez soi.*

Abimélec prévoit un jugement analogue pour Thébets[40], mais le résultat est très différent. Cette ville n'a pas péché comme Sichem et ne mérite donc pas la même sanction divine. Devant l'assaut du despote, Dieu protège la ville et punit le seul coupable encore en vie: Abimélec.

Un jugement à la mesure du péché est aussi illustré par la mort d'Abimélec. Celui qui avait tué ses soixante-dix frères sur une même pierre (9.5) périt par une seule pierre (9.53)[41]. Celui qui voulait dominer tous les hommes de la tête et des épaules expie, la tête écrasée au sol. Celui qui cherchait à monter jusqu'au ciel pour être

---

[39] Des branches vertes font plus de fumée que de feu, mais en automne après un long été sans pluie (nous sommes à la fête des récoltes), même les branches fraîchement coupées brûlent bien (Wolf p. 445).

[40] Deux sites ont été proposés pour Thébets: l'un à 16 km au nord-est de Sichem (Cundall p. 135), l'autre à 9 km au nord (Goslinga p. 373). Wood (p. 249) signale les deux, mais préfère le second.

[41] L'article de T. A. Boogaart («Stone for Stone: Retribution in the Story of Abimelech and Shechem», in *JSOT* 32, 1985, pp. 45-56) est stimulant et développe bien la dimension de la rétribution de Juges 9, en particulier les pages 50-51. Jordan (pp. 175-176) relève aussi l'application de la loi du talion.

Dieu reçoit sur le crâne une pierre qui semble venir du ciel. Celui qui aspirait à la royauté est couronné par la partie supérieure d'une meule. Celui qui voulait tous les honneurs meurt sans honneur puisque le coup fatal lui est porté par une femme (9.54)[42].

Deux pierres marquent le début et la fin de la carrière du tyran. La première est celle de l'iniquité et ressemble à un autel païen dressé pour recevoir les sacrifices humains (9.5); la seconde apporte la libération et symbolise la vie puisqu'une meule de moulin permet de préparer la nourriture. Par le haut d'une meule qui sert à écraser les durs grains de blé, la dure tête du tyran est réduite en miettes. La justice divine est totale[43]. Abimélec est frappé d'une pierre et meurt comme les meurtriers devaient mourir, c'est-à-dire par lapidation.

L'image de la tête fracassée se rapproche aussi d'une vision donnée plus tard à Nebucadnetsar: une statue symbolisant toutes les tyrannies du monde est réduite en poussière lorsqu'elle est frappée par une petite pierre (Dan 2.34-35, 44). Par là, Dieu indiquait au despote babylonien de quelle manière le royaume éternel serait établi. La similitude entre les deux images permet de penser que le sort d'Abimélec a une portée plus large qu'il n'y paraît: la mort de l'anti-juge n'annoncerait-elle pas le sort réservé à tous les tyrans, y compris Satan? N'oublions pas que les voies de Dieu restent les mêmes. Ses jugements et ses actes rédempteurs du passé nous révèlent sa personne, et par là, ils soutiennent aussi la foi de ceux qui attendent la fin du mal et l'avènement du seul juge droit et miséricordieux.

Répétition du principe général (9.56-57)

> *56 Ainsi Dieu fit retomber sur Abimélec le mal qu'il avait fait à son père, en tuant ses soixante-dix frères, 57 et Dieu fit retomber sur la tête des gens de Sichem tout le mal qu'ils avaient fait. Ainsi s'accomplit sur eux la malédiction de Jotham, fils de Jerubbaal.*

L'auteur termine le cycle non avec le repos, mais avec le rappel du principe de la rétribution divine. Dieu est le *juge* de ce cycle sans juge.

---

[42] Les meules supérieures (Dt 24.6) mesuraient de 25 à 60 cm de diamètre et avaient 5 à 10 cm d'épaisseur. Elles pesaient 2,5 kg et plus (Goslinga p. 374, Wood p. 250). Le roi David rappelle l'acte de cette femme et montre ainsi que ce geste est encore dans toutes les mémoires 150 ans plus tard (2 Sam 11.21).

[43] Jordan (p. 176) remarque que l'auteur aurait simplement pu dire qu'Abimélec est mort au moment du siège d'une ville, mais il ne le fait pas. Les détails enrichissent considérablement le texte et dégagent clairement la notion de rétribution.

Jephthé : 10-12

Le cadre créé par les «petits» juges

Une des caractéristiques du cycle de Jephthé c'est qu'il est entouré de «petits» juges: deux avant (Thola et Jaïr: 10.1-5) et trois après (Ibtsan, Elon et Abdon: 12.8-15), soit cinq des six «petits» juges. Le qualificatif *petit* qui leur est appliqué ne caractérise ni la durée de leur règne (les deux premiers ont régné trois fois plus longtemps que Jephthé) ni leur influence (Jaïr, Ibtsan et Abdon ont profondément marqué les générations suivantes par leurs descendants), mais la place que l'auteur leur consacre: le ministère de chacun d'eux est «expédié» en deux ou trois versets[1].

Cependant, tout *petits* qu'ils soient, on aurait tort de les ignorer. L'auteur des Juges a choisi avec soin tous les éléments de son oeuvre. Les trois siècles qu'il désire décrire sont riches en événements. Seuls quelques-uns peuvent être mentionnés. Chacun est donc significatif et représentatif de son époque.

Les «petits» juges jouent le rôle des petites pierres qui viennent s'intercaler entre les blocs massifs d'une construction pour en accroître la solidité et l'unité. Au nombre de six (aux cinq mentionnés ci-dessus, il faut ajouter Schamgar: 3.31), les «petits» juges portent le nombre total des juges à *douze,* soit le nombre des tribus d'Israël. Par ce chiffre-clé, l'auteur signale aux lecteurs attentifs que les juges sélectionnés dans son livre représentent tous les juges de cette période. D'autre part, la totalité du règne de ces «petits» juges «bouche-trou» s'élève à 70 ans, un autre chiffre plein de sens (Thola 23 ans, Jaïr 22 ans, Ibtsan 7 ans, Elon 10 ans, Abdon 8 ans). Notez que l'auteur n'invente rien. Il se contente de mentionner ce qui est utile à son oeuvre et d'omettre ce qui ne l'est pas (ce que fait, soit dit en passant, tout historien)[2].

Pour revenir plus précisément aux cinq «petits» juges entourant Jephthé (soit cinq petites pierres pour caler un bloc plus embarrassant que les autres), il nous faut relever, parmi les données accompagnant le nom de ces juges, les mentions abondantes (et même surabondantes) des descendances. De plus, si l'on inclut la

---

[1] On parle aussi des grands et des petits prophètes. Les grands (Esaïe, Jérémie, Ezéchiel) ont écrit des livres plus longs.

[2] Par exemple, aucune information n'est donnée sur la durée du ministère de Schamgar (3.31).

seule autre descendance mentionnée dans ce livre (celle de Gédéon qui précède immédiatement Thola), nous obtenons un chiasme révélateur[3]:

A¹	Gédéon	70 fils (8.29-32)
B¹	Thola	Aucune précision sur la descendance (10.1-2)
C¹	Jaïr	30 fils (10.3-5)
D	Jephthé	Une fille vierge privée de descendance (11.20-40)
C²	Ibtsan	30 fils (12.8-10)
B²	Elon	Aucune précision sur la descendance (12.11-12)
A²	Abdon	40 fils et 30 petits-fils, c'est-à-dire 70 au total (l'auteur mentionne les 70 ânons; 12.13-15)

Cette structure concentre les regards sur Jephthé au centre du chiasme. Au mouvement décroissant des descendances conduisant de Gédéon à Jephthé, suit le mouvement ascendant de Jephthé à Abdon. Mieux: les chiffres des descendances respectives se correspondent entièrement: 70 - ? - 30 - 0 - 30 - ? - 70.

Si Jephthé est au centre, le thème de la descendance l'est aussi, ou plutôt l'absence de descendance. En effet, la souffrance de Jephthé privé d'une descendance est décuplée dans ce contexte d'une progéniture plus qu'abondante. Comme une tache noire sur fond blanc, le sort de Jephthé tranche sur celui des autres juges.

Les thèmes de la famille, de l'héritage et de la descendance

Les observations sur les «petits» juges mettent en évidence les thèmes du cycle de Jephthé. Les questions d'*héritage*, de *descendance* et de *relation familiale* encadrent le cycle. Ils forment aussi le fil conducteur de tout le cycle.

La première section (qui contient les phases de la révolte et de la ruine: 10.6-16) se penche sur les *relations difficiles* entre Dieu et Israël, c.-à-d. entre le Père et ses enfants. Au début, la rupture des relations semble irrévocable. Israël rejette totalement son Dieu puisqu'il va adorer jusqu'à sept divinités (10.6). Dieu le livre entre les mains d'ennemis qui viennent de directions opposées (les Philistins de l'ouest et les Ammonites de l'est: 10.7), et quand le peuple invoque son aide, Dieu refuse de les écouter (10.13). Puisque Israël a rejeté son Père, le Père renie ses enfants. Ce n'est qu'à la fin de cette première section (10.6-16) que la situation dramatique entre les

[3] Jordan p. 183

enfants et leur Père s'améliore. Israël retourne sincèrement vers son Dieu (*«Ils ôtèrent les dieux étrangers du milieu d'eux, et servirent l'Eternel»* 10.16), ce qui touche le coeur du Père céleste et laisse présager un pardon et une réconciliation totale.

La deuxième section (qui rapporte l'appel du juge: 10.17-11.11) se penche sur les *relations difficiles* entre Jephthé et ses frères. Ceux-ci chassent Jephthé et le destituent de son héritage (*«Tu n'hériteras pas dans la maison de notre père, car tu es fils d'une autre femme»* 11:2). Plus tard, devant les difficultés des membres de sa tribu et leur demande d'aide, Jephthé hésite à retourner vers eux, tout comme l'Eternel avait hésité à renouer des liens avec ses enfants rebelles. Finalement, Jephthé accepte leur proposition dans la mesure où ils le reconnaissent pleinement.

La troisième section traite de l'*héritage* d'Israël en Transjordanie (11.12-28). Jephthé revendique le droit d'Israël à posséder ce que Dieu leur a donné. Une longue plaidoirie expose l'arrière-plan et les droits d'Israël à occuper cette région. La quatrième section se penche de nouveau sur la famille de Jephthé (11.29-40) et évoque sa *descendance* limitée à sa fille unique et vierge. La cinquième et dernière section décrit les *luttes* entre les fils d'Israël (12.1-7). Le conflit d'Ephraïm avec Jephthé reprend la notion du conflit familial, mais l'étend au niveau des tribus. Ephraïm perd 42 000 hommes, c.-à-d. une grande partie de sa population masculine, ce qui entraînera un renouvellement laborieux des prochaines générations.

Le contraire d'Abimélec

Avec Jephthé, l'auteur poursuit la section des cas particuliers commencée avec Abimélec. Les deux hommes présentent quelques points communs. Leur mère est une femme de second rang: Abimélec est fils d'une concubine (8.31) et Jephthé fils d'une prostituée (11.1). Sur le plan politique, les deux demandent le pouvoir, mais la manière et les circonstances sont très différentes (9.2; 11.9). Sur le plan militaire, les deux hommes mènent un combat contre des Israélites à la suite d'une révolte, mais le cadre est tout autre (9.42-45; 12.1-6).

Les ressemblances entre les deux hommes sont mineures et permettent surtout de souligner les contrastes. Jephthé est fondamentalement aux antipodes d'Abimélec: (1) Le tyran persécute ses frères et leur enlève la vie dès qu'il accède au pouvoir (9.1-6), alors que Jephthé est persécuté dans sa jeunesse par ses frères qui lui enlèvent son héritage (11.1-3). (2) Abimélec mène une campagne électorale pour obtenir le pouvoir, alors que le peuple supplie

Jephthé de venir le libérer (11.5-6). (3) Le premier cherche la domination, alors qu'au second on demande la libération. (4) Les deux hommes demandent le pouvoir, mais Abimélec demande un chèque en blanc, alors que Jephthé propose d'abord de faire ses preuves en apportant la libération (11.9). (5) Les deux hommes finissent par se battre contre leurs concitoyens à la suite d'une révolte, mais Abimélec décime une population qui se croyait en paix avec lui (elle venait de chasser les conspirateurs: 9.41), alors que Jephthé tue des hommes qui venaient de proférer des menaces de mort (12.1). (6) Les habitants de Sichem tués par Abimélec lui avaient accordé un soutien aveugle dans le passé (9.4-6), alors que les agresseurs de Jephthé n'avaient pas répondu à ses appels à venir l'aider (12.2-3).

(7) Sur le plan géographique, l'histoire d'Abimélec se situe à Sichem *au centre* de la Terre promise, alors que le récit de Jephthé se situe *en marge* de la Terre promise, c'est-à-dire en Transjordanie. (8) Sur le plan thématique, le récit d'Abimélec aborde le cas de la vie *interne* d'Israël, lorsque aucun étranger ne menace le pays, alors que le récit de Jephthé se penche sur le statut des tribus *marginales*, c.-à-d. celles qui n'avaient pas pris possession de l'héritage prévu par Dieu. (9) Sur le plan littéraire, le discours d'un homme de Dieu occupe le centre des *deux* cycles, mais dans le cycle d'Abimélec, Jotham s'adresse en personne aux Juifs et leur annonce la destruction, alors que dans le cycle de Jephthé, le juge s'adresse par l'intermédiaire de messagers à un roi païen pour le raisonner et l'empêcher de commettre une erreur. Dans les deux discours, Dieu est invoqué comme juge: au *début* pour le premier (*«Ecoutez-moi, habitants de Sichem, et que Dieu vous écoute!»* 9.7) et à la *fin* pour le second (*«Que l'Eternel, le juge, soit aujourd'hui juge entre les enfants d'Israël et les fils d'Ammon!»* 11.27).

Le statut des tribus de Transjordanie

Un élément surprenant du cycle de Jephthé est la longue plaidoirie du juge en faveur des territoires de Transjordanie (11.12-28)[4]. Pourquoi l'auteur a-t-il jugé opportun de rapporter ces paroles, et le fait-il de manière si détaillée? Cette question devient brûlante quand on réalise que ce discours est au centre du cycle (voir structure p. 208).

Les tribus de Transjordanie sont l'objet principal de ce cycle. L'auteur des Juges, qui n'en a encore jamais parlé (sinon brièvement

---

[4] Cette plaidoirie représente les deux septièmes du cycle.

au travers du juge Jaïr: 10.35) et ne les mentionnera plus (sinon brièvement lors de la coalition contre Benjamin à la fin du livre: 20.1), règle ici leur statut. La situation de ces trois tribus établies à l'est du Jourdain était ambiguë: tout en faisant partie d'Israël, elles avaient préféré une autre région à la Terre promise. La menace d'une scission entre les tribus établies de part et d'autre du Jourdain était constante (Jos 22). En incluant dans son livre une histoire de salut relative à Gad, l'auteur reconnaît le rattachement de ces tribus à Israël. Certes, seul Gad est mentionné, mais la situation des autres est la même[5].

Si les trois tribus font partie d'Israël, si elles ont hérité d'une terre comme les autres, si elles sont incluses dans l'alliance avec l'Eternel (et souffrent de sa colère ou bénéficient de son secours selon leur attitude), leur situation n'est quand même pas identique à celle des tribus de Cisjordanie. Restées en marge des promesses divines, elles ne recevront qu'un juge marginal, Jephthé, le fils d'une prostituée. Le juge qui les défendra est aussi celui qui les représente. La marginalité des tribus entraîne la marginalité du juge[6].

Le juge et son environnement

Plusieurs éléments soulignent l'isolement et la solitude du juge. Il est rejeté au départ par ses frères en Transjordanie (11.1-3), et contesté violemment à la fin par des Israélites de Cisjordanie (12.1-3). Proches et moins proches, famille ou tribu voisine, tout le monde semble lui en vouloir. Dès sa naissance, il semble isolé, car du côté de sa mère, il est un bâtard et son passé familial est inconnu puisqu'elle est une prostituée (11.1). A sa mort, l'emplacement de sa tombe est mal défini (*«Il fut enterré dans l'une des villes de Galaad»* 12:7) contrairement à celles des autres juges dont l'auteur mentionne aussi la mort (il le fait pour tous les juges de Gédéon à Samson)[7].

---

[5] Comme Gad est situé entre Manassé au nord et Ruben au sud, il représente tous les trois. L'auteur relève aussi que l'oppression touche *«tous les enfants d'Israël qui étaient de l'autre côté du Jourdain»* (10.8).

[6] Selon Jordan, ce lien entre le juge et sa tribu aiderait à mieux comprendre la réponse divine au voeu de Jephthé. En effet, ce qui arrive au juge ne serait pas seulement le résultat de son attitude ou de son statut personnel, mais aussi le résultat du statut des tribus qu'il représente (voir commentaire 11.34 p. 226 note 43).

[7] Lieux où les juges ont été enterré: Gédéon, dans le sépulcre de Joas son père à Ophra (8.32); Thola, à Schamir (10.2); Jaïr, à Kamon (10.5); Jephthé, *dans une des villes de Galaad* (12.7); Ibtsan, à Bethléhem (12.10); Elon, à Ajalon (12.12); Abdon, à Pirathon (12.15); Samson, entre Tsorea et Eschthaol dans le sépulcre de

Même Dieu a l'air de se désintéresser de lui, voire de le prendre en grippe. Son appel semble totalement dû aux hommes, au point que l'on peut se demander si l'Eternel est avec lui. Tout au long du récit aucune parole divine ne lui est directement adressée, et lorsque Dieu se manifeste indirectement en envoyant sa fille le rencontrer à son retour de guerre, la réponse paraît bien négative. Dieu semble le rejeter et le punir puisqu'il lui enlève toute possibilité de descendance. Tout le cycle est d'ailleurs marqué par ce silence de Dieu, et les seules paroles de l'Eternel sont des reproches au peuple et l'annonce qu'il ne fera rien pour le sauver (10.11-14).

Si plusieurs éléments semblent indiquer que Jephthé est mal aimé, d'autres aspects soulignent le contraire. Rejeté par tous, il reçoit le soutien des plus démunis (11.3). Plus tard, les anciens de Galaad entreprennent une démarche humiliante pour eux afin de venir le chercher et lui promettre les plus grands honneurs (11.6, 8, 10). Dieu lui envoie son Esprit (11.29) et lui accorde une victoire importante contre les Ammonites. Sa fille l'honore comme peu de pères l'ont été (11.36). Une dernière victoire obtenue sur les hommes d'Ephraïm semble confirmer le soutien de Dieu et des habitants de Transjordanie.

L'évaluation du juge

Cette ambiguïté de l'entourage du juge se retrouve au niveau de l'évaluation des commentateurs. J.J. Davis (p. 121, 129) pense que Jephthé est un des juges les plus problématiques et que sa vie est faite de mystères et de contradictions. L'évaluation de Jephthé présente de nombreuses difficultés. Faut-il voir dans le juge principalement un homme fidèle à l'Eternel ou un homme marqué par le paganisme de son époque? Des voies divergentes et souvent opposées sont suivies lorsqu'on se penche sur sa vie au pays de Tob (11.3), sur son désir d'être chef en Israël (11.9), son voeu (11.30-40), ou sa lutte contre les hommes d'Ephraïm (12.1-6). L'interprétation de Jephthé lors de son voeu est souvent déterminante. Si un commentateur le critique à ce niveau, il a tendance à le critiquer ailleurs, et si quelqu'un l'approuve dans cette action, il cherche à le justifier ailleurs. Le récit de ce voeu est d'ailleurs le texte le plus étudié de ce cycle et celui qui laisse le plus perplexe. Même après avoir fait le tour de tous les

---

Manoach son père (16.31). La précision est la plus grande pour les deux «grands» juges (Gédéon et Samson) situés aux extrémités de cette liste.

arguments, certains commentateurs confessent leur désarroi lorsqu'il s'agit de trancher entre deux interprétations opposées[8].

Jephthé a moins d'admirateurs que les juges précédents, et pourtant l'Ancien Testament rappelle ses exploits (1 Sam 12.11), et le Nouveau Testament le cite parmi les héros de la foi (Héb 11.32). L'auteur des Juges relève aussi le soutien que Dieu lui apporte (11.29, 32), mais l'action divine reste discrète et laisse le lecteur indécis quant à la profondeur des liens entre l'Eternel et le juge. Le récit de Jephthé est imprégné d'un esprit énigmatique. Pour clore ces remarques sur l'ambiguïté de Jephthé, rappelons que les «petits» juges qui encadrent le cycle (deux avant et trois après) sont aussi des personnages énigmatiques en raison du peu d'informations qui les accompagnent.

Dans l'exégèse détaillée, nous essayerons de résoudre les difficultés du texte et de montrer comment les détails des récits soutiennent une lecture *positive* du juge.

Structure

Quatre des cinq phases du cycle sont mentionnés: la révolte (10.6), la ruine (10.7-9), la repentance (10.10-16), la rédemption (10.17-33). Le repos n'est pas nommé, mais il est remplacé par une longue section sur le règne de Jephthé (11.34-12.7) qui inclut un aspect privé (l'offrande de la fille de Jephthé: 11.34-40) et un aspect public (la guerre contre les hommes d'Ephraïm: 12.1-7).

Comme pour les autres cycles, une structure en chiasme se superpose aux différentes phases du cycle.

Transition	Deux «petits» juges (10.1-5)
A[1]	La révolte (10.6)
B[1]	Le péché d'Israël et la colère de l'Eternel (12.7-16)
C[1]	L'héritage de Jephthé est enlevé par ses frères, puis les anciens honorent Jephthé (10.17-11.11)
D	Grand plaidoyer de Jephthé en faveur de l'héritage d'Israël en Transjordanie (11.12-28)
C[2]	Jephthé honore l'Eternel, puis il voit sa descendance limitée par Dieu à un enfant (11.29-40)
B[2]	Le péché d'Ephraïm et la colère de Jephthé (12.1-6)
A[2]	Le règne (12.7)
Transition	Trois «petits» juges (12.8-15)

8 *»Nous ne nous sentons pas en état de nous prononcer et laissons le lecteur décider lui-même en tenant compte des raisons pour et contre que nous venons de présenter»* (*BA* p. 138). Goslinga (pp. 387-396) présente une analyse encore plus fouillée, mais sans pouvoir se décider.

Thola et Jaïr: exégèse détaillée (10.1-5)

Les «petits» juges ont souvent intrigué. Qui sont-ils? Quel est leur ministère? Pourquoi l'auteur leur consacre-t-il si peu de place? On essaie souvent de trouver une réponse en cherchant à différencier leur ministère de celui des «grands» juges. Leurs pouvoirs seraient purement judiciaires, à l'image de Samuel qui allait de ville en ville pour juger Israël. Aucune délivrance majeure n'aurait accompagné leur ministère[9]. Ces explications paraissent plutôt arbitraires, car Schamgar a vaillamment combattu les Philistins (3.31) et Thola s'est levé *«pour sauver Israël»* (10.1). Quant à Samuel invoqué comme modèle de ces «petits» juges, il s'est lui aussi engagé avec son armée pour combattre les Philistins (1 Sam 7). Du côté des «grands» juges, relevons que Débora présidait aux affaires intérieures avant le combat contre les Cananéens (4.4-5).

Les «petits» juges sont petits non parce que leur ministère serait différent ou moins spectaculaire que celui des «grands», mais parce que l'auteur veut se limiter dans son oeuvre. Les «petits» juges complètent le portrait général en portant le nombre des juges à douze. Ils permettent aussi de mettre en évidence quelques tendances générales. Comme le relève Jordan (pp. 178-179), ces textes pris séparément ont peu de sens, mais considérés globalement, ils deviennent significatifs.

> *1 Après Abimélec, Thola, fils de Pua, fils de Dodo, homme d'Issacar, se leva pour délivrer Israël; il habitait à Schamir, dans la montagne d'Ephraïm. 2 Il fut juge en Israël pendant vingt-trois ans; puis il mourut, et fut enterré à Schamir.*
>
> *3 Après lui, se leva Jaïr, le Galaadite, qui fut juge en Israël pendant vingt-deux ans. 4 Il avait trente fils, qui montaient sur trente ânons, et qui possédaient trente villes, appelées encore aujourd'hui bourgs de Jaïr, et situées dans le pays de Galaad. 5 Et Jaïr mourut, et fut enterré à Kamon (Juges 10:1-5).*

Ce qui frappe d'emblée chez Thola et Jaïr, ce ne sont pas les propos isolés sur chaque juge, mais le contraste entre les deux hommes. Thola exerce le ministère classique du juge libérateur, alors que Jaïr règne en maître sur le pays. Thola vient de la Cisjordanie, Jaïr de la Transjordanie. Le premier réside en dehors de son héritage (il vient d'Issacar, mais habite dans la montagne d'Ephraïm) dans une période de trouble (il doit sauver Israël), alors que le second est tellement bien établi chez lui que ses fils possèdent des villes marquées du nom familial. Ces contrastes entre les deux hommes

---

[9] Bruce p. 278, Goslinga p. 375, Wolf p. 447, Wood pp 265-266.

poursuivent le thème des *cas particuliers* inaugurés avec Abimélec. Loin de dire que tous les «petits» juges ont exercé un même pouvoir (judiciaire plutôt que militaire), l'auteur souligne leur diversité.

Quelques points rapprochent pourtant les versets consacrés à ces deux juges en plus, bien sûr, de leur brièveté et leur juxtaposition: (1) Les noms propres des deux rappellent le passé. Thola et Jaïr, mais aussi Pua sont des noms d'ancêtres connus (Gen 46.13; Nb 32.41; 1 Ch 2.22-23). Puisque cette caractéristique est aussi celle du père de Jephthé (Galaad: 11.1; cf. Nb 26.29) et d'un autre «petit» juge (Elon: 12.11; cf. Gen 46.14), il semble que cette époque soit marquée par une certaine nostalgie du passé. (2) Plus importantes sont les mentions de la mort et du lieu de la tombe des deux juges. Pour les premiers juges, l'auteur avait omis ces informations. Ce n'est qu'avec Gédéon, que ces données nous sont fournies (8.32), mais elles n'avaient pas, alors, attiré l'attention, comme elles le font maintenant avec cette double répétition de la mort et du lieu de sépulcre[10]. La fragilité des hommes, même des meilleurs, est soulignée. Dieu donne des leaders à son peuple, mais ils finissent tous par mourir un jour. L'Eternel seul demeure, et c'est en lui que reposent tous les espoirs.

Cette fragilité humaine semble comme combattue par Jaïr qui essaie de marquer son époque par une progéniture qui continuera à porter son nom. Ibtsan et Abdon suivent la même voie (12.9, 14). Faut-il lire leur histoire positivement ou négativement? L'auteur ne donne aucune évaluation et abandonne le lecteur à sa réflexion. D'un côté, une descendance est toujours considérée dans l'Ecriture comme une bénédiction. D'un autre côté, la polygamie, immanquablement liée à un nombre si élevé d'enfants[11], ainsi que la richesse et la domination suggérées par les ânons[12], paraissent moins positives, et semblent témoigner d'une aspiration à la royauté[13].

Les trente villes de Galaad sont appelées *«bourgs de Jaïr»* (10.4). On pourrait croire que Jaïr, le juge, veut marquer de son nom son

---

[10] La même leçon revient encore plus fortement avec les trois derniers «petits» juges, où l'information est répétée trois fois (12.8-15; D.R. Davis p. 157, Jordan pp. 181-182).

[11] L'ayant mentionnée pour Gédéon (8.30), l'auteur n'estime pas nécessaire de la rappeler ici.

[12] *BA* p. 133, Bruce p. 278, Cundall p. 137, J.J. Davis p. 119, Goslinga p. 375, Wolf p. 447. Certains rappellent que les rois montent des ânes (Gen 49.11; Zach 9.9).

[13] Jordan p. 180, Wood pp. 269-270.

passage sur la terre, mais c'est oublier que ces villes avaient déjà reçu ce nom trois siècles plus tôt lorsque Jaïr, son ancêtre, fils de Manassé avait conquis les bourgs de Galaad (*«Il les appela bourgs de Jaïr»* Nb 32:40-41; 1 Chr 2.22-23). Le juge Jaïr ne fait rien de révolutionnaire. Peut-être remet-il simplement en usage le nom ancien si celui-ci était tombé dans l'oubli[14]; peut-être agrandit-il le domaine puisque ses fils possèdent 30 villes au lieu des 23 de l'époque de la conquête (1 Chr 2.22). La référence aux bourgs de Jaïr indique simplement que le juge Jaïr occupe pleinement la terre conquise par ses ancêtres. Aucune lecture négative n'est demandée par ces paroles. Au lieu de voir une préoccupation excessive de sa propre gloire, on peut tout aussi bien y reconnaître un souci légitime d'honorer le passé glorieux de son ancêtre qui, sous la conduite de Dieu, avait reçu le pays.

Jephthé: exégèse détaillée (10.6-12.7)

La révolte (10.6)

> *Les enfants d'Israël firent encore ce qui déplaît à l'Eternel; ils servirent les Baals et les Astartés, les dieux de Syrie, les dieux de Sidon, les dieux de Moab, les dieux des fils d'Ammon, et les dieux des Philistins, et ils abandonnèrent l'Eternel et ne le servirent plus.*

Israël se révolte une fois de plus contre l'Eternel. Cette fois, il ne se contente plus d'un simple syncrétisme avec les dieux cananéens (cf. Baal-Berith), mais il se tourne vers l'étranger pour chercher aux quatre points cardinaux d'autres dieux à adorer. *Sept* divinités sont nommées, soit le chiffre de la totalité. *«L'infidélité d'Israël dépasse en étendue tout ce qu'on avait vu précédemment, tellement que toute la Palestine devient comme le panthéon des dieux de tous les pays voisins»* (*BA* p. 133). N'importe quelle divinité est préférable à l'Eternel.

La ruine (10.7-9)

> *7 La colère de l'Eternel s'enflamma contre Israël, et il les vendit entre les mains des Philistins et entre les mains des fils d'Ammon. 8 Ils opprimèrent et écrasèrent les enfants d'Israël cette année-là, et pendant dix-huit ans tous les enfants d'Israël qui étaient de l'autre côté du Jourdain dans le pays des Amoréens en Galaad. 9 Les fils d'Ammon passèrent le Jourdain pour combattre aussi contre Juda, contre Benjamin et contre la maison d'Ephraïm. Et Israël fut dans une grande détresse.*

---

[14] *BA* p. 133.

Puisque les idoles viennent de partout, le peuple sera pris en étau par des oppresseurs qui viennent de l'ouest (les Philistins) et de l'est (les Ammonites). La double oppression sera traitée par étapes. Pour commencer, l'auteur se penche sur la plus courte et la moins dramatique, puisque terminée par une libération. L'oppression des Philistins sera considérée ultérieurement dans le cycle de Samson.

Pour la première fois depuis le début du livre, une oppression en Transjordanie est mentionnée. Dans les cycles d'Ehud et Gédéon, le lecteur ne pouvait qu'imaginer les Moabites (associés aux Ammonites et aux Amalécites: 3.13) et les Madianites (associés aux Amalécites et aux bédouins de l'Orient: 6.3) opprimer les tribus de Transjordanie avant de franchir le Jourdain, mais maintenant, leur souffrance est relevée, car l'auteur se penche dans ce cycle sur le statut de ces tribus restées en marge de la Terre promise.

Après dix-huit ans d'oppression qui ne mènent à aucune repentance (10.8), Dieu intensifie le jugement: les fils d'Ammon traversent le Jourdain et attaquent les tribus du centre (10.9). A ce stade du conflit, les Ammonites ne semblent pas chercher une occupation de la Cisjordanie, mais un simple affaiblissement des forces alliées situées à l'ouest du Jourdain, comme l'indiquent les débats diplomatiques qui tournent autour de l'annexion de la Transjordanie (11.12-28).

La repentance (10.10-16)

> *10 Les enfants d'Israël crièrent à l'Eternel, en disant: Nous avons péché contre toi, car nous avons abandonné notre Dieu et nous avons servi les Baals. 11 L'Eternel dit aux enfants d'Israël: Ne vous ai-je pas délivrés des Egyptiens, des Amoréens, des fils d'Ammon, des Philistins? 12 Et lorsque les Sidoniens, Amalek et Maon, vous opprimèrent, et que vous avez crié à moi, ne vous ai-je pas délivrés de leurs mains? 13 Mais vous, vous m'avez abandonné, et vous avez servi d'autres dieux. C'est pourquoi je ne vous délivrerai plus. 14 Allez, invoquez les dieux que vous avez choisis; qu'ils vous délivrent au temps de votre détresse! 15 Les enfants d'Israël dirent à l'Eternel: Nous avons péché; traite-nous comme il te plaira. Seulement, daigne nous délivrer aujourd'hui! 16 Et ils ôtèrent les dieux étrangers du milieu d'eux, et servirent l'Eternel, qui fut touché des maux d'Israël.*

Devant la grande détresse (10.9), Israël se repent enfin, mais la repentance est-elle sincère? Le passé permet d'en douter. Les nombreuses interventions divines en faveur d'Israël semblent avoir laissé le peuple indifférent. Dieu manifeste son dépit: il est lassé de sauver une nation rebelle, mais son refus (*«Je ne vous délivrerai plus»* 10.13) ne doit pas être compris de manière absolue (la suite du récit et des Ecritures le montrent bien). Comme lors de la prédication de Jonas à Ninive, la parole divine est conditionnellement liée à la réponse du peuple. Si la repentance est sincère, le salut sera accordé aux Israélites.

Sept délivrances sont rappelées (11.11-12) comme pour contrebalancer l'adoration de *sept* idoles (11.6). Les libérations peuvent presque toutes être identifiées: l'Egypte (l'exode), les Amoréens (victoire sur Sihon: Nb 21.26-30; Dt 2.26-36), les fils d'Ammon (victoire d'Ehud: 3.13), les Philistins (victoire de Schamgar : 3.31), les Sidoniens (victoire de Débora sur d'éventuels alliés de Jabin: 4.2; 5.19[15]), Amalek (victoires d'Ehud et de Gédéon: 3.13; 6.3). Maon est la seule nation dont l'Ecriture ne mentionne aucune autre oppression ou libération. Comme les textes historiques sont toujours sélectifs, une telle situation ne devrait pas nous troubler[16]. D'ailleurs, même ici, seuls *sept* oppresseurs sont nommés, alors qu'ils étaient beaucoup plus nombreux. Ainsi, tous les ennemis principaux de la période des juges ne sont pas mentionnés: les Mésopotamiens (cycle d'Othniel: 3.8), les Moabites (cycle d'Ehud: 3.12), les Cananéens (cycle de Débora: 4.2), les Madianites (cycle de Gédéon: 6.1).

Introduction à l'appel de Jephthé (10.17-11.3)

> *17 Les fils d'Ammon se rassemblèrent et campèrent en Galaad, et les enfants d'Israël se rassemblèrent et campèrent à Mitspa. 18 Le peuple, les chefs de Galaad se dirent l'un à l'autre: Quel est l'homme qui commencera l'attaque contre les fils d'Ammon? Il sera chef de tous les habitants de Galaad.*
>
> *11.1 Jephthé, le Galaadite, était un vaillant héros. Il était fils d'une femme prostituée; et c'est Galaad qui avait engendré Jephthé. 2 La femme de Galaad lui enfanta des fils, qui, devenus grands, chassèrent Jephthé, et lui dirent: Tu n'hériteras pas dans la maison de notre père, car tu es fils d'une autre femme. 3 Et Jephthé s'enfuit loin de ses frères, et il habita dans le pays de Tob. Des gens de rien se rassemblèrent auprès de Jephthé, et ils faisaient avec lui des excursions.*

L'appel de Jephthé est décrit en détail comme ceux de Gédéon et Samson, mais à l'inverse de ces deux «grands» juges qui l'entourent, Jephthé n'est appelé par aucun ange. Dieu semble même absent,

---

[15] L'auteur des Juges semble associer les régions du nord avec Sidon (18.7, 28; Jordan p. 190). Voir aussi Gen 10.15.

[16] Plusieurs commentateurs suivent certains manuscrits hébreux et la LXX qui donnent Madian au lieu de Maon.

puisque l'appel repose sur une initiative humaine. Certains lecteurs pourraient hâtivement en conclure que Jephthé n'est pas l'homme de Dieu, mais c'est oublier que l'Eternel a passé du côté d'Israël (*«L'Eternel fut touché des maux d'Israël»* 10.16). Son action est peut-être moins manifeste, mais elle n'en est pas moins réelle. La discrétion de Dieu n'est pas synonyme de son absence, comme le livre d'Esther le souligne si bien[17].

Lorsque l'auteur rapporte les propos du peuple à la recherche d'un libérateur (*«Quel est l'homme qui commencera l'attaque contre les fils d'Ammon?»* 10.18), le lecteur s'attend à trouver l'appel du juge. Les trois versets suivants (11.1-3) forment une courte parenthèse qui donne l'arrière plan du juge. Même si Jephthé partage avec Abimélec une origine malfamée (le juge plus que l'anti-juge d'ailleurs, puisque sa mère n'est pas seulement une concubine, mais une prostituée[18]), Jephthé est très vite présenté comme le contraire d'Abimélec. Celui-ci avait tué ses frères et usurpé le pouvoir, alors que le juge est persécuté par ses frères et dépossédé de sa part d'héritage (11.2). Abimélec règne en tyran, alors que Jephthé ne peut que fuir pour éviter la haine de ses frères[19].

Jephthé glisse dans l'opposition. Des hommes de rien se rassemblent auprès de lui et font des excursions avec lui. Certains pensent que Jephthé devient un brigand, mais cette lecture négative du texte n'est pas nécessaire. Le mot (*rêq*: ריק) traduit par *«hommes de rien»* ne véhicule pas par lui-même de connotation négative. Fondamentalement, il signifie vide. Déjà utilisé pour décrire les hommes de main d'Abimélec, il avait alors reçu un sens négatif en raison du contexte (9.4). Avec Jephthé, il représente simplement des gens qui sont rejetés par la société[20]. Plus tard, David sera dans une situation semblable (1 Sam 22.2). Lorsque le gouvernement est injuste, les persécutés sont souvent les justes. Jephthé fait des *excursions* (littéralement *des sorties*) avec ses hommes. Le texte ne précise ni le lieu ni le genre d'activité. On imagine en général des

---

17 Le nom de Dieu n'apparaît jamais dans le livre d'Esther, et pourtant l'Eternel dirige toutes les circonstances. En fait, peu de livres exposent aussi magistralement la doctrine de la souveraineté divine.

18 Comme la prostitution était interdite en Israël, il est probable que cette femme ait été une païenne (Jordan p. 193).

19 Le pays de Tob est mal identifié. C'est une région à l'est du Jourdain. Le mot *Tob* signifie bon. Peut-on dire avec Jordan (p. 194) que Dieu place les justes dans un bon pays pendant que les méchants souffrent des Ammonites?

20 Goslinga p. 381. Bruce (p. 278) propose des hommes *ruinés*. Darby traduit des hommes *légers*.

raids de pillage, mais si Jephthé vit à l'étranger, les raids pouvaient être dirigés contre les ennemis d'Israël, à l'image des actions entreprises par David lorsqu'il était fugitif (1 Sam 23.1-5; 27.8)[21]. Lorsque les hommes de Galaad cherchent un homme qui pourrait les libérer des étrangers, ils pensent tout de suite à Jephthé. Si celui-ci était un brigand qui dépossédait les Israélites, les anciens de Galaad ne seraient jamais venu implorer son aide, une démarche d'ailleurs bien humiliante pour eux comme le montre la suite du texte[22].

L'engagement de Jephthé par le peuple (11.4-11)

4 Quelque temps après, les fils d'Ammon firent la guerre à Israël. 5 Et comme les fils d'Ammon faisaient la guerre à Israël, les anciens de Galaad allèrent chercher Jephthé au pays de Tob.

6 Ils dirent à Jephthé: Viens, tu seras notre chef (capitaine), et nous combattrons les fils d'Ammon. 7 Jephthé répondit aux anciens de Galaad: N'avez-vous pas eu de la haine pour moi, et ne m'avez-vous pas chassé de la maison de mon père? Pourquoi venez-vous à moi maintenant que vous êtes dans la détresse? 8 Les anciens de Galaad dirent à Jephthé: Nous revenons à toi maintenant, afin que tu marches avec nous, que tu combattes les fils d'Ammon, et que tu sois notre chef, celui de tous les habitants de Galaad. 9 Jephthé répondit aux anciens de Galaad: Si vous me ramenez pour combattre les fils d'Ammon, et que l'Eternel les livre devant moi, je serai votre chef. 10 Les anciens de Galaad dirent à Jephthé: Que l'Eternel nous entende, et qu'il juge, si nous ne faisons pas ce que tu dis.

11 Et Jephthé partit avec les anciens de Galaad. Le peuple le mit à sa tête et l'établit comme chef (et capitaine), et Jephthé répéta devant l'Eternel, à Mitspa, toutes les paroles qu'il avait prononcées.

Le dialogue entre Jephthé et les anciens ressemble au dialogue entre l'Eternel et Israël[23]. Dans les deux cas, la partie injustement rejetée (Dieu et Jephthé) est priée de venir secourir ceux qui l'ont rejeté (Israël et les anciens de Galaad[24]). Dieu et Jephthé hésitent à

---

[21] David laisse croire à Akisch que ses raids étaient dirigés contre Israël (1 Sam 27.10-12) pour ne pas provoquer la colère du Philistin. En réalité, ses pillages visaient les étrangers qu'Israël devait déposséder.

[22] Les anciens ne prennent pas le premier venu, mais un homme qui a fait ses preuves. Leur démarche témoigne d'une grande humilité, mais cela ne doit pas trop nous étonner, puisque le peuple était *sincèrement* revenu vers l'Eternel. Le lien entre le juge et Dieu est toujours aussi étroit: quand Dieu est rejeté, le juge est persécuté, et quand Dieu est adoré, le juge est honoré (cf. Jn 15.20).

[23] D.R. Davis p. 141.

[24] Même si ce sont les frères qui ont rejeté Jephthé (11.2), les anciens ne sont pas innocents, car ils avaient accepté cette injustice (*«N'avez-vous pas eu de la haine pour moi, et ne m'avez-vous pas chassé de la maison de mon père?»* 11.7).

accepter l'offre et ne cèdent que devant l'assurance d'être réellement honorés: Dieu attend qu'Israël rejette les idoles (10.14-16), et Jephthé veut une promesse formelle d'être le chef (11.9). Ce parallélisme entre Dieu et le juge montre que Jephthé n'est pas un homme endurci qui ne pardonnerait que difficilement.

La demande de Jephthé d'être chef[25] est souvent mal comprise et assimilée à la requête d'Abimélec qui voulait dominer le peuple. La situation est très différente. Jephthé ne prend aucune initiative. Quand il dit *«Je serai votre chef»* (11.9), il ne fait que répéter l'offre des anciens (11.8). Il se contente de s'assurer de la sincérité de la promesse. De plus, à la condition posée par les anciens (à savoir: prendre le commandement des troupes et se battre contre les Ammonites), Jephthé en ajoute une seconde: lui-même devra revenir victorieux du combat. Dans de telles conditions, comment peut-on encore critiquer Jephthé d'abuser de la situation?

L'appelé accepte le commandement proposé, non par soif du pouvoir comme Abimélec, mais par sens du devoir. Il sait combien de malheureux ont été victimes d'injustices et ont été dépouillés de leurs biens. Un certain nombre étaient même venus se réfugier auprès de lui (11.3). Si le peuple reconnaît son autorité, il veillera à un meilleur respect des lois.

Les points principaux de la controverse (11.12-15)

> *12 Jephthé envoya des messagers au roi des fils d'Ammon, pour lui dire: Qu'y a-t-il entre moi et toi, que tu viennes contre moi pour faire la guerre à mon pays? 13 Le roi des fils d'Ammon répondit aux messagers de Jephthé: C'est qu'Israël, quand il est monté d'Egypte, s'est emparé de mon pays, depuis l'Arnon jusqu'au Jabbok et au Jourdain. Rends-le maintenant de bon gré. 14 Jephthé envoya de nouveau des messagers au roi des fils d'Ammon, 15 pour lui dire: Ainsi parle Jephthé: Israël ne s'est pas emparé du pays de Moab, ni du pays des fils d'Ammon.*

Après l'appel du juge, le lecteur s'attend à la description du combat contre l'ennemi. Au lieu de cela, l'auteur nous rapporte un long discours apologétique de Jephthé adressé au roi Ammonite. Le texte est important parce qu'il décrit le statut des tribus de Transjordanie (voir pp. 205-206). Il permet aussi de mieux connaître le juge. Jephthé se révèle comme un homme de dialogue et

---

[25] Deux mots sont utilisés: capitaine (11.6, 11) et chef (11.8, 9, 11). Le premier désigne un dignitaire militaire (*qatsîn*: קצין; *BA* p. 135), et le second (*rô'ch*: ראש) souligne simplement la prééminence (cf. la tête).

de paix qui cherche, dans la mesure du possible, à régler les conflits par la parole plutôt que par l'épée[26].

Les Ammonites prétendent avoir un droit légitime à posséder le territoire situé entre les deux rivières de l'Arnon et du Jabbok parce qu'Israël l'en aurait dépossédé (injustement) du temps de Moïse (11.13). Ils demandent à Jephthé de rendre toute la région *pacifiquement*, c'est-à-dire sans combat. Jephthé réplique que leur demande est illégitime, car Israël n'a jamais cherché à conquérir un territoire des Moabites ou des Ammonites.

Un rappel historique (11.16-22)

> *16 Car lorsque Israël est monté d'Egypte, il a marché dans le désert jusqu'à la mer Rouge, et il est arrivé à Kadès. 17 Alors Israël envoya des messagers au roi d'Edom, pour lui dire: Laisse-moi passer par ton pays. Mais le roi d'Edom n'y consentit pas. Il en envoya aussi au roi de Moab, qui refusa. Et Israël resta à Kadès. 18 Puis il marcha par le désert, tourna le pays d'Edom et le pays de Moab, et vint à l'orient du pays de Moab; ils campèrent au delà de l'Arnon, sans entrer sur le territoire de Moab, car l'Arnon est la frontière de Moab.*
>
> *19 Israël envoya des messagers à Sihon, roi des Amoréens, roi de Hesbon, et Israël lui dit: Laisse-nous passer par ton pays jusqu'au lieu où nous allons. 20 Mais Sihon n'eut pas assez confiance en Israël pour le laisser passer sur son territoire; il rassembla tout son peuple, campa à Jahats, et combattit Israël. 21 L'Eternel, le Dieu d'Israël, livra Sihon et tout son peuple entre les mains d'Israël, qui les battit. Israël s'empara de tout le pays des Amoréens établis dans cette contrée. 22 Ils s'emparèrent de tout le territoire des Amoréens, depuis l'Arnon jusqu'au Jabbok, et depuis le désert jusqu'au Jourdain.*

Jephthé est pondéré et patient. Il prend le temps de bien présenter la situation et cherche par ses arguments à raisonner son adversaire. Le juge témoigne aussi d'une bonne connaissance des Ecritures et de l'histoire de son pays. Son rappel du passé est fidèle aux textes des Nombres et du Deutéronome[27]. Cette connaissance des Ecritures inspire à Jephthé une foi profonde dans la puissance divine. Il croit que les oeuvres de Dieu peuvent se renouveler et, sans douter de la victoire, il met son adversaire en garde contre la tentative de s'attaquer à la nation défendue par le Dieu Tout-Puissant (11.23-25).

Jephthé retrace l'histoire de la conquête de la Transjordanie et relève qu'Israël a toujours manifesté un profond respect envers les populations autochtones en leur demandant l'autorisation de

---

[26] Goslinga p. 383, Jordan p. 196.
[27] Jordan p. 199.

traverser leurs territoires (11.17)[28]. Devant le refus d'Edom et de Moab, Israël s'était plié à leur décision et, sans enfreindre le droit, avait fait un important détour (11.18). Avec Sihon, la procédure fut différente, car le roi païen avait non seulement empêché Israël de traverser ses terres, mais il avait attaqué le peuple (11.20). Israël se trouvait alors dans une situation de légitime défense et ne pouvait que se battre. L'Eternel intervint en faveur de son peuple et lui donna la victoire et le pays (11.20-21).

La responsabilité du conflit incombait donc au belliqueux roi Amoréen[29]. Du côté d'Israël, aucune agressivité, car le peuple n'avait fait que se défendre. Jephthé comme ses ancêtres essaie d'éviter une guerre inutile. Moïse avait demandé l'autorisation de traverser des territoires; Jephthé cherche à décourager son adversaire d'engager la guerre.

Dans ce rappel historique, aucune référence aux Ammonites. Jephthé les considère comme inexistants! Pourtant, du temps de Moïse, ils occupaient une partie de la Transjordanie et Israël avait reçu l'ordre de ne pas les attaquer (Dt 2.19). Il semble qu'à cette époque, les Ammonites étaient moins forts et vivaient dans l'ombre des Moabites, alors que trois siècles plus tard, la situation s'est inversée[30]. En ne mentionnant même pas les Ammonites dans ce rappel historique, Jephthé les remet à leur place. Comment peuvent-ils invoquer des droits historiques puisque, à cette époque, ils ne possédaient pas grand chose?

Conclusions logiques (11.23-28)

23 Et maintenant que l'Eternel, le Dieu d'Israël, a chassé les Amoréens devant son peuple d'Israël, est-ce toi qui aurais la possession de leur pays? 24 Ce que ton dieu Kemosch te donne à posséder, ne le posséderais-tu pas? Et tout ce que l'Eternel, notre Dieu, a mis en notre possession devant nous, nous ne le posséderions pas! 25 Vaux-tu donc mieux que Balak, fils de Tsippor, roi de Moab? A-t-il contesté avec Israël, ou lui a-t-il fait la guerre? 26 Voilà trois cents ans qu'Israël habite à Hesbon et dans les villes de son ressort, à Aroër et dans les villes de son ressort, et dans toutes les villes qui sont sur les bords de l'Arnon: pourquoi ne les lui avez-vous pas enlevées pendant

---

[28] Dieu avait interdit à Moïse d'attaquer Edom et Moab (Dt 2.5, 9).

[29] Dieu avait endurci le roi Ammonite pour livrer le pays à Israël (Dt 2.30), mais cela n'enlève pas la responsabilité de Sihon, tout comme Pharaon portait la responsabilité de la débâcle égyptienne.

[30] Du temps d'Ehud, il y avait une coalition entre les deux peuples dirigée par Eglon, roi de Moab (3.13), alors que du temps de Jephthé, les Ammonites dominaient la région et leurs voisins moabites.

ce temps-là? 27 Je ne t'ai pas offensé, et tu agis mal avec moi en me faisant la guerre. Que l'Eternel, le juge, soit aujourd'hui juge entre les enfants d'Israël et les fils d'Ammon! 28 Le roi des fils d'Ammon n'écouta pas les paroles que Jephthé lui fit dire.

Des faits, Jephthé passe aux explications. Puisque le Dieu d'Israël a chassé Sihon roi des Amoréens, il est normal qu'Israël occupe les terres prises à l'occupant. Jephthé renforce son argument par une analogie: puisque tu possèdes ce que ton dieu te donne, pourquoi en serait-il autrement pour nous (11.24)?. Certains commentateurs voient dans les propos du juge le reflet d'une foi polythéiste, car Jephthé reconnaîtrait un pouvoir à Kemosch. C'est méconnaître Jephthé. Le juge admet l'existence de la divinité uniquement pour aider son interlocuteur à comprendre son argument relatif à la victoire donnée par l'Eternel[31]. L'argument relatif aux divinités est d'ailleurs conclu sans équivoque. Le Dieu d'Israël est le Tout-Puissant. Le combattre serait pure folie (11.25).

Le dieu Kemosch était la principale divinité *moabite*. Jephthé le mentionne plutôt que Milcom, la divinité ammonite (cf. 1 Rois 11.5, 7, 33; 2 Rois 23.13), peut-être parce que (1) la vénération de cette divinité se serait largement répandue dans la région, (2) Kemosch serait la principale divinité de la coalition entre Moab et Ammon, (3) le territoire contesté par les Ammonites appartenait autrefois aux Moabites avant de passer à Sihon (Nb 21.26-30), puis à Israël[32].

Jephthé avance un dernier argument: «Voilà trois cents ans qu'Israël habite la région et vous n'avez rien fait pour lui reprendre les terres» (11.26). En d'autres termes, s'il y avait injustice, il fallait réagir plus rapidement. Après trois siècles, toute légitimité (en supposant qu'elle ait existé) s'est évaporée. Les dernières paroles de Jephthé suggèrent la mauvaise foi de son interlocuteur. La référence aux trois cents ans est précieuse pour donner une estimation de la

---

[31] Goslinga (p. 385) trouve que Jephthé est plus négociateur que prophète. Jordan (p. 198) suggère l'ironie dans les paroles du juge: «Kemosch a été incapable de protéger contre les attaques de Sihon! Si tu fais confiance à Kemosch, imagine ce que tu posséderas».

[32] Le roi ammonite fonde peut-être ses prétentions sur l'occupation de la région par Moab avant l'envahissement de Sihon (Nb 21.26-30). Comme Moab semble maintenant sous son contrôle, il espère pouvoir retrouver aussi les anciennes possessions moabites.

durée de la période des juges, et aussi pour dater approximativement les événements (voir introduction pp. 50-53)[33].

Le voeu de Jephthé (11.29-40): survol des interprétations

Qui dit Jephthé dit voeu. Du ministère de ce juge, le lecteur ne retient souvent que le récit de son voeu étrange. Impossible de dissocier les deux. Ce voeu étrange pousse à la réflexion. En quoi consistait l'engagement? Dans quel esprit et pour quelle raison a-t-il été fait? Etait-il bon ou mauvais, exemplaire ou exécrable? L'interprétation de cet acte oppose adversaires et partisans de notre juge. Les uns voient en Jephthé un produit des cultures cananéennes, un homme qui n'a pas hésité à sacrifier sa propre fille pour s'acheter la bénédiction divine. Les autres (sans toujours l'approuver dans sa démarche) suggèrent que Jephthé s'est contenté de consacrer sa fille au service du tabernacle[34].

Les critiques de Jephthé relèvent comme argument fondamental la mention du mot *holocauste* (*'ôlâ*, עולה: 11.31). Selon eux, ce mot est toujours utilisé pour décrire un sacrifice entièrement brûlé. Pour expliquer l'abomination du sacrifice humain, ils relèvent l'arrière-plan du juge et la dégradation morale de son époque. Notre juge est né d'une prostituée païenne et semble avoir vécu à l'étranger (le pays de Tob), entouré d'hommes de rien (11.3). Ce contexte païen pourrait expliquer la perversion des valeurs morales et spirituelles de Jephthé. Plus tard, le massacre de 42 000 hommes d'Ephraïm (12.1-6) semble confirmer ce jugement. Quant à l'absence de reproches du

---

33 Ceux qui refusent de placer l'exode au 15e siècle cherchent toutes sortes d'excuses pour contourner cette référence chronologique, car pour eux, la période des juges se réduit à 160 ans au maximum. Les 300 ans ne sont qu'une généralisation pour sept ou huit générations, ou le résultat d'une adjonction ultérieure, ou encore une estimation grossière de Jephthé qui, de toute façon, est peu digne de confiance dans tout ce qu'il dit ou fait (Cundall pp. 145-146)!

34 L'hypothèse d'un sacrifice humain a été partagée par tous les commentateurs anciens, et ce n'est qu'à partir du Moyen Âge que l'idée d'une consécration au service du tabernacle a été avancée (Keil p. 388, Wiseman pp. 245-248). Parmi ceux qui adhèrent à l'hypothèse d'un sacrifice humain, se situent: Bruce (pp. 279-280), Cundall (pp. 146-149), D.R. Davis (pp. 146-150), J.J. Davis (pp. 124-128), Flavius Josèphe (*Antiquités* V.7.10), Kaiser (pp. 101-105), Wolf (pp. 455-457). Dans le deuxième groupe qui défend l'idée d'un service au tabernacle, on trouve: Archer (*Introduction à l'A.T.*, pp. 313-314; *Encyclopedia of Bible Difficulties*, pp. 164-165), Jordan (pp. 199-213), Keddie (pp. 89-95), Keil (pp. 384-395), Wood (pp. 287-295). La *BA* (pp. 137-139) et Goslinga (pp. 387-396) développent les arguments des uns et des autres, mais restent indécis.

peuple à la suite de ces infamies, elle serait due à la dégradation morale et spirituelle de l'époque.

De l'autre côté, les défenseurs de Jephthé soulignent les qualités du juge, les références à la virginité et non à la mort de la fille. Jephthé est manifestement un homme de Dieu comme nous le montrent les autres épisodes. L'Esprit divin repose sur lui (11.29). Pondéré et pacifique, il cherche la réconciliation quand elle est possible (11.12-28). Sa foi dans l'Eternel est exemplaire et sa connaissance de l'Ecriture est profonde comme le montre son rappel historique de la conquête de la Transjordanie. Pour confirmer ce tableau, l'Ancien et le Nouveau Testament donnent de Jephthé une évaluation des plus favorables (1 Sam 12.11; Héb 11.32). Un sacrifice humain paraît tout simplement impossible. Les prêtres n'auraient jamais accepté de sacrifier une personne (Dt 12.31), et le peuple aurait réagi comme il l'a fait dans des situations moins graves. Il s'opposera à Saül lorsqu'il veut tuer son fils Jonathan (1 Sam 14.45), bien que ce dernier semble coupable (puisque le sort l'avait désigné), alors qu'aucune ombre ne plane sur l'intégrité de la fille de Jephthé. Un deuxième exemple nous vient de la période infâme où la maison d'Achab régnait sur Israël. Le sacrifice humain effectué par un roi païen scandalise tellement Israël qu'il cesse de poursuivre l'ennemi (2 Rois 3.27). Si la réaction est aussi vive face au péché d'un païen, une apathie générale du peuple devant une abomination identique commise par son propre chef - et de surcroît effectuée de sang froid après deux mois d'attente - est impensable. L'auteur des Juges, qui ne cache pas les antipathies du peuple à l'égard des juges, ne mentionne à l'égard de Jephthé qu'une accusation injuste des hommes d'Ephraïm (12.1-3).

Ce survol des positions a permis de dégager les éléments-clés, mais nous devons maintenant revenir sur certains détails pour affiner certains arguments et chercher la motivation profonde de Jephthé en formulant un tel voeu.

Le contexte du voeu de Jephthé (11.29-33)

> *29 L'Esprit de l'Eternel fut sur Jephthé. Il traversa Galaad et Manassé; il passa à Mitspé de Galaad; et de Mitspé de Galaad, il marcha contre les fils d'Ammon. 30 Jephthé fit un voeu à l'Eternel, et dit: Si tu livres entre mes mains les fils d'Ammon, 31 quiconque sortira des portes de ma maison au-devant de moi, à mon heureux retour de chez les fils d'Ammon, sera consacré à l'Eternel, et je l'offrirai en holocauste. 32 Jephthé marcha contre les fils d'Ammon, et l'Eternel les livra entre ses mains. 33 Il leur fit éprouver une très grande défaite, depuis Aroër jusque vers Minnith, espace qui renfermait vingt villes, et jusqu'à*

Abel-Keramim. Et les fils d'Ammon furent humiliés devant les enfants d'Israël.

Un instant interrompue par les efforts diplomatiques (11.12-28), la narration du conflit contre les Ammonites peut reprendre. Le récit est extrêmement succinct. Aucun détail sur le combat[35]. L'auteur se contente de signaler (1) le recrutement des troupes sur un large territoire (11.29), (2) l'engagement déterminant de l'Eternel (le juge est oint de l'Esprit divin: 11.29; le Seigneur livre l'ennemi: 11.32), (3) l'étendue de la victoire (*«une très grande défaite»*; vingt villes sont prises: 11.33). L'économie des informations permet de concentrer les regards sur le voeu de Jephthé, car l'auteur s'intéresse particulièrement à cet engagement du juge[36]. Introduit avant le combat (11.30), le voeu est repris et développé après la victoire (11.34-40).

La mention de *«l'Esprit de l'Eternel»* sur le juge ne doit pas être négligée (11.29). Comme nous l'avons dit au sujet de Gédéon, six des sept références à l'Esprit de l'Eternel ont pour objet d'aider le lecteur à interpréter *positivement* un récit qu'il pourrait, de prime abord, comprendre négativement. (La première référence sert à qualifier le ministère du juge-type Othniel: 3.10). En signalant la venue de l'Esprit quelques mots avant la formulation de son voeu (11.29-30), l'auteur nous met en garde contre une compréhension négative de l'engagement du juge. Le voeu exprime une consécration totale au Seigneur.

L'engagement n'est pas pris à la légère ou précipitamment. Jephthé est un homme mûr qui réfléchit aux conséquences d'un combat avant de mobiliser ses troupes, comme en témoignent ses efforts pour dissuader les Ammonites à livrer bataille (11.12-28). D'autre part, le voeu est prononcé avant le combat, et non pas en dernière extrémité, au moment où Jephthé serait au bord de la défaite. A tête reposée, Jephthé veut manifester sa reconnaissance en cas de victoire. Les offrandes volontaires et les voeux étaient les bienvenus en Israël et représentaient le reflet d'un coeur reconnaissant, et non un moyen de faire pression sur Dieu.

Jephthé veut offrir à l'Eternel la première personne qui l'accueille à son retour victorieux. Manifestement il s'agit d'une personne et non d'un animal, car le bétail ne sort pas à la rencontre d'un homme pour

---

[35] Le combat devait durer un certain temps, puisque Jephthé va prendre vingt villes (Goslinga p. 389).

[36] D.R. Davis p. 145.

le féliciter d'un succès militaire[37]. La dédicace de personnes suite à un voeu n'était pas exceptionnelle dans l'Ancienne Alliance. Lévitique 27 en réglemente les revirements. Un homme pouvait racheter son don initial de personnes, d'animaux ou d'objets selon un tarif déterminé. La seule exception concernait les choses *vouées à l'interdit* (*hêrem*: חרם; Lév 27.28-29). Pour ce genre de voeu, la chose promise était due. Aucune négociation n'était possible. Le voeu de Jephthé semble tomber dans cette catégorie de voeux irréversibles, car sa réaction exprime une impossibilité à revenir en arrière (*«Je ne puis le révoquer»* 11.35).

Jephthé qualifie son offrande *d'holocauste* (11.31). Le mot français *holocauste* vient du grec *holos* (tout) et *kainô* (brûler); il représente un sacrifice dans lequel la victime est entièrement brûlée. Le mot hébreu traduit par holocauste est *'ôlâ* ; il vient de la racine *'âlâ* qui exprime l'idée de monter. Lévitique 1 fournit les caractéristiques de trois types d'holocaustes. A chaque fois, l'offrande est brûlée dans sa totalité, mais l'accent pour ces sacrifices est ailleurs. Il est dans la fumée et surtout dans l'odeur agréable qui *montent* vers le Seigneur (Lé 1.9, 13, 17). Ainsi, c'est la racine hébraïque (et non le mot grec) qui exprime l'essence fondamentale de ce sacrifice. Jephthé, en parlant d'holocauste, ne pense pas à quelque chose qui brûle, mais à quelque chose qui monte. Il n'envisage nullement un sacrifice humain, mais un don total, une offrande d'une agréable odeur qui monte vers Dieu. L'apôtre Paul reprendra dans un même esprit les notions de sacrifice vivant (Rom 12.1) et d'odeur de vie (parfum; 2 Cor 2.14-16). En parlant de sacrifice, Jephthé, comme Paul, pense au service de Dieu[38].

Le contexte dans lequel le voeu a été fait doit aussi être examiné. Jephthé pense remercier Dieu pour la *victoire* sur les Ammonites. Un succès militaire est un symbole de vie, bien sûr (le peuple peut vivre puisque les ennemis sont tués ou écartés), mais aussi un symbole de richesse. Le tribut de guerre est souvent important et constitue la solde majeure des mercenaires. Lors de certaines victoires accordées par l'Eternel (comme la prise de Jéricho), Dieu se réservait tout le tribut, car la victoire était entièrement sienne. Tout était *voué à*

---

37 Jordan p. 200, Keil p. 385. Pour éviter d'identifier le don de la fille de Jephthé avec un holocauste, certains traduisent la conjonction de coordination *et* (*waw*: ו) par *ou*. Jephthé dirait ainsi à l'Eternel: «Si c'est un homme, il sera consacré, si c'est un animal, il sera offert en holocauste» (signalé par J.J. Davis p. 125). Cependant, on voit mal comment un animal pourrait représenter une offrande *particulière* (Wolf p. 455).

38 Keddie (p. 94) parle d'un *«sacrifice métaphorique des personnes à Jéhovah»*.

l'interdit: les personnes étaient tuées; les objets combustibles, brûlés; les métaux précieux (or, argent, bronze et fer), déposés dans le trésor de l'Eternel (Jos 6.24).

Rempli de foi et d'humilité, Jephthé reconnaît avant la confrontation que la victoire ne peut venir que de l'Eternel. Tout le tribut de guerre devrait donc revenir à Dieu, mais Jephthé va plus loin. Non seulement, il ne veut rien prendre, mais il donnera à l'Eternel ce qu'il a de meilleur, en signe de reconnaissance pour la *vie* retrouvée. Comme sa maison sera sauvée de l'ennemi, Jephthé offre à l'Eternel la première personne qui sortira de sa maison pour l'accueillir à son retour, c'est-à-dire celle qui appréhendait le plus l'ennemi, mais peut-être aussi celle qui craignait le plus pour la vie de Jephthé. L'offrande est de valeur, car Jephthé offre la personne qui lui sera le plus attachée, puisqu'elle aura été plus alerte que les autres à l'accueillir à son retour. Et quelqu'un qui nous est entièrement attaché et ne vit que pour nous est aussi quelqu'un que l'on apprécie. Ainsi Jephthé place la barre au sommet: il veut offrir à Dieu la personne qu'il apprécie le plus. Cependant, il laisse le choix final à Dieu. Comme signe d'une reconnaissance réelle, il était difficile de mieux faire.

Le juge ayant prononcé son voeu, l'attention se porte sur Dieu: qui va-t-il choisir? L'auteur ne fait pas trop attendre le lecteur, puisque le combat est résumé au maximum. Il faut quand même noter que la victoire est totale, ce qui dans la théologie des Juges, représente une approbation du juge et de son action.

Exécution du voeu de Jephthé (11.34-40)

34 Jephthé retourna dans sa maison à Mitspa. Et voici, sa fille sortit au-devant de lui avec des tambourins et des danses. C'était son unique enfant; il n'avait pas de fils et pas d'autre fille. 35 Dès qu'il la vit, il déchira ses vêtements, et dit: Ah! ma fille! tu me jettes dans l'abattement, tu es au nombre de ceux qui me troublent! J'ai fait un voeu à l'Eternel, et je ne puis le révoquer. 36 Elle lui dit: Mon père, si tu as fait un voeu à l'Eternel, traite-moi selon ce qui est sorti de ta bouche, maintenant que l'Eternel t'a vengé de tes ennemis, des fils d'Ammon. 37 Et elle dit à son père: Que ceci me soit accordé: laisse-moi libre pendant deux mois! Je m'en irai, je descendrai dans les montagnes, et je pleurerai ma virginité avec mes compagnes. 38 Il répondit: Va! Et il la laissa libre pour deux mois. Elle s'en alla avec ses compagnes, et elle pleura sa virginité sur les montagnes. 39 Au bout des deux mois, elle revint vers son père, et il accomplit sur elle le voeu qu'il avait fait. Elle n'avait pas connu d'homme. Dès lors s'établit en Israël la coutume 40 que tous les ans les filles d'Israël s'en vont célébrer la fille de Jephthé, le Galaadite, quatre jours par année.

La personne qui l'accueille est effectivement une personne qui lui est très chère, puisque c'est son unique enfant. L'auteur insiste sur le fait qu'elle est son seul enfant (*«C'était son unique enfant; il n'avait pas de fils et pas d'autre fille»* 11.34). Comme la fille est en âge d'être mariée et que Jephthé ne vit que six ans après sa victoire (12.7), il semble que le père était déjà âgé et n'avait plus aucune chance d'avoir un autre enfant.

D'emblée, on réalise que le don de sa fille coûte beaucoup à Jephthé, au point qu'il semble regretter son voeu[39]. Avait-il oublié sa fille lors de son engagement? La croyait-il dans une autre localité? Pensait-il qu'un garde aux portes de la ville le verrait en premier? Les questions se pressent à notre esprit, mais l'auteur, sans fournir d'indice particulier, nous abandonne à nos questions. Seul le caractère du juge peut nous guider vers une réponse. Comme Jephthé est réfléchi, l'accueil de sa fille ne doit pas le prendre totalement par surprise, et sa consécration à l'Eternel doit nous faire comprendre sa réaction comme le reflet de la douleur plus que du regret. Jephthé souffre de donner sa fille au Seigneur, comme un père peut souffrir de voir son enfant partir en mission, alors même qu'il avait espéré et prié pour un engagement chrétien. Les choix du Seigneur sont parfois douloureux, même si au fond de soi-même, on réalise qu'ils sont justes et bons.

La douleur de Jephthé ne vient ni d'une séparation ni de la mort comme le pensent certains, mais de la virginité de sa fille. Jephthé réalise que l'engagement de sa fille implique son célibat. Les exigences pour les femmes attachées à un service au tabernacle sont mal connues, car les quelques textes qui y font allusion donnent peu de détails[40]. Notre récit est certainement un des plus clairs à ce sujet puisqu'il associe le célibat à ce type de ministère[41]. Comme Jephthé

---

39 La Colombe traduit *«j'ai trop ouvert la bouche»*, mais le *trop* est de trop, car l'hébreu dit simplement *«j'ai ouvert la bouche»*, ce que Segond traduit par *«j'ai fait un voeu»*. La TOB traduit *«j'ai trop parlé»*, mais ajoute en note que le sens littéral est *«j'ai ouvert la bouche toute grande»*, ce qui peut être compris comme un engagement solennel.

40 Ex 38.8; 1 Sam 2.22. Les femmes pouvaient accomplir diverses tâches: cuisine, couture, nettoyages (Wood p. 288). Les filles de Silo (21.19-23) formaient un groupe de vierges qui habitaient dans la ville où était déposé le tabernacle. Quand il a fallu trouver une solution (boiteuse) pour repeupler Benjamin, ce groupe de femmes est tout de suite venu à l'esprit. Ainsi, il semble que des femmes célibataires étaient liées au tabernacle (Wood pp. 294-295).

41 Comme le service au tabernacle est mal connu et trop hypothétique aux yeux de certains, on a proposé comme variante de cette position une *exclusion de la*

n'a qu'un enfant, le célibat de sa fille entraîne l'absence d'une descendance, et c'est cette absence d'héritier qui attriste Jephthé. Sa douleur est compréhensible, et son zèle est d'autant plus remarquable qu'il honore son engagement sans l'ombre d'une hésitation. Sa fille témoigne d'une même ferveur, puisqu'elle accepte la parole du père et le choix divin[42].

Le lecteur peut se demander si Dieu ne punit pas Jephthé en le privant de descendance, car dans l'Ancien Testament, descendance est corollaire de bénédiction divine. L'idée d'un jugement divin doit être exclue ici, car Dieu a pardonné au peuple, et le juge est totalement consacré à l'Eternel. La réponse divine doit être comprise *positivement*. Dieu enseigne à Jephthé et au peuple ce qui est bon. L'aspiration à une descendance est légitime, mais elle n'est jamais le bien suprême. Le salut se trouve en Dieu, non dans les hommes. C'est lui et lui seul qui est le garant d'un avenir. C'est la consécration à Dieu qui compte. La lumière du Nouveau Testament permet de mieux comprendre comment notre espérance n'est pas dans ce monde, mais dans le royaume éternel auquel nous aurons accès par la résurrection d'entre les morts. Ainsi, la descendance la plus riche est la descendance spirituelle[43].

La fille de Jephthé demande à son père un temps de deuil pour pleurer sa virginité. Elle avait espéré être épouse et mère. Comme la volonté divine est autre, elle demande un temps d'adaptation et de préparation avant de commencer sa nouvelle vie. En souvenir de cet engagement courageux, les filles d'Israël en ont fait une fête

---

communauté. La fille de Jephthé serait ainsi comme morte pour Israël puisque bannie du pays (le mot holocauste véhicule l'idée de la mort) tout en n'étant pas tuée physiquement (cité par Goslinga pp. 395-396, Keil p. 388, Wiseman p. 247). Ce point de vue n'est pas satisfaisant, comme le fait remarquer Keil, car un bannissement implique une grave faute de la personne exclue.

42 Les commentateurs qui pensent que Jephthé a tué sa fille admirent souvent l'engagement de celle-ci. Un tel enthousiasme étonne, car la soumission aux parents, et aux autorités d'une manière générale, n'est jamais inconditionnelle. Face à un péché aussi exécrable qu'un sacrifice humain, la contestation et l'opposition seraient de rigueur.

43 Jordan (pp. 199-214) défend une position originale. Jephthé aspirerait à la royauté comme les autres «petits» juges qui l'entourent et qui désirent marquer leur passage sur terre par leur descendance. Par son voeu, le juge voudrait sceller une alliance entre sa maison et l'Eternel. Jephthé voudrait devenir la maison dominante en Israël. Dieu manifeste son désaccord en faisant tomber le sort sur sa fille. Jephthé ne peut convenir pour ce rôle, car il est bâtard (donc cérémoniellement impur) et il n'appartient pas à la tribu de Juda d'où viendra le Messie (Gen 49.10).

annuelle. Le mot célébrer (*tânâ*: תנות) n'apparaît qu'une seule fois en dehors de notre texte. Dans Juges 5.11, il exprime *la joie* du peuple à la suite de la victoire de Débora. Si Jephthé avait tué sa fille, le peuple n'aurait jamais commémoré un acte aussi barbare. Par contre, si la maison de Jephthé s'est totalement consacrée à l'Eternel après la victoire sur les Ammonites, une telle fête se justifie entièrement[44].

Avant de passer à un autre épisode de la vie du juge, rappelons que le voeu de Jephthé fait penser à deux autres événements: le sacrifice d'Isaac (Gen 22) et le voeu de Saül (1 Sam 14.24-45). Dans le premier récit, Dieu parle et apparaît sous la forme de l'ange de l'Eternel, alors que dans le second, Dieu est silencieux et refuse de répondre (1 Sam 14.37; voir annexes pp. 359 et 364).

Le péché des hommes d'Ephraïm (12.1-3)

> *1 Les hommes d'Ephraïm se rassemblèrent, partirent pour le nord, et dirent à Jephthé: Pourquoi es-tu allé combattre les fils d'Ammon sans nous avoir appelés à marcher avec toi? Nous voulons incendier ta maison et te brûler avec elle. 2 Jephthé leur répondit: Nous avons eu de grandes contestations, moi et mon peuple, avec les fils d'Ammon; et quand je vous ai appelés, vous ne m'avez pas délivré de leurs mains. 3 Voyant que tu ne venais pas à mon secours, j'ai exposé ma vie, et j'ai marché contre les fils d'Ammon. L'Eternel les a livrés entre mes mains. Pourquoi donc aujourd'hui montez-vous contre moi pour me faire la guerre?*

Les hommes d'Ephraïm reprennent Jephthé comme ils avaient repris Gédéon (8.1). La même objection est avancée: «Tu es parti au combat sans nous appeler». Plusieurs commentateurs s'arrêtent à la réaction différente du juge: Gédéon a su calmer les contestataires par des paroles apaisantes (ou flatteuses), alors que Jephthé répond sèchement aux hommes et s'engage dans une guerre civile. Pour eux, Jephthé a mal agi[45]. Cette évaluation ignore la différence entre les deux délégations. En apparence, elles sont identiques: même tribu et même reproche, mais fondamentalement, elles diffèrent. Lors de la première confrontation, les hommes d'Ephraïm s'étaient bornés à des reproches. La deuxième fois, ils profèrent des menaces de mort (*«Nous voulons incendier ta maison et te brûler avec elle»* 12.1). Pour Jephthé, il n'est plus question d'argumenter, mais de se défendre. Jephthé a montré dans un passé récent qu'il est un homme

---

[44] Gédéon avait aussi cherché à commémorer sa victoire sur les Madianites. Malheureusement pour lui, le signe avait été transformé en idole (voir commentaire sur 8.27).

[45] Cundall p. 149, D.R. Davis pp. 150-151, J.J. Davis p. 129.

de paix en cherchant à raisonner les Ammonites, mais lorsque l'adversaire est trop endurci, il ne reste plus qu'à prendre les armes pour défendre sa vie et celle de son peuple.

Que 42 000 hommes d'Ephraïm meurent (12.6), témoigne du sérieux de la menace et de l'horreur du péché. Tous ces hommes avaient traversé le Jourdain pour tuer Jephthé et ses compagnons uniquement pour préserver leur honneur tribal entaché par le courage du juge. Le nombre des meurtriers potentiels en Cisjordanie montre que la situation spirituelle était pire à l'ouest du Jourdain qu'en Transjordanie. Même si deux tribus et demie avaient préféré s'établir en dehors de la Terre promise, elles faisaient encore pleinement partie d'Israël, et leur condition spirituelle semblait même supérieure aux tribus de Cisjordanie. Dans le même ordre d'idée, on peut noter que les tribus de Transjordanie s'étaient repenties après 18 ans de calamité, alors qu'à l'ouest du pays, 40 ans d'oppression avaient laissé le peuple indifférent (voir commentaire 13.1)[46].

Le jugement donné par Jephthé (12.4-6)

> *4 Jephthé rassembla tous les hommes de Galaad, et livra bataille à Ephraïm. Les hommes de Galaad battirent Ephraïm, parce que les Ephraïmites disaient: Vous êtes des fugitifs d'Ephraïm! Galaad est au milieu d'Ephraïm, au milieu de Manassé! 5 Galaad s'empara des gués du Jourdain du côté d'Ephraïm. Et quand l'un des fuyards d'Ephraïm disait: Laissez-moi passer! les hommes de Galaad lui demandaient: Es-tu Ephraïmite? Il répondait: Non. 6 Ils lui disaient alors: Hé bien, dis Chibboleth. Et il disait Sibboleth, car il ne pouvait pas bien prononcer. Sur quoi les hommes de Galaad le saisissaient, et l'égorgeaient près des gués du Jourdain. Il périt en ce temps-là quarante-deux mille hommes d'Ephraïm.*

Jephthé s'empare des gués du Jourdain pour empêcher toute fuite. Certains trouvent l'attitude du juge excessive. N'aurait-il pas mieux valu laisser les frères d'Ephraïm retourner chez eux? A quoi on peut répliquer: étaient-ils encore des frères? En voulant tuer les Israélites de Transjordanie par pur orgueil, les agresseurs d'Ephraïm s'étaient assimilés aux païens de la pire espèce. En toute justice, ils seront traités comme des païens. Sur les traces d'Ehud et de Gédéon, Jephthé contrôle les passages du Jourdain pour empêcher ces faux

---

[46] Ceux qui pensent que Jephthé a offert sa fille en sacrifice invoquent souvent l'argument que les tribus de Transjordanie étaient plus éloignées de l'Eternel. Les remarques ci-dessus ne confirment pas cette opinion.

frères de fuir, car la paix des innocents passe par la mort des meurtriers[47].

42 000 hommes d'Ephraïm meurent. La situation est tragique, car presque tous les hommes de la tribu y passent (trois siècles plus tôt, ils étaient 40 500: Nb 1.33). Le revirement est total, car le peuple qui avait empêché les Madianites de passer le Jourdain du temps de Gédéon (7.24-25) doit être traité maintenant comme des païens.

Les hommes ne sont pas seulement des meurtriers, mais des menteurs et des moqueurs. Ils disent ne pas avoir été convoqués. Si cela était vrai du temps de Gédéon, ce n'était certainement pas le cas avec Jephthé. Connaissant leur soif de gloire, le juge les avait convoqués, mais ils avaient fait la sourde oreille (12.2b-3). Maintenant ils vont même jusqu'à insulter les vainqueurs des Ammonites: *«Vous êtes des fugitifs d'Ephraïm! Galaad est au milieu d'Ephraïm, au milieu de Manassé!»* (12.4). Font-ils allusion aux Transjordaniens qui s'étaient parfois réfugiés à l'ouest du Jourdain pendant les 18 années d'oppression ammonite[48]? Dans tous les cas, les vrais craintifs sont ces hommes d'Ephraïm qui n'ont pas osé répondre à l'appel de Jephthé.

Puisque les hommes d'Ephraïm sont de la même race et de la même langue que les compagnons de Jephthé, ceux-ci doivent trouver une différence de prononciation pour identifier les agresseurs. Après trois siècles de séparation, de telles différences sont normales. Au passage du Jourdain, ils demandent de prononcer un mot qui contient un son difficile à articuler pour les gens de Cisjordanie. Au lieu de répéter *chibboleth* (שׁבלת; qui signifie *courant d'eau* ou *épi de blé*), ils disent *sibboleth* (סבלת), comme on aurait pu répondre *bord* au lieu de *port* en arrivant sur l'autre rive[49]. Ainsi, ces hommes à la langue fourchue finissent par être attrapés sur un défaut de prononciation. L'ironie de la justice rétributive trouve ici un nouvel exemple[50].

---

[47] Même si les hommes d'Ephraïm ont été incapables d'assassiner Jephthé, leur intention les désigne comme des meurtriers.

[48] *BA* p. 140.

[49] La racine sur laquelle est construite le mot *sibboleth* véhicule l'idée de fardeau. Ainsi plutôt que de faire allusion à la vie (cf. *cours d'eau* ou *épi de blé*), ils évoquent la mort (cf. *fardeau*); en français, au lieu de dire *dessert*, ils auraient dit *désert*.

[50] Il convient encore de relever le contraste entre la parole honorée de Jephthé (lors de son voeu) et la parole trompeuse des hommes d'Ephraïm. D'un côté, il y a

La mort de Jephthé (12.7)

Jephthé fut juge en Israël pendant six ans; puis Jephthé, le Galaadite, mourut, et fut enterré dans l'une des villes de Galaad.

La durée limitée du règne doit être trouvée dans l'infidélité du peuple et non dans l'infidélité du juge.

Ibtsan, Elon et Abdon: exégèse détaillée (12.8-15)

8 Après lui, Ibtsan de Bethléhem fut juge en Israël. 9 Il eut trente fils, il maria trente filles au-dehors, et il fit venir pour ses fils trente filles du dehors. Il fut juge en Israël pendant sept ans; 10 puis Ibtsan mourut, et fut enterré à Bethléhem.

11 Après lui, Elon de Zabulon fut juge en Israël. Il fut juge en Israël pendant dix ans; 12 puis Elon de Zabulon mourut, et fut enterré à Ajalon, dans le pays de Zabulon.

13 Après lui, Abdon, fils d'Hillel, le Pirathonite, fut juge en Israël. 14 Il eut quarante fils et trente petits-fils, qui montaient sur soixante-dix ânons. Il fut juge en Israël pendant huit ans; 15 puis Abdon, fils d'Hillel, le Pirathonite, mourut, et fut enterré à Pirathon, dans le pays d'Ephraïm, sur la montagne des Amalécites.

Avec la mort de Jephthé, le lecteur pourrait s'attendre à voir le récit se déplacer à l'ouest, sur l'oppression des Philistins mentionnée au début du cycle de Jephthé (10.7). Le cycle de Jephthé n'est pourtant pas encore totalement achevé, car l'auteur veut encore inclure trois «petits» juges pour bien équilibrer son développement (voir pp. 202-203).

En passant d'un récit à un autre, les contrastes continuent d'abonder. Contraste entre Jephthé et le juge qui le suit immédiatement: Ibtsan a 30 fils et 30 filles (et autant de belles-filles et de beaux-fils), alors que Jephthé n'a qu'une fille vierge. L'information relative aux filles d'Ibtsan attire particulièrement l'attention, car la mention des filles est généralement omise[51] et l'histoire de la fille unique de Jephthé est encore dans toutes les mémoires. Contraste aussi entre Elon et les deux juges qui l'entourent: Elon est solitaire comme Jephthé, alors que Ibtsan et Abdon sont entourés d'une nombreuse famille.

---

zèle à honorer Dieu, de l'autre avidité et désir de se mettre en avant (D.R. Davis p. 146).

[51] D.R. Davis (p. 155) cite Webb p. 161.

Pour Ibtsan, la référence aux mariages *«au-dehors»* est difficile à interpréter (12.9). Faut-il y voir une association avec (1) des étrangers, (2) des familles appartenant à d'autres tribus, (3) des mariages en dehors de la famille proche? Le contexte est trop limité pour pouvoir trancher. Notre compréhension générale des juges ou des «petits» juges, nous fera comprendre cette information de manière positive ou négative[52].

Puisque Ibtsan et Abdon ont eu une descendance nombreuse, mais n'ont régné que quelques années (7 et 8 ans respectivement), leur ministère semble avoir commencé à un âge avancé. Peut-être ont-il été appelés sur la base de leur réputation plutôt que sur un appel particulier de Dieu[53], mais cela n'implique pas nécessairement quelque chose de négatif, car Jephthé a aussi été appelé de cette manière.

Les localités et références géographiques associées à ces trois juges posent quelques problèmes: (1) Ibtsan vient de Bethléhem. S'agit-il de Bethléhem en Juda au sud (17.7; 19.1) ou de Bethléhem dans le territoire de Zabulon au nord (Jos 19.12)? Les commentateurs penchent généralement pour la deuxième solution, car si l'une des villes est qualifiée dans le livre des Juges (Bethléhem *de Juda*), celle qui ne l'est pas devrait naturellement désigner l'autre[54]. (2) Elon est enterré à Ayalon, une ville qui pourrait porter son nom (les deux noms sont formés des mêmes consonnes: אילון)[55]. (3) Quant à Abdon, il est originaire de Pirathon (localité généralement située à 9 kilomètres au sud-ouest de Sichem) et enseveli *«dans le pays d'Ephraïm, sur la montagne des Amalécites»*. Faut-il y voir une enclave amalécite[56] ou à un ancien lieu de combat ainsi nommé à la suite d'une victoire sur les Amalécites?

Au sujet de Abdon, notons encore l'expression *«monter sur des ânons»* qui est parfois utilisée pour décrire les rois (cf. Gen 49.11; Za 9.9).

---

[52] Wolf (p. 459) y voit une nouvelle mode. Jordan (p. 181) pense à une recherche d'alliances.

[53] Jordan p. 183

[54] Il se pourrait que l'auteur ait omis le qualificatif *de Juda* pour une autre raison. Le terme Juda est synonyme de direction, et il est possible que l'auteur évite ce nom pour éviter d'associer à ce passage une valeur qu'il ne devrait pas avoir. Rappelons-nous que le premier juge (Othniel) venait justement de Juda et servait de modèle pour tous les autres juges.

[55] Wolf p. 460.

[56] Cundall p. 153, J.J. Davis p. 130.

Samson (1) : 13

Un juge énigmatique

Si Samson vivait aujourd'hui, les équipes sportives s'arracheraient ses services à coups de millions de dollars. Arrière en rugby, personne ne passerait; attaquant, les meilleures défenses seraient enfoncées. En lutte, boxe, judo, les titres olympiques lui seraient d'emblée acquis. De leur côté, gouvernements et armées feraient tout pour l'embaucher comme garde de corps présidentiel ou comme membre d'une troupe de choc chargée de pénétrer les premières lignes ennemies. Samson est unique. Jamais un homme n'a été aussi fort que lui. Déchirer un lion rugissant à mains nues; tuer mille hommes avec la mâchoire d'un âne; arracher, puis transporter sur ses épaules les portes massives d'une ville côtière au sommet d'une montagne située à plus de 60 kilomètres; briser les liens les plus solides comme du fil brûlé au feu; voilà de quoi nous laisser songeurs. A tort, beaucoup voudraient le ranger parmi les personnages mythologiques: qu'un tel Superman ait existé leur paraît impossible. Pour la Bible, aucun doute n'est permis: Samson fut un homme en chair et en os doté par Dieu d'une force exceptionnelle.

La force de Samson n'est pas la seule particularité du juge. Sa consécration au ministère est unique. Pour commencer, sa naissance est exceptionnelle, car comme pour les plus grands hommes de Dieu, un ange annonce sa conception miraculeuse et sa consécration au ministère dès le sein maternel[1]. Ensuite, ses signes de consécration sont singuliers. En particulier, le lien entre sa force et ses cheveux ne peut manquer d'étonner. Enfin, son ministère est marqué par une quadruple venue de l'Esprit de l'Eternel (13.24; 14.6, 19; 15.14), soit plus de références à l'Esprit que pour tous les autres juges réunis.

La force et la consécration de Samson font de ce juge un être unique. Aucun homme n'a jamais été comme lui, mais l'admiration pour cet élu de Dieu se transforme en tristesse et en critiques lorsqu'on pense découvrir le revers de la médaille. Ce champion de Dieu dont on attendait monts et merveilles est incapable de délivrer son peuple. A sa mort, les Philistins dominent toujours la région.

---

[1] Gabriel a été envoyé pour Jean-Baptiste le plus grand prophète de l'Ancienne Alliance (Mt 11.11) et pour Jésus, le Fils de Dieu (Luc 1.19, 26). Pour Samson, il s'agit de l'ange de l'Eternel. Ces trois hommes (avec Jérémie et Paul: Jér 1.5; Gal 1.15) sont les seuls à avoir été appelés dès le sein maternel.

Samson échoue là où les autres juges avaient réussi, alors même qu'ils étaient souvent singulièrement limités en moyens pour combattre l'ennemi. Sur le plan personnel, Samson termine misérablement: les yeux crevés, condamné aux travaux forcés, exposé à la risée populaire.

Samson est l'homme des contrastes. Le plus fort des juges devient le plus faible; le plus béni finit par être le plus misérable; le plus consacré termine par se confier à une femme méprisable. La force et la consécration du juge qui pouvaient mettre en déroute une armée se volatilisent au contact de Dalila. Lorsqu'il finit par s'endormir sur les genoux de cette femme, les liens ne sont même plus nécessaires pour le maîtriser. Avec Samson le monde bascule, les espoirs s'effondrent.

L'homme intrigue par ses contrastes. Il intrigue aussi par ses gestes et ses paroles. Pourquoi défier les amis de noce par une énigme? Pourquoi attacher trois cents renards par la queue et enflammer les champs? Pourquoi arracher les portes de Gaza et les transporter au sommet d'une montagne? Samson intrigue aussi ses contemporains par ses énigmes. Un cinquième du cycle est consacré à l'énigme proposée lors des noces (14.1-18); un autre cinquième aux efforts de Dalila à percer le secret de sa force (16.4-21).

Samson fait réfléchir ses contemporains comme il fait réfléchir les lecteurs. Ce juge est certainement plus qu'un amas de muscles. Son défi lancé à trente hommes pendant sept jours fait penser au champion d'échecs qui livre simultanément plusieurs parties les yeux fermés. Samson est sûr de lui et de la supériorité de son intelligence. La subtilité de son énigme l'assure d'avance de la victoire. Samson semble prêt à relever tous les défis, et pourtant il est incapable de discerner le jeu de Dalila. A trois reprises, cette femme le trompe honteusement, et Samson continue à lui faire confiance. L'aveuglement de Samson est presque aussi incroyable que sa force. Comment ne pas réaliser que Dalila veut sa perte? Cette cécité spirituelle précède d'ailleurs l'aveuglement physique (16.21). Elle contraste avec le nom de Samson dérivé du nom hébreu *soleil*[2]. Plein de lumière au début, Samson finit les yeux crevés, dans les ténèbres d'une prison.

Ce fils du soleil illumine et aveugle tout à la fois. Hier comme aujourd'hui, son ministère est mal compris. Ses contemporains ne l'ont pas suivi et les hommes de Juda l'ont même livré à l'ennemi

---

[2] Bruce p. 281, Cundall p. 155, Goslinga p. 419, Wolf p. 464.

après l'avoir blâmé d'être un trouble-fête (15.11-13). Ses parents n'ont pas compris sa démarche à vouloir épouser une Philistine, alors même que le projet venait de l'Eternel (14.4). Enfin la plupart des commentateurs modernes le critiquent sans réserve. De tous temps, reproches et moqueries n'ont fait que pleuvoir sur cet homme. Cundall (p. 155) parle d'un délinquant juvénile incontrôlable qui manque de discipline et de consécration réelle. Pour J.J. Davis (pp. 141-142), l'histoire de Samson est une étude en contraste où la consécration et la sensibilité des parents s'opposent à l'arrogance d'un fils qui est l'exemple même de ce que la puissance non contrôlée, les passions et l'orgueil peuvent produire.

Le tableau de Mark Green est particulièrement sombre[3]: (1) Samson incarne le péché national en voulant épouser une Philistine. (2) Il manque totalement de respect envers ses parents (14.3). (3) Ses décisions sont basées uniquement sur ce qu'il voit (14.3, 7), illustration parfaite du slogan final: *«Chacun faisait ce qui lui semblait bon»* (21.25). (4) Le contact avec la carcasse du lion transgresse probablement les lois du naziréat. (5) Il a mangé le miel impur et a souillé ses parents en leur donnant de la nourriture impure (14.9). (6) Sa participation à la fête suggère qu'il a bu du vin. (7) Pour expliquer son refus de partager le secret de l'énigme avec sa femme, Green invoque son attachement premier à ses parents (à qui il n'a rien dit), mais le lecteur sait parfaitement que son respect parental est dérisoire et que son argument ne vaut rien. (8) Samson honore le pari tenu, mais le fait en tuant trente hommes (14.19). (9) Les revanches de Samson à Askalon et dans l'épisode des champs brûlés ne semblent jamais dirigées vers les vrais coupables. (10) Ses revanches marquent aussi une escalade très éloignée de la loi du talion. Ainsi la mort de sa femme et de son beau-père ne demandaient pas un massacre général. (11) Samson agit toujours comme s'il voulait provoquer les Philistins, mais sans en être conscient et sans discerner les conséquences que cela pourrait avoir pour sa famille. (12) Par ses actions, il croit naïvement qu'il peut unilatéralement arrêter la spirale des revanches (15.7). (13) Samson manque totalement de discernement politique. Il ne réalise pas que ses actions peuvent avoir un effet néfaste pour sa nation (les Philistins montent contre Juda). (14) La visite à la prostituée de Gaza montre que le premier faux pas n'était pas une erreur unique, mais une faiblesse fondamentale. (15) Le statut de la deuxième femme indique aussi un sérieux déclin spirituel. (16) La relation fautive avec

---

[3] »Enigma Variations: Aspects of the Samson Story Judges 13-16», in *Vox Evangelica* 21 (1991) pp. 53-79.

Dalila indique encore une progression dans le mal. (17) Lorsqu'il veut se venger à la fin de sa vie, il ne pense qu'à une vengeance personnelle, plutôt qu'à chercher la gloire de Dieu. (18) En voulant mourir avec les Philistins, Samson veut être un homme comme les hommes des autres nations.

Samson est pourtant un homme remarquable[4]. Comme nous allons chercher à le démontrer, notre juge incarne les plus grandes qualités morales et spirituelles: aucune immoralité sexuelle, aucun égoïsme ou appât du gain, pas de mesquinerie, mais un sens profond du ministère et un esprit sensible à la justice divine. Sa spiritualité est relevée à quatre reprises, et l'auteur en profite pour nous mettre en garde contre une mauvaise compréhension de l'action de ce juge (13.24; 14.6, 19; 15.14). Le Nouveau Testament le place, lui aussi, parmi les héros de la foi (Héb 11.32). Certes, Samson finit par tomber dans la défaite. Son péché avec Dalila est indéniable puisqu'il perd sa force et que l'Eternel se retire de lui (16.20). Les critiques s'abattent une nouvelle fois sur notre héros, mais sont-elles bien ciblées? Comme nous le verrons, malgré les conséquences dramatiques, le péché est minime (Samson s'est contenté de dévoiler l'origine de sa force: voir commentaire 16.15-21). Autrefois comme aujourd'hui, Samson est un des personnages bibliques les moins bien compris.

Un peuple endurci

Une compréhension correcte de Samson passe par une étude du contexte. Ici, comme pour les autres cycles, le problème d'Israël n'est pas du côté du juge, mais du côté du peuple. Si le cycle est particulier, c'est parce que l'attitude du peuple est particulière. Contrairement aux autres cycles, la révolte et la ruine ne sont pas suivies par un retour à Dieu. Aucune repentance n'est présente. A la même époque en Transjordanie, le peuple était revenu à l'Eternel après 18 ans d'oppression, mais en Cisjordanie, même après 40 ans de ruine, le peuple est toujours aussi rebelle[5]. Contrairement aux

---

4 Parmi ceux qui approuvent en partie le ministère de Samson (son engagement avec Dalila est toujours critiqué), on peut nommer Fishelis, Goslinga, Jordan, Keddie, Wood. John Gray («Joshua, Judges and Ruth» in *The New Century Bible,* 1967, p. 233, cité par Exum, *The Theological Dimension of the Samson Saga,* p. 44) observe que l'opinion qui voit dans Samson un exemple de l'abus d'un noble appel vient plus d'une homilétique moderne que du texte lui-même.

5 Les oppressions ammonite et philistine semblent simultanées (10.7), celle des Philistins pouvant même être antérieure puisqu'elle est mentionnée avant celle des Ammonites.

situations antérieures, le châtiment infligé par l'Eternel ne produit aucun repentir, même après une domination deux fois plus étendue que toute autre oppression du temps des juges (20 ans du temps de Débora: 4.3). Sans sourciller, le peuple continue à marcher dans la rébellion.

Le jugement de Dieu ne semble plus produire d'effet. L'humiliation par les ennemis est acceptée. Vingt ans, quarante ans. Israël ne réagit plus. Le peuple élu semble résigné à son sort. Il faut dire à la décharge de cette génération que la domination des Philistins est différente des autres. Ce peuple ne dévaste pas systématiquement le pays *à la madianite,* mais il se contente d'une cohabitation plus ou moins paisible avec Israël. Il ne s'oppose pas à des mariages inter-ethniques lorsque les autres peuples s'intègrent à ses coutumes et obéissent à ses autorités. Israël accepte cette soumission (15.9-13). Le compromis de la cohabitation paraît préférable à la guerre. Pour Israël, la vie paisible n'a pas de prix.

Les Juifs tiennent à la vie, mais sont-ils encore en vie? Physiquement peut-être, mais pour combien de temps? Spirituellement, il ne reste rien. Comme l'électrocardiogramme qui a cessé d'osciller, l'apathie du peuple est révélatrice de la situation. La flamme de la spiritualité est éteinte. Cet endurcissement du peuple explique la solitude du juge, et même son abandon aux ennemis. Dieu doit intervenir de façon radicale pour redonner vie à ce qui est moribond.

Un ministère d'enseignement symbolique

L'ange de l'Eternel dévoile la nature du ministère particulier de Samson: il *«commencera à sauver Israël»* (13.5). Puisque le peuple ne s'est pas repenti comme les générations précédentes, le ministère du fils de Manoach ne consiste pas à délivrer Israël, mais seulement à *commencer* à le faire. La tâche prioritaire de Samson n'est pas de soulager ses frères de la main des Philistins, mais de les affranchir d'eux-mêmes, c'est-à-dire de leur péché.

Samson (dont le nom dérive du mot soleil) doit chercher à éclairer ses contemporains sur leur situation, sur leur péché, sur leur incrédulité, sur les dangers du compromis et du syncrétisme religieux, mais aussi sur la force des fidèles et la certitude de leur victoire. Samson doit enseigner Israël pour l'amener à la repentance, mais comment s'adresser à ce peuple endurci? Par un discours? Mieux: par des leçons de choses. Jotham avait repris les habitants de Sichem par une fable (9.7-15) et Nathan reprendra David par une parabole (2 Sam 12.1-9), comme d'ailleurs d'autres prophètes et

Jésus le feront pour leurs contemporains quand ils utiliseront des images et des leçons de choses pour communiquer le message divin à un peuple endurci. Samson passe aussi par l'image pour atteindre ses contemporains qui ont fermé leurs oreilles à la prédication, mais plutôt que de raconter des histoires, il les incarnera, comme plus tard Osée sera appelé à le faire. Le mariage avec une Philistine illustrera les dangers d'une mauvaise alliance, les renards attachés par la queue expriment les ravages d'une alliance contre nature, la mort des Philistins annonce le sort des méchants.

Samson servira de messager, même à ses dépens. Son erreur avec Dalila rappellera à Israël la force que le peuple a perdu pour avoir fait confiance à ceux qui étaient indignes de confiance. Même la prière de supplication de Samson est un message pour Israël. Si le peuple implore l'Eternel comme Samson l'a fait, il recevra aussi le soutien divin.

Le message incarné de Samson est tellement profond qu'il dépasse même la période des juges. Lorsque Dieu prend une femme stérile pour engendrer une nouvelle vie, il veut montrer que, face à la stérilité et à la mort engendrées par le péché, seule une nouvelle création peut sauver. Il faut noter ici que l'engendrement par une femme stérile apparaît dans l'Ecriture chaque fois que Dieu veut marquer du fer rouge une étape importante de son oeuvre rédemptrice. *Isaac* est le fils de la promesse; *Samuel* est un prêtre divinement mandaté pour oindre les deux premiers rois en Israël; Jean-Baptiste annonce le Messie. Le *Christ* lui-même est né d'une vierge. Dans son cas, le miracle symbolisant la nouvelle création est encore plus manifeste, car Jésus est vraiment le nouvel Adam (Rom 5.12-21). Ainsi, le miracle marque la rupture avec l'ordre (corrompu) du passé. Avec Samson, l'Eternel fait du neuf. Etant différent des autres hommes, il est le signe d'une nouvelle humanité, le porteur de toutes les promesses, tant sur le plan physique et intellectuel que spirituel. Puisque les hommes traditionnels ont échoué, Dieu doit faire quelque chose de radicalement différent, et dans ce sens, Samson préfigure la pleine rédemption qu'opéra le Messie.

La caractéristique première de ce nouvel être n'est pas sa force, mais sa consécration. Le récit de la naissance de Samson s'étend à trois reprises sur le thème de la consécration (13.4-5, 7, 14), alors qu'il se contente de signaler une seule fois la force du juge: *«Il commencera à sauver Israël de la main des Philistins»* (13.5). La consécration est fondamentale, la force secondaire. En fait, la première engendre la seconde. La consécration conduit à la force.

Celui qui est attaché à Dieu est invincible, car Dieu est avec lui. Si Samson est fort, c'est parce qu'il est consacré. Comme autrefois le peuple élu était invincible dans ses jours de fidélité, Samson est invincible. La force du juge rappelle celle d'Israël dans le passé.

Place dans le développement du livre

Le cycle de Samson est le *septième* et dernier cycle. C'est aussi l'un des plus importants[6]. Le développement de plus en plus complet et de plus en plus détaillé trouve ici son point culminant. Aucun autre cycle ne donne autant d'informations sur le juge. Samson est le mieux connu des juges, même s'il est - paradoxalement - le moins bien compris.

Ce cycle achève aussi la présentation des cas particuliers (Juges 9-16): Abimélec l'anti-juge, Jephthé le libérateur de Transjordanie, et maintenant, Samson le prédicateur qui incarne son message dans sa vie. Le cycle d'Abimélec avait développé la phase de la *rébellion* et de la *ruine*, le cycle de Jephthé s'était penché sur la *rédemption d'une région marginale*, et Samson conclut la présentation détaillée des phases du cycle par un exposé sur la *repentance.*

L'absence de toute *rédemption* est le signe d'une progression dans le péché. Le gouffre semble même atteint, puisque, malgré le don d'un juge aussi remarquable, aucune repentance n'est perceptible. La fin du cycle appelle intensément une oeuvre nouvelle de Dieu (comme cela sera encore davantage le cas à la fin du livre). Le ministère de Samuel, qui introduit à l'alliance avec la maison de David (d'où viendra le Messie), sera la réponse de Dieu à ce besoin. Un salut réel ne pourra jamais se réaliser sans une rédemption plus profonde. Des juges passagers, aussi extraordinaires que Samson ne sont pas suffisants. Il faut que Dieu vienne en personne pour résoudre le problème fondamental du mal.

Contraste avec Jephthé

La section sur les cas particuliers (Juges 9-16) est très contrastée. Chaque juge est différent du précédent. Les premières informations sur Samson (chapitre 13) le démarquent nettement du grand juge qui l'a précédé[7]. (1) Samson et Jephthé sont les seuls juges dont l'auteur mentionne la naissance, mais la mère de Samson est une

---

[6] Samson représente 16,4% du livre et le cycle de Gédéon 16,9%.

[7] Un contraste peut aussi être relevé entre Samson et Abdon, le petit juge qui l'a immédiatement précédé (12.13-15). Abdon est très entouré (quantitativement) par ses proches à l'inverse de Samson.

femme remarquable, totalement consacrée au Seigneur, alors que celle de Jephthé est une prostituée. (2) L'appel de Samson est clair dès sa naissance puisque l'ange de l'Eternel en personne l'annonce à ses parents, alors que l'appel de Jephthé semble tellement lié au choix des hommes que le lecteur peut s'interroger sur la réalité d'un appel divin. (3) Samson est naziréen, mis à part dès sa conception, totalement pur, alors que Jephthé est bâtard, condamné à l'exil, entouré d'hommes qu'on pourrait prendre pour des vauriens.

Les chapitres 14-16 témoignent d'un renversement total: (1) Le garçon qui avait tous les avantages devient un homme isolé, sans soutien de ses frères, alors que le bâtard est toujours entouré d'hommes, même lorsqu'il doit s'expatrier (11.3). Le rejet par les frères de Jephthé n'est que momentané, car devant les menaces païennes, ses compatriotes le reconnaissent comme chef, et sont même prêts à le défendre contre les attaques personnelles des hommes d'Ephraïm (12.1-4). (2) Samson est trahi par les Israélites, mais il ne leur fait aucun mal (15.12-13), alors que Jephthé se bat contre les gens d'Ephraïm et tue 42 000 hommes. (3) Finalement, Samson ne chasse pas les Philistins implantés sur le littoral méditerranéen, alors que Jephthé libère Israël de l'oppression ammonite en Transjordanie.

Les prescriptions relatives au naziréat

Le ministère de Samson se caractérise aussi par son appel permanent au naziréat. Les prescriptions relatives à ce statut sont données dans Nombres 6.1-21. Trois éléments caractérisent cet engagement: (1) interdiction de consommer un fruit de la vigne (Nb 6.3-4), (2) interdiction de se couper les cheveux (Nb 6.5), (3) interdiction de s'approcher d'une personne morte (Nb 6.6-7)[8]. Les trois prescriptions se rapportent au corps: le vin à ce qui *entre* dans le corps (boisson), les cheveux à ce qui *sort* du corps (la croissance des cheveux est relevée), les morts à ce qui *touche* le corps (préparation du défunt et deuil). Manifestement ces prescriptions n'avaient de valeur que dans la mesure où elles reflétaient une vie consacrée au Seigneur[9].

1. L'interdiction relative aux fruits de la vigne ne se limite pas aux boissons alcoolisées, mais inclut aussi les raisins frais, les raisins secs, les pépins et la peau (Nb 6.3-4). Le vin n'était pas une boisson

---

[8] *»En termes actuels, le naziréen serait un abstinent aux cheveux longs qui ne pourrait pas pénétrer dans une chapelle mortuaire»* (Keddie p. 103).

[9] Wood p. 307.

impure. Au contraire, les Israélites en consommaient librement, et en particulier lors de certaines fêtes, une partie de la dîme était dépensée devant la maison de l'Eternel en vin, liqueurs et diverses nourritures de choix pour être consommée avec la famille élargie (Dt 14.26-27). Pour le peuple, la seule interdiction attachée au vin et à tous les fruits de la vigne (comme à toute autre culture) était liée à l'année sabbatique. Puisque le Juif devait faire relâche de tout travail, la vigne était laissée en friche et la récolte abandonnée à Dieu. Seuls les pauvres et les animaux pouvaient en disposer (Ex 23.11). Ainsi, pour les naziréens, la défense liée aux fruits de la vigne n'était plus limitée à l'année sabbatique, mais était étendue à toute la période consacrée au Seigneur[10]. La remise d'un septième à l'Eternel était insuffisante. La consécration totale exigeait un don total. L'engagement du naziréen le privait aussi des fêtes où vin et liqueurs coulaient à flots. Sa vie ne lui appartenait plus. Détente, repos et festivités étaient repoussés à l'expiration de son engagement. L'abstinence de boissons alcoolisées (vin et les liqueurs fortes) est particulièrement soulignée (13.4, 7, 14), car le serviteur consacré doit aussi garder un esprit clair. Comme un gendarme en exercice doit s'abstenir de tout alcool, ainsi en est-il du naziréen pendant son temps de service. Certes, l'interdiction s'étend à tout fruit de la vigne (y compris les pépins, la peau et les raisins secs), mais n'est-ce pas pour mieux marquer le caractère absolu de cette loi? Aujourd'hui, des personnes sont parfois exhortées à s'abstenir de toute *goutte* d'alcool.

2. Les prescriptions relatives aux cheveux rejoignent le symbolisme de l'année sabbatique. Ne pas couper les cheveux rappelle le repos de la terre. Vigne non taillée et cheveux non coupés se ressemblent, surtout lorsque ces derniers flottent librement au vent. De plus, comme la croissance des plantes, celle des cheveux est signe de fertilité. Si le produit de la terre (les récoltes) doit être abandonné au Seigneur, ainsi en sera-t-il du produit de la tête (les cheveux). En offrant ses cheveux au Seigneur, le naziréen exprime symboliquement son désir de lui consacrer ses pensées (car l'activité principale de la tête est de type cérébral). Apporter ses cheveux au Seigneur, c'est s'engager à lui consacrer tout le produit de sa réflexion. Le Nouveau Testament exhorte, lui aussi, le fidèle à rejeter toute pensée impure et à être renouvelé dans son intelligence (Rom 12.1-2; Eph 4.20-24). Les cheveux longs véhiculent aussi l'idée de soumission, comme l'enseigne 1 Cor 11.2-16. En gardant pour le Seigneur ce qui ressemble à une couronne sur la tête, le naziréen

---

[10] Jordan (pp. 221-228) donne des explications intéressantes sur le symbolisme de ces prescriptions.

abandonne tout désir d'indépendance. Pour le temps de son naziréat, il sera exclusivement le serviteur du Seigneur. Ainsi, si la consécration est liée à la force (Israël et Samson sont tout-puissants tant qu'ils sont totalement consacrés à l'Eternel), elle est aussi attachée à l'intelligence. Si elle produit la première, elle engendre aussi la seconde. Celui qui est consacré se remplira l'esprit des pensées du Seigneur. Ce faisant, il ne pourra que dépasser en sagesse l'intelligence voilée des pécheurs.

3. L'interdiction liée au contact avec les cadavres est souvent mal comprise[11]. Elle concerne le deuil de parents décédés. Comme le souverain sacrificateur (Lév 21.10-12), le naziréen ne peut pas s'arrêter sur la mort de ses proches, car la mort est symbole d'impureté. Ainsi l'Eternel avait défendu à Aaron de participer au deuil de ses deux fils (Lév 10.6-7). L'interdiction liée aux cadavres ne touche ni la mise à mort d'un animal pour un sacrifice (c'était la tâche principale des sacrificateurs) ni l'exécution d'un individu coupable d'un délit grave. Le bourreau qui exécute un meurtrier ne se rend pas impur par cet acte. Ainsi Phineas, fils d'Eléazar, reçoit le ministère le plus sacré, celui de souverain sacrificateur, pour avoir tué un homme et une femme (Nb 25.7-13). De même, la guerre sainte commandée par l'Eternel pour occuper la Terre promise ne rend pas impur. C'est juste le contraire. Pendant la période des juges, c'est l'absence de guerre qui polluait le peuple. Samson, en combattant les Philistins, ne rompt pas son naziréat, mais au contraire, il l'accomplit.

Typologie messianique

Samson est un personnage particulier. La présence divine décuple ses forces et transforme ses gestes en actes symboliques. Puisque son ministère est orienté vers l'enseignement et l'avenir (cf. *«Il commencera à libérer Israël»*), nous pensons judicieux de relever certains éléments de typologie messianique[12]: (1) Sa consécration et son appel dès avant la conception, de même que sa conception miraculeuse le rapprochent certainement de Jean-Baptiste et de Jésus.

---

[11] Plusieurs commentateurs affirment que Samson n'a pas respecté cette prescription puisqu'il a tué des hommes et touché la carcasse d'un lion. Goslinga (p. 414) suggère que Samson a pu recevoir une dispense pour toucher les morts sinon cela l'aurait empêché d'accomplir son ministère de libération.

[12] Keddie (pp. 106-107) signale ce type d'interprétation, mais le rejette, alors que Jordan l'exploite tout au long du commentaire. Goslinga (p. 452) voit Samson comme un type du Christ dans sa mort. Crenshaw (*Samson: A secret betrayed, a vow ignored*, p. 140) cite un auteur du 17e siècle (Thomas Hayne, *The General View of the Holy Scripture*, 1640, pp. 217-218) qui relève neuf caractéristiques.

(2) L'annonce de l'ange de l'Eternel à la mère de Samson rappelle aussi la visite de Gabriel chez Marie. (3) La force prodigieuse de Samson utilisée pour combattre l'ennemi peut trouver un parallèle dans le pouvoir de Jésus de chasser les démons. (4) La lutte contre le lion gardien du territoire des ténèbres (voir commentaire 14.5-9) peut illustrer le combat de Jésus contre Satan. (5) La trahison de la tribu leader rappelle le péché des chefs religieux juifs qui ont livré Jésus aux Romains. (6) L'insistance de Dalila à piéger Samson rappelle la même persévérance des Juifs pour livrer le Messie, et aussi les efforts de Judas Iscariote pour trouver une occasion de livrer Jésus pour de l'argent (Mt 26.15-16; Mc 14.11; Lc 22.3-6). (7) La passivité de Samson lorsque ses frères le lient pour le livrer aux Philistins (15.12-13) et son sacrifice ultime dans le temple de Dagon qui lui apporta la plus grande victoire de son ministère évoquent le sacrifice expiatoire sur la croix. (8) Samson a vécu en solitaire sans être compris par ses frères et ses compatriotes, tout comme Jésus a été exclu du peuple et abandonné par ses proches (Es 53)[13].

Certes Samson n'est pas le Messie, et sa vie ne peut être parfaite puisque tous les hommes ont péché à l'exception de Jésus (Rom 3.9-10, 20; Héb 4.15). Samson a fini par pécher, alors que Jésus a vécu sans péché. Samson a fini par perdre sa force; Jésus l'a gardée jusqu'au bout, mais a renoncé à l'utiliser (cf. Mt 26.53). Ces différences entre le Messie et son précurseur ne doivent pas nous faire oublier toutes les analogies relevées ci-dessus. Le dessein de Dieu pour Samson est des plus surprenants.

Structure

Des cinq phases du cycle, seules trois sont présentes. Les deux premières sont exposées au premier verset (*révolte* et *ruine:* 13.1), alors que la *repentance* forme le reste du développement. Cette phase s'achève d'ailleurs avec la repentance du juge lui-même (16.28).

Une deuxième structure suit la dimension chronologique. Trois sections se dégagent: (1) la naissance (13.1-24), (2) les débuts du ministère divisés en deux parties: le temps des noces (13.25-14.20) et le temps de la moisson (15), (3) la fin du ministère (16)[14].

---

[13] Jordan (pp. 262-263) trouve aussi un parallèle entre le mystère qui entoure toutes les actions de Samson et le «mystère messianique», lorsque Jésus parle en paraboles ou lorsqu'il demande de taire certaines choses.

[14] J. Cheryl Exum («Aspects of Symmetry and Balance in the Samson Saga», in *JSOT* 19 [1981] pp. 3-29) relève de nombreux thèmes communs entre Juges 14-15

La structure la plus intéressante est thématique. Elle est construite sur un chiasme et rappelle la structure globale du livre 2-7-2:[15] *double* introduction (naissance et premiers contacts avec les Philistins), *sept* épisodes sur les conflits avec les Philistins, *double* conclusion (perte de la force et mort). A noter, au centre, du chiasme la seule référence au peuple (en dehors du verset introductif).

A^1		La conception de Samson (13.1-24)
B^1		L'énigme du mariage (13.25-14.19)
C		Sept petits épisodes
a^1	↑	Visite et vol à Askalon (14.19-20)
b^1		Pays détruit par le feu (15.1-5)
c^1		Attaque des Philistins contre la famille de Samson (15.6-8)
d		*Trahison de Juda* (15.9-13)
c^2		Attaque des Philistins contre Samson (15.14-17)
b^2		Samson désaltéré par un rocher (15.18-20)
a^2	↓	Visite et vol à Gaza (16.1-3)
B^2		L'énigme de la force de Samson (16.4-21)
A^2		La mort de Samson (16.22-31)

Les remarques sur le chiasme sont données en note[16].

---

et Juges 16, ainsi qu'entre le chapitre 14 et le chapitre 15. La structure proposée pour le détail est moins convaincante.

15 Le cycle du premier juge (Othniel) est aussi construit sur ce modèle 2-7-2 (voir Othniel pp. 94-95).

16 (1) B^1 et B^2 contiennent les deux énigmes du cycle. Dans les deux cas, une femme proche de Samson travaille pour les Philistins et insiste pour connaître le secret (la première lui plaît et il se propose de l'épouser; la seconde, il l'aime). Samson cède dans les deux cas. (La prostituée de Gaza est une troisième femme dans la vie de Samson, mais elle reste tout à fait en marge du récit et n'occupe pas une position prépondérante comme les deux autres). (2) Ca^1 et Ca^2 mentionnent une visite dans une ville philistine et un vol (habits somptueux; les portes de la ville). Les objets volés sont symboles de domination (les habits, signes de magistrature, marquent la domination politique et judiciaire; les portes de la ville, la puissance militaire). (3) Cb^1 et Cb^2 évoquent la dimension de la nature et présentent des contrastes: le feu détruit le pays ennemi, alors que l'eau sortie du rocher abreuve le juste. (4) Le centre du chiasme contient la seule référence à Israël. Le peuple y manifeste son rejet total de Dieu en livrant le juge aux ennemis philistins. Concernant les sept courtes péricopes du centre, la première est rattachée

Généralités sur le chapitre 13

Le premier des quatre chapitres consacrés à Samson rapporte les événements relatifs à l'annonce de sa naissance. Cette préoccupation relative à la naissance du juge, au premier abord démesurée lorsqu'on la compare aux autres juges dont seul le ministère est rapporté, vient de l'intérêt que l'auteur porte à l'appel du juge. L'appel reflète le projet de Dieu pour cet homme et pour son peuple. Comme les gènes d'une fleur se trouvent déjà dans la graine, comme le plan d'un architecte contient les principales caractéristiques d'une construction, l'appel divin contient les données fondamentales du ministère de Samson.

Samson est mis à part *dès le début* de sa vie, car sa consécration doit être *totale*. Les prescriptions du naziréat doivent même être appliquées dès les tout premiers instants de la vie, c'est-à-dire dès la conception[17]. Sa mère devra ainsi s'abstenir de certains aliments durant le temps de sa grossesse, pour éviter au jeune Samson qu'elle porte de consommer des aliments interdits au travers d'elle. La consécration de Samson est exceptionnelle.

Le type de ministère est aussi présenté: *«Ce sera lui qui commencera à délivrer Israël de la main des Philistins»* (13.5). Plusieurs commentateurs mettent cette parole en rapport avec l'histoire d'Israël, puisque la guerre contre les Philistins a duré jusqu'à l'époque de David[18]. Il semble préférable de rattacher cette parole au contexte immédiat. Comme il n'y a pas de repentance, Dieu indique que la libération militaire et politique ne pourra pas se réaliser avant un retour à Dieu.

La présence personnelle de l'ange de l'Eternel ajoute encore à la situation exceptionnelle de Samson et souligne l'intérêt divin: l'Eternel s'engage directement en faveur de ce juge[19].

étroitement à l'énigme du mariage puisqu'elle forme la conclusion du récit, et la dernière de ces péricopes est rattachée par son thème (et peut-être même par la chronologie) au récit de Dalila (l'énigme de la force de Samson).

17 Ce texte enseigne clairement que la vie humaine commence à la conception.

18 L'expression *«il commencera à délivrer»* peut vouloir dire que Samson sera le premier à délivrer des Philistins puisque cette oeuvre a été continuée par Samuel, Saül et Jonathan, puis achevée par David (Bruce p. 280).

19 Pour Exum («The Theological Dimension of the Samson Saga», in *Vetus Testamentum*, XXXIII/1 [1983], pp. 30-45), l'enseignement principal des chapitres 13-16 vient des interventions divines (cf. les références à l'Esprit; les réponses aux prières).

Liens et contrastes avec l'appel de Gédéon

L'appel de Samson rappelle celui de Gédéon. Ces deux appels divins sont les seuls que l'auteur rapporte, et ils sont très proches: (1) L'ange de l'Eternel vient en personne annoncer le ministère du juge. (2) Un dialogue s'engage entre l'ange et les hommes suite à leurs questions (Gédéon et Manoach). (3) Malgré les réponses plutôt décevantes, les deux Israélites désirent offrir un repas à l'ange. (4) Celui-ci donne des instructions pour que ce repas se transforme en offrande (6.20; 13.16). (5) Quand tout est prêt, un miracle se produit et remplit les deux hommes de frayeur, car ils sont convaincus maintenant d'avoir été dans la présence même de Dieu.

Les récits sont tellement proches qu'on aurait tendance à les confondre[20]. Les nuances sont pourtant importantes. Par rapport au premier récit, le deuxième présente une révélation divine plus manifeste: (1) Lors de l'appel de Samson, l'ange apparaît à deux reprises et à deux personnes (la mère et le père), alors que Gédéon était le seul témoin d'une apparition unique. (2) L'apparition de l'ange à la femme de Manoach lui permet immédiatement de reconnaître un messager divin (*«Un homme de Dieu est venu vers moi, et il avait l'aspect d'un ange de Dieu, un aspect redoutable»* 13:6), alors que le doute de Gédéon au sujet de l'origine divine du messager ne se lève que tout à la fin, au moment du miracle. (3) L'ange fait connaître son nom à Manoach, mais ne dit rien de tel à Gédéon. (4) Le miracle de l'ange montant dans une flamme de feu est plus spectaculaire que celui où l'ange enflamme l'offrande de Gédéon. (5) En dernier lieu, on peut relever que l'appel de Samson se fait avant la naissance, et même avant la conception et non pas seulement lorsque le besoin d'un libérateur se fait sentir, ce qui souligne la fermeté du dessein divin à l'égard du ministère de Samson.

Parallèlement à cette révélation divine plus manifeste, Manoach (qui est l'interlocuteur principal de l'ange dans ce récit) semble plus éloigné de l'Eternel que Gédéon: (1) Ainsi, lorsque le miracle se produit, l'expression de la crainte (injustifiée) de Manoach est plus manifeste que celle de Gédéon (cf. Manoach pense mourir). (2) Le repas offert par Manoach est refusé et doit être remplacé par un holocauste, alors que Gédéon peut offrir un sacrifice de communion. (3) L'offrande de Gédéon est manifestement acceptée, puisque l'ange

---

[20] C'est le cas de Flavius Josèphe qui extrapole passablement le récit de Samson et affirme que son offrande s'est consumée au moment où l'ange l'a touchée avec son bâton (*Antiquités* V.8.3; cf. 6.21).

la touche avec son bâton, alors que l'holocauste de Manoach semble remplacé (ou complété) par le sacrifice de l'ange qui monte comme un holocauste dans une flamme de feu. (4) Tout au long du dialogue avec l'ange, Manoach est moins perspicace que sa femme et semble ne pas comprendre ce qui se passe.

Ces remarques sur les deux appels permettent au lecteur d'attendre une action divine plus éclatante sous Samson que sous Gédéon, mais peut-être aussi une rigidité (voir une opposition) plus manifeste du peuple envers l'envoyé divin.

Exégèse détaillée du chapitre 13

Révolte et ruine (13.1)

> *Les enfants d'Israël firent encore ce qui déplaît à l'Eternel; et l'Eternel les livra entre les mains des Philistins, pendant quarante ans.*

Dès qu'il a terminé de raconter la domination en Transjordanie, l'auteur revient à l'oppression en Cisjordanie déjà mentionnée au début du cycle de Jephthé (10.6-7).

Le lien chronologique entre les 40 ans d'oppression d'une part, et l'appel et le ministère de Samson d'autre part, n'est pas évident. L'ange annonce-t-il le ministère du juge à la fin, au milieu ou au début des 40 ans d'oppression? Si c'est à la fin, la domination des Philistins dure alors 80 ans ou plus (40 ans avant la naissance, 20 ans pour permettre à Samson de grandir, 20 ans de ministère sans libération: 15.20; 16.31). Si c'est au milieu, Samson commence son ministère après 40 ans d'oppression philistine et la domination dure 60 ans ou plus. Si c'est au début, le ministère de Samson commence après 20 ans de domination, et s'achève après 40 ans de domination. Du moment que la somme des périodes d'oppressions, de repos et de règnes dépassent la durée totale de la période des juges, les commentateurs sont tentés de choisir la troisième solution[21]. La seconde nous paraît préférable. Le ministère de Samson peut se situer entre la défaite d'Aphek et la victoire d'Eben-Ezer (1 Sam 4.1-11; 7.2, 7-13; voir tableau p. 52).

---

[21] Jordan p. 237, Keddie p. 100, Wood p. 303. Cette solution n'est pas absolument nécessaire si l'on accepte le principe du recoupement de certaines périodes décrites dans les Juges à l'image de l'oppression simultanée des Ammonites et des Philistins (10.7). Goslinga (pp. 235, 411) place le début du ministère de Samson après les 40 années d'oppression.

La révélation à la mère (13.2-7)

2 Il y avait un homme de Tsorea, de la famille des Danites, et qui s'appelait Manoach. Sa femme était stérile, et n'enfantait pas.

3 Un ange de l'Eternel apparut à la femme, et lui dit: Voici, tu es stérile, et tu n'as pas d'enfants; tu deviendras enceinte, et tu enfanteras un fils. 4 Maintenant prends bien garde, ne bois ni vin ni liqueur forte, et ne mange rien d'impur. 5 Car tu vas devenir enceinte et tu enfanteras un fils. Le rasoir ne passera pas sur sa tête, parce que cet enfant sera consacré à Dieu dès le ventre de sa mère; et ce sera lui qui commencera à délivrer Israël de la main des Philistins.

6 La femme alla dire à son mari: Un homme de Dieu est venu vers moi, et il avait l'aspect d'un ange de Dieu, un aspect redoutable. Je ne lui ai pas demandé d'où il était, et il ne m'a pas fait connaître son nom. 7 Mais il m'a dit: Tu vas devenir enceinte, et tu enfanteras un fils; et maintenant ne bois ni vin ni liqueur forte, et ne mange rien d'impur, parce que cet enfant sera consacré à Dieu dès le ventre de sa mère jusqu'au jour de sa mort.

Alors que le lecteur s'attend à entendre parler de la repentance du peuple, l'auteur le confronte à une histoire de stérilité. Absence de repentance et stérilité ont en commun l'absence de vie. Malgré quarante ans d'oppression, le peuple refuse de se tourner vers l'auteur de la vie[22]. Dieu doit intervenir de manière radicale et différente. Le miracle de la naissance de Samson est l'acte rédempteur par lequel Dieu donnera espoir à la famille de Manoach[23] et à tout Israël. L'ange de l'Eternel en personne sera chargé d'annoncer le dessein divin.

Quatre informations sont transmises à la femme de Manoach: (1) Elle enfantera un fils. (2) Elle devra s'abstenir de certaines nourritures. (3) Son fils sera consacré toute sa vie à l'Eternel. (4) Le ministère de ce fils sera orienté vers la libération du peuple. L'élément étonnant ne vient ni du ministère du juge ni de l'ordre de ne pas couper les cheveux, mais de la permanence de la consécration. Dès les premiers jours de vie, c'est-à-dire dès la conception, l'enfant devra suivre les prescriptions du naziréat[24]. Par

---

[22] Si l'on place la naissance de Samson au début ou au milieu de l'oppression philistine (voir commentaire sur 13.1), il faut alors comprendre que Dieu, dans son omniscience, connaissait déjà l'endurcissement futur d'Israël.

[23] Le père appartient à la *famille* des Danites (13.2). Ce mot est préféré à *tribu*, car les Danites se composaient d'une seule famille (Nb 26.42; *BA* p. 141, Goslinga p. 412).

[24] Le mot *nâzîr* (נזיר) veut dire consacré, mis à part.

conséquent, sa mère devra suivre les mêmes lois alimentaires pendant le temps de sa grossesse.

La femme court vers son mari pour répéter l'information (13.6-7). L'auteur la répète lui aussi (il aurait pu simplement dire que la femme répétait l'information sans le faire lui-même) pour mieux ancrer le message dans l'esprit du lecteur (il le fera même une troisième fois lorsque l'ange répète au père la même information: 13.13-14). Dans sa répétition, l'auteur ne redonne pas tous les éléments, mais seulement ce qui est le plus étonnant, à savoir la naissance d'un fils et sa consécration permanente (*«jusqu'au jour de sa mort»* 13.7)[25].

La femme est convaincue du message, car pour elle, le messager venait manifestement de Dieu (*«Un homme de Dieu est venu vers moi, et il avait l'aspect d'un ange de Dieu, un aspect redoutable»* 13.6). Le mot *redoutable*[26] (*nôrâ'*: נורא) décrit souvent la divinité (Ps 66.5; 76.12)[27].

Samson vient d'une famille qui n'avait pas émigré au nord (cf. Juges 17-18). En effet, Tsorea située à 23 kilomètres à l'ouest de Jérusalem avait été attribuée à Dan (Jos 19.41).

Les demandes du père (13.8-14)

> *8 Manoach fit cette prière à l'Eternel: Ah! Seigneur, que l'homme de Dieu que tu as envoyé vienne encore vers nous, et qu'il nous enseigne ce que nous devons faire pour l'enfant qui naîtra! 9 Dieu exauça la prière de Manoach, et l'ange de Dieu vint encore vers la femme. Elle était assise dans un champ, et Manoach, son mari, n'était pas avec elle. 10 Elle courut promptement donner cette nouvelle à son mari, et lui dit: Voici, l'homme qui était venu l'autre jour vers moi m'est apparu. 11 Manoach se leva, suivit sa femme, alla vers l'homme, et lui dit: Est-ce toi qui as parlé à cette femme? Il répondit: C'est moi. 12 Manoach dit: Maintenant, si ta parole s'accomplit, que faudra-t-il observer à l'égard de l'enfant, et qu'y aura-t-il à faire? 13 L'ange de l'Eternel répondit à Manoach: La femme s'abstiendra de tout ce que je lui ai dit. 14 Elle ne goûtera d'aucun produit de la vigne, elle ne boira*

---

[25] Si le rapport de la femme ne contient pas de référence au ministère du fils, ce n'est pas que celle-ci n'y croyait pas ou ne l'a dit, mais que l'auteur l'a omise par souci de brièveté et pour relever uniquement les éléments étonnants. En effet, qu'un homme consacré toute sa vie au Seigneur soit impliqué dans une action rédemptrice n'est guère étonnant.

[26] Segond, TOB, Synodale. Autres traductions: *effrayant* (Colombe), *terrifiant* (Semeur), *très-terrible* (Darby), *majestueux* (Jérusalem), *impressionnant à voir* (Français courant).

[27] Wolf p. 462.

ni vin ni liqueur forte, et elle ne mangera rien d'impur; elle observera tout ce que je lui ai prescrit.

Le personnage de Manoach est énigmatique. Faut-il voir en lui un homme consacré au Seigneur qui désire s'informer sur la meilleure manière d'éduquer un enfant si particulier? Sa prière exaucée n'est-elle pas synonyme d'approbation divine[28]? Plusieurs éléments militent contre une vue trop positive de l'homme: (1) L'ange est certes venu lui parler, mais il n'a fait que répéter le message antérieur sans ajouter d'élément supplémentaire. (2) L'ange retourne vers la femme plutôt que vers l'homme, ce qui suggère un certain mépris du chef de famille. (3) Le contraste entre la réaction de la femme et celle de l'homme lors du miracle ne témoigne guère en faveur de Manoach. La mère exprime le discernement qui manque au père. (4) Les répliques de l'ange aux questions de Manoach sont brèves, presque sèches, parfois négatives. A la première question (*«Est-ce toi qui as parlé à cette femme?»* 13.11), l'ange répond par un mot: moi (*'anî*: אני). A la seconde question (*«Que faudra-t-il observer à l'égard de l'enfant, et qu'y aura-t-il à faire?»* 13.12), il ne fait que reprendre (partiellement) le message confié à la femme. A la troisième question (*«Quel est ton nom?»* 13.17), l'ange répond par un reproche et une énigme. Quant à l'invitation au repas, elle est refusée catégoriquement (13.15-16). (5) La deuxième question (13.12) peut refléter le doute: *«si ta parole s'accomplit»* (traduction de Segond) plutôt que *«quand ta parole s'accomplira»* (13.12)[29].

Manoach doute, alors que sa femme croit. Toute une génération est illustrée par ce couple. Ainsi, quand les chefs endurcis font obstacle à l'oeuvre divine, Dieu doit utiliser pour son oeuvre des gens placés, par nature, au second rang: une épouse plutôt qu'un mari; un inconnu de Dan plutôt qu'un magistrat de Juda. Le dépassement des structures hiérarchiques témoigne de la cécité des chefs qui ne peuvent manifestement plus servir de guide.

---

[28] Goslinga (p. 425) admire la foi de Manoach et J.J. Davis (p. 134) est impressionné par un homme qui ne met pas le message en question, mais aimerait savoir plus sur l'éducation à donner à l'enfant. D'un autre côté, Wolf (p. 463) et Wood (p. 308) relèvent que l'absence d'un nouvel élément dans la réponse de l'ange doit nous faire comprendre l'attitude de Manoach négativement, alors que Flavius Josèphe (*Antiquités* V.8.4) affirme que Manoach aurait été jaloux de l'ange.

[29] Colombe, Semeur, Darby, Synodale, Jérusalem. La TOB souligne encore plus la foi de Manoach et traduit *puisque*.

L'offrande du père (13.15-23)

15 Manoach dit à l'ange de l'Eternel: Permets-nous de te retenir, et de t'apprêter un chevreau. 16 L'ange de l'Eternel répondit à Manoach: Quand tu me retiendrais, je ne mangerais pas de ton mets; mais si tu veux faire un holocauste, tu l'offriras à l'Eternel. Manoach ne savait pas que ce fût un ange de l'Eternel. 17 Et Manoach dit à l'ange de l'Eternel: Quel est ton nom, afin que nous te rendions gloire, quand ta parole s'accomplira? 18 L'ange de l'Eternel lui répondit: Pourquoi demandes-tu mon nom? Il est merveilleux.

19 Manoach prit le chevreau et l'offrande, et fit un sacrifice à l'Eternel sur le rocher. Il s'opéra un prodige, pendant que Manoach et sa femme regardaient. 20 Comme la flamme montait de dessus l'autel vers le ciel, l'ange de l'Eternel monta dans la flamme de l'autel. A cette vue, Manoach et sa femme tombèrent la face contre terre. 21 L'ange de l'Eternel n'apparut plus à Manoach et à sa femme. Alors Manoach comprit que c'était l'ange de l'Eternel, 22 et il dit à sa femme: Nous allons mourir, car nous avons vu Dieu. 23 Sa femme lui répondit: Si l'Eternel avait voulu nous faire mourir, il n'aurait pas pris de nos mains l'holocauste et l'offrande, il ne nous aurait pas fait voir tout cela, et il ne nous aurait pas maintenant fait entendre pareilles choses.

Manifestement, l'auteur veut nous faire comparer Samson et Gédéon[30]. Puisque l'ange avait agréé le repas de Gédéon, le refus catégorique de l'offrande de Manoach peut surprendre. L'ange propose pourtant de remplacer le repas par un holocauste. Puisque le peuple vit dans le péché et ne s'est pas repenti (contrairement à la génération de Gédéon), la communion avec Dieu est impossible. L'expiation précède la communion. L'holocauste d'abord, le repas fraternel ensuite.

Manoach demande le nom de l'ange. Ce que la femme n'avait osé faire, le mari le fait. Ne réalisant pas que l'ange est Dieu, veut-il honorer le messager? Pour cela, il a besoin de connaître son identité[31]. La réponse de l'ange est sèche: *«Pourquoi demandes-tu mon nom?»* Ainsi, par contraste, la prudence de la femme est relevée. L'ange finit quand même par répondre, mais sa réponse est déroutante: *«il est merveilleux»* ou *«mystérieux»*[32]. D'un côté, l'ange refuse de se nommer: la question ne reçoit pas de réponse, car le

[30] Jordan p. 235 (voir commentaire p. 245).

[31] D.R. Davis p. 163.

[32] *Pil'î* (פלאי) est traduit par *merveilleux* (Segond, Darby, Français courant), *mystérieux* (TOB, Jérusalem, note de Français courant) ou *prodigieux* (Synodale). Ce mot est utilisé dans Es 9.5 pour qualifier le Messie.

nom de l'ange est *mystérieux*[33]. D'un autre côté, la réponse en est quand même une, car l'ange ne répond pas par le silence, mais par une parole qui souligne la grandeur de Dieu. Par ce mot, l'ange confirme la divinité que la femme avait pressentie (13.6).

Le miracle opéré pour les futurs parents de Samson est plus spectaculaire que celui de Gédéon: *«l'ange de l'Eternel monta dans la flamme de l'autel»*. L'événement fait oublier l'holocauste, car le miracle concerne le messager. Comme nous l'avons déjà indiqué lors du voeu de Jephthé, le mot holocauste véhicule l'idée fondamentale de *monter*. Or justement, l'ange monte dans la flamme du *rocher* (*tsûr*, צור: 13.19) qui est devenu un *autel* (*mizbêahi*, מזבח: 13.20). Ainsi, l'ange prend littéralement la place de l'holocauste. En termes néo-testamentaires, nous dirions que Dieu s'offre en sacrifice pour le péché du peuple.

La crainte de Manoach, après qu'il a réalisé l'identité de l'ange, montre qu'il ne comprend toujours pas (13.21-22). Il voit sans comprendre. L'identité de l'ange ne peut pas lui échapper, mais le sens de l'action le dépasse. C'est comme si Manoach était toujours d'un cran en retard. Il illustre parfaitement sa génération qui verra les signes de Samson sans en comprendre le sens. Sa femme, au contraire, comprend et explique avec bon sens la grâce divine à son mari (13.23), et à ses paroles, nous pourrions ajouter que si Dieu prend la peine de mourir pour nous, ce n'est pas pour que nous mourions à notre tour (Jn 3.16).

La naissance de Samson et le début de son ministère (13.24-25)

24 La femme enfanta un fils, et lui donna le nom de Samson. L'enfant grandit, et l'Eternel le bénit.

25 Et l'Esprit de l'Eternel commença à l'agiter à Machané-Dan, entre Tsorea et Eschthaol.

Le nom de Samson, comme nous l'avons relevé, vient de l'hébreu soleil. La mère lui a donné ce nom peut-être parce que Dieu, comme le soleil, a apporté de la lumière dans la vie de leur couple[34]. Le nom exprime peut-être l'espérance des parents que par cet enfant, l'heure de la libération a sonné pour Israël[35]. Sans exclure l'un ou l'autre, le

---

33 Note TOB.

34 Wolf p. 464.

35 Goslinga p. 419. Les théologiens libéraux rapprochent ce nom de Samson de la ville de Beth-Schémesch (la maison du soleil) située à 3 km. de Tsorea. Ils y voient une allusion à un prétendu mythe du dieu soleil. (noté par Bruce p. 281). Keil

nom de Samson annonce surtout son ministère d'éclaireur et d'enseignant.

L'enfance de Samson est résumée en quelques mots tout comme pour Jean-Baptiste et Jésus (Luc 1.80; 2.40, 52). L'important réside dans l'action divine, non dans l'éducation des hommes, même si Dieu a choisi pour ses élus des mères engagées.

Le dernier verset du chapitre 13 fait déjà partie de la section suivante et sera donc repris avec l'exégèse du prochain chapitre.

(p. 408) suit Flavius Josèphe (*Antiquités* V.8.4) et donne au mot Samson le sens de *destructeur*. La mère indiquerait ainsi sa foi dans le ministère libérateur de son fils.

Samson (2) : 14-15

Généralités sur le chapitre 14

Le chapitre 14 présente les noces de Samson avec une Philistine. Tout le récit est imprégné de mystères: (1) Le désir de Samson d'épouser une étrangère ne peut qu'étonner quand on connaît les interdictions divines sur les mariages mixtes. L'homme totalement consacré au service divin débute son ministère en voulant unir sa vie à une païenne! (2) Nouvel étonnement, quand l'auteur indique que les parents, qui en toute logique désapprouvent leur fils, ne comprennent pas la volonté divine (14.4). (3) L'action prodigieuse de Samson qui tue un lion à mains nues est tenue secrète (*«Il ne dit pas à son père et à sa mère ce qu'il avait fait»* 14.6). Le lecteur ne peut que s'interroger sur cette mise à l'écart de parents que l'ange avait pourtant mis dans le secret avant la conception de Samson. Ne serait-il pas naturel de leur rapporter l'exploit qui lui a sauvé la vie et qui témoigne de la bénédiction divine? (4) Lorsque Samson trouve le miel dans le corps du lion, il tait une nouvelle fois l'histoire à ses parents (14.9). L'insistance de l'auteur à souligner ce fait ne peut qu'intriguer. (4) Le mystère devient encore plus manifeste quand Samson pose une devinette aux compagnons de noces. Que recherche Samson? L'énigme pouvait-elle recevoir d'autres sens et, dans l'affirmative, pourquoi les Philistins n'en ont-ils proposé aucun? (5) Pourquoi Samson récompense-t-il les Philistins, alors que ceux-ci ont triché? (6) Le dernier secret vient de l'origine des manteaux: si le lecteur connaît leur provenance, les amis de noces n'en ont pas la moindre idée, car Samson a pris soin de s'éloigner suffisamment du lieu des noces pour ne pas éveiller leurs soupçons (Askalon est à 37 km de Thimna).

Le récit des noces ne peut que faire réfléchir. C'est d'ailleurs le but de Samson: stimuler Israël à la réflexion. Le mariage avec une Philistine doit servir d'enseignement à Israël: un enseignement chargé de montrer la folie d'une alliance avec ces étrangers. En épousant une Philistine, Samson veut montrer qu'une alliance avec ce peuple ne peut que se solder par un échec. Les Philistins ne cherchent qu'à écraser et dominer. Leur parole n'a aucune valeur et il n'est jamais possible de leur faire confiance. S'allier avec eux est une folie. Pour illustrer ce fait, notre juge choisit l'alliance la plus profonde, celle où l'engagement est total: le mariage. Masochisme pur répliqueront certains. Pas avec Samson. Notre homme est des plus intelligents. Sachant que la débâcle est au rendez-vous, Samson la précipite. Il l'active de telle manière que l'échec vienne *avant* la consommation du mariage. Ainsi, Samson, tout en proposant un mariage avec une étrangère, n'aura jamais à vivre une telle alliance[1].

Le défi jeté par l'énigme servira de catalyseur. Il permettra de montrer la vraie nature du peuple philistin. Il est utile de relever que l'épreuve entre Samson et les Philistins est vraiment le thème central de ce texte sur le mariage. Les noces ne sont qu'un prétexte pour lancer le défi. Dans la narration, la cérémonie du mariage passe (en toute logique) à l'arrière-plan. Le développement littéraire est remarquable. Pour que le test fonctionne, pour qu'il révèle la vraie nature des Philistins, il faut que ces hommes perdent la partie, car Samson veut montrer que ces gens ne savent ni perdre ni tenir parole. L'épreuve est des plus révélatrices. Les Philistins non seulement ne tiennent pas parole (puisqu'ils trichent), mais ils se montrent prêts à tuer des membres de leur peuple pour obtenir gain de cause. Les menaces adressées à la Philistine sont terribles: *«Séduis ton mari, et qu'il nous explique l'énigme: sinon, nous te brûlerons, toi et la maison de ton père»* (14.15). Tuer leurs frères pour gagner quelques manteaux. Toute l'horreur des Philistins est exposée. Israël ferait bien d'être sur ses gardes. La résistance à toute tentation d'alliance avec ce peuple est impérative. Si les Philistins traitent les membres de leur propre peuple avec si peu de respect, qu'en sera-t-il des étrangers? L'oppression et l'esclavage seront inévitables.

Puisque l'engagement de Samson avec une Philistine est tellement étrange, l'auteur multiplie les indices pour guider le lecteur dans une évaluation *positive* du juge[2]. Dès les premiers mots, l'auteur met le

---

[1] Goslinga (p. 426) pense que le mariage a lieu au début des sept jours, car l'épouse est appelée *femme* (אשה). Cet argument n'est pas décisif, car la Philistine est appelée *femme* même avant la fête (14.1, 2, 3, 7, 10). Ailleurs, Marie est aussi appelée la *femme* (γυνη) de Joseph, et lui son *mari*, alors que tous les deux n'étaient que fiancés (Mt 1.18-25). D'autre part, puisque la Philistine est donnée à un autre homme à l'issue de la fête après le départ de Samson, il semble que le juge ne l'avait pas encore connue à ce moment (14.20). Sa visite lors des moissons semble indiquer le désir d'une première rencontre avec sa femme (voir commentaire sur 15.1).

[2] La majorité des commentateurs qui se prononcent sur l'engagement de Samson lors de ses noces avec la Philistine le critiquent: Archer (*Encyclopedia of Bible Difficulties,* pp. 165-166), Cundall (p. 161), J.J. Davis (p. 135), Goslinga (p. 421), Jackman (p. 219), Kaiser (pp. 130-133), Wolf (p. 465). D.R. Davis (pp. 170, p. 175) est tout aussi négatif sauf lors du raid à Askalon. Par contre, Wood (pp. 309-313) est en général favorable à Samson à l'exception de son mariage. Jordan (pp. 241-252) est le seul à le soutenir dans toutes ses actions des chapitres 14 et 15.

lecteur en garde pour comprendre positivement le récit: l'Esprit de l'Eternel repose sur Samson (13.25). Les actions du juge sont spirituelles. Devant l'insistance de Samson à épouser cette femme malgré les reproches parentaux (14.3), l'auteur ne peut s'empêcher de placer un de ses rares commentaires: *«Son père et sa mère ne savaient pas que cela venait de l'Eternel: car Samson cherchait une occasion de dispute de la part des Philistins»* (14.4). La présence de l'Esprit est répétée une deuxième et même une troisième fois en relation avec une force étonnante (14.6, 19). L'aisance avec laquelle Samson tue un lion, puis trente Philistins témoigne aussi de la présence et de la bénédiction divine.

Exégèse détaillée du chapitre 14

La proposition d'un mariage avec une Philistine (13.25-14.4)

> *25 Et l'Esprit de l'Eternel commença à l'agiter à Machané-Dan, entre Tsorea et Eschthaol.*
>
> ***14**.1 Samson descendit à Thimna, et il y vit une femme parmi les filles des Philistins. 2 Lorsqu'il fut remonté, il le déclara à son père et à sa mère, et dit: J'ai vu à Thimna une femme parmi les filles des Philistins; prenez-la maintenant pour ma femme. 3 Son père et sa mère lui dirent: N'y a-t-il pas de femme parmi les filles de tes frères et dans tout notre peuple, que tu ailles prendre une femme chez les Philistins, qui sont incirconcis? Et Samson dit à son père: Prends-la pour moi, car elle me plaît. 4 Son père et sa mère ne savaient pas que cela venait de l'Eternel: car Samson cherchait une occasion de dispute de la part des Philistins. En ce temps-là, les Philistins dominaient sur Israël.*

Samson parcourt une dizaine de kilomètres pour se rendre à Thimna qui avait été attribuée à Dan (Jos 19.43). La liberté avec laquelle Samson pénètre en territoire philistin (trois voyages sont relatés avant son mariage: 14.1, 5, 8) et la possibilité d'un mariage mixte témoignent de relations amicales entre les deux peuples. La situation est pourtant trompeuse, car les Philistins dominent Israël (14.4)[3].

---

[3] Cundall (p. 162) utilise la référence à la domination des Philistins pour dater le livre. Selon lui, la référence indique une époque où la menace philistine a disparu, ce qui placerait la rédaction du livre au plus tôt au milieu du règne de David. Il semble préférable d'interpréter la référence en fonction du contexte immédiat: puisque la domination des Philistins est discrète au point de passer inaperçue, l'auteur la rappelle pour justifier les actions guerrières de Samson à l'égard des oppresseurs.

Les Philistins ne sont pas mentionnés parmi les peuples avec lesquels un mariage était interdit (Dt 7.14), mais la loi générale sur l'interdiction d'une alliance avec les habitants du pays (Ex 34.16) s'applique aussi aux Philistins (Jos 13.2-3). D'une manière générale, tout mariage avec une étrangère non convertie était prohibé[4]. Les parents semblent particulièrement opposés à une alliance avec ce peuple dont les hommes n'étaient même pas *circoncis* (14.3), contrairement aux autres peuples que les Israélites connaissaient à cette époque, tels que les Egyptiens, les Cananéens, etc.[5].

Samson choisit une femme qui lui *plaît* (14.3, 7). On pourrait croire que la femme a gagné son coeur, mais l'attachement de Samson pour cette Philistine n'est pas du même ordre que celui qu'il aura avec Dalila. De cette dernière, il est dit que Samson *l'aima* (16.4, 15). L'hébreu *'âhab* (אהב) exprime un attachement sentimental. Pour la Philistine du chapitre 14 le mot *yâchâr* (ישר; traduit par *convenable)* est utilisé. Ce mot relève la perfection *morale*[6]. Samson choisit cette femme non par amour, mais parce qu'elle lui semble être la plus fiable des Philistines. Puisque l'épreuve de Samson doit montrer que les Philistins sont *indignes* de confiance, Samson choisit la plus droite pour montrer que même la meilleure finit par tromper.

Le commentaire de l'auteur au verset 4 pose un problème. Le texte hébreu ne précise pas si c'est l'Eternel ou Samson qui *«cherchait une occasion de dispute de la part des Philistins»* (14.4). A cause d'une approche négative de Samson, la plupart des commentateurs penchent vers la première solution[7]. Dieu agirait souverainement malgré le péché de Samson. Notre approche nous conduit évidemment dans l'autre direction. Samson agité par l'Esprit divin cherche une occasion pour commencer son ministère de

---

4 Keil p. 409, Wolf p. 466. Keddie (p. 104) estime qu'un mariage avec une Philistine était possible. Jordan (pp. 244-245) pense que Samson, par son engagement, offre une chance à la Philistine d'embrasser la vraie foi. Si elle avait placé sa confiance dans l'envoyé de Dieu (c.-à-d. Samson), le mariage aurait eu lieu et Samson aurait épousé une étrangère *croyante*, ce qui était autorisé par la Loi.

5 Bruce p. 281, Jackman p. 221.

6 *TWOT* p. 417. Le même mot est utilisé dans le slogan final (*«Chacun fait ce qui lui semble bon»*), mais ce parallélisme n'implique pas que Samson fait le mal comme le peuple (cf. Kaiser p. 131).

7 *BA* p. 144, D.R. Davis p. 170, J.J. Davis p. 136. D.R. Davis (p. 171) cite sept versions anglaises qui indiquent explicitement l'Eternel comme sujet (NASB, NIV, JB, NJB, TEV, NEB, et NJPS). En français: TOB, Jérusalem et Français courant ont *«l'Eternel»* pour sujet; Semeur et Synodale ont *«il»*; Segond, Colombe et Darby (entre parenthèses) ont *«Samson»*.

libérateur et de prophète trouble-fête. Dans le mariage qu'il planifie, il discerne l'occasion idéale pour entamer son ministère.

L'histoire du lion (14.5-9)

> *5 Samson descendit avec son père et sa mère à Thimna. Lorsqu'ils arrivèrent aux vignes de Thimna, voici, un jeune lion rugissant vint à sa rencontre. 6 L'Esprit de l'Eternel saisit Samson; et, sans avoir rien à la main, Samson déchira le lion comme on déchire un chevreau. Il ne dit pas à son père et à sa mère ce qu'il avait fait. 7 Il descendit et parla à la femme, et elle lui plut.*
>
> *8 Quelque temps après, il se rendit de nouveau à Thimna pour la prendre, et se détourna pour voir le cadavre du lion. Et voici, il y avait un essaim d'abeilles et du miel dans le corps du lion. 9 Il prit entre ses mains le miel, dont il mangea pendant la route; et lorsqu'il fut arrivé près de son père et de sa mère, il leur en donna, et ils en mangèrent. Mais il ne leur dit pas qu'il avait pris ce miel dans le corps du lion.*

L'expédition en territoire philistin s'avère dangereuse. Dès la frontière franchie, un lion attaque Samson *«aux vignes de Thimna»* (14.5), c'est-à-dire dans une région prospère. Le lion se pose en gardien du territoire et empêche Samson de pénétrer dans le pays donné en héritage à ses ancêtres. Le fauve représente d'une certaine manière les Philistins, car eux aussi empêchent les Israélites de jouir de la Terre promise. Le rapprochement entre le lion et les Philistins est encore plus intéressant lorsqu'on sait que pour les Egyptiens (ancêtres lointains des Philistins selon Gen 10.14), le sphinx (monstre mythique à corps de *lion* et tête humaine) était *le gardien* du territoire[8]. L'attaque des Philistins plus tard rappellera aussi l'attaque du lion, car leurs clameurs (*«Les Philistins poussèrent des cris à sa rencontre»* 15.14) ressemblent au rugissement du lion (*«Un jeune lion rugissant vint à sa rencontre»* 14.5)[9]. Dans les deux cas, l'Esprit de l'Eternel vient sur Samson au moment de l'agression et lui permet de déchirer le lion avec ses mains et de briser les cordes neuves entourant ses bras (14.5; 15.14).

Ce récit de l'attaque du lion permet non seulement de comprendre la devinette qui suit, mais aussi de montrer la puissance divine qui accompagne Samson. L'homme consacré dès le sein maternel est invincible. Il pourrait attaquer les Philistins et libérer Israël, mais sa tâche est autre. L'indication de la venue de l'Esprit sur Samson ne

---

[8] Jordan pp. 246-247.

[9] La même forme verbale (לקראתו) est utilisée pour l'action du lion et des Philistins.

signifie pas qu'à d'autres moments il ne l'avait pas[10], ou que sa force intrinsèque était généralement suffisante, sauf dans des cas exceptionnels où il avait besoin d'une énergie supplémentaire[11]. La mention de l'Esprit a un but didactique. L'Esprit est mentionné (1) tout au début du ministère de Samson pour justifier d'une manière générale ses actes, et son mariage en particulier (13.25), (2) lors de la première manifestation de force (14.6), (3) lors de la première confrontation musclée avec les Philistins (14.19), (4) lorsque l'auteur veut renforcer le parallélisme entre l'attaque du lion et l'agression des Philistins (15.14).

«Quelque temps après» sa deuxième visite, Samson retourne à Thimna (14.8). Un certain temps s'est écoulé entre les deux voyages: le corps de l'animal a été réduit à l'état de squelette sous l'action des oiseaux et des insectes, car les abeilles ne s'établissent pas dans un cadavre[12]. Les abeilles ont aussi eu le temps de faire du miel. Le juge, souvent décrit par les commentateurs comme impulsif, prend son temps. Il planifie le mariage et réfléchit au moyen d'exposer le caractère des Philistins, car il cherche *«une occasion de dispute»* (14.4). Le double silence relatif à la mort du lion et au miel trouvé dans la carcasse (14.6, 9) montre que Samson pense sérieusement au piège qu'il va tendre.

Lors de ces deux visites, Samson aurait, selon certains commentateurs, transgressé une ou plusieurs prescriptions relatives au naziréat[13]. En particulier, le juge aurait touché un animal mort en prenant le miel. Cela expliquerait sa volonté de taire l'origine du miel à ses parents. Son détour par les vignes de Thimna pourrait aussi indiquer un désir de consommer du fruit de la vigne (Nb 6.3-4). La deuxième critique est pure supposition, et la première oublie que l'impureté relative au contact avec un mort est liée au décès de *personnes* et non d'*animaux* (Nb 6.6-7; voir prescriptions relatives au naziréat p. 241).

---

[10] Goslinga p. 422.

[11] Wood p. 312.

[12] *BA* p. 144, J.J. Davis. Goslinga (p. 423) pense que la carcasse du lion s'est desséchée par la chaleur du soleil. Keil (p. 410) cite des cas dans le désert d'Arabie où la chaleur dessèche les cadavres sans permettre la putréfaction et Cundall (p. 164) parle de l'été palestinien où les carcasses se déshydratent très vite. Mais Thimna n'est pas dans un désert et l'époque des noces semble plus proche de l'hiver ou du printemps que de l'été, puisque le chapitre suivant se situe durant les moissons.

[13] Bruce p. 282, Cundall p. 164, J.J. Davis p. 136, Keil p. 410, Wolf pp. 466-467. Wood (p. 313) réfute leurs arguments.

Présentation du défi (14.10-14a)

10 Le père de Samson descendit chez la femme. Et là, Samson fit un festin, car c'était la coutume des jeunes gens. 11 Dès qu'on le vit, on invita trente compagnons qui se tinrent avec lui. 12 Samson leur dit: Je vais vous proposer une énigme. Si vous me l'expliquez pendant les sept jours du festin, et si vous la découvrez, je vous donnerai trente chemises et trente vêtements de rechange. 13 Mais si vous ne pouvez pas me l'expliquer, ce sera vous qui me donnerez trente chemises et trente vêtements de rechange. Ils lui dirent: Propose ton énigme, et nous l'écouterons. 14 Et il leur dit: De celui qui mange est sorti ce qui se mange, et du fort est sorti le doux.

Samson participe au festin (*michte*: משׁתה). Le mot vient du verbe *châtâ* (שׁתה) qui signifie boire. Certains y voient une nouvelle transgression du naziréat[14], mais rien n'indique que Samson ait bu du vin à cette occasion. Est-il impossible à un membre de la croix bleue de participer à un banquet? Trente compagnons lui sont confiés. C'est la famille de l'épouse qui lui offre ces hommes peut-être pour éviter que trop d'Israélites participent à la fête, mais plus vraisemblablement pour se protéger de Samson[15]. Dès son arrivée, Samson serait ainsi entouré de trente gardes déguisés en amis de noces.

Sans perdre de temps, dès le premier jour de la fête, Samson lance un défi sous forme de devinette. Les charades étaient un divertissement courant lors des repas, et en particulier lors de noces qui duraient sept jours. Les invités disposaient alors de temps pour se livrer à ce genre d'amusement. Le montant de l'enjeu suggère pourtant que le défi dépassait le simple divertissement. Les habits proposés en guise de récompense sont de qualité supérieure (cf. Gen 45.22; 2 Rois 5.5, 22, 23) et la personne ordinaire n'en avait en général qu'un seul[16]. De plus, l'issue du défi ne se limitait vraisemblablement pas à une question matérielle. En proposant le don *de manteaux,* Samson choisit comme récompense pour le vainqueur *un signe de royauté*[17]. En effet, dans la culture proche-orientale, le manteau était le signe traditionnel de l'investiture d'une autorité, comme la couronne royale le sera plus tard dans les monarchies européennes. L'histoire du manteau royal demandé par Haman à Assuérus est bien connue (Est 6.6-11). Elie utilise son manteau comme signe de son autorité pour fendre les eaux du

---

[14] D.R. Davis p. 173, J.J. Davis p. 136, Wolf p. 468.

[15] *BA* p. 144, Bruce p. 282, Flavius Josèphe *Antiquités* V.8.6.

[16] Cundall p. 166, Wolf p. 468.

[17] Jordan (p. 250) parle d'un signe de dignité.

Jourdain (2 Rois 2.8), et ce manteau reviendra à Elisée le digne héritier de son maître (2 Rois 2.13-14). Quant à Joseph, il avait été honoré d'un manteau multicolore par son père, ce qui avait suscité la jalousie de ses frères (Gen 37.3-4). En proposant le don d'un manteau, Samson indique un signe de soumission du vaincu au vainqueur. Puisque deux peuples habiteront ensemble suite au mariage contracté, le maître des deux peuples sera celui qui se révélera le plus intelligent.

Le défi lancé par Samson est rapidement accepté par les Philistins orgueilleux et avides de gains matériels. Les Philistins croient à leur supériorité et veulent la prouver au champion israélite[18]. De plus, ne sont-ils pas trente à s'élancer sur la piste de l'énigme? Lancer le défi est chose facile et Samson les convainc aisément d'entrer dans cette compétition. Mais Samson ambitionne plus. Il veut gagner le défi pour faire perdre les Philistins et exposer ainsi leur vraie nature.

La devinette tient en deux lignes rythmées de trois mots: (a) *«de celui qui mange* est sorti *ce qui se mange»*, (b) *«et du fort* est sorti *le doux»* (14:14) (a. מהאכל יצא מאכל, b. ומעז יצא מתוק). La solution est aisée pour le lecteur, car l'expérience étonnante de l'essaim d'abeille dans la carcasse du lion vient de lui être contée, et le refus de Samson de partager cette histoire avec ses parents avait éveillé la curiosité et l'attention. Par contre, pour celui qui ignore l'expérience du lion et du miel, l'énigme semble insoluble[19]. Certains taxeront Samson de malhonnêteté, mais c'est faire un procès injuste à notre juge. D'une part, l'expérience de l'essaim d'abeille est rare, mais pas unique, et la carcasse du lion se trouvait dans les environs immédiats de la fête[20]. D'autre part, les termes du défi étaient clairs. Les Philistins savaient au-devant de quoi ils allaient. Pas un instant, ils ne doutaient que Samson ferait tout son possible pour voiler la solution[21]. Leur erreur a été de sous-estimer son intelligence.

Remarquons que la difficulté de la devinette vient aussi (et peut-être surtout) des divers sens qu'on pouvait lui donner. Dans le cadre d'un repas de noces, les Philistins pouvaient penser à *une orgie*. Le

---

[18] Wolf p. 468.

[19] Goslinga p. 425.

[20] Wolf (p. 468) suggère que Samson leur a peut-être laissé une clé pour trouver la solution, car le mot *lion* en hébreu est presque identique à un mot arabe qui signifie *miel*. L'idée est développée par J. R. Porter («Samson's riddle: Judges 14.14,18», in *Journal of Theological Studies*, 13 [1962], pp. 106-109).

[21] Devant la difficulté de l'énigme, ils ne vont pas se plaindre à Samson, ce qui aurait été un aveu de faiblesse.

plus vaillant des jeunes gens n'ayant pu résister à la délicatesse et à l'abondance des aliments ne peut s'empêcher de vomir les douceurs ingurgitées[22]. Le cadre du mariage pouvait aussi aiguiller les Philistins vers *le rapport sexuel.* Ces deux thèmes sont couramment évoqués dans ce genre de repas et souvent en termes elliptiques, le second en particulier. Ainsi, l'époux est le consommateur et le fort du rapport sexuel, et son sperme est la douceur qui nourrit et ensemence l'épouse[23]. La diversité de sens possibles est le propre de certaines devinettes, et les différentes interprétations sont autant de fausses pistes destinées à égarer le chercheur[24]. Même si les Philistins avaient trouvé tous ces sens, ils n'auraient pas su lequel présenter à Samson.

La nature des Philistins exposée (14.14b-18)

> *Pendant trois jours, ils ne purent expliquer l'énigme. 15 Le septième jour, ils dirent à la femme de Samson: Persuade ton mari de nous expliquer l'énigme; sinon, nous te brûlerons, toi et la maison de ton père. C'est pour nous dépouiller que vous nous avez invités, n'est-ce pas? 16 La femme de Samson pleurait auprès de lui, et disait: Tu n'as pour moi que de la haine, et tu ne m'aimes pas; tu as proposé une énigme aux enfants de mon peuple, et tu ne me l'as pas expliquée! Et il lui répondait: Je ne l'ai expliquée ni à mon père ni à ma mère; est-ce à toi que je l'expliquerais?*
>
> *17 Elle pleura auprès de lui pendant les sept jours que dura leur festin; et le septième jour, il la lui expliqua, car elle le tourmentait. Et elle donna l'explication de l'énigme aux enfants de son peuple. 18 Les gens de la ville dirent à Samson le septième jour, avant le coucher du soleil: Quoi de plus doux que le miel, et quoi de plus fort que le lion? Et il leur dit: Si vous n'aviez pas labouré avec ma génisse, vous n'auriez pas découvert mon énigme.*

La chronologie de la semaine pose quelques problèmes dans le texte hébreu. Les Philistins cherchent sans succès la solution *pendant trois jours* (14.14), menacent la femme *le septième jour* (14.15), alors que celle-ci avait *depuis sept jours* imploré Samson de lui dévoiler son secret (14.17). La LXX et la version syriaque lèvent partiellement la difficulté en disant que les Philistins ont menacé la femme le *quatrième* jour au lieu du septième jour. Les traductions

---

[22] Crenshaw (p. 114) propose cette interprétation de la devinette parmi d'autres. D'une manière générale, ses remarques sur les énigmes sont stimulantes (cf. chapitre 3, pp. 99-120: «The Riddles»). Voir aussi Philip Nel: «The Riddle of Samson (Judges 14.14,18)», in *Biblica* 66 (1985) p. 538.

[23] Crenshaw p. 115; Nel p. 538.

[24] Crenshaw p. 114.

du Semeur et de Jérusalem, ainsi que la plupart des versions anglaises suivent cette lecture[25]. Mais d'autres solutions s'offrent à nous. Manifestement, la femme anticipe les menaces des Philistins. Consciente de la difficulté de la devinette et connaissant l'orgueil et l'endurcissement de ses compatriotes, elle pressentait le malheur de sa famille. D'autre part, les intimidations des Philistins ont effectivement pu commencer le quatrième jour, mais sont allées en progressant pour se transformer en menaces de destruction totale le septième jour[26].

Le test de Samson fonctionne à la perfection. Face à l'échec, la vraie nature des Philistins se révèle. Ce peuple est moins amical qu'on pourrait le croire. Sentant la solution leur échapper, les Philistins transgressent les règles du jeu. Incapables par leur intelligence de percer le mystère de Samson, ils recourent à des moyens illicites pour gagner. Qu'ils aillent jusqu'à menacer de mort l'une des leurs en dit long sur leur caractère.

Samson finit par leur livrer son secret non par faiblesse, mais pour prouver leur péché[27]. Il leur laisse croire qu'il succombe aux pleurs de sa femme[28], mais prend soin d'attendre les derniers instants du délai fixé pour le faire. Puisque son secret n'a pas même été divulgué à ses plus proches, la fuite ne peut venir que de sa femme[29]. Ainsi, le test dévoile aussi le caractère de cette femme que Samson avait pourtant choisie pour sa droiture morale (14.3). Même la meilleure Philistine est indigne de confiance. Certains répliqueront que la femme était menacée de mort et que, dans de pareilles circonstances, sa tromperie est excusable. Le texte ne semble pas confirmer cette opinion. Les hommes ne menacent la femme de mort qu'à l'issue du délai imparti (14.15). Or, la femme a cherché à obtenir la solution *dès le premier jour* (*«Elle pleura tout contre lui pendant les sept jours que dura leur festin»* 14.17). La tentative de tromper Samson est présente dès le début.

---

[25] D.R. Davis p. 174. Colombe, Darby, Français courant, Segond, Synodale et TOB suivent le texte hébreu.

[26] Keil (p. 411) pense que les Philistins cherchent pendant trois jours, puis attendent la fin du terme.

[27] Pour beaucoup, Samson cède par faiblesse (Goslinga p. 427, Wolf p. 463) et parce que la consommation du mariage approche (Cundall p. 166). Flavius Josèphe (*Antiquités* V.8.6) affirme que Samson n'a soupçonné aucune malveillance.

[28] La Philistine le *tourmentait* (tsûq: צוק). Le verbe exprime une forte pression (*TWOT* p. 760).

[29] Jordan pp. 248, 251.

La réponse des Philistins tient en deux lignes de trois mots comme la devinette de Samson: (a) «<u>quoi</u> de plus doux *que le miel»*, (b) «<u>et quoi</u> de plus fort *que le lion?»* (14:18) (a. מה מתוק מדבש, b. ומה עז מארי). La réponse est donnée sous forme de question. Est-ce par moquerie pour montrer que la solution est évidente[30]? Est-ce par souci littéraire? Puisque Samson leur avait posé sa question sous forme d'une affirmation, ils lui répondent par une question. Est-ce par prudence? Les Philistins ont perçu que la devinette pouvait recevoir différentes réponses, et ils craignent que Samson change de sens au dernier moment (celui qui trompe suspecte toujours les autres de malhonnêteté). Au travers d'une formulation interrogative, leur réponse contient une énigme et pourrait inclure un sens caché. Si Samson se hasardait à répondre qu'il pensait aux orgies ou au sexe, ils lui rétorqueraient que leur réponse exprimait justement cette idée, mais qu'en gens distingués, ils l'avaient présentée sous forme imagée.

Samson ne conteste pas la réponse, car elle est la preuve manifeste qu'ils ont triché, et il ne se gêne pas pour le leur dire. Sa réponse est aussi construite sur deux lignes de trois mots avec une rime en plus du rythme[31]: (a) «*si vous n'aviez pas labouré avec ma génisse»*, (b) «*vous n'auriez pas découvert mon énigme»* (14:18) (a. לולא חרשתם בעגלתי, b. לא מצאתם חידתי). Puisque les génisses n'étaient en général pas utilisées pour labourer, Samson leur fait comprendre qu'ils n'ont pas respecté les règles du jeu[32]. La référence à une génisse et à l'ensemencement des champs véhicule aussi une connotation sexuelle[33]. Les Philistins ont trompé Samson dans ce qu'il avait de plus personnel, et leur attitude peut être identifiée à un adultère avec sa femme[34].

Puisque Samson fait réfléchir par ses actes, il vaut la peine de revenir un instant sur la devinette. Le lecteur, mis dans le secret dès le début, apprécie l'histoire et sourit aux vains efforts des Philistins[35]. Mais lui-même, en a-t-il saisi toute la portée? Puisque Samson fait réfléchir ses contemporains et que l'auteur fait réfléchir ses lecteurs,

---

30 L'ironie est que la proposition avancée n'est pas si évidente. Samson est plus fort que le lion, et la Parole de Dieu est plus douce que le miel (Ps 19.11) (Jordan p. 251).

31 Bruce p. 282.

32 Wolf p. 469.

33 Crenshaw p. 119. Dans le cadre de ce repas de noces, Samson montre qu'il comprend les connotations sexuelles de leurs propos.

34 Jordan p. 252.

35 D.R. Davis p. 174.

peut-être que la solution suggérée au départ n'est pas complète. En fait, l'énigme véhicule un *double* message. Le sens premier est manifeste, mais pas le second. Pour le comprendre, il faut se rappeler que le lion représente les Philistins et attaque Samson *aux vignes* de Thimna. Le fauve, comme les incirconcis, empêche l'accès à une partie de la Terre promise. Le fruit de la vigne ne peut être cueilli. Par contre, lorsque l'ennemi est mort, le Juif retrouve la jouissance de son héritage, de ce pays où coulent le lait et le *miel*. Le miel dans la carcasse du lion vaincu symbolise la bénédiction retrouvée. Samson en mange et en donne à ses parents (14.9) comme pour montrer à toute la nation juive que l'ennemi Philistin ne peut pas être amadoué, mais doit être dépossédé et tué, comme Dieu le leur avait demandé[36]. En expliquant à sa femme la première solution (le lion représente la force, et le miel la douceur), Samson n'a pas dévoilé le fond de sa pensée. Fondamentalement, la devinette fait allusion au combat qu'Israël doit mener contre les Philistins. L'adversaire à dompter pour qu'Israël puisse jouir du miel n'est pas un animal, mais un peuple. Combattez et tuez les Philistins (le fort) et vous jouirez des fruits du pays (le doux). Cette réponse trop offensante pour les Philistins ne pouvait jamais traverser leur esprit. Cette remarque montre une fois de plus que Samson n'a dévoilé que ce qu'il voulait, et notre juge sort grand vainqueur de cette confrontation intellectuelle.

La justice de Samson (14.19-20)

> *19 L'Esprit de l'Eternel le saisit, et il descendit à Askalon. Il y tua trente hommes, prit leurs dépouilles, et donna les vêtements de rechange à ceux qui avaient expliqué l'énigme.*
>
> *Il était enflammé de colère, et il monta à la maison de son père. 20 Sa femme fut donnée à l'un de ses compagnons, avec lequel il était lié.*

Puisque Samson se résout à payer les habits promis, le lecteur pourrait croire que le juge a fini par perdre la confrontation. La référence à l'Esprit nous apprend qu'il n'en est rien et que l'Eternel est toujours resté avec le juge. Mais alors, si Samson est vainqueur pourquoi paie-t-il le prix de la victoire aux Philistins? Mais quelle rémunération leur remet-il? En apparence, il leur offre le prix du vainqueur (les 30 manteaux), mais en réalité, c'est le salaire du péché qu'ils reçoivent[37].

---

[36] Jordan p. 248.

[37] Keil (p. 412) pense que Samson est obligé de garder sa promesse, mais comme le relève J.J. Davis (p. 137), il paie la dette à leurs frais.

Ayant démontré la vraie nature de ce peuple, et ayant remporté le défi (les Philistins se sont disqualifiés en trichant), Samson se rend à Askalon. Revêtu de l'Esprit divin (14.19), notre héros y descend en vainqueur et non en vaincu. Puisque Samson s'est montré le plus intelligent, il a gagné le droit de devenir le chef des Philistins. Ces derniers, ayant triché, doivent être punis par Samson, leur nouveau maître. La justice sera équitable, elle suivra la loi du talion: (1) Les Philistins ont volé la réponse de l'énigme; Samson volera les habits. (2) Ils ont cherché à tromper Samson; ce dernier les trompera en leur faisant croire qu'ils reçoivent la récompense qu'ils recherchaient. (3) 30 hommes se sont comportés en meurtriers pour avoir menacé de mort sa belle famille; Samson tuera 30 de leurs compatriotes. Samson est-il injuste en tuant d'autres Philistins? Nullement, puisque tous les Philistins sont du même acabit (la preuve vient d'être fournie), et que Dieu avait demandé à son peuple de tuer tous les habitants de la Terre promise (Dt 20.16).

Askalon est un des cinq centres philistins et la localité est suffisamment éloignée de Thimna (37 km) pour ne pas attirer l'attention des compagnons de noces. Peut-être Samson veut-il épargner sa belle-famille de la vengeance des leurs[38], car *«quelque temps après»*, il leur offre une chance de se racheter (voir commentaire 15.1-3).

Ce récit forme la conclusion du développement sur les noces, mais il ouvre aussi la section des *sept* péricopes placées au centre du cycle (voir p. 243). Une première évaluation semble appropriée à ce stade du récit. Revêtu de l'Esprit de l'Eternel, Samson a mené le jeu du début à la fin. Il a dominé tous les développements: même sa confidence à la Philistine au dernier jour de la fête, même le salaire versé aux Philistins suite à leurs iniquités. Son jugement final est équitable; son éthique est parfaite. L'oint de l'Eternel règne par Sa force et Sa sagesse, et Israël devrait en tirer exemple. Si le peuple était consacré à l'Eternel comme Samson, il serait comme lui revêtu de force et d'intelligence.

Exégèse détaillée du chapitre 15

Les récits du chapitre 15 reprennent et complètent le chapitre 14. Samson poursuit son enseignement sur la nature des Philistins et sur le danger d'alliances avec ce peuple. Comme lors de son mariage avec la Philistine (chapitre 14), notre héros enseigne son peuple par

---

[38] Cundall p. 167, Wolf p. 469. Au chapitre 15, les Philistins réagissent rapidement aux actes punitifs de Samson (15.6).

des actes symboliques. Cinq péricopes contiennent des événements relatifs *«à l'époque de la moisson»* (mi-mai/début juin: 15.1). Elles sont arrangées en chiasme autour du rejet de Samson par la tribu leader Juda (15.13) (voir structure du cycle p. 243).

Les champs enflammés (15.1-5)

> *1 Quelque temps après, à l'époque de la moisson des blés, Samson alla voir sa femme, et lui porta un chevreau. Il dit: Je veux entrer vers ma femme dans sa chambre. Mais le père de sa femme ne lui permit pas d'entrer. 2 J'ai pensé dit-il, que tu avais pour elle de la haine, et je l'ai donnée à ton compagnon. Est-ce que sa jeune soeur n'est pas plus belle qu'elle? Prends-la donc à sa place. 3 Samson leur dit: Cette fois je ne serai pas coupable envers les Philistins, si je leur fais du mal.*

A l'époque de la moisson, Samson retourne vers la Philistine qui lui avait été promise (15.1)[39]. Pourquoi retourne-t-il vers elle, puisqu'il venait de dévoiler la nature corrompue de cette femme et de tous les Philistins? Quel sens donner aux paroles du juge lorsqu'il dit: *«Je veux entrer vers ma femme dans sa chambre»* (15.1)?

La chambre et le lit d'une femme représentent l'endroit de l'intimité. Samson va vers la Philistine pour s'unir à elle. Il veut consommer son mariage, car lors des noces, Samson avait quitté sa femme avant de s'unir à elle. Maintenant, il veut la connaître. Cette attitude surprend, puisque notre juge avait démontré la folie d'une alliance avec une telle femme. Samson aurait-il modifié son opinion ou serait-il naïf au point de croire que la femme a changé? Rien de tout cela. Notre héros est convaincu du contraire: rien n'a changé et rien ne changera. Samson se montre pourtant prêt à pardonner la trahison passée. Il est prêt à offrir une deuxième chance aux Philistins, bien qu'il sache d'avance (comme lors des noces) que l'échec est au rendez-vous. Une alliance avec les Philistins ne peut jamais donner des résultats positifs. Son insistance à s'engager avec cette femme vient de son désir de laisser aux Juifs une autre preuve de la nature corrompue des Philistins: un deuxième témoignage qui confirmera le premier. Ainsi, tout doute sera balayé.

---

[39] Plusieurs commentateurs pensent que le mariage entre Samson et la Philistine est du type *beena* (mot akkadien) où la femme reste chez son père et le mari visite périodiquement sa femme (Cundall p. 429, Wolf p. 470 et Roland de Vaux, *Les institutions de l'Ancien Testament*, Cerf, 1982). Mais les évidences présentées sont faibles (Goslinga p. 430). Le mot traduit par *visiter* ou *alla voir* (*pâqad*: פקד 15.1) contient à la base l'idée de surveillance et d'inspection (*TWOT* p. 731).

Dès son arrivée, Samson apprend que sa femme a été offerte à quelqu'un d'autre (15.1-2). La promesse de lui donner cette Philistine n'a pas été tenue. Pire: le père rejette la faute sur Samson: *«J'ai pensé que tu avais pour elle de la haine»* (15.2). Accuser Samson de ne pas tenir ses engagements, alors que ce sont les Philistins qui ont triché! C'est un comble! Les coupables rejettent la faute sur l'innocent. Ces paroles du père témoignent que rien n'a changé chez les Philistins. Aucun repentir, mais une arrogance toujours plus marquée[40].

Devant le contrat rompu, devant les accusations injustes, Samson, le juge, doit intervenir et punir les coupables. Lorsqu'il dit *«Cette fois je ne serai pas coupable envers les Philistins, si je leur fais du mal»* (15.3), Samson utilise une litote: puisqu'un deuxième témoignage de la culpabilité de ce peuple a été fourni, leur condamnation est sans appel.

> *4 Samson s'en alla. Il attrapa trois cents renards, et prit des flambeaux; puis il tourna queue contre queue, et mit un flambeau entre deux queues, au milieu. 5 Il alluma les flambeaux, lâcha les renards dans les blés des Philistins, et embrasa les tas de gerbes, le blé sur pied, et jusqu'aux plantations d'oliviers.*

La justice de Samson sera équitable (15.4-5). Pour comprendre la nature du jugement, il faut d'abord saisir l'étendue du tort. La période de la visite donne une indication des attentes de Samson. En choisissant *«l'époque de la moisson des blés»* (15.1) pour visiter sa femme, notre homme ne manifeste pas seulement le désir de s'unir à elle, mais surtout l'intention de recevoir une descendance. En le privant de femme, les Philistins l'ont aussi privé de descendance. En juste juge, Samson applique la loi du talion: oeil pour oeil, dent pour dent, *moisson pour moisson*. Puisque les Philistins l'ont privé de sa moisson (c.-à-d. de sa descendance), il les privera de leur moisson[41]. Leurs champs seront incendiés. Puisque le chef de famille a commis l'iniquité (15.1), toute la communauté (c.-à-d. la famille élargie) sera punie. Le lecteur Juif notera, en passant, qu'une alliance avec les

---

[40] La proposition du beau-père révèle la culpabilité du Philistin (cf. Gen 29.26-27), à moins qu'elle ne reflète davantage sa crainte (Cundall p. 168). Quand il affirme que la plus jeune est meilleure (15.2), on peut douter de sa sincérité, car il ne cherche qu'à convaincre Samson. Certains voient dans le chevreau offert par le juge la marque d'une repentance (Bruce p. 282, Wood p. 314), mais cela peut être un cadeau pour le plaisir sexuel (cf. Gen 38.17; Wolf p. 470) ou plus simplement un cadeau de bienvenue (Goslinga p. 42).

[41] Jordan p. 256.

Philistins n'offre aucun avenir, puisque toute descendance est supprimée.

Pour accomplir son jugement, Samson attrape 300 renards qu'il attache par la queue avec une torche au milieu (15.4)[42]. Une fois les torches allumées, il lâche ces 150 paires pour incendier la région. L'action du juge est riche de sens. En attachant des renards deux à deux par la queue, Samson veut symboliser des alliances mauvaises, des alliances qui ne peuvent produire que la destruction. Imaginez deux renards attachés par la queue. Chacun va tirer de son côté: aucune harmonie n'est possible. De plus, si une difficulté se présente, si un problème surgit entre eux - comme une torche enflammée -, chaque partie redoublera d'efforts pour partir de son côté. Une collaboration des renards pour trouver un étang, y tremper leur queue et éteindre la mèche, est inimaginable. Chacun va tirer de toutes ses forces de son côté. L'anarchie est totale. Tout le pays est parcouru au hasard des efforts de chaque animal. Aucune solution ne peut être trouvée. Pire: tout le pays est contaminé par leur problème; toute la contrée est dévastée. Le message de Samson est clair: une mauvaise alliance ne produit rien de bon. Si Israël s'allie avec les Philistins, l'avenir ne peut être que sombre. A la moindre difficulté, chaque peuple ne pensera qu'à ses intérêts et le pays sera ravagé par les nombreux antagonismes.

Cette action montre Samson déterminé, persévérant et plein de sang-froid, car la capture de tous ces animaux demandait un grand effort[43]. Il n'agit pas à la légère sur un coup de tête, mais au contraire, il réfléchit et évalue chaque action. Un homme impulsif (comme beaucoup imaginent Samson) aurait pénétré de force dans la maison du beau-père pour prendre sa femme[44]. Certains trouveront l'action du juge cruelle envers les renards, car ces animaux ont souffert injustement. Mais, n'y a-t-il pas encore un symbole à saisir dans cette souffrance? Lorsqu'un pays est dominé par des hommes pécheurs, toutes les créatures sont plongées dans la souffrance. Les animaux sont des créatures inférieures qui partagent (en partie) le sort des humains. Ainsi, lors de certains conflits, les

---

42 Faut-il voir ici des *renards* (Bruce p. 282, Goslinga p. 431) ou des *chacals* (Cundall p. 169, J.J. Davis p. 137, Jackman p. 233, Keil p. 413, Wolf p. 470)? Le mot hébreu peut signifier les deux. Les chacals se déplacent en groupe et sont donc plus faciles à attraper que les renards qui sont plus solitaires et prennent grand soin d'éviter les hommes, mais la queue plus longue et plus touffue des renards conviendrait peut-être mieux.

43 Jackman (p. 233), Archer (*Encyclopedia of Bible Difficulties*, p. 166).

44 Wood p. 315.

animaux devaient être tués avec les hommes (Dt 13.15; Jos 6.21; 1 Sam 15.3). Si notre esprit peut s'étonner de ces commandements divins, il déculpabilise certainement Samson.

Pour saisir tout le symbolisme de cet acte, il est bon de s'arrêter encore un instant sur la quantité d'animaux impliqués dans la destruction du pays. Pourquoi avoir capturé autant d'animaux, alors qu'une douzaine aurait suffi? Le nombre 300 est peu fréquent dans l'Ecriture, mais il apparaît aussi dans le cycle prédécent. Jephthé y affirme que 300 ans séparent la conquête de la Transjordanie de son époque (11.26). Comme l'oppression ammonite du temps de Jephthé est contemporaine à l'oppression philistine (10.6-7), Samson peut avoir voulu marquer les trois siècles de la domination du littoral par les Philistins, par 300 renards qui dévastent le pays.

Vengeance sur la belle-famille (15.6-8a)

> *6 Les Philistins dirent: Qui a fait cela? On répondit: Samson, le gendre du Thimnien, parce que celui-ci lui a pris sa femme et l'a donnée à son compagnon. Et les Philistins montèrent, et ils la brûlèrent, elle et son père. 7 Samson leur dit: Est-ce ainsi que vous agissez? Je ne cesserai qu'après m'être vengé de vous. 8 Il les battit rudement, à plate couture.*

Les Philistins répliquent à l'action de Samson en attaquant sa belle-famille: «*Les Philistins montèrent, et ils la brûlèrent, elle et son père*» (15.6). Ce que la femme avait cherché à éviter en trahissant Samson, elle ne peut maintenant l'empêcher. Trahir Samson n'aura servi à rien. Ceux en qui elle s'était confiée se retournent contre elle sans aucune reconnaissance pour les services rendus. Ce retour du sort enseigne qu'une injustice ne doit jamais être combattue par une autre injustice[45]. L'iniquité des Philistins éclate une nouvelle fois. Pourquoi tuer la belle-famille de Samson? Même si elle était coupable de l'incendie (ce qui n'est pas le cas), la destruction de biens matériels ne justifie jamais une mort. La peine capitale ne doit être administrée qu'en cas de blasphème ou d'une atteinte grave à la personne humaine. Un délit matériel ne peut être puni que par une amende, car la vie d'un homme est plus précieuse que tout l'argent du monde.

Samson réplique en battant les Philistins *rudement* (15.8). Littéralement l'hébreu dit *du bas de la jambe* (*chôq*: שׁוק) *à la taille*

---

[45] Ainsi, l'agression sexuelle d'un homme sur une femme (c.-à-d. un viol) ne pourra jamais trouver une solution dans la mort d'un innocent (c.-à-d. un avortement).

(*yârekh*: ירך). Nous dirions: à plate couture. Traducteurs et commentateurs s'accordent à reconnaître une expression qui indique une grande défaite[46]. Peut-être faudrait-il la mettre en relation avec le péché des Philistins. Ce peuple pratique une politique d'intimidation: (1) Il commence par menacer la femme de mort (14.15) avant de passer à l'action (15.6). (2) Il attaque la belle-famille de Samson (15.6) avant de poursuivre le juge lui-même (15.9-10). (3) Lorsque les Philistins montent vers Juda pour capturer Samson, les Israélites livrent immédiatement leur héros, étant conditionnés par la crainte que leur inspirent les Philistins (15.12). Cette politique d'intimidation durcit progressivement le ton. Au départ, la pression est discrète et le langage reste courtois, au point de faire croire que la cohabitation est agréable. Devant une opposition, les menaces se précisent pour faire plier tout réfractaire. Ainsi, en s'attaquant à sa belle-famille, les Philistins essaient d'intimider Samson. «Aujourd'hui nous tuons ta belle-famille; demain ce sera ton tour si tu ne changes pas». Pour répondre à ce chantage, Samson va aussi les battre *de bas en haut*, soit littéralement *«du bas de la jambe à la taille»*. Ainsi, l'auteur utilise l'expression dans son sens global (c.-à-d. celui d'une expression idiomatique) et dans son sens littéral.

Comme leader légitime de ces voisins d'Israël[47], Samson applique une justice équitable. Puisque les Philistins se sont comportés en meurtriers, ils doivent mourir (Ex 21.12). Pour eux, la peine capitale est méritée. Lorsque les Philistins avaient péché en cachette la première fois, Samson les avait punis à leur insu. Comme cette fois l'iniquité n'est pas dissimulée (les Philistins ont commis leur meurtre en plein jour), Samson rétablira la justice publiquement.

On relèvera aussi une extension des hostilités: (1) De simples menaces de mort proférées pendant les noces (14.15), les Philistins passent aux actes en tuant sans raison des membres de leur propre peuple. (2) Du péché opéré en cachette lors des noces, les Philistins en viennent à bafouer la justice ouvertement. (3) De son côté,

---

[46] Darby propose l'expression *«à leur casser bras et jambes»*, la *BA* donne *«à leur casser cuisse et hanche»*, Segond (1910) traduit *dos et ventre,* plusieurs traductions ont *«à plate couture»* (Segond, Colombe, Semeur, TOB, Jérusalem). Chouraqui est le plus littéral: *«Il les bat de la cheville à la cuisse»*. Certains suggèrent que l'expression est empruntée au vocabulaire de la lutte (Bruce p. 282, Cundall p. 170), ou qu'elle s'applique à des fuyards (*BA* p. 146).

[47] Lors des noces, n'a-t-il pas gagné ce droit en sortant vainqueur du défi? (voir commentaire sur 14.10-14a).

Samson commence par tuer 30 hommes, puis il augmente le nombre des victimes. D'un nombre apparemment important (*«Il les battit rudement»* 15.8), il passera à 1 000 victimes (15.16), puis même 3 000 à la fin de sa vie (16.27) soit plus que *«ceux qu'il avait tués pendant sa vie»* (16.30). Cette extension des hostilités est souhaitée par Samson, car une paix avec les Philistins s'oppose à la volonté divine. Samson agite le bâton dans la fourmilière pour obliger ses compatriotes à réagir. Il veut leur dire: «Ne vous laissez pas séduire par de belles paroles, mais soyez réalistes et battez-vous»[48].

La trahison de Juda (15.8b-13)

> *Puis il descendit, et se retira dans la caverne du rocher d'Etam. 9 Alors les Philistins se mirent en marche, campèrent en Juda, et s'étendirent jusqu'à Léchi. 10 Les hommes de Juda dirent: Pourquoi êtes-vous montés contre nous? Ils répondirent: Nous sommes montés pour lier Samson, afin de le traiter comme il nous a traités. 11 Sur quoi trois mille hommes de Juda descendirent à la caverne du rocher d'Etam, et dirent à Samson: Ne sais-tu pas que les Philistins dominent sur nous? Que nous as-tu donc fait? Il leur répondit: Je les ai traités comme ils m'ont traité. 12 Ils lui dirent: Nous sommes descendus pour te lier, afin de te livrer entre les mains des Philistins. Samson leur dit: Jurez-moi que vous ne me tuerez pas. 13 Ils lui répondirent: Non; nous voulons seulement te lier et te livrer entre leurs mains, mais nous ne te ferons pas mourir. Et ils le lièrent avec deux cordes neuves, et le firent sortir du rocher.*

Samson quitte le territoire philistin pour se rendre en Juda[49]. Il ne se retire pas par crainte des ennemis ou pour éviter de les combattre. Notre juge, qui sait passer inaperçu et tromper l'ennemi quand il le faut (pensons à sa devinette insoluble), veut maintenant être vu. Son lieu de retraite n'est pas une cachette, car les gens savent tout de suite où le chercher. Peut-être a-t-il même choisi le rocher comme éminence pour être mieux vu[50]. Samson veut attirer les Philistins en territoire israélite et pousser Juda à la révolte.

---

[48] Dans cette escalade de la violence, le comportement des deux partis est très différent: Samson limite ses actions à la loi du talion et rétribue tout mal proportionnellement à la faute commise. Les Philistins, au contraire, transgressent systématiquement la justice tout en prétendant l'accomplir.

[49] Le rocher d'Etam est généralement localisé entre Bethléhem et Tekoa (2 Chr 11.6), car cette contrée est riche en cavernes (*BA* p. 146, Keil p. 414, Wolf p. 471). Cundall (p. 170) pense que cette région est trop éloignée.

[50] Wood p. 316.

La première partie de son plan fonctionne à merveille. Les Philistins se positionnent avec une grande armée à Léchi[51]. Par contre, la réaction des Juifs est décevante. Israël veut vivre en bons termes avec ce peuple voisin. Plutôt que de saisir cette occasion pour secouer le joug philistin, les hommes de Juda s'abaissent jusqu'à livrer leur héros. La crainte de l'ennemi efface tout sens de la justice. Juda rejette même le blâme de ces troubles sur Samson: *«Ne sais-tu pas que les Philistins dominent sur nous? Que nous as-tu donc fait?»* (15:11). «Ne conteste pas les Philistins, leur punition est terrible». On reproche à Samson son manque de discernement. C'est un comble!

La déception de Samson a dû être immense[52], mais l'attitude du juge est remarquable face aux hommes de Juda qui viennent l'arrêter. Aucune vengeance personnelle, aucun désir de faire du mal à ses compatriotes[53]. Samson est là pour les libérer d'eux-mêmes, pas pour les punir. Lorsqu'il leur dit: *«Jurez-moi que vous ne me tuerez pas»* (15.12), il n'exprime aucune crainte. Ni les Philistins ni les Juifs ne lui font peur. Sa seule préoccupation est de ne pas blesser ses compatriotes. «Si vous cherchiez à me tuer, je devrais me battre contre vous et vous faire du mal». La douceur de Samson est exemplaire et fait penser à l'attitude de Jésus lors de la passion. Samson est maître de lui-même, alors même qu'il aurait toutes les raisons d'en vouloir aux Juifs[54]. Notre juge n'est certainement pas le fou furieux que certains imaginent. Dans la mesure où sa vie n'est pas menacée, il accepte de se laisser lier. Son ministère d'enseignement se poursuivra malgré l'aveuglement et l'endurcissement d'Israël. Il profitera même des nouvelles circonstances pour montrer aux hommes de Juda que les Philistins ne présentent aucun danger pour celui qui est consacré à l'Eternel.

A deux reprises, les mêmes paroles sont répétées: *«Nous sommes montés pour lier Samson, afin de le traiter comme il nous a traités»* (15.10) et *«Je les ai traités comme ils m'ont traité»* (15.11). Les

---

[51] Ce nom signifie *mâchoire*. Il est employé ici par anticipation (*BA* p. 141, Cundall p. 171, Keil p. 414, Wolf p. 471) et non à cause de l'aspect de ses rochers (Bruce p. 282).

[52] Goslinga p. 434, Wood p. 317. *«Aucun lecteur ne peut manquer de remarquer l'ironie de leur réponse (15.13): Oh, non, Samson, nous ne voulons pas te tuer; nous voulons simplement te lier et te livrer aux Philistins pour qu'ils puissent te tuer»* (D.R. Davis p. 182).

[53] Le nombre des hommes de Juda (trois mille) montre que les Israélites craignaient une vive réaction de Samson.

[54] Wood pp. 319-320.

Philistins et Samson invoquent la loi du talion, mais, comme nous l'avons déjà exprimé, seul Samson l'applique. Les Philistins mentent comme ils respirent. Leur justice n'est qu'injustice. Elle ne protège pas l'innocent, mais l'opprime.

Vengeance avec une mâchoire d'âne fraîche (15.14-17)

> *14 Lorsqu'il arriva à Léchi, les Philistins poussèrent des cris à sa rencontre. Alors l'Esprit de l'Eternel le saisit. Les cordes qu'il avait aux bras devinrent comme du lin brûlé par le feu, et ses liens tombèrent de ses mains. 15 Il trouva une mâchoire d'âne fraîche, il étendit sa main pour la prendre, et il en tua mille hommes. 16 Et Samson dit: Avec une mâchoire d'âne, un monceau, deux monceaux; Avec une mâchoire d'âne, j'ai tué mille hommes. 17 Quand il eut achevé de parler, il jeta de sa main la mâchoire. Et l'on appela ce lieu Ramath-Léchi.*

En communion étroite avec Dieu, Samson est invincible. Sitôt livré aux Philistins, l'Esprit de l'Eternel s'empare de lui (15.14), les liens sont brisés; le joug de la captivité vole en éclat.

Samson exerce une nouvelle fois son ministère de juge. L'instrument du châtiment est *«une mâchoire d'âne fraîche»* (15.15)[55]. L'objet convient à merveille pour punir des menteurs. Puisque ces hommes ne tiennent pas parole, une demi-bouche (c.-à-d. une mâchoire) sera utilisée. Dans la *fraîcheur* de la mâchoire, certains voient un indice de la solidité de l'objet (un vieil os serait cassant)[56]. Sans exclure la dimension utilitaire, le choix de Samson est peut-être d'abord guidé par le symbolisme. La fraîcheur de l'os introduit une dimension temporelle. Puisque les mensonges des Philistins sont récents, la mâchoire est fraîche. En effet, la dernière tromperie ne remonte qu'à quelques heures, lorsque les Philistins ont dit aux hommes de Juda: *«Nous sommes montés pour lier Samson, afin de le traiter comme il nous a traités»* (15.10). Les Philistins prétendent à l'équité: puisque Samson a tué des Philistins, les

---

55 Certains se demandent si Samson a transgressé son naziréat en touchant la mâchoire fraîche de l'âne? (Wilcock p. 143). Comme nous l'avons vu (p. 241), la prescription du naziréat concerne les dépouilles humaines et non celles d'animaux (Nb 6.6-7). De plus, l'impureté est fondamentalement liée à la présence des Philistins. Comme Samson débarrasse le pays d'un millier d'entre eux, il est difficile de voir une action impure dans une telle libération. D'ailleurs, dès que Samson a fini sa tâche, il jette l'objet (15.17; Jordan pp. 259-260).

56 Bruce p. 282, Cundall p. 172, Jordan p. 259, Goslinga p. 435, Wolf p. 472. D.R. Davis (p. 183) relève aussi qu'une mâchoire fraîche devait encore avoir toutes ses dents et devait donc être une bonne arme.

Philistins le tueront. Ce rapprochement est trompeur et déforme la réalité: les Philistins tués par Samson étaient des meurtriers, alors que Samson est un homme droit. La prétendue justice philistine n'est qu'un tissu de mensonges. Par une demi-bouche, ils seront jugés.

Un autre symbolisme peut être trouvé dans la nature de l'animal choisi. Un âne était un animal impur pour les Juifs. L'os d'un tel animal convient donc bien pour punir une nation impure[57]. De plus, dans la maxime qui célèbre sa victoire (15.16), Samson fait un jeu de mots et s'amuse à identifier les Philistins avec des ânes. Les mots *âne* et *monceau* sont des homonymes (*ḥamôr*: חמור)[58]. La première ligne du couplet peut donc se lire (1) «*Avec la mâchoire d'un âne, un monceau, deux monceaux*» ou (2) «*Avec la mâchoire d'un âne, un âne, deux ânes*»[59]. Dans le premier cas, Samson compte les piles de cadavres formées avec le corps des Philistins. Ceux-ci surpris par la facilité avec laquelle Samson a rompu ses liens, ont fui devant le Juif qui, en les pourchassant, laisse leurs os sur tout le territoire. Ici et là, certains résistent, ce qui expliquerait les tas de cadavres[60]. Dans le second cas, Samson identifie les Philistins avec les ânes et compte le nombre de Philistins qu'il a tués. Il commence le dénombrement: un âne (c.-à-d. un Philistin), deux ânes (c.-à-d. deux Philistins) et reprend, dans la deuxième ligne, la conclusion: «*avec la mâchoire d'un âne, j'ai tué mille hommes*»[61]. Dans les deux cas, Samson se moque de ses ennemis et s'étonne de l'ampleur de la victoire[62]. Les mille Philistins tués ne sont finalement qu'un tas d'ânes. La comparaison n'a rien de flatteur, mais pour un peuple dont les meurtres témoignent d'un profond mépris de la vie humaine, l'abaissement au rang d'animal se comprend[63].

---

57 Jordan p. 260.

58 La similitude entre les deux mots trouve peut-être son origine dans le fait que les ânes sont des animaux principalement utilisés pour transporter des charges.

59 Darby, Français courant, Jérusalem, Segond, Synodale, TOB donnent la première lecture; Colombe et NIV proposent la seconde.

60 Keil p. 416, Wood p. 317. On peut aussi imaginer Samson empiler les corps de ses victimes; ainsi TOB ou Français courant traduisent: *Je les ai entassés.*

61 Le dual est utilisé: un âne, *deux* ânes (plutôt que *des* ânes),... et on compte jusqu'à mille (Jordan p. 260). La victoire d'un homme contre mille accomplit littéralement la promesse que Dieu avait faite à son peuple au sujet du nombre d'ennemis qu'un seul combattant poursuivrait (Lév 26.8; Dt 32.30).

62 Goslinga p. 435.

63 Burney (p. 372, cité par Cundall p. 172) suggère encore un autre sens. Comme le mot *hamar* signifie rouge (ou animal roux), il note le rapport entre ceci et le tas de corps *ensanglantés*. Marvin Pope (cité par Exum, «Aspects of Symmetry

Exaucement de prière extraordinaire (15.18-20)

> *18 Pressé par la soif, il invoqua l'Eternel, et dit: C'est toi qui as permis par la main de ton serviteur cette grande délivrance; et maintenant mourrais-je de soif, et tomberais-je entre les mains des incirconcis? 19 Dieu fendit la cavité du rocher qui est à Léchi, et il en sortit de l'eau. Samson but, son esprit se ranima, et il reprit vie. C'est de là qu'on a appelé cette source En-Hakkoré; elle existe encore aujourd'hui à Léchi. 20 Samson fut juge en Israël, au temps des Philistins, pendant vingt ans.*

Pourquoi Samson se trouve-t-il soudainement dans le besoin? Une tradition juive reprise par Flavius Josèphe (*Antiquités* V.8.9) interprète cette situation comme un jugement de Dieu. A la suite de sa victoire, Samson, imbu de lui-même, se serait attribué la victoire de Léchi. Ce portrait ne cadre pas avec les paroles mêmes du juge, qui reconnaît l'origine divine de la victoire (15.18). Samson est tout sauf orgueilleux[64]. La victoire est entièrement attribuée à Dieu. La *BA* (p. 147) trouve même que le juge est ici pleinement dans son rôle de héros naziréen.

D'ailleurs, l'étonnement ne vient pas du besoin, mais de la réponse à ce besoin. Dieu exauce la prière de Samson de manière étonnante. L'Eternel aurait pu soulager la soif du héros de bien d'autres manières, par exemple en envoyant un homme apporter une outre d'eau fraîche. Au lieu de cela, il crée une source qui, non seulement apporte l'eau au moment souhaité, mais demeure un lieu de rafraîchissement durant un temps prolongé (15.19). La grandeur du signe montre l'approbation divine sur le ministère de Samson[65]. Le miracle rappelle deux prodiges identiques que Dieu a opérés dans le désert en faveur de Moïse (Ex 17.3-6; Nb 20.7-11). L'Eternel répond à Samson comme il a répondu à Moïse. Ce rapprochement est des plus flatteurs pour Samson, et devrait convaincre tout lecteur resté sceptique quant à la justesse des actions de notre juge: secourus par Dieu d'une façon analogue, Samson et Moïse sont placés sur un même plan. Manifestement, aux yeux de Dieu, les deux hommes sont d'un même calibre. Samson, au cours de sa traversée du désert (le juge est isolé au milieu des hommes pécheurs), bénéficie du même soutien que Moïse dans le désert du Sinaï. Au temps des

---

and Balance in the Samson Saga», in *JSOT* 19 [1981] p. 7) propose un triple jeu de mots en anglais: *«With the jawbone of a ruddy ass, I piled them in a bloody mass»*.

[64] D.R. Davis p. 184, Goslinga p. 436, Keil p. 416, Wood p. 320.

[65] Wood pp. 321-322.

Juges, Dieu peut refaire les miracles qui ont marqué l'époque de Moïse[66].

A ce stade du récit, l'auteur donne une conclusion provisoire: «*Samson fut juge en Israël, au temps des Philistins, pendant vingt ans*» (15.20). Les chapitres 14 et 15 marquent le début du ministère de Samson. L'auteur reste très sélectif, car les actes du juge ont dû être fort nombreux. Seuls les premiers (Jug 14-15) et les derniers (Jug 16) sont rapportés[67].

---

66 Pour Jordan (p. 261), la délivrance des Philistins est un nouvel exode.

67 La visite à une prostituée (16.1-3) peut difficilement être datée, mais complète bien le récit de Dalila.

Samson (3) : 16

Généralités sur le chapitre 16

Le parcours sans faute de Samson touche à sa fin. Ce héros dont nous avons pu admirer la consécration finit par tomber dans la défaite. Son péché avec Dalila est indéniable puisqu'il perd sa force et que l'Eternel se retire de lui (16.20). Les critiques pleuvent sur notre héros, mais sont-elles bien ciblées? Quelle est la nature réelle de sa faute?

Le récit de son engagement avec Dalila (16.4-20) est précédé d'un autre engagement avec une femme (16.1-3). Dans les deux cas, Samson a (ou semble avoir) une relation sexuelle. L'auteur veut manifestement associer ces textes qu'il place l'un à la suite de l'autre, après une coupure indéniable (*«Samson fut juge... pendant vingt ans»* 15.20). Les traits communs des deux récits ont conduit de nombreux commentateurs à discerner des leçons identiques. Une seule et même faute de Samson serait soulignée par l'auteur: le juge incapable de résister à ses passions sexuelles fait passer ses désirs avant son ministère[1].

Cette lecture ignore les nombreux contrastes qui, loin d'aligner ces récits sur un même plan, les situent aux antipodes d'une évaluation divine. La similitude entre les deux visites n'est qu'apparente, et une lecture attentive peut relever de nombreux contrastes.

1. Sur le plan littéraire, on peut noter la longueur inégale des deux récits. Le premier est résumé en trois versets (16.1-3), alors que le second s'étend sur dix-huit versets (16.4-21).

2. Plus important est le contraste entre l'issue des récits. Samson sort victorieux de sa première aventure. En fait, sa force ne paraît jamais aussi imposante que lorsqu'il arrache les portes de Gaza (avec les poteaux!) pour les transporter du bord de la mer au sommet d'une montagne. Distance à vol d'oiseau entre Gaza et Hébron: 60

---

[1] Le nombre des commentateurs qui adoptent cette vue est impressionnant (*BA* p. 148, Cundall p. 173, D.R. Davis p. 187, J.J. Davis p. 138, Goslinga p. 439, Jackman p. 244, Jordan p. 267, Keddie p. 111, Wilcock p. 146, Wolf p. 474, Wood p. 326). Seuls Bruce (p. 283) et Flavius Josèphe (*Antiquités* V.8.10) ne se prononcent pas. L'historien juif se contente de dire que Samson est entré dans une auberge, mais omet toute référence à la prostituée.

kilomètres; dénivellation: 1 000 mètres[2]. Prodigieux! Samson est victorieux et alerte. En pleine nuit, il se lève pour sortir de la ville. Le sommeil ne l'a pas retenu. Par contre, lors de sa seconde aventure, Samson est vaincu, totalement et misérablement, par une femme qui a su lui soutirer son secret. L'Eternel, si présent jusque-là, s'est retiré (16.19). Samson perd force, vue et liberté. Abaissé au rang d'un animal (16.21), astreint aux travaux forcés, aveugle, Samson est pitoyable. Tout au long du contact avec Dalila, notre juge paraît lourd, lent à comprendre, endormi. A plusieurs reprises, le texte relève le sommeil du juge (16.14, 19, 20), contrairement à la section précédente. Ainsi, si la première expédition culmine dans la gloire de la victoire, la seconde sombre dans les misères de la défaite. Le premier récit s'achève avec les portes de Gaza largement ouvertes (elles sont même arrachées et ne peuvent plus se fermer), invitant les armées juives à envahir le territoire ennemi. La victoire de Samson est manifeste pour tous puisque les portes de la ville sont placées au point culminant du pays, tel un trophée qui se dresse vers le ciel de Juda. Le second récit se termine avec les portes de la prison de Gaza verrouillées et gardées pour empêcher et décourager toute fuite. Le prisonnier est enterré à l'abri de tout regard. L'avenir est noir et bouché à l'image d'un Samson aveugle qui tourne en rond.

3. Sur le plan géographique, nous avons un mouvement ascendant ouest-est contrasté par un mouvement descendant nord-sud. Le premier récit commence au bord de la mer en territoire philistin et se termine à 1 000 mètres d'altitude en territoire juif: plus précisément, il commence dans la ville côtière de Gaza au sud-ouest du territoire philistin et se termine sur les hauteurs d'Hébron situé à l'est de la frontière philistine. Le second récit suit le mouvement inverse: il commence dans les collines juives situées au nord-ouest du pays des Philistins pour se terminer à l'autre extrémité du territoire philistin à Gaza, dans les profondeurs d'une prison. Le premier récit commence dans une ville (Gaza) et se termine à la campagne (les montagnes d'Hébron), alors que le second commence à la campagne

---

[2] Certains pensent que Samson n'a transporté les portes qu'*en direction* d'Hébron (*BA* p. 148, Keil p. 418). L'hébreu permet cette lecture, mais le contexte fait pencher pour Hébron. Israël avait besoin de voir pour croire. Un signe lui était nécessaire. Les portes de Gaza indiquaient que la ville était sans défense et pouvait être facilement prise. Par contre, les Philistins avaient leur signe avec *l'absence* des portes. En emportant les portes en territoire juif, Samson empêche aussi les Philistins de les réutiliser. Certes, la distance jusqu'à Hébron est considérable, mais que les portes aient été transportées soit à 6 ou 60 km, il y a de toute façon miracle (Goslinga p. 440).

(dans la vallée du Sorek) et se termine dans la ville où le premier récit a commencé (Gaza).

4. Concernant les femmes, on notera que toutes deux travaillent pour de l'argent, de l'argent qui leur est payé par des hommes. Mais la manière de l'obtenir est différente: l'une *donne en cachette son corps* (la prostituée), l'autre *extirpe par tromperie un secret* (Dalila). La première est payée par son client, l'autre par les ennemis de son client. Les deux femmes monnaient leur service, mais leur travail touche deux domaines différents: la première s'exprime dans le domaine sexuel, la seconde dans le domaine affectif. La nationalité des deux femmes est aussi différente. La prostituée de Gaza est une Philistine; Dalila est probablement une Juive. En effet, la somme démesurée offerte par chaque prince philistin (16.5) ne peut s'expliquer que dans le cas d'une trahison. Si Dalila était philistine, les princes du pays auraient fait pression sur elle à l'image des menaces de mort proférées par les habitants de Thimna à l'épouse de Samson (14.15). Si Dalila est juive, les mille cent sicles d'argent de chaque chef s'expliquent par le prix exorbitant d'une trahison. La relation de Samson avec les deux femmes est contrastée, elle aussi. Avec la première, aucun échange. Le juge se contente d'entrer chez la prostituée. Avec Dalila, les paroles sont abondantes, les dialogues riches, intenses et étendus dans le temps. Les sentiments de Samson sont relatés: il *aime* Dalila (16.4) et devant l'insistance de la femme, il finit par *«lui ouvrir son coeur»* (16.17).

Tous ces contrastes soulignent des leçons distinctes. Dans le premier texte, le courage, la sagesse et le zèle de Samson sont relevés; dans le second, le lecteur découvre les fautes du juge. L'auteur place ces textes l'un à la suite de l'autre, non pas pour souligner deux fois la même leçon, mais pour montrer d'où Samson est tombé. Le récit de la visite à Gaza sert effectivement d'introduction au récit de la chute de Samson, mais il le fait par un contraste. Le parallélisme entre les deux textes n'est pas synonymique, mais antithétique.

Exégèse détaillée du chapitre 16

La prostituée de Gaza (16.1-3)

> *1 Samson partit pour Gaza; il y vit une femme prostituée, et il entra chez elle. 2 On dit aux gens de Gaza: Samson est arrivé ici. Ils le cernèrent, et se tinrent en embuscade toute la nuit à la porte de la ville. Ils restèrent tranquilles toute la nuit, disant: Au point du jour, nous le tuerons. 3 Samson demeura couché jusqu'à minuit. Vers minuit, il se leva; et il saisit les battants de la porte de la ville et les deux poteaux, les arracha avec la barre, les mit sur ses épaules, et les porta sur le sommet de la montagne qui est en face d'Hébron.*

L'objectif prioritaire de la visite de Samson à Gaza est d'en arracher les portes, car il veut encourager Israël à attaquer cette ville. Sans portes, toute localité devient une proie facile pour une armée ennemie. Rappelons que Samson n'est pas appelé à chasser l'ennemi, mais seulement *à commencer à le faire* (13.5). Il prépare ainsi le terrain pour Israël. Dans le combat contre Gaza, il fait le plus gros du travail: il enfonce les défenses ennemies. Israël pourrait suivre sans difficulté.

Samson choisit comme ville Gaza. Cette localité se trouve à l'extrémité sud du territoire philistin, ce qui oblige notre juge à traverser tout le pays ennemi dans le sens de sa longueur. Pourquoi arracher les portes de la ville la plus éloignée de Juda? Tout simplement pour ouvrir à Israël une voie royale pour conquérir *tout* le pays. En prenant la ville la mieux protégée d'une agression israélite, Samson encourage ses compatriotes et décourage l'ennemi. D'une part, les Juifs voient que tout est possible à celui qui fait confiance à Dieu, et d'autre part, les Philistins réalisent qu'ils seront impuissants devant une armée dotée d'une telle force et d'un tel courage.

Samson pénètre chez une prostituée. Aucune immoralité n'est relevée chez notre juge sur lequel repose toute l'onction divine[3]. Cherchait-il à se cacher chez une femme de mauvaise vie comme les deux espions envoyés par Josué pour explorer Jéricho? Il ne semble pas, puisque l'auteur rapporte dans un même souffle l'arrivée du juge à Gaza et la diffusion de la nouvelle. Samson, fidèle à lui-même, enseigne Israël symboliquement. La visite chez une prostituée doit rappeler la visite des espions à Jéricho[4]. Samson prépare Gaza pour être une nouvelle Jéricho. Il pénètre en éclaireur dans la ville ennemie comme les deux soldats de Josué et trouve ensuite refuge auprès d'une prostituée. Comme Dieu, il va priver la ville païenne de ses défenses pour permettre à Israël de conquérir sans peine la forteresse ennemie. L'Eternel avait abattu les murailles de Jéricho, et

---

[3] Plusieurs commentateurs relèvent que l'Esprit divin n'est pas mentionné dans ce récit (*BA* p. 148, Keil p. 419), mais la puissance qui accompagne Samson est la preuve évidente que Dieu est avec lui. Quand Dieu se retire, le juge perd immédiatement sa force (16.19-20).

[4] Le lien avec les espions de Jéricho est relevé par Jordan (p. 268); malheureusement, il en tire de mauvaises conclusions, critiquant Samson de n'avoir pas conquis la ville.

Samson emporte les portes de Gaza en territoire juif où l'ennemi ne pourra plus les retrouver[5].

La visite chez la prostituée est aussi en rapport avec la «visite» qu'Israël pourrait faire à Gaza. La facilité avec laquelle Samson entre dans Gaza et en ressort ressemble à l'aisance avec laquelle un étranger peut pénétrer chez une prostituée. Elle annonce la facilité avec laquelle Israël pourrait pénétrer dans cette ville. La voie royale préparée par les portes arrachées invite les envahisseurs juifs à prendre possession du territoire. Comme une prostituée dénudée, Gaza, privée de portes, s'offre au premier venu. L'association entre la prostituée et Gaza est pleine d'ironie et de sarcasme. Les Philistins sont aussi «fidèles» qu'une prostituée[6].

Les Philistins attendent le lendemain pour lancer l'attaque. En plein jour, Samson leur paraît plus vulnérable et risque moins de leur glisser entre les mains[7], mais Samson, comme toujours, les surprend. Au milieu de la nuit, il quitte la ville. Choisit-il ce moment pour mieux échapper aux Philistins, mais le fardeau emporté ne milite pas en faveur d'un départ discret. Le sens doit probablement être trouvé dans la leçon qu'il veut laisser. Samson est alerte, prêt en tout temps à travailler pour l'Eternel et à harasser l'ennemi. Même en pleine nuit, il se lève et part. Comme naziréen, il ne s'octroie aucun repos (voir introduction à Samson pp. 239-240).

Samson tombe dans le piège tendu par Dalila (16.4-21)

Avec Dalila, les choses changent. Samson, si exemplaire jusque-là, tombe dans le péché. Pour comprendre sa faute, il faut commencer par rectifier certaines accusations erronées. Pour beaucoup, Samson aurait rompu son voeu de naziréen. Certes, ses cheveux ont été coupés, mais ils l'ont été à son insu. Samson ne les a ni coupés ni fait couper par un autre.

---

[5] Concernant la visite auprès d'une prostituée, il est intéressant de noter que les commentateurs qui critiquent Samson acceptent sans blâme la visite des deux espions auprès de Rahab (Goslinga p. 43, Keil p. 34 et Wood, *A Survey of Israel's History*, p. 170). Pourquoi ne pas attribuer au juge la même intention louable qu'aux espions? Jusqu'à ce stade, Samson a été irréprochable.

[6] Jordan p. 268

[7] Wolf (p. 474) interprète l'attente comme une marque de confiance. De même, Wood (p. 327), se demande si les Philistins avaient oublié leur sévère défaite à Léchi en raison des années qui se seraient écoulés depuis cette époque. Au contraire, Goslinga (p. 439) attribue leur attente à la crainte de Samson.

D'autres critiquent le juge pour son rapport sexuel avec Dalila. On l'accuse d'avoir couché avec une prostituée philistine. Mais le texte ne précise pour cette femme ni son statut matrimonial (célibataire, fiancée, mariée, veuve) ni sa moralité (prostitution ou non) ni sa nationalité (bien qu'on puisse supposer qu'elle soit juive comme nous l'avons indiqué). Le texte ne mentionne pas non plus de rapport sexuel. Si Samson est entré dans la maison de Dalila, il ne semble pas qu'il soit entré dans *sa chambre,* puisque c'est là qu'elle cachait les soldats philistins (16.9, 12). Rusée comme un serpent et sûre de la droiture de Samson, Dalila cache les Philistins dans l'endroit de *l'intimité,* là où elle sait qu'un homme intègre comme Samson ne voudra jamais aller. Certes, Samson *a aimé* cette femme (16.4), mais cela n'implique pas qu'il l'a *connue.* La référence qui pourrait le mieux indiquer un acte sexuel est l'expression: *«Elle l'endormit sur ses genoux»* (16.19). Mais cette expression est souvent utilisée pour parler d'une mère qui veille sur son enfant. Elle souligne la proximité sur le plan affectif, rien de plus[8].

L'hypothèse d'une faute sexuelle écartée, l'attention peut se concentrer sur ce que le texte souligne. La *confiance* accordée à Dalila est le noeud du problème. Pourquoi Samson dévoile-t-il son secret à *cette* femme? A la décharge du juge, on peut avancer que si Dalila est juive, Samson n'avait pas de raison particulière de s'en méfier. Mais la nationalité n'est pas tout. Dalila avait montré qu'elle était indigne de confiance. A trois reprises, elle avait cherché à tromper Samson (16.6, 10, 13). L'erreur du juge est de ne pas en avoir tenu compte et d'avoir accordé sa confiance à quelqu'un qui visiblement ne la méritait pas. C'est tout le problème d'Israël. C'est aussi le ministère de Samson qui est rappelé, mais dans un renversement total. Samson, le fils de la lumière, est aveugle. Celui qui devait éclairer Israël sur la nature des Philistins est incapable de discerner la vraie nature de Dalila. Celui qui devait dénoncer toute alliance imprudente, se confie à celle qui veut le perdre. Samson n'a pas péché ouvertement contre l'Eternel, et pourtant, il a commis une erreur: une faute dont il porte l'entière responsabilité, une faute aux conséquences terribles[9]. Samson, appelé à éclairer Israël, poursuit son ministère d'enseignement, mais cette fois-ci à son insu. Comme il

---

[8] Gen 48.12; 50.23; 2 Rois 4.20; Job 3.12; Es 66.12. Même s'il y a rapport sexuel, il se situe *après* la divulgation du secret. La faute majeure reste au niveau du secret dévoilé.

[9] Cette situation rappelle l'époque de Josué. Israël était invincible tant que le peuple était entièrement consacré à l'Eternel, mais la faute d'un seul homme le priva instantanément de sa force comme nous l'enseigne l'histoire d'Achan (Jos 7).

l'avait déjà annoncé, une confiance placée en des gens indignes de confiance ne peut aboutir qu'au désastre.

Le récit rappelle celui des noces de Samson: (1) Le lieu, Thimna, est dans la vallée de Sorek. (2) Sorek signifie *vin de choix*[10] et rappelle le repas des noces (où le vin devait couler en abondance) et surtout *les vignes* de Thimna où un lion avait attaqué Samson (Dalila ne rugit pas comme un lion, mais son attaque est aussi sournoise que celle d'un fauve). (3) Les Philistins recherchent un secret de Samson. (4) Incapables de le comprendre, ils recourent à une femme proche de Samson pour y parvenir. (5) La Thimnite *«pleura auprès de lui pendant les sept jours que dura leur festin»* (14.17) et Dalila *«était chaque jour à le tourmenter et à l'importuner par ses instances»* (16:16). (6) L'argument final est le même: *«tu ne m'aimes pas»* (14.16), *«comment peux-tu dire 'je t'aime'?»* (16.15). La similitude entre les deux récits ne signifie pas identité. Lors des noces, Samson domine toute la situation à l'inverse de son engagement avec Dalila[11].

A la recherche du secret de Samson (16.4-5)

> *4 Après cela, il aima une femme dans la vallée de Sorek. Elle se nommait Dalila. 5 Les princes des Philistins montèrent vers elle, et lui dirent: Flatte-le, pour savoir d'où lui vient sa grande force et comment nous pourrions nous rendre maîtres de lui; nous le lierons pour le dompter, et nous te donnerons chacun mille et cent sicles d'argent.*

Pour la première fois dans ce cycle, l'auteur mentionne un sentiment de Samson: *«il aima»*. Ce verbe est fondamental, car il oriente tout le comportement du juge. L'objet de son affection est *«une femme dans la vallée de Sorek; elle se nommait Dalila»* (16.4). Contrairement à la Philistine qu'il se proposait d'épouser (cf. chapitre 14) ou à la prostituée de Gaza, le nom de cette femme est donné, suggérant ainsi son importance. Plusieurs éléments nous font penser qu'elle est Juive[12]: (1) Elle réside dans la vallée de Sorek[13]. Tsorea (le

---

[10] *NDB* p. 1228, Wolf p. 475.

[11] Jordan (p. 262) parle d'inversion.

[12] Jordan p. 269. La plupart des commentateurs suggèrent (avec prudence) qu'elle est plutôt Philistine (Bruce p. 283, Goslinga p. 441, Wolf p. 475). C'est aussi l'opinion de Flavius Josèphe (*Antiquités* V.8.11). Pour D.R. Davis (p. 187), peu importe sa nationalité, car tout ce qui l'intéresse est l'argent philistin.

[13] La vallée est identifiée comme le Wadi es-Sarar qui commence à environ 21 km à l'ouest de Jérusalem, légèrement au sud, et poursuit son cours sinueux vers le nord-ouest; il se jette dans la Méditerranée à environ 13 km au Sud de Jaffa (*NDB* p. 1228).

lieu d'origine de Samson) et Thimna (le lieu des noces) sont situés dans cette vallée. L'amont du *wadi* était donc sous contrôle israélite et l'aval sous domination philistine. Puisque *«les princes des Philistins* montèrent *vers elle»*, Dalila devait résider dans la partie juive (16.5, 18, 18). (2) Le nom de Dalila est sémitique[14]. (3) L'attitude des Philistins s'explique beaucoup mieux dans le cadre d'une trahison (voir p. 279). (4) L'absence de toute méfiance chez Samson se comprend aussi mieux si Dalila était une compatriote. (5) Tout le thème du récit est centré sur la trahison.

L'engagement de Samson dans ce récit est particulier. Il ne cherche ni à entrer en contact avec les Philistins ni à les confronter ni à enseigner Israël. Samson est préoccupé par lui-même et par l'objet de son amour. Le désintérêt de Samson pour les autres - les Philistins en particulier - contraste avec l'intérêt des Philistins pour Samson. Les plus hautes autorités se déplacent pour corrompre Dalila. Réalisant que la force du juge ne peut être que surnaturelle[15] et qu'une confrontation directe est vouée à l'échec, ils espèrent découvrir le secret de Samson par la ruse et le pouvoir de l'argent. L'engagement des cinq princes Philistins (3.3; 1 Sam 6.4, 16) et le montant offert[16] à Dalila montrent à quel point Samson est devenu une menace nationale. Leur chant de victoire suite à la chute de Samson confirme cette impression (*«Notre dieu a livré entre nos mains notre ennemi, celui qui ravageait notre pays, et qui multipliait nos morts»* 16.23-24).

Première tentative de Dalila (16.6-9)

6 Dalila dit à Samson: Dis-moi, je te prie, d'où vient ta grande force, et avec quoi il faudrait te lier pour te dompter. 7 Samson lui dit: Si on

---

[14] Pour Bruce (p. 283), ce point n'est pas déterminant, car *«il est tout à fait normal que les Philistins aient porté des noms sémitiques; les immigrants philistins n'avaient en effet amené que quelques femmes avec eux, et ils avaient dû contracter des mariages mixtes avec des Cananéennes»*. Pour le sens du nom, on a proposé *coquette* (*NDB*), *adoratrice* ou *dévote* (Bruce p. 263, Cundall p. 175), *faible* (Jackman p. 247). Fishelis (p. XVI) note que son nom contient la racine *nuit* (לילה) et s'oppose à la *lumière* (שמש) de Samson. En français, son nom est épelé *Dalila* (Jérusalem, TOB, Synodale, Semeur, Français courant) ou *Delila* (Darby, Colombe). Les versions anglaises ont Delilah.

[15] Les Philistins pensaient vraisemblablement à de la magie (Jordan p. 271).

[16] Chaque prince offre *«mille et cent sicles d'argent»*, c.-à-d. 60 à 90 kilos d'argent au total (Goslinga p. 441, Wolf p. 475). La *BA* (p. 148) suggère que l'expression *mille et cent* signifie peut-être *mille et plus*.

me liait avec sept cordes fraîches, qui ne fussent pas encore sèches, je deviendrais faible et je serais comme un autre homme. 8 Les princes des Philistins apportèrent à Dalila sept cordes fraîches, qui n'étaient pas encore sèches. Et elle le lia avec ces cordes. 9 Or, des gens se tenaient en embuscade chez elle, dans une chambre. Elle lui dit: Les Philistins sont sur toi, Samson! Et il rompit les cordes, comme se rompt un cordon d'étoupe quand il sent le feu. Et l'on ne connut pas d'où venait sa force.

Dalila ne semble pas hésiter une seconde devant la proposition philistine. Plutôt que de dévoiler à Samson le plan diabolique de l'ennemi, dès qu'elle le voit, elle cherche à percer son secret. Le pouvoir de l'argent l'a hypnotisée. Comme ses compatriotes prosternés devant les dieux de la fertilité (Baal et Dagon), Dalila est vendue au matérialisme. Telle une marionnette sans âme, Dalila répète les paroles des Philistins dont elle est devenue la servante et l'esclave (16.5, 6)[17].

Samson lui répond sans la prendre au sérieux. Jamais il n'imagine que cette femme tant aimée pourrait lui vouloir du mal. Par prudence, par réflexe, ou guidé par un sixième sens, il ne lui donne pourtant pas la bonne réponse. Peut-être a-t-il été alerté par l'étrangeté de la question. Pourquoi désire-t-elle connaître le moyen de le maîtriser? Se souvient-il de la Philistine qui avait cherché à connaître un de ses secrets? Toujours est-il qu'il ne lui dévoile pas la bonne réponse.

Le plan d'attaque est mené au pas de charge. Les princes procurent eux-mêmes les liens demandés et une embuscade est cachée dans la chambre de la femme (16.9). Celle-ci connaît l'intégrité de Samson et sait, comme nous l'avons déjà suggéré, qu'il ne pénétrera jamais dans cette pièce. Par prudence, Dalila veut tester le piège avant de dévoiler la présence des soldats philistins. Un cri d'alerte lui suffit pour réaliser que les liens sont sans effet. Les cordes se rompent comme du fil brûlé, c'est-à-dire sans le moindre effort.

---

[17] Dalila est souvent considérée comme la plus vile des femmes, mais elle ne devait pas être sans qualité morale, sinon Samson ne se serait jamais attaché à elle. Combien de gens «honnêtes» ne se laisseraient pas tenter par un million de dollars? Dalila ressemble d'ailleurs étrangement à Juda. Les deux livrent Samson aux Philistins sans lui faire directement du mal. Juda lie son juge et Dalila le dépouille de sa force. A leurs yeux, le tort commis n'était pas si grand, et pour se tranquilliser la conscience, ils pouvaient toujours prétendre ne pas connaître le traitement que les Philistins infligeraient à Samson. Il est si facile de se réfugier derrière le mal commis par les autres.

Deuxième et troisième tentatives (16.10-14)

10 Dalila dit à Samson: Voici, tu t'es joué de moi, tu m'as dit des mensonges. Maintenant, je te prie, indique-moi avec quoi il faut te lier. 11 Il lui dit: Si on me liait avec des cordes neuves, dont on ne se fût jamais servi, je deviendrais faible et je serais comme un autre homme. 12 Dalila prit des cordes neuves, avec lesquelles elle le lia. Puis elle lui dit: Les Philistins sont sur toi, Samson! Or, des gens se tenaient en embuscade dans une chambre. Et il rompit comme un fil les cordes qu'il avait aux bras.

13 Dalila dit à Samson: Jusqu'à présent tu t'es joué de moi, tu m'as dit des mensonges. Déclare-moi avec quoi il faut te lier. Il lui dit: Tu n'as qu'à tisser les sept tresses de ma tête avec la chaîne du tissu. 14 Et elle les fixa par la cheville. Puis elle lui dit: Les Philistins sont sur toi, Samson! Et il se réveilla de son sommeil, et il arracha la cheville du tissu et le tissu.

Dalila se remet au travail une deuxième, puis une troisième fois pour trouver le secret. Comme elle a pris soin de ne jamais dévoiler la présence des soldats philistins, Samson peut croire que Dalila joue un jeu, et qu'elle ne cherche pas sérieusement sa perte[18].

L'auteur rapporte presque dans les mêmes termes la deuxième et troisième tentative, comme pour mieux nous faire vivre la répétition de la scène. Les quelques variantes sont intéressantes. Les princes philistins ne sont plus mentionnés, comme s'ils avaient perdu l'espoir de voir Dalila réussir. La troisième fois, l'embuscade est omise. Les soldats sont-ils partis à leur tour ou l'auteur s'en tient-il aux éléments-clés du récit? Samson varie aussi ses réponses, bien que, dans le fond, elles restent toujours les mêmes: «pour perdre ma force, je dois être attaché». Il propose de modifier la nature des liens: de sept cordes fines (*yeter*: יתר) et fraîches (16.7), on passe à des cordes larges (*'âbhoth*: עבת) et neuves (16.11), puis aux sept tresses de ses cheveux (16.13). Faut-il voir une progression dans la solidité des liens? Le premier matériau (יתר) est fait de boyaux et sert à tendre les arcs (cf. Ps 11.2). Le second matériau (עבת) est sensiblement plus épais et il est formé de fils tissés ensemble[19]. Quant aux cheveux de Samson, ils sont incassables comme tout ce qui touche au juge. Cette progression est secondaire et semble même être une fausse piste, car Samson ne sera jamais maîtrisé par la force. Une deuxième progression est plus

---

[18] Bruce p. 283, Goslinga p. 442.

[19] Certaines traductions ne signalent pas la différence entre les deux matériaux (Segond, Semeur, TOB). Par contre, Darby traduit par *cordelettes* et *cordes*, Jérusalem et Français courant par *cordes d'arc* et *cordes*, Synodale par *cordes d'arc* et *grosses cordes*.

inquiétante, car elle montre Samson devenir de plus en plus explicite sur la vraie source de sa force, c'est-à-dire sa consécration au Seigneur symbolisée par les longs cheveux: (1) Les cordes fines sont comme des cheveux, et leur nombre fait penser aux *sept* tresses (ou groupes de cheveux). (2) L'épaisseur des cordes larges les rapproche des tresses de cheveux. (3) Enfin, la troisième fois, les cheveux sont directement mentionnés. Samson parle même de tisser ses cheveux, donc de les manipuler. Ce que Samson propose de faire la troisième fois n'est pas entièrement clair: *«Tu n'as qu'à tisser les sept tresses de ma tête avec la chaîne du tissu»*[20]. Bruce (p. 283) pense à l'utilisation d'un métier à tisser rudimentaire composé de deux piquets verticaux, fixés au sol. Ce qui est clair par contre, c'est que les cheveux devaient être travaillés et imbriqués dans un matériau rigide inamovible. En termes voilés, Samson pourrait vouloir dire que la force sera annihilée si ce qui est consacré au Seigneur (derrière les cheveux, on peut voir Samson ou Israël) se mélange ou s'allie avec ce qui est mauvais (la rigidité du métal fait penser à l'inflexibilité des Philistins).

Si on peut excuser la première réponse (Samson pensait que Dalila plaisantait) et si on peut, à la rigueur, excuser la deuxième réponse (Dalila persisterait dans son jeu), la troisième réponse est carrément dangereuse. Si Samson tirait sur ses cheveux noués et que ceux-ci cèdent, Samson transgresserait le naziréat. Samson joue avec le feu et prend des risques inutiles. De plus, les cheveux appartiennent au Seigneur et Samson ne doit pas permettre à autrui d'en faire quoi que ce soit. Or, Samson parle de tisser ses cheveux, donc de les manipuler. Comme Dalila avait testé deux fois sa réponse, il pouvait s'attendre à ce qu'elle le fasse une troisième fois. Il encourage donc cette femme à toucher à ses cheveux.

La quatrième tentative (16.15-21)

> *15 Elle lui dit: Comment peux-tu dire: Je t'aime! puisque ton coeur n'est pas avec moi? Voilà trois fois que tu t'es joué de moi, et tu ne m'as pas déclaré d'où vient ta grande force. 16 Comme elle était chaque jour à le tourmenter et à l'importuner par ses instances, son âme s'impatienta à la mort, 17 il lui ouvrit tout son coeur, et lui dit: Le rasoir n'a pas passé sur ma tête, parce que je suis consacré à Dieu dès le ventre de ma mère. Si j'étais rasé, ma force m'abandonnerait, je deviendrais faible, et je serais comme tout autre homme.*
>
> *18 Dalila, voyant qu'il lui avait ouvert tout son coeur, envoya appeler les princes des Philistins, et leur fit dire: Montez cette fois, car il m'a ouvert tout son coeur. Et les princes des Philistins montèrent vers*

---

[20] *BA* p. 149, Goslinga p. 444, Wolf p. 476.

elle, et apportèrent l'argent dans leurs mains. 19 Elle l'endormit sur ses genoux. Et ayant appelé un homme, elle rasa les sept tresses de la tête de Samson, et commença ainsi à le dompter. Il perdit sa force. 20 Elle dit alors: Les Philistins sont sur toi, Samson! Et il se réveilla de son sommeil, et dit: Je m'en tirerai comme les autres fois, et je me dégagerai. Il ne savait pas que l'Eternel s'était retiré de lui. 21 Les Philistins le saisirent, et lui crevèrent les yeux; ils le firent descendre à Gaza, et le lièrent avec des chaînes d'airain. Il tournait la meule dans la prison.

Malgré ses échecs, Dalila n'abandonne pas. La passion de l'argent la possède. Les efforts précédents ayant lamentablement échoué (elle ne voit pas Samson faiblir), elle change de tactique et fait appel aux sentiments de Samson: *«Comment peux-tu dire: Je t'aime! puisque ton coeur n'est pas avec moi?»* (16.15). Jour après jour, elle continue son chantage sentimental[21]. Comment peut-elle reprocher à Samson son manque d'amour, alors qu'elle pense uniquement à s'enrichir à ses dépens? L'hypocrisie est à son comble.

Dès que Samson *«lui ouvre tout son coeur»* (16.17), Dalila sait qu'il lui dit la vérité. Est-ce le ton de sa voix qui l'assure qu'elle détient le secret? Plus vraisemblablement, c'est le contenu de la réponse. Il n'est plus question de lier Samson. La force ne peut rien contre lui: la preuve en a été faite. La consécration à Dieu est la clé. Toucher à cette consécration, c'est toucher à la force. Dalila connaît suffisamment l'histoire d'Israël pour percevoir la vérité de la réponse. Elle est tellement sûre d'elle-même qu'elle demande l'argent en acompte (16.18).

En dévoilant son secret, Samson signe sa propre destruction. Comment peut-il croire que cette femme ne lui coupera pas les cheveux? Son insistance à le questionner témoignait de son sérieux et de sa volonté d'aller jusqu'au bout. Les trois épisodes précédents montraient aussi que Dalila testerait sa réponse. Finalement, cette persistance à connaître le moyen de le neutraliser aurait dû l'alerter. Cette femme ne lui voulait rien de bien. Or, contre tout bon sens, Samson se confie en celle qui n'est pas digne de confiance. Son péché est exactement celui d'Israël qui, sur le plan spirituel, fait confiance aux idoles cananéennes et philistines, et sur le plan politique, fait confiance aux Philistins. Ce peuple, comme les idoles,

---

[21] Dans un premier temps, on aurait pu croire que les quatre requêtes se passent le même jour, mais le commentaire de l'auteur montre le contraire (16.16; cf. Keil p. 421). Cundall (p. 176) estime que les événements peuvent s'étendre jusqu'à six visites chez Dalila.

s'est montré indigne de confiance, et pourtant Israël, à l'encontre du bon sens, continue à ignorer les leçons du passé.

Samson n'enfreint pas directement la loi du naziréat. Il ne se coupe pas les cheveux ni ne demande à quelqu'un de le faire. Certes, il partage le secret de sa force, mais la loi n'interdisait pas au naziréen de faire connaître son engagement. Au contraire, la longueur des cheveux était un signe public d'un engagement envers l'Eternel. Samson respecte extérieurement les lois du naziréat, mais intérieurement, il s'en écarte. La lettre de la Loi est toujours respectée, mais plus l'esprit. Intérieurement, il ne vit plus selon son appel.

Le naziréen devait se garder de tout contact impur, mais Samson poursuit ses échanges avec Dalila, alors même qu'il a la preuve de sa perfidie. Il aurait dû rompre toute relation avec elle, mais continue à la fréquenter. Pire: il va jusqu'à se confier à elle. Ce contact avec l'impureté lui est fatal. Il n'est pas question ici d'une impureté extérieure (c.-à-d. toucher un objet impur), mais de la relation avec une personne mauvaise. Lorsqu'il se confie en elle (non sur le plan sexuel, mais au niveau affectif), il signe sa ruine. Sur le plan humain, Dalila le trompe et le perd. Sur le plan spirituel, l'Eternel le punit pour n'avoir pas honoré entièrement son naziréat. Le jugement divin paraît sévère, mais il est à la mesure de la bénédiction reçue. Dieu attend tout de celui à qui il a tout donné. La force de Samson était unique; elle impliquait aussi un engagement unique. Aucun écart n'était admis. La soudaineté avec laquelle Dieu punit Samson montre, une fois de plus, que les actions antérieures de Samson étaient justes (cf. 14.1-16.3).

La force n'est pas liée aux cheveux de manière magique. Certes, la force se retire de Samson dès que le rasoir passe sur sa tête (16.19), mais l'auteur s'empresse de préciser que ce phénomène est lié au fait *«que l'Eternel s'était retiré de lui»* (16.20).

Alors que Dalila *sait* qu'elle a trouvé, Samson *ignore* qu'il a perdu. La marche dans les ténèbres sera longue et douloureuse. Plusieurs éléments accentuent et développent ce thème de l'obscurité: (1) Le fils de la lumière commence par mal évaluer Dalila. (2) Trop confiant dans la femme, il *s'endort* deux fois chez elle, alors que chez la prostituée de Gaza, il était sur le qui-vive et s'était levé tout seul en pleine nuit. (3) Lorsqu'il est rasé à son réveil, il ignore que l'Eternel s'est retiré de lui. (4) Les Philistins lui crèvent les yeux pour l'humilier et pour le maîtriser définitivement. Même si sa force revenait, il ne pourrait rien faire sans la vue. (5) Pour finir, il est enfermé dans les profondeurs d'une prison.

Les ténèbres dans lesquelles Samson est séquestré n'empêchent pas la lumière divine de briller. Samson reste le fils de la lumière. Son ministère d'enseignement se poursuit, mais à son insu. Dieu continue à l'utiliser pour instruire Israël et pour montrer les conséquences du compromis. Puisque Samson n'a pas totalement valorisé son appel divin, son monde bascule. Ainsi, son manque de discernement se transforme en cécité physique. Celui qui avait triomphé à Gaza s'y retrouve prisonnier. Celui qui avait traité les Philistins d'ânes, se trouve attaché à une meule, comme un âne. Celui qui avait détruit les moissons de blé des Philistins, se voit contraint de moudre le grain de l'ennemi. L'homme sans entrave, libre comme le vent, imaginatif à l'envie, se voit attaché avec des chaînes d'airain pour accomplir le travail stupide d'un animal. La crainte des Philistins devient leur risée et la gloire de l'Eternel se change en une pierre d'achoppement. La situation de Samson est dramatique, mais elle illustre aussi celle d'Israël. Ce peuple qui se croit libre n'ose pas lever le petit doigt pour protéger ses héros. Dominés par les Philistins, les Israélites font leur quatre volontés: quand ils disent «Donne», ils disent «Combien?» et quand ils disent «Tue», ils disent «Qui?»

L'humiliation imposée à Samson (16.22-25)

> *22 Cependant les cheveux de sa tête recommençaient à croître, depuis qu'il avait été rasé. 23 Or, les princes des Philistins s'assemblèrent pour offrir un grand sacrifice à Dagon, leur dieu, et pour se réjouir. Ils disaient: Notre dieu a livré entre nos mains Samson, notre ennemi. 24 Et quand le peuple le vit, ils célébrèrent leur dieu, en disant: Notre dieu a livré entre nos mains notre ennemi, celui qui ravageait notre pays, et qui multipliait nos morts. 25 Dans la joie de leur coeur, ils dirent: Qu'on appelle Samson, et qu'il nous divertisse! Ils firent sortir Samson de la prison, et il joua devant eux. Ils le placèrent entre les colonnes.*

L'histoire ne s'arrête pas dans la prison de Gaza, car le triomphe de l'ennemi ne peut durer. Dieu a toujours le dernier mot. En signe précurseur d'un renouveau, *«les cheveux de sa tête recommençaient à croître»* (16.22). On peut s'étonner que les gardiens ne veillent pas sur les cheveux qui repoussent, mais les Philistins pensaient peut-être utiliser cette force à leur avantage[22], la cécité de Samson les assurant que le Juif ne pourrait plus les combattre.

Une fête est organisée en l'honneur de *Dagon*, le vainqueur de Samson selon les Philistins (16.23-24). L'origine du mot est

---

[22] Wolf p. 478.

disputée. Autrefois, on reliait le mot à l'hébreu *dag* qui signifie *poisson*[23], alors qu'aujourd'hui, on le rattache à l'hébreu *dagan* qui signifie *grain*[24]. Si l'on garde la seconde explication, il est intéressant de constater que Samson devait moudre du *grain*. Du serviteur de l'Eternel, les Philistins en avaient fait un esclave de Dagon, et espéraient, peut-être, utiliser sa force par une croissance contrôlée des cheveux et accroître ainsi sa productivité. Chez des populations idolâtres, la croyance magique est courante.

Le clou des réjouissances viendra de Samson lui-même. Il est exhibé, réduit à faire le bouffon pour amuser ses ennemis[25]. Aveugle, il devait souvent trébucher sous les rires moqueurs de la foule.

Dernière action de Samson et mort du juge (16.26-31)

> *26 Et Samson dit au jeune homme qui le tenait par la main: Laisse-moi, afin que je puisse toucher les colonnes sur lesquelles repose la maison et m'appuyer contre elles. 27 La maison était remplie d'hommes et de femmes; tous les princes des Philistins étaient là, et il y avait sur le toit environ trois mille personnes, hommes et femmes, qui regardaient Samson jouer. 28 Alors Samson invoqua l'Eternel, et dit: Seigneur Eternel! souviens-toi de moi, je te prie; ô Dieu! donne-moi de la force seulement cette fois, et que d'un seul coup je tire vengeance des Philistins pour un de mes deux yeux! 29 Et Samson embrassa les deux colonnes du milieu sur lesquelles reposait la maison, et il s'appuya contre elles; l'une était à sa droite, et l'autre à sa gauche. 30 Samson dit: Que je meure avec les Philistins! Il se pencha fortement, et la maison tomba sur les princes et sur tout le peuple qui y était. Ceux qu'il fit périr à sa mort furent plus nombreux que ceux qu'il avait tués pendant sa vie.*

La structure du bâtiment devait être connue de Samson. En entendant la foule par les ouvertures pratiquées dans le toit, Samson sait qu'il est au centre du bâtiment, près des deux colonnes sur lesquelles repose tout l'édifice. Il demande à s'appuyer contre les piliers pour reprendre son souffle ou son équilibre, ou pour être mieux vu de la foule[26].

---

23 *BA* p. 150, Keil p. 424.

24 Bruce p. 283, Cundall p. 180, Jordan p. 273, Wood p. 339 note 44.

25 On a traduit le verbe (*tsahiaq*: צחק) par *jouer* (Segond, Darby, Colombe), *faire des jeux* (Jérusalem), *danser* (Synodale), *se livrer à des bouffonneries* (TOB) ou *à des pitreries* (Semeur). L'idée de base est celle du rire (*TWOT* p. 763).

26 Cundall p. 180, Goslinga pp. 449-450, Wolf p. 479.

Les Philistins pensent avoir maté leur ennemi. C'est méconnaître le caractère, et de Samson, et de Dieu. Samson est humble; il sait reconnaître son erreur; il sait s'humilier et implorer son Dieu en qui il a toujours placé sa confiance. D'autre part, Dieu est compatissant. Il répond sans tarder à la prière de son oint et lui redonne toute sa force. L'acte de Samson n'est pas un suicide, car son but n'est pas la mort, mais la défaite de ses ennemis[27]. Ainsi au moment où les Philistins veulent célébrer leur victoire définitive sur Samson, ils subissent leur plus grande défaite[28].

Une dernière fois, Samson exerce son ministère de juge. La punition correspond à l'offense, et cela sur trois plans: la nature du péché, l'identité des coupables, le lieu du délit: (1) Commençons par la nature du péché. Puisque l'offense était des plus graves, la punition est des plus sévères. Un non-respect de la vie aussi manifeste que la mutilation d'un innocent ne peut être punie que par la peine capitale. Samson demande littéralement la vengeance *«pour un de ses deux yeux»* (16.28), comme si la vengeance des deux yeux devait être encore plus grande[29]. (2) Deuxièmement, l'identité des coupables est manifeste. Puisque les responsables de l'injustice sont les représentants du peuple, ce sont les princes et leurs associés qui meurent (3 000 hommes en tout). (3) Pour terminer, un mot sur le lieu du délit. Puisque les Philistins ont piégé Samson chez la personne en qui il s'était confié, Samson surprendra les Philistins dans le temple[30] de leur idole, à l'endroit où ils se sentent le plus en sécurité. Le temple de Dagon (la divinité du grain) se transforme en grande meule qui finit par broyer tous ses fidèles.

Dans son dernier acte, Samson laisse une dernière leçon à Israël: il montre l'étendue du pardon divin. En effet, il suffirait au peuple élu de se repentir comme Samson pour retrouver le soutien et la force de l'Eternel.

---

[27] *BA* p. 151, Keil p. 425.

[28] Jordan (p. 276) pense qu'à cette occasion Samson a tué plus de Philistins qu'à toute autre occasion.

[29] *BA* p. 151, Goslinga p. 450, Keil p. 425. Sa prière n'est pas égoïste, mais elle exprime son désir d'exercer une dernière fois son ministère de juge.

[30] Le mot peut représenter d'autres constructions, mais la dimension de l'édifice suggère un bâtiment public à fonction religieuse.

L'ensevelissement de Samson (16.31)

> *Ses frères et toute la maison de son père descendirent, et l'emportèrent. Lorsqu'ils furent remontés, ils l'enterrèrent entre Tsorea et Eschthaol dans le sépulcre de Manoach, son père. Il avait été juge en Israël pendant vingt ans.*

Samson reçoit une tombe honorable. Dans la confusion engendrée par l'effondrement du bâtiment ou par une crainte superstitieuse de Samson, les Philistins laissent *«ses frères et toute la maison de son père»* (16.31) dégager le corps des ruines et l'emporter. La mort tragique de Samson semble avoir réconcilié le peuple avec lui. Ainsi pour la première fois, les Israélites se préoccupent de lui et l'accueillent parmi eux.

Samson meurt dans son dernier acte de justice. Excepté pour sa folie à se confier en Dalila, notre juge laisse un des témoignages les plus lumineux de la Bible. Sa place dans le panthéon des hommes de foi (Héb 11.32) est entièrement justifiée. Samson est mal aimé parce que mal compris. Pour Israël, il était aussi mal aimé parce que sa leçon est impopulaire. Il dérangeait par son rappel constant que certaines alliances sont mauvaises. Aujourd'hui, un esprit *unificateur* parcourt notre société de l'est à l'ouest, englobant tant le politique que le religieux. On veut l'unité à n'importe quel prix et les différences de fond sont délibérément ignorées. Notre situation n'est pas si différente de celle de la période des juges, et notre monde a besoin de gens qui emboîtent le pas à notre héros, mais il leur faudra beaucoup de courage et de persévérance car, comme l'histoire de Samson le montre, la crainte et l'abandon des frères sont au rendez-vous.

L'histoire de Samson montre aussi la ténacité du péché, de sorte qu'un simple enseignement ne suffit plus pour amener le peuple au salut. L'expiation du péché est indispensable, et, avec Samuel, Dieu commencera une nouvelle étape du plan rédempteur marqué d'abord par l'établissement de la monarchie, puis par une alliance avec la maison de David et finalement par la venue et le ministère expiatoire du Messie.

Premier appendice (Dan) : 17-18

Une nouvelle section

Les sept cycles sur les juges sont suivis de deux récits relatifs aux tribus de Dan (Juges 17-18) et de Benjamin (Juges 19-21). Le contraste entre les textes antérieurs et ces deux narrations est manifeste, et tous les commentateurs le relèvent. Comme le dit D.R. Davis (p. 197), *«le changement est aussi manifeste que le passage d'une route goudronnée à un chemin de terre battue»*. Les appendices ne mentionnent aucune oppression étrangère et aucun juge. Les deux textes débutent par l'histoire anodine de deux familles dont l'intérêt historique semble à première vue insignifiant. Cependant, dans les deux cas, les développements ultérieurs affectent profondément toute une tribu: Dan s'implante dans une nouvelle région située à l'extrémité nord du pays, et Benjamin se voit presque totalement décimée par une guerre civile.

L'engagement divin varie aussi. Dans les sept cycles d'oppression-libération (3.7-16.31), l'Eternel est omniprésent soit pour juger son peuple, soit pour le sauver. Tantôt, il envoie des nations étrangères pour punir son peuple et l'amener à la repentance, tantôt il oint des juges pour libérer Israël des oppresseurs. Dans les appendices, au contraire, l'activité divine est pratiquement inexistante[1]. Dans le premier appendice, c'est le silence total, et dans le second, à trois questions qui lui sont posées par le peuple, l'Eternel se contente de répondre deux fois par deux mots (en hébreu) (*«Juda pour commencer»* et *«Montez contre lui»* 20.18, 23), et une fois par cinq mots (*«Montez, car demain je les livrerai entre vos mains»* 20.28). Pour la seule action directement attribuée à l'Eternel, l'auteur se limite à un verbe (*«l'Eternel* battit *Benjamin»* 20.35)[2].

Un autre changement se situe au niveau des slogans. Les sections sur les juges sont introduites par la formule *«les enfants d'Israël firent ce qui déplaît à l'Eternel»* (3.7, 12; 4.1; 6.1; 10.6; 13.1)[3], alors

---

[1] Wilcock p. 150.

[2] Dans les deux narrations, les gens parlent occasionnellement de l'Eternel, et pensent voir Dieu agir, mais ces références ne peuvent compter, car les individus dans les appendices se trompent continuellement, prenant leur volonté pour la volonté divine.

[3] La formulation pour le cycle (particulier) d'Abimélec est légèrement différente (*«Lorsque Gédéon fut mort, les enfants d'Israël recommencèrent à se prostituer aux Baals, et ils prirent Baal-Berith pour leur dieu»* 8.33).

que les appendices et certaines sections des appendices se terminent par l'expression: *«En ce temps-là, il n'y avait pas de roi en Israël»* (17.6; 18.1; 19.1; 21.25). Les deux devises énoncent un jugement négatif, mais l'un s'intéresse au peuple (*«Les enfants d'Israël»*) et l'autre au chef (*«point de roi en Israël»*). Le premier souligne la présence du mal, l'autre l'absence de bien. Le slogan de l'histoire des juges est placé au début du récit, alors que celui des appendices sert de conclusion.

La transition entre les récits sur les juges (3.6-16.31) et les appendices (17-21) marque aussi une rupture sur le plan chronologique. Les événements relatifs aux tribus de Dan et de Benjamin se situent *tout au début* de la période des juges. Le choix d'une terre pour la tribu de Dan ne pouvait, en effet, se produire qu'au début de la période des juges. De plus, le Lévite dans le premier appendice (18.30) et le souverain sacrificateur dans le deuxième (20.28) sont étroitement liés à la période de Moïse. Le Lévite est le petit-fils de Moïse et le sacrificateur, le petit-fils d'Aaron. Ainsi, l'auteur, après avoir développé trois siècles d'histoire, revient sur les débuts de cette période[4].

Tous ces éléments poussent les interprètes à reconnaître dans les chapitres 17-21 une section particulière du livre. Le terme *appendice* est utilisé pour désigner le caractère non chronologique et différent de ces récits. Pour certains, l'auteur aurait placé à la fin de son ouvrage deux textes qu'il ne pouvait insérer dans le corps de l'ouvrage. Les contrastes, la rupture chronologique, le caractère périphérique, voire secondaire, de ces récits, ont même conduit certains exégètes à douter de l'unité du livre. Une option aussi radicale oublie les liens qui relient les appendices au reste du livre.

Liens avec les sections antérieures

L'unité du livre est manifeste. La structure globale de l'oeuvre rattache les deux appendices aux deux introductions. La structure équilibrée et harmonieuse de l'ensemble milite en faveur d'une unité profonde. Sans les appendices, l'oeuvre resterait inachevée, amputée d'un membre fondamental. Pour commencer, relevons l'attention accordée par l'auteur aux récits relatifs à Dan et à Benjamin. Les deux appendices forment le quart du livre[5]. Le dernier appendice

---

[4] Flavius Josèphe (*Antiquités* V.3.1; V.2.8-12), Keddie (pp. 23-40), Wood (pp. 146-157) placent l'exégèse de ces chapitres *avant* l'histoire des Juges.

[5] 10% pour les deux introductions, 65% pour les sept cycles, 25% pour les deux appendices.

(Juges 19-21) est même la section la plus développée de tout l'ouvrage[6]. L'auteur tient manifestement à ces deux récits. Les deux appendices sont plus que des annexes que l'auteur n'aurait pu placer ailleurs[7].

En fait, les appendices poursuivent les développements entrepris jusque-là. Ainsi, la progression du péché s'accentue encore, et un dégoût envahit le lecteur à la lecture des derniers chapitres. Tout semble noir et corrompu. Le péché du peuple est à son comble et l'absence presque totale de toute intervention divine assombrit encore davantage ce tableau déprimant. L'espoir suscité par l'intervention divine au moyen des juges n'existe plus et le peuple rebelle est tragiquement abandonné à lui-même. Les appendices sont à leur juste place dans le développement du livre. Ils ponctuent de façon tragique cette descente en enfer amorcée dès la première introduction et poursuivie tout au long des sept cycles.

Les appendices éclairent le lecteur sur le péché du peuple. Ils expliquent comment les Israélites ont péché contre l'Eternel. Le slogan initial des sept cycles (*«Les enfants d'Israël firent ce qui déplaît à l'Eternel»*), bien qu'absent dans les appendices, est présent *par son contenu.* Toute la narration rapporte la révolte des enfants d'Israël. Ainsi, le slogan sur la révolte est remplacé par deux narrations sur la révolte. Loin d'introduire une pensée étrangère au reste du livre, les appendices développent le premier aspect des cycles: la *révolte* du peuple. L'auteur poursuit ainsi son développement des différentes phases des cycles. D'Othniel à Gédéon, l'accent était mis sur la rédemption; le cycle d'Abimélec développait la ruine, celui de Jephthé la rédemption en Transjordanie, celui de Samson la repentance (ou plus exactement la non-repentance) du peuple. Seule la première phase du cycle n'était jamais développée dans la section sur les juges (3.7-16.31). Dans les deux appendices, l'auteur comble cette lacune et remplace le slogan sur la révolte par une double description de la révolte, complétant ainsi son panorama des différentes phases du cycle.

---

[6] Dans l'ordre décroissant: deuxième appendice 17,6%, Gédéon 16,9%, Samson 16,4%, Jephthé 9,9%, Abimélec 8,9%, Débora 8,2%, premier appendice 7,4%, première introduction 5,9%, deuxième introduction 4%, Ehud 2,7%, Othniel 0,8%, les six «petits» juges 1,3%.

[7] Il serait plus correct de parler de *derniers développements* plutôt que *d'appendices*, mais comme ces récits se situent au début de la période des juges cette expression ne satisfait pas non plus. Par commodité et à défaut d'un terme plus satisfaisant, nous continuerons à appeler ces sections des *appendices*, tout en reconnaissant qu'elles sont plus que des annexes.

Ce retour à la phase initiale des cycles se fait par des récits qui sont situés chronologiquement *au début* de la période des juges. Certains pourraient être gênés et penser que la progression temporelle du péché développée dans la partie centrale (3.7-16.31) est artificiellement renforcée par l'auteur par ces appendices qui ne suivent plus l'ordre chronologique. Cependant, l'auteur ne cherche pas à tromper son lecteur, puisqu'il lui donne les moyens de dater l'époque des deux appendices (18.30; 20.28). D'autre part, les appendices développent le péché du peuple *avant* l'intervention divine, alors que les cycles sur les juges relèvent l'endurcissement du peuple *malgré* l'intervention divine. En d'autres mots, l'auteur commence par montrer le péché du peuple quand Dieu fait tout pour le sauver, puis il montre (dans les appendices) le péché du peuple *avant* l'intervention divine, c'est-à-dire lorsque le peuple est livré à lui-même. Or, d'une manière générale, le péché est moins manifeste dans un cadre de grâce (c.-à-d. d'intervention divine) que lorsque l'humanité est livrée à elle-même. La grâce divine touche certains coeurs et atténue ainsi certains effets pervers du péché. Pour la période des juges, en indiquant à quel point Israël est tombé dans le péché lorsqu'il était livré à lui-même *au début* de la période des juges, c'est-à-dire à une époque où le mal ne s'était pas encore pleinement manifesté, le lecteur peut imaginer avec tremblement la perversion du peuple *à la fin* de cette période, lorsque Dieu abandonne le pécheur à son péché. L'histoire des fils d'Eli (1 Sam 2.12-4.22) donne aux générations ultérieures une idée de l'état lamentable de ceux qui devaient être les meilleurs.

Pour être complet, il faudrait encore signaler le lien qui unit le dernier cycle (13-16) avec le premier appendice (17-18). La tribu de Dan, objet fondamental du premier appendice, est aussi la tribu de Samson, le dernier juge. Les villes associées à son lieu d'origine (Tsorea, Eschthaol, Machané-Dan: 13.2, 25; 16.31) sont rappelées plusieurs fois dans le récit de la migration de sa tribu (18.2, 8, 11, 12). Même la somme de mille et cent sicles d'argent rapproche les deux récits (16.5; 17.2). Comme souvent dans le livre des Juges, les rapprochements se font aussi au niveau antithétique: (1) Le Danite isolé et rejeté est contrasté avec des Danites unis et nombreux; (2) Samson (le leader politique) est fidèle, mais rejeté, alors que le Lévite (un leader spirituel) est infidèle, mais accueilli d'abord par Mica, puis par toute une tribu.

La place des Lévites

Les appendices complètent aussi le reste du livre en mentionnant la dernière tribu qui n'a pas été nommée: Lévi[8]. Cette tribu tenait une place particulière dans la vie d'Israël puisqu'elle était responsable de la vie spirituelle. Contrairement aux autres tribus, elle n'avait pas reçu de territoire à conquérir. Les Lévites devaient habiter 48 villes disséminées dans tout le pays à l'est comme à l'ouest du Jourdain (Jos 21). Ils devaient être accueillis et nourris par le peuple. Pour leur subsistance, ils recevaient les dîmes dues à l'Eternel, les prémices des récoltes, les premiers-nés des troupeaux ainsi que certaines portions des sacrifices[9]. Les Lévites formaient le ciment de la société. Par leur ministère spirituel, ils aidaient les Israélites à rester en communion avec l'Eternel. L'unité d'Israël ne pouvait être trouvée ni dans un gouvernement ni dans un roi, mais en Dieu seulement, car l'Eternel est le vrai et le seul facteur d'unité.

Le rôle et la fonction fondamentale de ces deux Lévites dans les appendices échappent souvent aux commentateurs. Les points communs entre les deux récits devraient pourtant attirer l'attention sur ces deux hommes: (1) Chaque appendice développe l'histoire d'un Lévite qui voyage. (2) Les deux hommes partent de Bethléhem et voyagent vers le nord. (3) Les deux cherchent une terre d'accueil (définitive dans le premier cas, passagère dans le second). Le premier est bien reçu, contrairement au second. (4) Le récit se concentre au début sur la vie privée du Lévite, avant de prendre des proportions inattendues impliquant toute une tribu. Manifestement, les Lévites sont au centre du message, et si l'auteur a inséré ces récits dans son ouvrage, ce n'est pas seulement pour souligner le péché du peuple, mais aussi (et surtout?) pour évoquer celui des Lévites.

Leur péché est particulièrement grave, car comme guides spirituels, ils portent une responsabilité particulière dans la déchéance morale et spirituelle du peuple. Les appendices, bien que ne mentionnant plus de juge, continuent à développer le thème du leadership, mais de manière négative. Les juges étaient des hommes de foi et les champions de l'orthodoxie, alors que les deux Lévites sont opportunistes, matérialistes et ne pensent qu'à eux-mêmes. Le premier Lévite est maître des compromis, et le second, chef de file des lâches et des hypocrites. L'un et l'autre ne manifestent qu'un

---

[8] Toutes les tribus de Cisjordanie sont mentionnées au chapitre 1, à l'exception d'Issacar, mais cette tribu et celles de Transjordanie sont mentionnées dans le cantique de Débora (5.15-17).

[9] *NDB* p. 741.

attachement superficiel à leurs proches. Sans remords, le premier quitte celui qui l'a accueilli comme père et comme fils (18.19-20), et le second abandonne sa femme aux mains des pires pécheurs sans même se soucier de son sort (19.27).

Différences entre les deux appendices

Les appendices présentent de nombreux points communs, mais les contrastes méritent aussi d'être relevés[10]:

1. Le premier récit est marqué par le succès. Tout semble réussir. Le Lévite est accueilli par Mica, puis par toute une tribu. Son ministère devient même héréditaire et s'étend sur une longue période (18.30). De leur côté, les Danites réussissent dans leur entreprise et peuvent sans peine occuper la terre convoitée. Par contre, le second récit est marqué par l'échec. Le Lévite, d'abord abandonné sur la place publique par la population locale, est ensuite agressé chez son hôte étranger et finit par perdre sa femme. Sur le plan des tribus, les Benjaminites se voient décimés (seuls 600 sur 26 000 survivent), et les autres tribus perdent 40 000 hommes, soit plus que leurs adversaires.

2. Le succès dans le premier récit est lié à l'impunité du mal. Mica rend l'argent volé à sa mère, mais sans payer d'amende; les Danites volent impunément un Israélite; et le Lévite prospère malgré sa vie de compromis. Dans le second appendice, la justice exercée à la demande du Lévite cause le malheur de Guibea, puis de Benjamin, qui a accepté de prendre fait et cause pour le méchant.

3. Les commandements de Dieu sont bafoués dans les deux récits, mais dans le premier, c'est la première table de la Loi qui est ignorée, et dans le second, c'est la seconde table. Le péché est d'abord spirituel, puis moral. Dans le premier appendice, les individus (Mica, le Lévite et les Danites) s'attachent à une idole. Dans le second appendice, les gens de Guibea sont des pervertis sexuels et des meurtriers, alors que le Lévite traite sa femme comme du bétail.

Des histoires représentatives

Les deux appendices sont des histoires particulières, mais aussi des histoires représentatives de cette époque[11]. L'auteur ne cite pas des cas uniques, ni même les cas les plus dramatiques. D'autres abominations relatives aux trois siècles des juges auraient pu être

---

[10] Wood pp. 154-155.
[11] Ibid. p. 146.

contées; d'autres tribus et d'autres Lévites ont péché. Seulement deux récits sont présentés. C'est suffisant pour former un *double* témoignage. La situation géographique des tribus choisies souligne la globalité de la leçon. Dan est à l'extrémité nord du territoire et Benjamin à l'extrémité sud (si l'on excepte Juda, la tribu leader). Ainsi, par ces deux extrêmes, toutes les tribus sont représentées. Les contrastes entre les deux appendices soulignent la variété et la diversité des situations pécheresses, les seules constantes étant le péché du peuple et celui de leurs conducteurs spirituels attitrés (c.-à-d. les Lévites).

Cette notion d'échantillon représentatif se retrouve dans le premier appendice. La relation entre Mica et sa mère (17.1-6) est représentative des autres relations humaines vécues à cette époque. Mica dépossède celle qui lui a donné la vie, tout comme plus tard le Lévite acceptera d'accompagner et de servir ceux qui dépossèdent son père adoptif. La tribu des Danites suit la même voie. Les cinq Danites hébergés par Mica sont aussi ceux qui vont le déposséder de ses biens. Le même péché corrompt les uns et les autres. Ce mépris pour celui qui a tout donné est du même ordre que le mépris d'Israël pour Dieu, son bienfaiteur et rédempteur. Tout se tient. Celui qui méprise Dieu finit par mépriser son prochain; celui qui hait son Père céleste finira par haïr son père terrestre. Le rejet du premier commandement entraîne celui du second.

Le sens du slogan

Voir le développement du thème de la royauté dans l'introduction pp. 21-23.

Le style littéraire du premier appendice

L'auteur semble rapporter l'histoire avec une entière neutralité, sans émotion et sans jugement, à l'exception du slogan qui, à trois reprises, marque négativement le récit. Le succès apparent de Mica d'abord, puis du Lévite et des Danites ensuite, pourrait laisser croire que les actions sont approuvées par Dieu. L'absence de jugement n'est-il pas synonyme d'approbation divine? Le slogan répété trois fois exprime la condamnation de la part de l'auteur. Mais pourquoi un ton si modéré pour décrire des transgressions si manifestes de la Loi divine? En fait, l'auteur est loin d'être neutre comme on pourrait le croire au premier abord. Plutôt que d'élever la voix et de crier au scandale, il utilise le sarcasme pour manifester son anathème[12]. Comme souvent dans les Juges, il faut chercher un deuxième niveau de lecture. L'ironie mordante est plus efficace que les reproches directs. Par exemple, comment ne pas se moquer d'une mère qui, après avoir fustigé de tous les anathèmes son fils qu'elle suspectait, pense annuler ses plus solennelles paroles par une courte bénédiction (17.2)? Tout aussi pitoyable est l'effort de Mica pour réduire Dieu à un morceau de métal, alors que le nom de Mica souligne justement la grandeur de l'Eternel (Mica signifie: *Qui est comme Yahweh?*). Burlesques sont les efforts de Mica pour sauver sa divinité, car chacun sait que ce sont les dieux qui sont sensés sauver les hommes et non l'inverse. Moqueur est le qualificatif *vaillant* utilisé pour décrire des Danites qui osent au mieux affronter un peuple pacifique, sans défense, et non averti du danger qui les menaçait. Risible est la confiance placée par Mica dans un Lévite qui devrait lui assurer le soutien du Tout-Puissant, mais qui n'hésite pas à l'abandonner *avec joie* pour monter dans l'échelle sociale. La neutralité de l'auteur n'est qu'apparence, car en vérité, c'est avec du vitriol qu'il écrit[13].

Structure du premier appendice

Le récit se divise en trois sections, car trois fois, le rideau se lève sur de nouveaux personnages: (1) Mica et sa mère (17.1-5); (2) le Lévite (17.7-13); (3) la tribu de Dan (18.1b-31)[14]. Trois fois aussi, le rideau redescend sous la forme du slogan pour conclure chacune de ces sections par une condamnation sans appel (*«En ce temps-là, il n'y avait pas de roi en Israël»* 17.6; 18.1a; 19.1a). Cette division tripartite rappelle la division en trois parties des deux introductions et annonce aussi une division en trois parties du deuxième appendice (chaque chapitre de Juges 19-21 forme une section). La troisième section est six fois plus longue que les deux autres, mais cela ne surprend pas, car l'auteur a l'habitude de progresser en fournissant

---

[12] La contribution de D.R. Davis est des plus précieuses (*Such a Great Salvation: Expositions of the Book of Judges,* 1990, pp. 201-205, remarques parues antérieurement dans «The Comic Literature - Tragic Theology: A Study of Judges 17-18», in *Westminister Theological Journal* 46 [1984] pp. 156-163).

[13] Jordan (p. 290) voit dans ce récit une parodie de l'histoire d'Israël: (1) un faux exode (le Lévite quitte son assemblée pour trouver un meilleur domicile), (2) un faux sanctuaire, (3) un faux prêtre (le fils de Mica, puis le Lévite), (4) de faux espions, (5) une fausse conquête.

[14] Wilcock p. 154.

toujours plus de détails. Cette troisième section peut se subdiviser en deux parties, en fonction des deux voyages entrepris vers le nord, celui des cinq explorateurs (18.1b-10), puis celui de toute la tribu (18.11-31).

Exégèse détaillée

Premier portrait: Mica et sa mère (17:1-6)

1 Il y avait un homme de la montagne d'Ephraïm, nommé Mica. 2 Il dit à sa mère: Les mille et cent sicles d'argent qu'on t'a pris, et pour lesquels tu as fait des imprécations même à mes oreilles, voici, cet argent est entre mes mains, c'est moi qui l'avais pris. Et sa mère dit: Béni soit mon fils par l'Eternel! 3 Il rendit à sa mère les mille et cent sicles d'argent; et sa mère dit: Je consacre de ma main cet argent à l'Eternel, afin d'en faire pour mon fils une image taillée et une image en fonte; et c'est ainsi que je te le rendrai. 4 Il rendit à sa mère l'argent. Sa mère prit deux cents sicles d'argent. Et elle donna l'argent au fondeur, qui en fit une image taillée et une image en fonte. On les plaça dans la maison de Mica. 5 Ce Mica avait une maison de Dieu; il fit un éphod et des théraphim, et il consacra l'un de ses fils, qui lui servit de prêtre.

6 En ce temps-là, il n'y avait pas de roi en Israël. Chacun faisait ce qui lui semblait bon.

Le premier portrait est succinct et dense. En quelques lignes, l'auteur transmet une foule d'informations sur une famille d'Israël. La première phrase, en particulier, est un véritable flot d'informations qui sort de la bouche de Mica. Comme un jet puissant qui s'échappe d'un tuyau soumis à une trop forte pression, les paroles de Mica jaillissent pêle-mêle de son coeur toujours plus angoissé par les malédictions répétées et de plus en plus inquiétantes de sa mère. Le début abrupt du récit[15] n'est pas dû au fait qu'un rédacteur aurait tiré ce texte d'un écrit plus long[16], mais à un auteur chevronné qui retransmet l'intensité de la confession et place d'emblée le lecteur au coeur du problème.

Un fils vole sa mère. Celui qui aurait dû marquer sa reconnaissance pour celle qui l'a engendré et s'est sacrifiée pour lui, la dépossède de ses biens. Pire: il la dévalise, car la somme dérobée est considérable[17]. Ce vol reflète la cupidité et l'égoïsme de Mica,

---

[15] Goslinga p. 456.

[16] Hypothèse citée par la *BA* (p. 152).

[17] Le salaire annuel du Lévite se limite à 10 sicles (17.10). Les *«mille et cent sicles d'argent»* rappellent la trahison dont Samson fut la victime (16.5; 17.2). Dans le premier cas, Dalila trahit le juge; dans le second, Mica trompe sa mère.

mais le délit témoigne surtout d'une absence de gratitude du fils envers sa mère. Le comportement de Mica envers sa mère est à l'image de l'attitude d'Israël envers Dieu. Le peuple élu ne manifeste aucune reconnaissance envers son Créateur et son Rédempteur. Le syncrétisme religieux vide la révélation biblique de sa richesse et dérobe à Dieu la gloire qui lui est due.

Mica finit par rendre les mille et cent sicles d'argent, mais il le fait non par motif de conscience, mais par crainte des imprécations prononcées par sa mère (17.2). Mica n'est pas mû par la grâce qui mène à une repentance sincère, mais il est sous l'emprise des craintes et des superstitions caractérisants les coeurs rebelles[18]. Pour réparer un vol, la Loi exigeait des sacrifices, une amende et la restitution de l'objet dérobé (Lév 5.20-26 ou 6.1-7). Mica se limite à la restitution: «Je te rends ce que j'ai pris, et nous voilà quittes».

Le portrait de la mère n'est guère plus réjouissant. Les imprécations faites *«même aux oreilles de son fils»* (17.2) semblent indiquer qu'elle suspectait ce dernier[19]. Plutôt que de s'adresser à Dieu seul pour demander justice, elle prononce délibérément ses requêtes de vengeance devant son fils pour l'intimider. Connaissant le caractère religieux, voire superstitieux de ce dernier, elle l'attrape par ce biais. Les paroles de la mère sont des imprécations (*'âlâ*: אלה). Le mot hébreu véhicule l'idée de solennité et il est utilisé pour bénir ou pour maudire. Il apparaît souvent dans des engagements solennels entre Dieu et les hommes[20]. Ici, cependant, la mère recourt à ce langage du dernier recours davantage pour influencer son fils que pour implorer le Père céleste. La mère fait semblant de s'adresser à Dieu, mais fondamentalement, elle fait pression sur son fils. Pour elle, le sacré ne vaut pas la somme dérobée, et elle est prête à l'utiliser pour retrouver son argent.

Sitôt la confession obtenue, la mère fait deux choses. Elle prononce une bénédiction sur son fils et elle promet de consacrer l'argent à la fabrication d'une idole (17.2b-3)[21]. Manifestement, elle

---

18 *»La superstition est étroitement reliée à l'idolâtrie. Elle apparaît dans le récit comme source de l'idolâtrie»* (Emile Nicole, «Superstition et foi d'après l'Ancien Testament», dans *Fac-Réflexion* 20 [1992] p. 23).

19 Cundall p. 183. Goslinga (p. 456) pense que la mère ne soupçonne rien.

20 *TWOT* p. 45. On pourrait aussi comprendre que la mère ait *«simplement prêté serment (c'est-à-dire consacré la somme à des fins religieuses), ce qui impliquerait une malédiction sur celui qui violerait cet engagement»* (Bruce p. 284).

21 On ne sait pas très bien s'il y a un ou deux objets (J.J. Davis 144, Wolf p. 481). Deux mots sont utilisés (image et idole: 17.3, 4 ; 18.17, 18), mais le

ressent qu'un ou plusieurs torts doivent être réparés. Un fond religieux l'anime, comme son fils, et les imprécations prononcées la gênent maintenant. Par une simple parole de bénédiction, elle espère les effacer[22]. D'autre part, l'argent consacré à l'idole vise peut-être à réparer la faute de son fils. Cependant, lorsqu'il faut passer aux actes, la mère ne donne que 200 sicles pour la fabrication de l'idole. Le sentiment de culpabilité s'est vite estompé, et la mère regrette son premier élan. Elle revient en partie sur sa promesse estimant que le cinquième de la somme devrait suffire pour s'attirer les grâces divines.

Mère et fils sont du même cru. Le fils n'objecte pas à la réalisation d'une idole, et pousse même l'iniquité plus loin, puisqu'il joint à l'idole un éphod, des théraphim et un prêtre qui n'est autre que l'un de ses fils[23].

Le slogan clôt le premier acte: *«En ce temps-là, il n'y avait pas de roi en Israël. Chacun faisait ce qui lui semblait bon»* (17:6). La référence à la royauté ne peut pas concerner ici un roi humain[24]. Le problème de Mica et de sa mère est religieux et non pas politique; il tient au domaine privé et non à la sphère publique. Un monarque n'aurait rien changé, car sa tâche n'est pas de contrôler la vie privée et spirituelle de ses sujets. Ce rôle incombe éventuellement au clergé, mais certainement pas au chef politique. En vérité, le portrait de Mica et de sa mère souligne le non-respect de l'Eternel. Mère et fils font ce qui leur semble juste au mépris de toute la révélation divine. L'Eternel n'est pas reconnu comme Souverain dans cette famille, et comme cette famille est caractéristique de la majorité des familles juives, Israël vit sans Dieu, c'est-à-dire sans son Souverain: *«En ce temps-là, il n'y avait pas de roi en Israël»*[25].

---

singulier est employé à la fin du verset 4 (*«On le plaça dans la maison de Mica»*). Wood (p. 148) voit deux objets, Goslinga (p. 457 note 8) pense à deux parties et la *BA* (p. 153) suggère, dans l'objet de fonte, un piédestal.

[22] Jordan p. 281, Wolf p. 481.

[23] Toute forme d'idolâtrie est mentionnée ici (Jordan p. 282). Le Talmud (*Sanhedrin* 103b, cité par Fishelis p. XIV) présente une image beaucoup plus positive de Mica: il minimise son idolâtrie et relève son hospitalité.

[24] La *BA* (p. 152) et Goslinga (p. 458) voient une référence à un roi humain. D.R. Davis (p. 201) est plus prudent et précise: *«pas n'importe quel roi, mais un roi fidèle à Yahweh»*. Jordan (p. 282) discerne une référence à Dieu.

[25] Si une famille d'Ephraïm était aussi éloignée de l'Eternel, alors même que l'arche était sur son territoire, que fallait-il penser de l'influence du sanctuaire sur les familles des autres tribus? (J.J. Davis p. 143).

Deuxième portrait: un Lévite à la recherche d'une maison (17.7-18.1a)

7 Il y avait un jeune homme de Bethléhem de Juda, de la famille de Juda; il était Lévite, et il séjournait là. 8 Cet homme partit de la ville de Bethléhem de Juda, pour chercher une demeure qui lui convienne. En poursuivant son chemin, il arriva dans la montagne d'Ephraïm jusqu'à la maison de Mica. 9 Mica lui dit: D'où viens-tu? Il lui répondit: Je suis Lévite, de Bethléhem de Juda, et je voyage pour chercher une demeure qui me convienne. 10 Mica lui dit: Reste avec moi; tu me serviras de père et de prêtre, et je te donnerai dix sicles d'argent par année, les vêtements dont tu auras besoin, et ton entretien. Et le Lévite entra. 11 Il (le Lévite) se décida ainsi à rester avec cet homme, qui regarda le jeune homme comme l'un de ses fils. 12 Mica consacra le Lévite, et ce jeune homme lui servit de prêtre et demeura dans sa maison. 13 Et Mica dit: Maintenant, je sais que l'Eternel me fera du bien, puisque j'ai ce Lévite pour prêtre.

***18.**1 En ce temps-là, il n'y avait pas de roi en Israël.*

Le second portrait est celui d'un Lévite. Contrairement à la section précédente, le rythme de la narration démarre au ralenti. Les répétitions sont nombreuses, en particulier dans les trois premiers versets (17.7-9). Le nouveau personnage est appelé six fois un *Lévite* (le mot n'apparaît que dix fois dans tout le livre). Trois fois, l'auteur relève son lieu d'origine (Bethléhem de Juda), et deux fois il indique que l'homme cherche une demeure qui lui convienne.

Les accents sont clairs. Le voyageur qui va aboutir chez Mica est un *Lévite*. L'insistance sur le statut de cet homme montre que l'information est fondamentale (d'autant plus que cette tribu n'a pas encore été nommée dans le livre). Cet homme vient de Bethléhem de Juda et cherche à s'établir. La ville est clairement identifiée (triple répétition avec le qualificatif *de Juda*). Aucune confusion n'est possible. La lenteur de la narration aide le lecteur à se poser certaines questions. Pourquoi ce Lévite voyage-t-il? Pourquoi ne s'est-il pas établi à Bethléhem de Juda? Ne l'a-t-on pas accueilli ou n'était-il pas satisfait des conditions de logement et de travail? Celui qui est familier avec les villes lévites se demande aussi ce que le Lévite faisait à Bethléhem qui n'est pas une des 48 villes lévites (cf. Jos 21.9-19)[26]. Que cherche cet homme?

Quand le Lévite arrive chez Mica, on s'attend naturellement à une intervention sévère du ministre de Dieu contre le culte idolâtre établi dans la maison: «Pourquoi cette statue, et pourquoi avez-vous

---

26 Wood p. 149.

abandonné l'Eternel?» Les Lévites étaient chargés de dénoncer le mal. Après la conquête du pays, lorsque les tribus étaient réunies sur les monts Garizim et Ebal, les Lévites ont dû prononcer douze malédictions sur les infidèles; la première concernait directement l'idolâtrie: *«Maudit soit l'homme qui fait une image taillée ou une image en fonte, abomination de l'Eternel, oeuvre des mains d'un artisan, et qui la place dans un lieu secret! Et tout le peuple répondra, et dira: Amen!»* (Dt 27.15). Ici, aucun reproche. Le Lévite ne questionne rien. Le seul à interroger est Mica, qui s'intéresse au Lévite et à ses projets. Le Lévite lui répond ce que le lecteur a déjà eu l'occasion d'entendre de la part du narrateur, à savoir qu'il cherche une demeure *convenable*. Mica prend la balle au bond et offre l'hospitalité à l'homme de Dieu. Statut social et sécurité sont promis: «Tu seras père et prêtre, et vêtements, nourriture et argent de poche seront garantis» (17.10). Avec effarement, le lecteur apprend que l'offre est acceptée et que le Lévite consent à servir cette maison rebelle[27]. L'homme qui cherchait une *bonne* maison finit par entrer dans la maison du méchant. Manifestement, l'homme n'est qu'un opportuniste comme nous le confirmera le troisième récit (cf. 18.18-20). A la lumière de sa promptitude à accepter l'offre de Mica, on peut se demander si son instabilité à Bethléhem ne provenait pas des fidèles qui refusaient les services d'un tel Lévite. Peut-être l'homme lui-même se sentait-il mal à l'aise en compagnie de vrais fidèles?

Au lieu d'être remis en question par le Lévite, Mica se voit confirmé dans son culte profane: *«Maintenant, je sais que l'Eternel me fera du bien, puisque j'ai ce Lévite pour prêtre»* (17:13). Le Lévite fera mieux le travail que son fils, car il est formé professionnellement pour cette tâche. Son origine aussi est supérieure, puisqu'il vient de la tribu mandatée pour le service sacerdotal. Mica avait peut-être aussi mauvaise conscience à l'idée d'avoir instauré son fils prêtre[28]. En apprivoisant le Lévite, il croit échapper à toute malédiction: celle de sa mère, mais aussi celle de Dieu que les Lévites avaient publiquement prononcée au mont Ebal (Dt 27.15)[29].

Le slogan ponctue une deuxième fois le récit pour marquer la désapprobation profonde de l'auteur. Non seulement, le peuple ne

---

[27] Dans la suite du récit (cf. chapitre 18), le Lévite est surtout appelé prêtre (11 fois) plutôt que Lévite (2 fois) pour mieux souligner sa perversité. Tous les Lévites n'étaient pas prêtres, mais seulement ceux de la lignée d'Aaron (Ex 28.1; 40.12-15; Nb 18.1-8). Or, ce Lévite est rattaché à la descendance de Moïse (18.30).

[28] *BA* p. 154, Cundall p. 185, Goslinga p. 459, Wolf p. 482.

[29] D.R. Davis p. 206.

respecte pas Dieu, mais même les conducteurs spirituels n'ont aucun égard pour l'Eternel: *«En ce temps-là, il n'y avait pas de roi en Israël»* (18.1a).

Troisième portrait: une tribu à la recherche d'un pays (18.1b-6)

La tribu des Danites se cherchait une possession pour s'établir, car jusqu'à ce jour, il ne lui était pas échu d'héritage au milieu des tribus d'Israël. 2 Les fils de Dan prirent sur eux tous, parmi leurs familles, cinq hommes vaillants, qu'ils envoyèrent de Tsorea et d'Eschthaol, pour explorer le pays et pour l'examiner. Ils leur dirent: Allez, examinez le pays.

Ils arrivèrent dans la montagne d'Ephraïm jusqu'à la maison de Mica, et ils y passèrent la nuit. 3 Comme ils étaient près de la maison de Mica, ils reconnurent la voix du jeune Lévite, s'approchèrent et lui dirent: Qui t'a amené ici? que fais-tu dans ce lieu? et qu'as-tu ici? 4 Il leur répondit: Mica fait pour moi telle et telle chose, il me donne un salaire, et je lui sers de prêtre. 5 Ils lui dirent: Consulte Dieu, afin que nous sachions si notre voyage aura du succès. 6 Et le prêtre leur répondit: Allez en paix; le voyage que vous faites est sous le regard de l'Eternel.

Le troisième récit commence, comme le second, par la recherche d'un lieu de séjour, mais à la place d'un individu en quête de domicile, nous avons toute une tribu. L'événement se situe manifestement au début de la période des juges.

Le texte est rédigé de manière à donner l'impression que la démarche des Danites est légitime: *«Il ne lui était pas échu d'héritage au milieu des tribus d'Israël»* (18.1). N'est-il pas naturel de chercher une patrie? Cependant, tout Juif savait que chaque tribu avait reçu une part d'héritage. Josué avait minutieusement divisé le pays, puis attribué les régions aux tribus. Dan avait reçu sa part d'héritage comme les autres (Jos 19.40-48). Le problème de cette tribu est ailleurs. Le lecteur se souvient qu'au début du livre, l'auteur avait relevé l'échec des Danites dans la conquête de leur héritage (1.34). Certes, les Amoréens étaient bien armés, mais Dieu avait promis la victoire. Au lieu de persévérer dans la foi et dans le combat, Dan se détourne du don divin pour chercher ailleurs de quoi le satisfaire[30]. L'apparente légitimité que l'auteur laisse déduire du texte, ne reflète pas son propre point de vue, mais celui des Danites infidèles. Cette manière d'exprimer *l'opinion de l'opposition* ne relève pas de la courtoisie, mais du sarcasme. La démarche des

---

30 Les Danites auraient dû être enchantés d'avoir reçu le littoral, c.-à-d. une des meilleure partie du pays (Wood p. 148).

Danites est tellement fausse qu'on ne craint pas de la présenter de manière positive. Aucune personne sensée ne manquera de comprendre et d'apprécier l'ironie. Le terme *vaillant* (littéralement *les hommes de guerre*) fait sourire[31]. Les plus forts, au lieu de conquérir le pays promis, cherchent, dans la direction opposée, une terre facile à prendre. Leur «courage» sera la risée des générations futures[32]. Leur base de départ (Tsorea et d'Eschthaol) rappelle au lecteur le vrai héros danite, Samson. Lui, du moins, n'avait pas peur de combattre les occupants.

L'exploration conduit les Danites vers Mica, soit au même endroit que le Lévite, lui aussi voyageur vers le nord à la recherche d'un meilleur domicile. Les Danites, comme le Lévite, à la recherche d'une prétendue bonne résidence - alors qu'ils ont rejeté l'offre divine -, aboutissent chez Mica l'infidèle[33].

Le contact avec le Lévite est rapidement établi: *«Ils reconnurent la voix du jeune Lévite»* (18.3). Le connaissaient-ils personnellement, ou remarquent-ils son accent ou ses activités, en particulier ses prières[34]?

Le silence du Lévite à l'égard de l'injustice de Mica nous fait pressentir une absence de reproches du faux prêtre à l'égard de la démarche danite. D'emblée, comme lors du contact antérieur avec Mica, ce n'est pas le Lévite qui pose des questions, mais les autres. Mica avait demandé *«D'où viens-tu?»* (17.9), alors que les Danites disent: *«Qui t'a amené ici? que fais-tu dans ce lieu? et qu'as-tu ici?»* (18.3). La réponse du Lévite révèle aux Danites son attachement aux biens matériels et son ouverture au compromis religieux: *«Mica fait pour moi telle et telle chose, il me donne un salaire, et je lui sers de prêtre»* (18.4).

Les Danites s'empressent de lui demander son aide: *«Consulte Dieu, afin que nous sachions si notre voyage aura du succès»* (18.5). Leur démarche est révélatrice de leur spiritualité. Ils cherchent la volonté de Dieu auprès d'une personne qui, visiblement, lui désobéit, une personne qui aime plaire aux hommes plutôt qu'à Dieu. Manifestement, les Danites ne cherchent pas la volonté divine,

---

[31] Jordan p. 284.

[32] Dieu voulait enseigner son peuple à faire la guerre, et ici les Danites font tout pour l'éviter (Jordan pp. 284-285).

[33] La maison de Mica devait se trouver sur une voie de passage.

[34] *BA* p. 155, Bruce p. 284, Cundall p. 188, J.J. Davis p. 146, Goslinga p. 462, Wolf p. 483. Le narrateur ignore Mica et s'intéresse au personnage principal, le Lévite.

bien qu'ils aiment se persuader de le faire (cela tranquilliserait leur conscience). S'ils étaient sincères dans leur démarche, ils liraient les Ecritures, s'arrêteraient sur la volonté divine révélée par Josué, prendraient les armes pour conquérir la terre désignée par l'Eternel. A la rigueur, ils iraient à la maison de l'Eternel, où se trouvait l'arche, pour consulter les prêtres fidèles qui ne manqueraient pas, d'ailleurs, de les ramener à l'Ecriture[35]. Silo était sur leur chemin et ne devait guère être éloigné de la maison de Mica. Rien de tout cela. Le fait de demander conseil au Lévite infidèle témoigne de leur résolution de ne pas écouter Dieu, mais de suivre leur propre volonté.

Le Lévite ne manque pas de leur donner ce qu'ils désirent: *«Allez en paix; le voyage que vous faites est sous le regard de l'Eternel»* (18.6). Quel menteur et quel lâche! Et quelle audace de parler de la part de Dieu, alors qu'il contredit la parole révélée!

Le rapport des espions danites (18.7-10)

7 Les cinq hommes partirent, et ils arrivèrent à Laïs. Ils virent le peuple vivait en sécurité à la manière des Sidoniens, tranquille et sans inquiétude; il n'y avait dans le pays personne qui leur fassent le moindre outrage en dominant sur eux; ils étaient éloignés des Sidoniens, et ils n'avaient pas de liaison avec d'autres hommes.

8 Ils revinrent auprès de leurs frères à Tsorea et Eschthaol, et leurs frères leur dirent: Quelle nouvelle apportez-vous? 9 Allons! répondirent-ils, montons contre eux; car nous avons vu le pays, et voici, il est très bon. Quoi! vous restez sans rien dire! Ne soyez pas paresseux à vous mettre en marche pour aller prendre possession de ce pays. 10 Quand vous y entrerez, vous arriverez vers un peuple en sécurité. Le pays est vaste, et Dieu l'a livré entre vos mains; c'est un lieu où rien ne manque de tout ce qui est sur la terre.

Les Danites rassurés quittent le Lévite et trouvent une terre idyllique à leurs yeux. Un territoire facile à prendre (18.7).

De retour au pays, le rapport des espions est enthousiaste. Un pays idéal est trouvé. L'auteur relève abondamment la sécurité des habitants. Le mot *confiant* (*bâtahi/betahi*: בטח) est employé quatre fois (18.7, 7, 10, 27), et le mot *tranquille* (*châqat*: שקט) deux fois (18.7, 27). Ce peuple en sécurité est probablement privé de défenses (murailles, armes et armée), et donc facile à prendre.

Devant la réaction mitigée des Danites, les espions s'étonnent (*«Quoi! vous restez sans rien dire»* 18.9), puis insistent. Ils expriment leur conviction que Dieu les aidera (*«Dieu l'a livré entre*

---

[35] Jordan p. 285.

vos mains» 18.10). Pensent-ils à l'oracle du Lévite[36] ou voient-ils la présence de Dieu dans l'occasion offerte?

Le rapport des espions danites fait penser au rapport de Josué et de ses compagnons lorsqu'une année après la sortie d'Egypte, ils avaient exploré la Terre promise (Nb 13). Dans les deux cas, le pays visité est prospère, mais là s'arrête la ressemblance. A l'époque de Moïse, les espions refusèrent de conquérir le pays, à l'exception de Josué et de Caleb, alors que les cinq Danites sont unanimes dans leur recommandation. Autre différence fondamentale: les villes de Canaan semblaient impossibles à prendre, étant puissamment fortifiées et habitées par des géants (*«Nous y avons vu les géants, enfants d'Anak, de la race des géants: nous étions à nos yeux et aux leurs comme des sauterelles»* Nb 13:33). Ainsi, le zèle des Danites n'est pas le produit de leur courage, mais de la facilité de la tâche[37]. Dernier élément: la terre convoitée par Dan ne lui avait pas été promise par l'Eternel. Au contraire, Dieu l'avait donnée à Nephthali (Jos 19.32-39). En voulant occuper le nord du pays avant Nephthali, Dan lui ravit cette contrée. Le thème du voleur refait donc surface, mais au stade de toute une tribu.

Le projet de voler une idole (18.11-17)

> *11 Six cents hommes de la famille de Dan partirent de Tsorea et d'Eschthaol, munis de leurs armes de guerre. 12 Ils montèrent et campèrent à Kirjath-Jearim en Juda; c'est pourquoi ce lieu, qui est derrière Kirjath-Jearim, a été appelé jusqu'à ce jour Machané-Dan. 13 Ils passèrent de là dans la montagne d'Ephraïm, et ils arrivèrent jusqu'à la maison de Mica.*
>
> *14 Alors les cinq hommes qui étaient allés pour explorer le pays de Laïs prirent la parole et dirent à leurs frères: Savez-vous qu'il y a dans ces maisons-là un éphod, des théraphim, une image taillée et une image en fonte? Voyez maintenant ce que vous avez à faire. 15 Ils s'approchèrent de là, entrèrent dans la maison du jeune Lévite, dans la maison de Mica, et lui demandèrent comment il se portait. 16 Les six cents hommes d'entre les fils de Dan, munis de leurs armes de guerre, se tenaient à l'entrée de la porte. 17 Et les cinq hommes qui étaient allés pour explorer le pays montèrent et entrèrent dans la maison; ils prirent l'image taillée, l'éphod, les théraphim et l'image en fonte, pendant que le prêtre était à l'entrée de la porte avec les six cents hommes munis de leurs armes de guerre.*

Le deuxième volet du portrait de Dan comprend un nouveau voyage vers le nord, avec un nouvel arrêt à la maison de Mica. Six

---

[36] *BA* p. 155.
[37] Tout, dans le récit, est fait pour ridiculiser les Danites (Jordan p. 285).

cents hommes et leurs familles avec armes et bagages quittent *Tsorea et d'Eschthaol*, c'est-à-dire le pays de Samson, le héros danite. Le premier lieu de campement *Machané-Dan* («campement de Dan» 18.12) rappelle aussi Samson et le début de son ministère (13.25)[38], même si le lieu n'est pas le même.

Le nombre des guerriers est limité à 600, alors que quelques années avant, lors de la conquête du pays par Josué, la tribu comptait 64 400 combattants (Nb 26.43). Il est difficile d'imaginer que la tribu a été à tel point décimée par les guerres de conquête, et par les Amoréens en particulier (1.34). Il est plus probable que nous n'ayons ici qu'une partie des troupes. Celle des premiers colons[39]. Par la suite, devant le succès des pionniers, d'autres familles danites ont pu les rejoindre. Les ancêtres de Samson (et d'autres familles avec eux) ont cependant préféré s'implanter fidèlement dans l'héritage promis.

Dès l'arrivée chez Mica, et pour la première fois depuis que des voyageurs s'arrêtent chez lui (pensez au voyage du Lévite, puis à celui des cinq espions), l'attention est attirée sur le culte marginal élaboré par Mica: *«Savez-vous qu'il y a dans ces maisons-là un éphod, des théraphim, une image taillée et une image en fonte?»* (18.14). Le sérieux de la remarque ressort de la remarque qui suit: *«Voyez maintenant ce que vous avez à faire»*. Les cinq espions danites ne veulent pas seulement informer leurs frères de la situation anormale, mais ils demandent une évaluation et même une action. Que faire? En transmettant leur question, le narrateur fait aussi réfléchir le lecteur. Celui qui connaît la Loi mosaïque n'hésite pas longtemps, car la volonté divine est claire: il faut brûler Mica et sa maison (Dt 13.7-19; 17.1-7)[40]. A la consternation des fidèles, c'est le contraire qui se passe. Au lieu de détruire le péché, Dan se l'approprie. La seule action entreprise *contre* Mica est le vol des idoles.

Le compte-rendu de l'agression se fait par étapes. Dans un premier temps, l'auteur concentre l'attention sur l'attitude des Danites (18.15-17), puis il décrit la réaction du Lévite (18.18-20). La narration du vol est tragi-comique. Six cents hommes armés (l'auteur le relève deux fois: 18.16-17) se tiennent à la porte pour tenir à vue un homme sans défense, le Lévite, pendant que les cinq espions

---

[38] Jordan p. 286.
[39] *BA* p. 156, Cundall p. 189, Wolf p. 485.
[40] Jordan p. 287.

dévalisent la maison. Les «vaillants» Danites se surpassent en courage! Leur parole de bienvenue à l'égard du Lévite (*«Ils lui demandèrent comment il se portait»* 18.15) montre qu'ils n'en veulent pas à sa personne[41].

Dialogue entre le Lévite et les cinq explorateurs danites (18.18-20)

> *18 Lorsqu'ils furent entrés dans la maison de Mica, et qu'ils eurent pris l'image taillée, l'éphod, les théraphim et l'image en fonte, le prêtre leur dit: Que faites-vous? 19 Ils lui répondirent: Tais-toi, mets ta main sur ta bouche, et viens avec nous; tu nous serviras de père et de prêtre. Vaut-il mieux que tu serves de prêtre à la maison d'un seul homme, ou que tu serves de prêtre à une tribu et à une famille en Israël? 20 Le prêtre éprouva de la joie dans son coeur; il prit l'éphod, les théraphim et l'image taillée, et se joignit à la troupe.*

Revenu de sa stupeur, le Lévite pose une question: *«Que faites-vous?»* Remarquons que c'est la première question qui sort de sa bouche. Serait-il enfin décidé à réprouver le mal? Les Danites lui imposent le silence: *«Tais-toi, mets ta main sur ta bouche»* (18.19). La menace est discrète, car les Danites connaissent leur homme. Le Lévite est un opportuniste. Avec lui, la carotte est plus efficace que le bâton. Son silence et sa coopération sont rapidement achetés. On lui promet une promotion sociale importante: *«Viens avec nous; tu nous serviras de père et de prêtre. Vaut-il mieux que tu serves de prêtre à la maison d'un seul homme, ou que tu serves de prêtre à une tribu et à une famille en Israël?»* (18.19). L'offre des Danites est réelle, car ils réalisent d'emblée l'utilité d'un prêtre tout dévoué à leur cause, un homme capable de se taire devant des actions embarrassantes. De plus, un prêtre complétera admirablement le mobilier dérobé[42]. Le Lévite n'hésite pas. L'offre est trop alléchante. Il saute sur l'occasion *«avec joie»* (18.20). Plutôt que de perdre son équipement et peut-être sa fonction (que peut faire un prêtre sans ses outils?), il gagne en influence et probablement aussi en revenu. Mica est lâché comme s'il n'avait jamais existé. L'abandon et la trahison se font sans remords.

---

[41] Une autre manière de comprendre le texte est de voir de la ruse chez les Danites. Leur parole de bienvenue est destinée à enlever toute suspicion au Lévite. Puis, lorsque son attention est détournée à l'extérieur par la nombreuse troupe armée, les cinq espions en profitent pour dérober les objets. Finalement lorsque le Lévite découvre le vol, il pose sa question (18.18; Goslinga pp. 466-467).

[42] Les Danites agissent comme Mica. Ils veulent des idoles, mais aussi un prêtre (Goslinga p. 467).

Dialogue entre Mica et les Danites (18.21-26)

21 Ils se remirent en route et partirent, en plaçant devant eux les enfants, le bétail et les bagages. 22 Comme ils étaient déjà loin de la maison de Mica, les gens qui habitaient les maisons voisines de celle de Mica se rassemblèrent et poursuivirent les fils de Dan. 23 Ils appelèrent les fils de Dan, qui se retournèrent et dirent à Mica: Qu'as-tu, et que signifie ce rassemblement? 24 Il répondit: Mes dieux que j'avais faits, vous les avez enlevés avec le prêtre et vous êtes partis: que me reste-t-il? Comment donc pouvez-vous me dire: Qu'as-tu? 25 Les fils de Dan lui dirent: Ne fais pas entendre ta voix près de nous; sinon des hommes irrités se jetteront sur vous, et tu causeras ta perte et celle de ta maison. 26 Et les fils de Dan continuèrent leur route. Mica, voyant qu'ils étaient plus forts que lui, s'en retourna et revint dans sa maison.

Le départ de la troupe est comique. Enfants, bétail et bagages précèdent les vaillants guerriers armés. Manifestement, les Danites craignent une réaction de Mica qui, d'ailleurs, ne tarde guère. Absent lors du hold-up, celui-ci réunit ses gens et rejoint aisément les Danites contraints, en raison de leur chargement, de progresser plus lentement. Sans laisser à Mica le temps d'exprimer clairement ses revendications, les Danites jouent les innocents et les indignés: *«Qu'as-tu, et que signifie ce rassemblement?»* (18.23). Si mal il y a, ils le rejettent sur Mica. «Avec tes gens, veux-tu troubler la paix? Faut-il comprendre que tu nous menaces?»

Mica ne se laisse pas désarçonner par ces tentatives de justification. Il reproche aux Danites leur vol. On pourrait se réjouir de cette première réaction face à l'injustice (jusqu'à présent, seule la mère de Mica avait réagi au mal), si la situation n'était pas cocasse. Imaginez le voleur volé qui crie au scandale lorsque des inconnus lui subtilisent un objet de 200 sicles, alors que lui-même n'avait pas hésité à prendre cinq fois plus à sa propre mère[43]. En plus de la valeur représentée par l'objet, Mica perd son idole, c'est-à-dire ce qui devait le protéger des malheurs de la vie (y compris des voleurs!). Le gardien du domaine est volé! En poursuivant les Danites, Mica cherche à sauver son dieu, et voilà que les hommes doivent porter secours aux dieux. Amusant[44]. La victime dit n'avoir plus rien après le vol de l'idole et le départ du prêtre (18.24), et le lecteur ne peut que sourire, car l'idole et le faux prêtre ne valaient rien au départ. L'ironie de la situation enlève toute compassion pour Mica. Le récit apporte même une certaine satisfaction, car le revers de Mica montre

---

[43] Jordan p. 288, Wilcock p. 159.
[44] *BA* p. 156, Bruce p. 285, J.J. Davis p. 147.

que le succès des méchants ne dure pas toujours. Remarquons aussi que les pertes de Mica ne peuvent que lui faire du bien. Privé d'idole et du Lévite renégat, il reviendra peut-être à Dieu.

Devant le plaidoyer de Mica, les Danites durcissent le ton: *«Ne fais pas entendre ta voix près de nous; sinon des hommes irrités se jetteront sur vous, et tu causeras ta perte et celle de ta maison»* (18.25). En d'autres termes: «Tais-toi, si tu veux vivre»[45]. Les Danites, de voleurs qu'ils étaient, sont prêts à se transformer en meurtriers. Ayant rejeté Dieu, ces hommes marchent sur la voie large de l'iniquité. Plus rien ne les retient. Alors qu'ils auraient dû tuer Mica à cause de son idole (cf. Dt 17.1-7), ils veulent maintenant le tuer si celui-ci les empêche de s'approprier l'objet interdit!

Etablissement de Dan au nord du pays (18.27-19.1a)

27 Ils enlevèrent ainsi ce qu'avait fait Mica et emmenèrent le prêtre qui était à son service, et ils tombèrent sur Laïs, sur un peuple tranquille et en sécurité; ils le passèrent au fil de l'épée, et ils brûlèrent la ville. 28 Personne ne la délivra, car elle était éloignée de Sidon, et ses habitants n'avaient pas de liaison avec d'autres hommes: elle était dans la vallée qui s'étend vers Beth-Rehob. Les fils de Dan rebâtirent la ville, et y habitèrent; 29 ils l'appelèrent Dan, d'après le nom de Dan, leur père, qui était né à Israël; mais la ville s'appelait auparavant Laïs. 30 Ils dressèrent pour eux l'image taillée; et Jonathan, fils de Guerschom, fils de Moïse (ou de Manassé), lui et ses fils, furent prêtres pour la tribu des Danites, jusqu'à l'époque de la captivité du pays. 31 Ils établirent pour eux l'image taillée qu'avait faite Mica, pendant tout le temps que la maison de Dieu fut à Silo.

***19**.1 Dans ce temps-là, il n'y avait pas de roi en Israël.*

Le dénouement est rapide. Aucun détail n'est donné sur les combats. L'auteur se contente de relever la faiblesse de l'adversaire (*«Un peuple tranquille et en sécurité»* 18.27) et l'absence d'allié (*«Personne ne la délivra, car elle était éloignée de Sidon, et ses habitants n'avaient pas de liaison avec d'autres hommes»* 18:28). Dan réserve à la ville le sort des villes cananéennes. La tribu fait ici ce qu'elle aurait dû faire ailleurs. Les habitants sont tués et la ville brûlée. La destruction de l'ennemi est totale[46].

De manière surprenante, tout semble réussir à Dan l'infidèle, et l'on pourrait croire que la désobéissance est récompensée. La référence à une *déportation* (18.30) indique, cependant, que

---

[45] Le mot *irrité* est utilisé pour décrire une ourse dont on a enlevé les petits (2 Sam 17.8).

[46] Laïs était peut-être une colonie sidonienne (*BA* p. 155, Goslinga p. 464).

l'histoire de Dan n'est pas sans problème. Le jugement de Dieu n'est pas toujours immédiat, mais il finit toujours pas atteindre le méchant. A plus ou moins longue échéance, le mal est puni. Une déportation est l'équivalent d'un cambriolage gigantesque. Ainsi, l'auteur achève l'histoire de divers vols (celui de Mica, de sa mère, des Danites) par un vol qui affecte toute une nation.

Les deux derniers versets du chapitre 18 posent quelques problèmes concernant la parenté du Lévite et la date de la déportation indiquée. Selon la Vulgate, le Lévite est le petit-fils de *Moïse*, mais les textes hébreux et les autres versions portent *Manassé*. En hébreu, les consonnes des deux noms ne se différencient que par une lettre (Moïse משה et Manassé מנשה). Or, le texte massorétique place cette lettre (*nun*) légèrement en dessus de la ligne (מ׳נשה), et la tradition juive explique que le nom du grand-père est effectivement Moïse, mais pour éviter de salir le nom du grand législateur, les scribes ont inséré un *nun* légèrement décalé pour indiquer que le Lévite est (spirituellement) de la descendance du roi Manassé, le pire des monarques judéens. Le Lévite est donc réellement un descendant de Moïse[47]. Cette information (si choquante pour certains scribes) indique à quel point le péché a envahi Israël, puisque la deuxième génération après Moïse est déjà infectée par des péchés aussi grossiers que ceux du Lévite. La référence confirme aussi la datation du premier appendice qui se situe donc tout au début de la période des juges[48].

L'identification *«de la captivité du pays»* (18.30) est plus disputée. Certains pensent à la déportation du royaume du nord en 722 av. J.-C.[49]. Cela indiquerait une adjonction ultérieure ou même une rédaction tardive de tout le livre. D'autres suggèrent une déportation beaucoup plus ancienne, mais non mentionnée dans l'Ecriture[50]. Un troisième groupe voit dans ces paroles une référence à la déportation de l'arche du temps de Samuel (1 Sam 4-6)[51]. Deux explications sont fournies à ce sujet: (1) Pour certains, le mot arche a

---

47 *BA* p. 157, Bruce p. 285, Cundall p. 191, J.J. Davis p. 147, Goslinga p. 470, Jordan p. 280, Wolf p. 488.

48 Cundall (p. 186) pense que le Lévite n'est pas le fils de Guerschom, mais un de ses descendant.

49 *BA* p. 157, Goslinga pp. 470-474.

50 Archer (*Introduction à l'A.T.*, pp. 309-310) la place à la fin de la période des juges; Cundall (p. 192) propose de la situer entre la mort de Saül et le règne uni de David. Kitchen rejoint Cundall (*De Josué à Salomon*, p. 64, note 18).

51 J.J. Davis (p. 147), Jordan (p. 289), Young (*An Introduction to the O.T.*, rev. ed., Eerdmans, 1958, p. 180, cité par Wolf p. 378).

été mal recopié: les deux dernières lettres du mot arche (ארון) auraient été confondues avec la dernière lettre du mot pays (ארץ). (2) Pour d'autres, la prise de l'arche symbolise la défaite de toute la nation. Puisque l'arche représente Dieu, sa capture peut faire croire que l'Eternel (le souverain et roi d'Israël) est devenu le prisonnier des Philistins. Or, lorsqu'un roi est pris en otage, tout le pays se trouve sous le joug de l'ennemi. Cette dernière position trouve une confirmation intéressante dans le verset suivant. Les expressions (a) «*jusqu'à l'époque de la captivité du pays*» et (b) «*pendant tout le temps que la maison de Dieu fut à Silo*» peuvent être vues comme parallèles. L'arche est restée à Silo jusqu'à ce qu'elle soit déportée. Si l'on retient cette explication pour la captivité du pays, l'auteur indiquerait que la corruption introduite par le Lévite a duré jusqu'au moment où Dieu a jugé définitivement la maison du souverain sacrificateur Eli. Les réformes de Samuel, puis de David, ont certainement mis un terme (temporaire) à ce culte idolâtre. Plus tard, Jéroboam 1 a choisi Dan pour instaurer son culte rival peut-être en raison de l'ouverture d'une partie de la population à ce type de culte.

Le slogan clôt une troisième fois le récit. L'infidélité du peuple, commencée par une famille, puis reprise et encouragée par un Lévite, finit par s'étendre à toute une tribu qui, pendant toute la période des juges, reste rebelle à l'Eternel.

Deuxième appendice: Benjamin (1): 19

Remarques générales

La dernière section du livre des Juges est la plus longue. Elle est formée de trois parties bien distinctes: (1) l'accueil scandaleux d'un Lévite à Guibea (chap. 19), (2) la guerre civile entre Israël et Benjamin (chap. 20), (3) la recherche de femmes pour repeupler Benjamin (chap. 21). Les trois chapitres rappellent trois événements antérieurs. Le comportement de Guibea évoque le péché de *Sodome* (Gen 19), la guerre contre Benjamin fait penser à la prise d'*Aï* (Jos 7.1-8.29) et le repeuplement de Benjamin fait contraste avec le voeu de *Jephthé* et la guerre civile contre Ephraïm (Jug 11.29-12.6). Sodome, Aï et Jephthé forment le décor de fond des trois actes du deuxième appendice, un décor synonymique pour les chapitres 19 et 20 et antithétique pour le chapitre 21: Guibea est un nouveau Sodome et la guerre contre Benjamin suit le même développement que la prise d'Aï, alors que les efforts d'Israël pour contourner son voeu sont à l'opposé de la parole ferme de Jephthé. Ces trois sections rappellent aussi trois périodes dans la vie d'Israël: celle des patriarches (avec Abraham), celle de la conquête (avec Josué) et celle de l'histoire récente des juges (avec Jephthé). Le détail des parallélismes est traité au début de chaque chapitre.

En plus de liens avec des récits antérieurs, les trois sections ont en commun le thème de *l'hospitalité*: (1) Au chapitre 19, l'auteur insiste sur l'hospitalité du beau-père du Lévite (19.3-9) pour mieux accentuer l'inhospitalité réservée par Guibea. Non seulement, le Lévite est abandonné sur la place publique (jusqu'à ce qu'un étranger l'accueille), mais les hommes de la ville veulent l'agresser et le déshonorer. Finalement, sa femme est livrée entre leurs mains pour une nuit d'horreur et succombe aux traitements infligés. (2) Le thème de l'hospitalité est repris au chapitre 20 sur un plan national, lorsque Benjamin offre son refuge et son soutien à Guibea pour la protéger des autres tribus. (3) Le chapitre 21 voit un revirement dans l'attitude d'Israël à l'égard de Benjamin, puisque les tribus font soudain tout pour repeupler Benjamin. Non seulement, les 600 rescapés se voient graciés, mais des femmes leur sont offertes au prix de meurtres et de vols.

Le péché lié à l'hospitalité a deux faces: celle de l'*inhospitalité* face aux justes et celle de l'*hospitalité* accordée aux méchants. L'inhospitalité coupable se manifeste dans le traitement infligé au Lévite et à sa concubine. Certes, ni le Lévite ni sa concubine n'étaient parfaits, mais rien ne justifiait leur abandon sur la place publique et encore moins l'agression dont ils ont été l'objet.

L'hospitalité injuste est moins souvent relevée par les commentateurs, bien qu'elle soit mieux développée dans le texte. Le principe est le suivant: l'accueil d'un pécheur non repentant est un péché, en particulier lorsqu'un délit grave a été commis sur une tierce personne. Sur le plan spirituel, lorsque Israël pèche, l'Eternel le punit et le rejette. La réconciliation ne peut se faire sans repentance. Sur le plan social, le problème d'Israël à l'époque des juges est de vouloir cohabiter avec les nations environnantes. En d'autres termes, il veut accueillir les nations païennes sans que celles-ci se convertissent à l'Eternel. Or, les Cananéens étaient placés sous le jugement de Dieu en raison de leur iniquité, et Israël devait les tuer. Sans repentance, sans adhésion au Dieu d'Israël, aucun salut n'est possible (Rahab avait été justement épargnée, car elle avait adhéré à l'Eternel). Le deuxième appendice donne plusieurs exemples d'accueil d'un méchant non repentant. Le père de la concubine ouvre la série en abritant sa fille adultère (19.2). Quatre mois plus tard, le Lévite vient reprendre sa femme sans attendre aucune repentance de sa part (19.3)[1]. Au chapitre 20, les Benjaminites font accueil aux pécheurs de Guibea et sont même prêts à faire la guerre pour les protéger. Leur hospitalité en faveur des méchants va jusqu'au sacrifice de leur vie et au meurtre des innocents (puisqu'ils sont prêts à tuer ceux qui veulent exercer la justice divine). Au chapitre 21, le péché «d'hospitalité coupable» s'étend à tout Israël. Les 600 Benjaminites sont épargnés et se voient même offrir des femmes au prix d'une ville massacrée (21.1-14) et de familles privées de leurs filles (21.15-24).

Notre évaluation des événements relatés dans le deuxième appendice est principalement *négative*. Seule la guerre punitive contre Benjamin *après* l'intervention de Phineas (20.28) est positive. Le dernier verset du livre reprend le slogan du premier appendice (*«En ce temps-là, il n'y avait pas de roi en Israël. Chacun faisait ce qui lui semblait bon»* 21:25). Ces paroles expriment le jugement

---

[1] Même si elle a eu lieu, l'auteur ne la signale pas. Ainsi, le récit du Lévite et de sa concubine introduit bien le thème du dernier appendice.

défavorable de l'auteur sur les événements du deuxième appendice et sur la période des juges en général[2].

Rappelons encore que les événements du deuxième appendice se situent au début de la période des juges. En effet, Phineas le petit-fils d'Aaron vit encore et officie comme souverain sacrificateur (20.28). La solidarité entre les tribus pour punir le méchant semble aussi une caractéristique de cette époque (cf. Jos 22)[3].

Pire que Sodome (cf. Gen 19)

Le chapitre 19 des Juges rappelle singulièrement le chapitre 19 de la Genèse[4]: (1) Quelques voyageurs arrivent vers le soir dans une ville. Dans les Juges, le petit groupe est composé de trois personnes (le Lévite est accompagné de sa concubine et de son serviteur), et dans Genèse, les anges sont au nombre de deux ou trois (Gen 18.2; 19.1). (2) Le Lévite et les anges sont les représentants de l'Eternel. (3) Les voyageurs prévoient de camper sur la place publique, mais sur l'invitation d'un étranger, ils acceptent de passer la nuit dans sa demeure. Ils peuvent se laver les pieds, et l'hôte leur sert un repas. (4) Avant l'heure du coucher, des hommes de la ville entourent la demeure et demandent à l'hôte de faire sortir le(s) homme(s) de Dieu pour avoir des rapports homosexuels. (5) L'hôte proteste contre ces procédés honteux et leur demande de ne pas faire de mal (le même mot *râ'a'* [רעע] est utilisé: Jug 19.23; Gen 19.7) à ses invités qui sont venus s'abriter *dans sa maison* (Jug 19.23) ou *sous son toit* (Gen 19.8). Pour les calmer, il leur offre deux femmes. Dans le récit des Juges, le vieillard offre sa fille vierge et la concubine du Lévite, alors

---

2 De tous les auteurs, Flavius Josèphe (*Antiquités* V.2.8-12) est le moins critique des événements du deuxième appendice: (1) Le Lévite est vu positivement. Il aime tendrement sa femme et ne l'a jamais livrée aux hommes de Guibea. Au moment de quitter la ville, il suppose que rien de grave n'est arrivé à sa femme et qu'elle est simplement endormie. (2) Les hommes de Guibea ne sont pas considérés comme inhospitaliers. Si le vieillard a accueilli le Lévite, c'est parce que l'homme venait de la même tribu que lui. Tous les hommes de Guibea ne sont pas impliqués dans l'offense contre le Lévite, mais seulement une bande de jeunes voyous. Aucune homosexualité chez ces hommes, mais un attrait pour la femme du Lévite qui était très belle. (3) Au chapitre 20, Israël ne veut pas punir toute la ville de Guibea, mais seulement les coupables. Quant au repeuplement, les 400 femmes de Jabès sont trouvées sans commettre de meurtre, car les hommes étaient morts *avant* que l'on ait pris la décision de repeupler Benjamin.

3 *BA* p. 158, 161; Cundall p. 193; Goslinga p. 484; Wolf p. 489.

4 *»Pratiquement chaque élément de Gen 19 trouve son correspondant dans Jug 19»* (Daniel I. Block: «Echo narrative technique in Hebrew literature: a study in Judges 19», in *Westminster Theological Journal*, 52 [1990], pp. 326, 333).

que dans Genèse, Lot propose ses deux filles vierges. Les deux utilisent la même expression: *«Vous leur ferez ce qu'il vous plaira»* (lit. *«Vous leur ferez ce qui est bien à vos yeux»* Jug 19.24; Gen 19.8)[5].

Le récit de l'iniquité des deux villes est suivi par la destruction des cités incriminées (Guibea et Sodome) et de leurs environs pécheurs (la tribu de Benjamin; Gomorrhe et les autres villes de la région). Une fumée, comme la fumée d'une fournaise, s'élève des deux villes (Jug 19.38, 40; Gen 19.28). Seules quelques personnes échappent au désastre (600 Benjaminites; Lot, ses deux filles, ainsi que la ville de Tsoar). Pour que les rescapés puissent avoir une descendance, on recourt deux fois au système D: les Israélites imaginent deux stratagèmes pour contourner leur voeu (Jug 21), et les filles de Lot enivrent par deux fois leur père pour coucher avec lui (Gen 19.30-38).

Les similitudes entre les deux récits ne doivent pas nous faire oublier les différences et les contrastes, car ils indiquent que l'horreur commise à Guibea est plus grande qu'à Sodome. Guibea est une ville juive, Sodome était païenne. Le Lévite choisit délibérément une ville israélite pour passer la nuit, car Jérusalem, la païenne, n'offre pas, à ses yeux, assez de sécurité. L'homme de Dieu veut être bien accueilli, et choisit une ville de compatriotes et une ville dont les habitants ont été éclairé par la révélation et l'éthique divines. Malgré ces atouts, l'accueil de Guibea est identique à la plus perverse des villes païennes. Guibea se comporte comme Sodome, mais son péché est pire, car les Sodomites (1) n'étaient pas au bénéfice de la lumière divine (cf. Mt 10.15; 11.23-24; Lc 10.12), (2) ils n'ont pas maltraité un compatriote, (3) ils ne savaient pas que les hommes agressés étaient des représentants de Dieu[6].

L'horreur vient surtout du comportement du Lévite lorsqu'il est contrasté avec celui des anges. Les anges sauvent les agressés: ils retardent l'action des méchants en jetant la confusion, exhortent ensuite Lot à quitter la ville pécheresse, puis l'emmènent avec sa famille à l'écart du danger. Le Lévite ne sauve personne. Au contraire, il sacrifie sa concubine pour se sauver lui-même. L'ayant abandonnée aux hommes pervers, il semble déchargé de tout souci. Après une nuit tranquille (pour lui), il s'apprête à poursuivre sa route

---

[5] Block p. 332, Lasine p. 40. Notons que l'auteur rapproche tellement son texte de Genèse 19, que pour parler du *bien*, il utilise le terme employé dans Genèse (*tôbh*: טוב), plutôt que celui du slogan final (*yâchâr*: ישר).

[6] Jordan p. 301.

le lendemain matin sans même se soucier de retrouver sa femme ou de prendre de ses nouvelles. Quand il la trouve derrière la porte, il la traite comme un chien et lui jette: *«Lève-toi, et allons-nous-en!»* (19:28). Devant son silence, il la découpe comme du bétail et envoie les morceaux aux quatre coins du pays sans manifester aucun respect pour son corps.

Structure du chapitre 19

A[1]	Un Lévite perd sa femme, puis la recherche (19.1b-3a)
B[1]	Hospitalité du beau-père (19.3b-10a)
C[1]	Inhospitalité des villes *étrangères* (19.10b-15a)
C[2]	Hospitalité d'un *étranger* (19.15b-21)
B[2]	Inhospitalité grossière des hommes de Guibea (19.22-25)
A[2]	Le Lévite trouve sa femme morte, puis renvoie son corps (19.26-30)

Exégèse détaillée du chapitre 19

Un Lévite perd sa femme, puis la recherche (19.1b-3a)

> *Un Lévite, qui séjournait à l'extrémité de la montagne d'Ephraïm, prit pour concubine une femme de Bethléhem de Juda. 2 Sa concubine lui fut infidèle, et elle le quitta pour aller dans la maison de son père à Bethléhem de Juda, où elle resta l'espace de quatre mois. 3 Son mari se leva et alla vers elle, pour parler à son coeur et la ramener. Il avait avec lui son serviteur et deux ânes.*

Dès les premières lignes, l'auteur reprend certains thèmes évoqués dans le premier appendice, mais avec des variantes, car si la vie est marquée par certaines constantes, la diversité des hommes et des situations multiplient à l'infini l'expression de ces constantes: (1) Un Lévite est de nouveau au centre du récit. Il voyage comme le premier, mais contrairement à celui-ci, il ne va pas vers le nord, mais vers le sud; il ne part pas de Bethléhem de Juda, mais y arrive; il ne recherche pas une terre d'accueil, mais veut offrir un asile à sa femme coupable. (2) Les relations familiales sont à nouveau tendues, mais il ne s'agit plus d'une relation filiale, mais conjugale. Ce n'est plus le fils qui trompe sa mère en dérobant de l'argent, mais une femme qui trompe son mari en offrant son corps à un tiers. La leçon est claire: le péché est omniprésent dans la société. Homme ou femme, mari ou fils, épouse ou mère, laïque ou religieux, tout le monde y participe. (3) Le rejet de Dieu est toujours aussi manifeste. Là, il y avait accueil des idoles, ici accueil des hommes pervers. Dieu est rejeté dans sa personne et dans ses normes éthiques. Sa royauté est reniée sur tous les plans.

Dans le deuxième appendice, l'auteur aborde d'emblée le thème de «l'accueil du pécheur». Une femme infidèle[7] trouve refuge chez son père. Sur un plan humain, l'accueil peut se comprendre, mais il enfreint la justice divine. Personne ne doit donner asile au coupable, même pas le père à sa fille (Dt 13.7-12). Dans le cas de la concubine, certains pourraient hésiter à condamner la femme à cause de la dureté du Lévite. Certes, l'homme est sans coeur, mais ses manquements d'époux n'excusent pas l'infidélité de sa femme. Le péché de mon prochain ne justifie pas le mien[8].

Le Lévite adopte la voie du beau-père et se montre prêt, lui aussi, à pardonner à sa femme. Il revient vers elle pour la persuader de le suivre (19.3). Manifestement, il renonce à sanctionner l'infidélité. Le narrateur ne place aucune parole dans la bouche de la concubine, comme pour montrer que le pardon accordé ne dépend en rien de son attitude. C'est le Lévite qui parle *«à son coeur»* (19.3). C'est lui qui se plie en quatre pour obtenir son retour. Aucune repentance n'est exigée par le Lévite, car, comme le père, il accueille la pécheresse non repentante.

La référence aux *«quatre mois»* n'est pas sans importance (19.2). Le temps écoulé exprime-t-il la faiblesse ou l'intérêt du Lévite? Faiblesse, si c'est la solitude qui l'a motivé à la reprendre; intérêt, si le Lévite voulait d'abord s'assurer que sa femme n'était pas enceinte. Le caractère du Lévite fait pencher vers la deuxième hypothèse. L'homme est plus préoccupé par lui-même que par sa concubine (comme le montre la suite du récit). Si le péché n'a pas laissé de trace, il peut s'accommoder de l'infidélité de son épouse. Cette attitude minimise le péché et limite la préoccupation aux conséquences de la faute. Peu importe le péché si les conséquences sont minimes. Le Lévite est un homme pragmatique. Son

---

[7] Le terme hébreu (*zânâ*: זנה) désigne souvent l'acte d'une prostituée. Semeur et Darby parlent de *prostitution*, alors que Segond, Colombe, Synodale, TOB traduisent par *infidélité*. Jérusalem et Français courant suivent quelques manuscrits grecs qui lisent *«se fâcha contre lui»*. La note de la TOB marque une préférence pour cette lecture voyant dans le terme hébreu *«un effort à justifier l'attitude 'peu galante' du Lévite au v.25»*. On pourrait répliquer que les variantes grecques essaient d'expliquer la démarche du Lévite pour ramener sa femme.

[8] Relevons que l'accueil d'un *innocent* en fuite devant le méchant n'est nullement condamnable. Elle est, au contraire, approuvée et même demandée par Dieu.

concubinage témoigne d'un attachement mitigé à sa femme: il veut les bienfaits du mariage sans en avoir les obligations.

Notons encore que le Lévite n'est pas seul. Il se fait accompagner par un serviteur (19.3). Le but du narrateur en mentionnant ce dernier n'est pas clair (à ce stade du récit), mais la présence du serviteur crée un certain suspens, car le lecteur s'interroge sur le rôle joué par cet homme. La référence à *deux* ânes soulève aussi une question. Si le Lévite entend reprendre sa concubine, pourquoi n'avoir pas emmené *trois* ânes? On peut bien sûr penser que le serviteur devait faire le voyage à pied. Une autre hypothèse sera proposée lors de l'analyse du verset 25.

Hospitalité du beau-père (19.3b-10a)

> *Elle le fit entrer dans la maison de son père; et quand le père de la jeune femme le vit, il le reçut avec joie. 4 Son beau-père, le père de la jeune femme, le retint trois jours chez lui. Ils mangèrent et burent, et ils y passèrent la nuit.*
>
> *5 Le quatrième jour, ils se levèrent de bon matin, et le Lévite se disposait à partir. Mais le père de la jeune femme dit à son gendre: Prends un morceau de pain pour fortifier ton coeur; vous partirez ensuite. 6 Et ils s'assirent, et ils mangèrent et burent eux deux ensemble. Puis le père de la jeune femme dit au mari: Décide-toi donc à passer la nuit, et que ton coeur se réjouisse. 7 Le mari se levait pour s'en aller; mais, sur les instances de son beau-père, il passa encore la nuit.*
>
> *8 Le cinquième jour, il se leva de bon matin pour partir. Alors le père de la jeune femme dit: Fortifie ton coeur, je te prie; et restez jusqu'au déclin du jour. Et ils mangèrent eux deux. 9 Le mari se levait pour s'en aller, avec sa concubine et son serviteur; mais son beau-père, le père de la jeune femme, lui dit: Voici, le jour baisse, il se fait tard, passez donc la nuit; voici, le jour est sur son déclin, passe ici la nuit, et que ton coeur se réjouisse; demain vous vous lèverez de bon matin pour vous mettre en route, et tu t'en iras à ta tente. 10 Le mari ne voulut pas passer la nuit, il se leva et partit.*

L'hospitalité du beau-père est exemplaire. *«Il désire par tous ces retards affermir autant que possible le lien qui s'est reformé»*[9]. Le pardon du Lévite est précieux pour sa fille, et la communion est scellée par plusieurs repas (19. 4, 6, 8).

L'auteur s'étend presque avec lourdeur sur cette hospitalité. Les événements des quatrième et cinquième jours se suivent et se répètent. Puisque le beau-père fait patienter son gendre, le narrateur

---

[9] *BA* p. 159.

fait aussi patienter le lecteur et lui communique, par le vécu, l'insistance du beau-père. L'auteur aimerait surtout souligner cette hospitalité débordante du beau-père pour la contraster avec celle des Guibeanites.

La femme est ignorée dans le récit, car dans la réalité, elle compte peu. Tout se passe sans elle. Même la repentance ne lui est pas demandée.

Inhospitalité des villes étrangères (19.10b-15a)

> *Il (le Lévite) arriva jusque devant Jébus, qui est Jérusalem, avec les deux ânes bâtés et avec sa concubine. 11 Lorsqu'ils furent près de Jébus, le jour avait beaucoup baissé. Le serviteur dit alors à son maître: Allons, dirigeons-nous vers cette ville des Jébusiens, et nous y passerons la nuit. 12 Son maître lui répondit: Nous n'entrerons pas dans une ville d'étrangers, où il n'y a pas d'enfants d'Israël, nous irons jusqu'à Guibea. 13 Il dit encore à son serviteur: Allons, approchons-nous de l'un de ces lieux, Guibea ou Rama, et nous y passerons la nuit. 14 Ils continuèrent à marcher, et le soleil se coucha quand ils furent près de Guibea, qui appartient à Benjamin. 15 Ils se dirigèrent de ce côté pour aller passer la nuit à Guibea. Le Lévite entra, et il s'arrêta sur la place de la ville.*

Le serviteur intervient pour la première et la seule fois de l'histoire[10]. Il suggère un arrêt à Jérusalem[11], ville païenne depuis que Benjamin a laissé échapper la victoire initiale de Juda (1.8, 21). Le Lévite explique clairement les raisons de son refus: «*Nous n'entrerons pas dans une ville d'étrangers, où il n'y a pas d'enfants d'Israël*» (19.12).

Rama est citée, probablement parce que l'histoire du Lévite et de sa concubine est l'inverse de l'histoire de Jacob et Rachel[12]. Dans les deux cas, une femme quitte la maison paternelle avec son mari, après avoir été retenue par le père. Les deux femmes meurent près de Rama avant d'arriver à destination. La mort accidentelle de Rachel est provoquée par la naissance de Benjamin, alors que le décès de la concubine par suite de la conduite criminelle des Guibeanites entraîne la mort de toute la tribu de Benjamin.

---

[10] Voir aussi commentaire du verset 25.

[11] Jébus est toujours identifié comme Jérusalem (Jos 15.8; 18.28; Jug 19.10-11; 1 Chr 11.4-5).

[12] Jordan p.296. Rama et Guibea sont distantes de 3 km.

Hospitalité d'un étranger (19.15b-21)

> *Il n'y eut personne qui les reçoive dans sa maison pour qu'ils y passent la nuit. 16 Et voici, un vieillard revenait le soir de travailler aux champs; cet homme était de la montagne d'Ephraïm, il séjournait à Guibea, et les gens du lieu étaient Benjaminites. 17 Il leva les yeux, et vit le voyageur sur la place de la ville. Et le vieillard lui dit: Où vas-tu, et d'où viens-tu? 18 Il lui répondit: Nous allons de Bethléhem de Juda jusqu'à l'extrémité de la montagne d'Ephraïm, d'où je suis. J'étais allé à Bethléhem de Juda, et je me rends à la maison de l'Eternel. Mais il n'y a personne qui me reçoive dans sa demeure. 19 Nous avons cependant de la paille et du fourrage pour nos ânes; nous avons aussi du pain et du vin pour moi, pour ta servante, et pour le garçon qui est avec tes serviteurs. Il ne nous manque rien. 20 Le vieillard dit: Que la paix soit avec toi! Je me charge de tous tes besoins, tu ne passeras pas la nuit sur la place. 21 Il les fit entrer dans sa maison, et il donna du fourrage aux ânes. Les voyageurs se lavèrent les pieds; puis ils mangèrent et burent.*

Une première surprise vient de l'absence d'accueil: *«Il n'y eut personne qui les reçût dans sa maison pour y passer la nuit»* (19.15b). Un voyageur doit être accueilli. C'est une règle incontournable, particulièrement à cette époque et dans cette région du monde. De plus, le voyageur est un Juif, c'est-à-dire un frère de race, et il appartient même à la tribu désignée par l'Eternel pour le servir et le représenter auprès du peuple. Les exhortations à accueillir les Lévites (qui n'avaient pas reçu d'héritage en Israël) étaient claires et nombreuses.

Un étranger fait ce que tous les habitants auraient dû faire. Il ouvre son domicile au Lévite. Il s'assure auparavant de l'identité de l'homme: *«Où vas-tu, et d'où viens-tu?»* (19.17). La question est courte et rappelle l'accueil de Mica (18.3). Une fois renseigné (et peut-être rassuré) sur l'identité du visiteur, l'hôte accorde sa paix et pourvoit à tous les besoins: les pieds sont lavés, les estomacs nourris, les gorges désaltérées, et les animaux pris en charge (19.21). L'hospitalité du vieillard est d'autant plus généreuse que le Lévite n'est pas démuni (19.19).

La réponse du Lévite au vieillard mérite d'être commentée. Elle est longue et se veut rassurante. «Je suis Juif (*«Nous allons de Bethléhem de Juda jusqu'à l'extrémité de la montagne d'Ephraïm, d'où je suis»*), je suis Lévite (*«Je me rends à la maison de l'Eternel»*), j'aimerais être accueilli (*«Il n'y a personne qui me reçoive dans sa demeure»*), je n'occasionnerai aucune charge (*«Il ne nous manque rien»*)». Rendu craintif par l'inhospitalité des habitants, le Lévite invoque tous les arguments qui pourraient rassurer le vieillard. Il insiste sur son origine juive: le nom de son lieu de départ est mentionné deux fois, car Bethléhem est seulement éloignée d'une quinzaine de kilomètres et doit être bien connue du vieillard. La région de sa résidence est aussi indiquée. Concernant l'hébergement, il insiste sur l'absence de frais qu'occasionnera son séjour. Il a tout ce qu'il faut pour tous les siens (nourriture, boisson, fourrage pour le bétail). La référence à la maison de l'Eternel a pour objet de rappeler ou de montrer qu'il est un homme religieux, attaché aux croyances juives. On peut se demander si le Lévite n'en rajoute pas un peu, mais son voyage au tabernacle était peut-être réellement prévu[13].

Perversité des hommes de Guibea (19.22-25)

> *22 Pendant qu'ils étaient à se réjouir, voici, les hommes de la ville, gens pervers, entourèrent la maison, frappèrent à la porte, et dirent au vieillard, maître de la maison: Fais sortir l'homme qui est entré chez toi, pour que nous le connaissions. 23 Le maître de la maison, se présentant à eux, leur dit: Non, mes frères, ne faites pas le mal, je vous prie; puisque cet homme est entré dans ma maison, ne commettez pas cette infamie. 24 Voici, j'ai une fille vierge, et cet homme a une concubine; je vous les amènerai dehors; vous les déshonorerez, et vous leur ferez ce qu'il vous plaira. Mais ne commettez pas sur cet homme une action aussi infâme. 25 Ces gens ne voulurent pas l'écouter. Alors l'homme prit sa concubine, et la leur amena dehors. Ils la connurent, et ils abusèrent d'elle toute la nuit jusqu'au matin; puis ils la renvoyèrent au lever de l'aurore.*

Le parallélisme avec la perversion de Sodome est indubitable[14]. L'auteur manifestement veut nous faire dire: «Oui, c'est un nouveau Sodome». Osée, plus tard, soulignera aussi le péché de Guibea (*«Ils sont plongés dans la corruption, comme aux jours de Guibea»* Osée 9:9; *«Depuis les jours de Guibea tu as péché, Israël»* Osée 10:9). Les hommes sont appelés des vauriens (19.22), littéralement des fils *de corruption* ou fils *de Belial* (בליעל), expression que l'on retrouve dans Dt 13.14 pour qualifier les gens qui incitent le peuple à

---

[13] Au lieu de *«la maison de l'Eternel»*, la LXX a *«ma maison»*. Bruce (p. 286) pense que *«le suffixe pronominal signifiant 'ma' a été pris à tort pour une abréviation de Yahweh»*. Cundall (pp. 195-196) suggère que le voyage à la maison de l'Eternel indique une volonté d'offrir un sacrifice d'action de grâce pour la femme retrouvée; la référence à un tel voyage peut aussi être un simple stratagème pour recevoir une meilleure hospitalité.

[14] Ce lien est régulièrement relevé (*BA* p. 160, Bruce p. 286, Cundall p. 197, D.R. Davis p. 213, J.J. Davis p. 149, Goslinga p. 480, Jordan p. 298, Wilcock p. 168, Wolf p. 491).

instaurer un culte idolâtre, et dans 1 Sam 2.12 pour décrire les fils d'Eli.

Devant la demande des gens de Guibea, le vieillard cherche à protéger le Lévite. Son sens de l'hospitalité est très élevé pour cet homme (puisqu'il offre sa propre fille). Par contre, il est sans égard pour la concubine, puisqu'il la propose aux hommes de Guibea. Certains pensent que le vieillard a choisi le moindre mal[15], mais il est difficile de ne pas le condamner pour le sacrifice de sa fille et de la concubine, à moins de penser que ses propos faisaient partie d'une stratégie plus subtile. Dans une société où le marchandage est monnaie courante dans les affaires, l'homme aurait pu chercher à gagner du temps et peut-être même à décourager ses interlocuteurs en avançant des propositions inacceptables (cf. *«ces gens ne voulurent pas l'écouter»* 19.25).

L'attitude du Lévite est tout autre. Il ne pense qu'à lui. Devant l'impasse des discussions, il prend sa concubine et la jette dehors. Il agit comme l'anti-mari et l'anti-rédempteur[16]. Plutôt que de défendre celle qui est sous sa protection, il l'utilise pour détourner le danger qui le menace. Plutôt que de donner sa vie pour elle, il la sacrifie pour se sauver. L'acte du Lévite apparaît encore plus abominable quand on réalise qu'il avait auprès de lui un serviteur. Si le sacrifice d'un tiers était indispensable, pourquoi n'avoir pas offert le serviteur plutôt que l'épouse aux hommes de Guibea? Son choix montre le peu d'attachement pour sa femme. A ce stade du récit, on peut même se demander si des deux ânes emmenés, le second n'était pas destiné au serviteur plutôt qu'à sa femme. La présence du serviteur dans la narration (qui pouvait intriguer le lecteur au début du récit) trouve ici sa raison d'être. Le Lévite a si peu d'affection pour sa femme qu'il préfère la sacrifier plutôt que son serviteur.

Le Lévite ne semble pas avoir réellement pardonné l'infidélité de sa femme. En la livrant à des obsédés sexuels, le Lévite lui rend la monnaie de son péché. On l'entend presque dire: «Tu aimes les hommes, eh bien va te réjouir avec eux, tu es douée pour cela»[17].

---

[15] Goslinga p. 480.

[16] Jordan (p. 300) signale que le Lévite est à l'opposé d'Osée, le seul auteur biblique à rappeler le péché de Guibea (Osée 5.8; 9.9; 10.9).

[17] Jordan p. 300.

Le Lévite trouve sa femme morte, puis renvoie son corps (19.26-30)

26 Vers le matin, cette femme alla tomber à l'entrée de la maison de l'homme chez qui était son mari (maître), et elle resta là jusqu'au jour. 27 Et le matin, son mari (maître) se leva, ouvrit la porte de la maison, et sortit pour continuer son chemin. Mais voici, la femme, sa concubine, était étendue à l'entrée de la maison, les mains sur le seuil. 28 Il lui dit: Lève-toi, et allons-nous-en. Elle ne répondit pas. Alors le mari la mit sur un âne, et partit pour aller dans sa demeure. 29 Arrivé chez lui, il prit un couteau, saisit sa concubine, et la coupa membre par membre en douze morceaux, qu'il envoya dans tout le territoire d'Israël. 30 Tous ceux qui virent cela dirent: Jamais rien de pareil n'est arrivé et ne s'est vu depuis que les enfants d'Israël sont montés du pays d'Egypte jusqu'à ce jour; prenez la chose à coeur, consultez-vous, et parlez!

Le traitement infligé à la concubine par les Guibeanites est brièvement décrit (19.25). Point n'est besoin d'entrer dans les détails pour communiquer toute l'horreur du péché. Par contre, le narrateur s'arrête plus longtemps sur la relation entre le mari et sa femme, car l'attitude du Lévite est aussi scandaleuse que celle des hommes de Guibea (quoique peut-être moins manifeste)[18]. Le retour de la concubine vers son mari inspire pitié. A demi morte, elle se traîne jusqu'au seuil de l'habitation, sans trouver assez de force pour alerter les occupants barricadés à l'intérieur. Des soins intensifs auraient peut-être encore pu la sauver, mais personne n'entend ses gémissements, car personne ne semble veiller sur son retour. Quand le mari s'apprête à quitter la ville (en abandonnant sa femme à son sort et sans se soucier de ce qui lui est advenu), il la trouve inanimée à l'entrée. Sans la moindre compassion, il lui crie de se lever et de partir[19]. Il n'est pas surprenant que le Lévite soit appelé maître (*'âdon*: אדון) plutôt que mari (*'îch*: איש) dans ces deux versets (*«Cette femme alla tomber à l'entrée de la maison de l'homme chez qui était son mari [*maître*], et elle resta là jusqu'au jour. Et le matin, son mari [*maître*] se leva...»* 19.26-27)[20].

---

[18] Lasine pp. 44-50.

[19] Goslinga (p. 482) s'efforce d'excuser le comportement du Lévite: (1) les paroles du Lévite (lève-toi) semblent dures, mais l'auteur ne l'a peut-être pas voulu ainsi; (2) le Lévite part pour continuer son voyage, mais cela ne veut pas dire nécessairement qu'il n'allait pas vouloir la chercher. La *BA* (p. 161) suit la même approche: *«le Lévite ne pensait pas pouvoir retirer sa femme des mains de ceux à qui il l'avait livrée»*.

[20] Wolf p. 493.

Pour susciter la réaction de la nation, le Lévite coupe le corps de sa femme en douze morceaux[21]. Remarquons en passant que le narrateur, en n'affirmant jamais textuellement que la femme était morte, insère un doute dans le lecteur: le Lévite aurait-il achevé sa femme comateuse en la découpant en morceaux?[22] D'un tel homme, on peut s'attendre à tout. Les morceaux sont envoyés aux douze tribus, accompagnés vraisemblablement d'un message expliquant le péché commis.

La réaction du peuple ne se fait pas attendre. Tout le pays est en émoi. Une action s'impose, mais quelle action? *«Prenez la chose à coeur, consultez-vous, et parlez!»* (19.30). Avec cette remarque, le narrateur clôt la première partie de son développement et introduit la seconde. La question adressée à Israël est aussi posée au lecteur. Que faut-il faire? Tout le monde est unanime sur la gravité du péché (*«Jamais rien de pareil n'est arrivé et ne s'est vu depuis que les enfants d'Israël sont montés du pays d'Egypte jusqu'à ce jour»*)[23]. Mais parle-t-on du viol de la concubine ou du dépeçage de son corps? L'action du Lévite n'était certainement pas demandée par Dieu. Le respect pour le cadavre est toujours une marque du respect pour la personne. En cas d'injustice, le Lévite devait en appeler aux autorités des villes environnantes, éventuellement au souverain sacrificateur, mais ce n'était certainement pas à lui d'impliquer tout Israël pour punir une ville[24]. Il n'est pas impossible que Benjamin eût réagi différemment si son autorité n'avait pas été court-circuitée.

---

[21] Cet événement rappelle le dépeçage d'un boeuf par Saül (1 Sam 11.7), mais dans son cas il ne s'agissait que d'un animal.

[22] Polzin p. 200.

[23] Cette première conclusion joue un rôle équivalent au slogan: il condamne sans appel les événements du chapitre 19.

[24] Du temps de Josué, l'armée qui s'était levée pour punir les tribus de Transjordanie était partie de Silo et était accompagnée du souverain sacrificateur Phineas qui présidait à l'enquête préliminaire (Jos 22.12-13). Du temps des Juges, lors de la campagne contre Benjamin, Phineas est encore présent, mais il n'est consulté qu'après la deuxième défaite d'Israël (20.28).

Deuxième appendice: Benjamin (2): 20

Le conflit avec Guibea débouche sur une guerre entre Benjamin et Israël. L'auteur rapporte les raisons qui ont transformé le conflit local en guerre civile (20.1-14), puis il décrit trois offensives israélites: les deux premières se soldent par un échec surprenant (20.15-28), et la troisième, grâce à un changement d'attitude et une nouvelle stratégie, débouche sur la victoire - qui est décrite deux fois (20.29-48).

Plusieurs éléments retiennent notre attention: (1) La genèse de la guerre civile, ou les causes du conflit entre Benjamin et Israël. (2) Les deux défaites initiales d'Israël face à une armée quinze fois moins nombreuse, défaites d'autant plus étonnantes que Dieu avait donné son aval pour combattre Benjamin. (3) La stratégie particulière d'Israël lors du siège victorieux qui ressemble étrangement à celle suivie par Josué contre Aï. (4) L'importance des armées en présence.

Les causes du conflit et les défaites israélites

A la suite de l'envoi macabre du Lévite, Israël mobilise ses forces pour punir Guibea. Après une brève enquête (20.3-7), Israël décide de passer à l'action. Benjamin refuse de se solidariser avec Israël pour punir les coupables, et prend au contraire la décision de défendre la ville benjaminite. En apparence, la tribu de Benjamin porte l'entière responsabilité de cette guerre civile, puisqu'elle a défendu les méchants. Cette interprétation semble confirmée par les encouragements divins à combattre Benjamin. Trois fois, Israël consulte l'Eternel pour savoir s'il faut attaquer cette tribu, et trois fois Dieu répond par l'affirmative (20.18, 23, 27-28). La situation paraît limpide jusqu'à la double défaite d'Israël. Pourquoi cet échec, alors que l'Eternel a demandé d'attaquer Benjamin?

Israël n'est pas innocent. Certes, Benjamin est coupable de défendre les habitants débauchés et meurtriers de Guibea, mais Israël porte aussi une part de responsabilité dans ce conflit, et, avant de punir Benjamin (car la tribu finit par subir une terrible défaite), Dieu punit Israël. Le péché des onze tribus n'est pas lié à leur désir de punir Guibea, ni même à leur guerre contre les Benjaminites qui défendent la ville, mais au caractère partial de leur justice. Enquête sommaire, présence d'un seul témoin, absence des accusés et de leurs représentants, jugement sous l'emprise de l'émotion: tout le procès est bâclé. Certes, Guibea est condamné justement, mais le Lévite s'en tire sans le moindre reproche. Israël lui accorde toute sa confiance et se fait ainsi le défenseur du méchant. Israël défend le Lévite, et Benjamin défend Guibea. Puisque les deux armées défendent des coupables, les deux armées subiront des revers.

Le péché d'Israël permet de mieux comprendre l'attitude de Benjamin, sans pour autant l'excuser. Devant le procès hâtif et partial de Guibea, et devant la réaction trop émotionnelle d'Israël (c'est plus le corps coupé en morceaux que le péché de Guibea qui provoque la réaction massive du peuple), Benjamin perçoit l'injustice et réagit négativement. Non seulement, la tribu refuse de punir Guibea, mais elle veut la défendre. Le péché de Benjamin consiste à vouloir le faire par les armes. Puisque le procès était vicié, Benjamin devait en exiger un autre; mais prendre le parti des meurtriers en voulant les défendre par les armes ne peut qu'accroître l'injustice. La réaction des Benjaminites devant la précipitation d'Israël les pousse dans un péché encore plus grand, puisqu'ils défendent le mal par le mal.

Parallélisme avec la prise d'Aï (Jos 7.1-8.29)

Le combat contre Guibea rappelle la prise Aï[1]. Il y a, entre les deux récits, bien des points communs: (1) Israël, sûr de la victoire et du soutien divin, marche contre l'ennemi, mais subit une défaite humiliante. (2) Le revers de toute l'armée est dû au péché d'un homme (Achan; le Lévite). (3) Après la confession du péché, Dieu donne la victoire. (4) La stratégie suivie est exactement la même. La tactique exploite la (ou les) défaite(s) subie(s). Puisque l'ennemi est mis en confiance par sa (ou ses) victoire(s) précédente(s) obtenue(s) grâce à sa position retranchée, il s'agit d'exploiter cette confiance et de la renforcer jusqu'à lui faire quitter ses positions. Une embuscade est mise en place, alors qu'une autre troupe se range en ordre de bataille à la vue de l'ennemi. Ce dernier s'aventure hors de ses murs. Israël cède volontairement devant la pression pour éloigner l'adversaire de la ville. A un signal convenu, l'embuscade israélite pénètre dans la cité et y met le feu. Dès que la fumée est visible, le gros des troupes se retourne contre l'ennemi. Celui-ci, découragé par la nouvelle, tourne les talons et, de chasseur, devient gibier. Dans les deux cas, la victoire d'Israël est importante.

Il est probable que lors de la campagne contre Guibea, Israël ait calqué sa stratégie sur celle de Josué, car le voisinage géographique

---

[1] Bruce p. 286, Cundall p. 204, D.R. Davis p. 219, J.J. Davis p. 150, Goslinga p. 497, Jordan p. 308, Wolf p. 498.

des deux villes (elles ne sont éloignées que de 11 kilomètres) et la proximité temporelle de la chute d'Aï (Phineas était déjà adulte lors de cette chute) devaient raviver le souvenir du peuple. On peut noter que si Aï a été brûlée par les troupes de Josué, seule la fumée est mentionnée lors de la prise de Guibea, les hommes de l'embuscade se contentant, peut-être, d'enflammer un combustible à fort dégagement de fumée (comme des feuilles mouillées), l'important n'étant pas (dans un premier temps) de détruire la ville, mais de saper le moral de l'adversaire. Devant la fumée qui rappelle aux Benjaminites la prise d'Aï, tout espoir de victoire s'envole. Vaincu de l'intérieur (à l'image du péché qu'ils avaient hébergé), ils reçoivent le salaire de leur péché.

Concernant le parallélisme, on peut encore relever deux points. D'une part, l'auteur des Juges jette son récit dans le même moule que celui de Josué. Dans les deux livres, la narration est détaillée, répétitive et riche en références géographiques (ce qui permet aux stratèges géographes de s'en donner à coeur joie pour reconstituer sur le terrain les mouvements des deux armées). D'autre part, le parallélisme étroit entre les deux récits s'arrête juste avant la fin. Le sort à long terme des deux villes et des deux peuples est fondamentalement *différent*. Pour Aï, la défaite marque l'extinction de sa population. Leur roi, dernier survivant de la ville, finit par être pendu, et le tertre formé par les ruines d'Aï, ainsi que le tas de pierres recouvrant le corps du roi restent à toujours le signe d'une destruction totale (Jos 8.28-29). Pour Guibea, l'histoire continue au chapitre 21. Les derniers survivants de Benjamin sont graciés et même encouragés à repartir dans la vie. De plus, la ville de Guibea loin de disparaître, retrouvera fière allure, puisque au temps de l'auteur, elle sera la capitale du royaume.

Les recensements d'Israël

Le chapitre 20 contient de nombreuses références numériques au sujet des armées engagées. L'importance des effectifs pose un problème à plusieurs commentateurs. Sans vouloir répondre à toutes les objections soulevées[2], il est bon de comparer les données du livre

---

[2] La difficulté principale est liée au montant total de la population en Israël durant le séjour au Sinaï (cf. Nb 1 et 26). Pour beaucoup, la survie d'une population de deux millions de personnes pendant quarante ans dans le désert est impossible. Le Pentateuque ne cache pas cette difficulté, mais affirme que Dieu a maintenu miraculeusement son peuple en vie pendant cette période. Le miracle se vivait au quotidien puisque la manne était donnée six jours sur sept. Les quelques autres incidents miraculeux relatés dans le livre des Nombres (provision en eau et en

des Juges avec celles fournies dans le livre des Nombres[3]. Si l'on compare le recensement effectué juste avant la conquête de la Palestine (cf. Nb 26) avec les nombres donnés dans le livre des Juges, on observe des rapports intéressants, en particulier pour les nombres donnés dans les appendices, car ces événements ne sont séparés que d'une vingtaine d'années du recensement: (1) l'armée mobilisée pour punir Guibea se chiffre à 400 000 hommes, soit à 72% des soldats recensés à l'époque[4]; (2) l'armée levée par Benjamin se monte à 26 700 hommes soit à 58% de la population adulte masculine; (3) les 600 familles danites qui émigrent vers le nord représentent moins de 1% de la tribu. (Trois siècles plus tard, le nombre d'hommes d'Ephraïm tués par Jephthé s'élève à 42 000 soit à 29% *de plus* que les soldats d'Ephraïm avant la conquête[5]).

Ces pourcentages doivent être pris avec certaines réserves, car entre le dernier recensement des Nombres et les événements relatés dans les appendices, se trouvent les guerres de conquête. Celles conduites par Josué ont occasionné un minimum de pertes, mais le début de la période des juges est plus sombre. Cependant, le rapport de Juges 1 ne permet pas d'imaginer que la tribu de Dan a été décimée à 99%. Quant à Benjamin, la tribu n'était pas trop exposée

---

viande) sont illustratifs (et non pas exhaustifs) des nombreuses interventions divines de cette époque. Pour d'autres points de vue sur les recensements voir Gorden J. Wenham («Numbers», in *The Tyndale Old Testament Commentaries*, IVP, 1981, pp. 60-66) et J.W. Wenham («Large Numbers in the Old Testament», in *Tyndale Bulletin*, 18-1967, pp. 19-53).

[3] Entre la sortie d'Egypte et la conquête de la Palestine, la population d'Israël a peu varié *globalement*. En 38 ans, le nombre d'adultes mâles pour onze tribus (les Lévites ne sont pas recensés parmi les soldats) est passé de 603 550 à 601 730 soit une diminution de 0,3% (Nb 1.46; 26.51). Les fluctuations tribales sont par contre beaucoup plus marquées. Pour la même période, certaines tribus ont enregistré une forte diminution de la population (Gad -11%, Nephthali -15%, Ephraïm -20%, Siméon -63%) et d'autres une forte augmentation (Issacar +18%, Aser et Benjamin +29%, Manassé +64%). Quatre tribus sont restées pratiquement stationnaires (Juda et Dan +3%, Lévi et Zabulon +5%).

[4] Le nombre total pour les *onze* tribus est de 556 130 (Nb 26.41, 51).

[5] Manifestement, la population de cette tribu avait sensiblement augmenté en trois siècles; cette croissance était due au taux de natalité, mais peut-être aussi à l'immigration (les tribus n'avaient pas occupé tout leur héritage et plusieurs familles n'appartenant pas à Ephraïm s'étaient établies dans les montagnes d'Ephraïm, région située favorablement au centre du pays).

aux ennemis puisque située entre Juda et Ephraïm, tous deux généralement vainqueurs de leurs adversaires. Il est donc fort possible que les 26 700 Benjaminites mobilisés pour défendre Guibea ne représentaient pas toute la population masculine de cette tribu.

Structure du chapitre 20

A	**Mobilisation des armées (20.1-14)**
1.1	Rassemblement et enquête du peuple (20.1-3)
1.2	Le péché de Guibea raconté par le Lévite (20.4-7)
2.1	Décision du peuple (20.8-13a)
2.2	Le péché de Benjamin (20.13b-14)
B	**Déroulement du combat (2.15-48)**
1.1	Double défaite d'Israël (20.15-25)
	a Première défaite: 22 000 morts (20.15-21)
	b Seconde défaite: 18 000 morts (20.22-25)
1.2	Un dénouement heureux: promesse de la victoire (20.26-28)
2.1	Victoire d'Israël racontée deux fois (20.29-48)
	a Résumé du combat (20.29-35)
	b Compléments sur le combat (20.36-46)
2.2	Un dénouement catastrophique (20.47-48)

Exégèse détaillée du chapitre 20

Le rassemblement et l'enquête du peuple (20.1-3)

> *1 Tous les enfants d'Israël sortirent, depuis Dan jusqu'à Beer-Schéba et au pays de Galaad, et l'assemblée se réunit comme un seul homme devant l'Eternel, à Mitspa. 2 Les chefs de tout le peuple, toutes les tribus d'Israël, se présentèrent dans l'assemblée du peuple de Dieu: quatre cent mille hommes de pied, tirant l'épée. 3 Et les fils de Benjamin apprirent que les enfants d'Israël étaient montés à Mitspa. Les enfants d'Israël dirent: Parlez, comment ce crime a-t-il été commis?*

Tout Israël se présente, de l'extrême nord (Dan) à l'extrême sud (Beer-Schéba), y compris les tribus de Transjordanie (le pays de

Galaad; 20.1). L'unité du peuple est soulignée à plusieurs reprises[6]. La seule tribu à ne pas répondre à l'appel est Benjamin, celle qui est la plus près du drame.

La promptitude d'Israël étonne. Comment un seul homme a-t-il pu mobiliser 400 000 hommes (soit les trois-quarts des forces armées, si l'on se base sur le recensement des adultes effectué peu avant la traversée du Jourdain: Nb 26.51)? Le corps découpé de la concubine n'était certainement pas étranger à cette réaction massive. Le Lévite, sachant qu'il est plus facile de motiver Israël par des réactions viscérales que par le raisonnement, mise sur l'effet dramatique. Son appel «médiatique» lui permet aussi de court-circuiter les responsables locaux (les anciens de Benjamin) et les autorités spirituelles (les sacrificateurs de Silo). Voulait-il éviter un enlisement administratif ou suspectait-il un parti pris chez les Benjaminites? Craignait-il de consulter les chefs spirituels en raison d'une mauvaise réputation qu'il aurait eue auprès des Lévites? Dans ce cas, trop de questions embarrassantes auraient pu être soulevées à son sujet.

Israël se mobilise pour punir les coupables. Cette unité et ce zèle à vouloir sanctionner les pécheurs tranche avec la lenteur à chasser les habitants du pays. Faut-il chercher la source de cet élan inattendu dans la faiblesse de l'ennemi? Une ville n'est pas une nation. Guibea ne présente pas les mêmes dangers que les Cananéens. La ville benjaminite n'est habitée que par 700 hommes en âge de combattre (20.15). Par son «courage», Israël fait penser aux «vaillants» Danites du premier appendice.

Benjamin, marginalisé par l'appel du Lévite, alors qu'il lui incombait de prendre l'affaire en main, se contente d'observer ce mouvement de troupes sans réagir personnellement (20.3a). Réuni à Mitspa (en territoire benjaminite) à 7 kilomètres au nord de Guibea, Israël mène une rapide enquête sur le drame.

Le péché de Guibea raconté par le Lévite (20.4-7)

> *4 Alors le Lévite, le mari de la femme qui avait été tuée, prit la parole, et dit: J'étais arrivé, avec ma concubine, à Guibea de Benjamin, pour y passer la nuit. 5 Les habitants de Guibea se sont soulevés contre moi, et ont entouré pendant la nuit la maison où j'étais. Ils avaient l'intention de me tuer, et ils ont fait violence à ma concubine, et elle est morte. 6 J'ai saisi ma concubine, et je l'ai coupée en morceaux, que j'ai envoyés dans tout le territoire de l'héritage d'Israël; car ils ont*

---

[6] Trois fois l'auteur répète *«comme un seul homme»* (20.1, 8, 11; D.R. Davis p. 218).

commis un crime et une infamie en Israël. 7 Vous voici tous, enfants d'Israël; consultez-vous, et prenez ici une décision!

L'affaire est menée rondement. Un seul témoin se présente. Les habitants de Guibea sont absents à l'audience; ils ne sont même pas représentés par leurs frères benjaminites. Sans opposition, le Lévite présente «sa vérité», c'est-à-dire une version tronquée des événements. Aucun mot sur sa propre lâcheté. Les Guibeanites sont seuls responsables, et leur faute est même amplifiée par le Lévite (*«Ils avaient l'intention de me tuer, et ils ont fait violence à ma concubine, et elle est morte»* 20.5). Avaient-ils réellement l'intention de le tuer? Le décès de sa femme était-il directement lié au mauvais traitement subi? Si le témoin était digne de foi, on le croirait sans peine, mais ce Lévite n'inspire guère confiance.

Après son témoignage, le Lévite donne son avis (*«Ils ont commis un crime et une infamie en Israël»* 20.6), puis il place le peuple devant une décision (*«Consultez-vous, et prenez ici une décision»* 20.7). La consultation proposée ne peut être que brève, car le Lévite demande une réponse rapide (cf. *ici*). Avec habileté, il laisse les autres choisir la sanction, donnant ainsi l'impression d'être préoccupé par la justice et non par la vengeance.

Décision du peuple (20.8-11)

8 Tout le peuple se leva comme un seul homme, en disant: Nul de nous n'ira dans sa tente, et personne ne retournera dans sa maison. 9 Voici maintenant ce que nous ferons à Guibea: Nous marcherons contre elle d'après le sort. 10 Nous prendrons dans toutes les tribus d'Israël dix hommes sur cent, cent sur mille, et mille sur dix mille; ils iront chercher des vivres pour le peuple, afin qu'à leur retour on traite Guibea de Benjamin selon toute l'infamie qu'elle a commise en Israël. 11 Ainsi tous les hommes d'Israël s'assemblèrent contre la ville, unis comme un seul homme.

La sentence tombe comme l'épée du bourreau. L'unanimité du peuple donne le vertige: 400 000 hommes, provenant de onze tribus, *«unis comme un seul homme»* (20.8, 11), sans opposition, sans même la moindre question[7]. Chacun s'engage, non seulement à combattre, mais à prendre le temps qu'il faudra pour tuer tous les coupables (cf. allusion à la logistique du ravitaillement en prévision d'un siège prolongé: 20.10).

---

[7] La *BA* (p. 162) trouve que *«cette décision spontanée et unanime prouve l'énergie de la conscience morale»*! Wolf (p. 496) pense aussi que la décision reflète clairement la volonté divine.

La mise sur pied d'un groupe de soutien est décrite avec soin: *«dix hommes sur cent, cent sur mille, et mille sur dix mille»* (20.10). Ces rapports suggèrent trois fois l'idée de la dîme. Des hommes sont mis à part pour une tâche particulière. L'auteur sensibilise ainsi le lecteur à la notion de dîme, car ce rapport de 10% entre le peuple et un groupe consacré à une tâche reviendra dans la suite du texte (10% des Israélites meurent lors des deux défaites).

Le péché de Benjamin (20.12-14)

> *12 Les tribus d'Israël envoyèrent des hommes vers toutes les familles de Benjamin, pour dire: Qu'est-ce que ce crime qui s'est commis parmi vous? 13 Livrez maintenant les gens pervers qui sont à Guibea, afin que nous les fassions mourir et que nous ôtions le mal du milieu d'Israël. Mais les Benjaminites ne voulurent pas écouter la voix de leurs frères, les enfants d'Israël. 14 Les Benjaminites sortirent de leurs villes, et s'assemblèrent à Guibea, pour combattre les enfants d'Israël.*

La demande israélite (20.12) suggère que le peuple s'attend à une attitude hostile de la part des Benjaminites (ce qui ne surprend guère, vu leur absence à Mitspa). Israël demande à la tribu d'où viennent les coupables (Guibea appartient à Benjamin) de les livrer. En clair, cela veut dire que Benjamin est incapable d'exécuter la justice ou refuse de le faire. *«Livrez maintenant les gens pervers»* (20.13) signifie «Ecartez-vous de ces gens pour que notre armée puisse les punir».

Benjamin rejette la demande des autres tribus. Est-ce la justice expéditive qui le gêne? Peut-être, mais on peut en douter, car au lieu de plaider pour une enquête approfondie, Benjamin saisit les armes pour se ranger du côté de Guibea. Fondamentalement, la solidarité tribale étouffe tout souci de justice.

Préparations au combat (20.15-17)

> *15 Le dénombrement que l'on fit en ce jour des Benjaminites sortis des villes fut de vingt-six mille hommes, tirant l'épée, sans compter les habitants de Guibea formant sept cents hommes d'élite. 16 Parmi tout ce peuple, il y avait sept cents hommes d'élite qui ne se servaient pas de la main droite; tous ceux-là pouvaient, en lançant une pierre avec la fronde, viser un cheveu sans le manquer.*
>
> *17 On fit aussi le dénombrement des hommes d'Israël, non compris ceux de Benjamin, et l'on en trouva quatre cent mille tirant l'épée, tous gens de guerre.*

Les deux camps rassemblent leurs forces pour le combat. Benjamin réussit à mobiliser 26 700 hommes pour affronter les 400 000 d'Israël. Le rapport reste largement défavorable pour la ville assiégée, même s'il est passé de 570 contre 1 (c.-à-d. les 700 Guibeanites contre tout Israël) à 15 contre 1 avec l'engagement de Benjamin. Pour une fois, une tribu en Israël témoigne d'un courage remarquable pour combattre, mais le tragique de la situation est que Benjamin utilise ce courage pour défendre des pécheurs, plutôt que pour attaquer les méchants.

Tous les Benjaminites ont-ils répondu à la convocation? On peut en douter car, quelques années plus tôt, le recensement de l'armée se montait à 45 600 soldats (Nb 26.41; voir remarques sur les recensements pp. 332-334).

Double défaite d'Israël (20.18-25)

> *18 Et les enfants d'Israël se levèrent, montèrent à Béthel, et consultèrent Dieu, en disant: Qui de nous montera le premier pour combattre les fils de Benjamin? L'Eternel répondit: Juda montera le premier. 19 Dès le matin, les enfants d'Israël se mirent en marche, et ils campèrent près de Guibea. 20 Et les hommes d'Israël s'avancèrent pour combattre ceux de Benjamin, et ils se rangèrent en bataille contre eux devant Guibea. 21 Les fils de Benjamin sortirent de Guibea, et ils étendirent sur le sol ce jour-là vingt-deux mille hommes d'Israël.*
>
> *22 Le peuple, les hommes d'Israël reprirent courage, et ils se rangèrent de nouveau en bataille dans le lieu où ils s'étaient placés le premier jour. 23 Et les enfants d'Israël montèrent, et ils pleurèrent devant l'Eternel jusqu'au soir; ils consultèrent l'Eternel, en disant: Dois-je m'avancer encore pour combattre les fils de Benjamin, mon frère? L'Eternel répondit: Montez contre lui. 24 Les enfants d'Israël s'avancèrent contre les fils de Benjamin, le second jour. 25 Et ce même jour, les Benjaminites sortirent de Guibea à leur rencontre, et ils étendirent encore sur le sol dix-huit mille hommes des enfants d'Israël, tous tirant l'épée.*

Avant d'engager les hostilités, Israël consulte Dieu qui lui confirme la nécessité d'une campagne contre Benjamin. Guibea ayant péché autant que Sodome (et même plus puisqu'il bénéficiait d'une lumière plus grande), la ville juive doit être punie aussi sévèrement que la ville païenne[8]. D'autre part, en faisant bon accueil aux pécheurs, les Benjaminites endossent leur péché. Ainsi, si Guibea est un nouveau Sodome, Benjamin devient un nouveau Canaan. Un même jugement les attend. L'Eternel désigne Juda pour commencer l'assaut comme lors de la conquête du pays (1.1-2).

---

[8] Le jugement de Sodome est difficilement contestable puisque Dieu est intervenu directement du ciel.

Les deux premiers engagements tournent largement en faveur de Benjamin. Israël perd 40 000 hommes, soit 10% de ses forces, alors que Benjamin semble n'en perdre que 1 000[9]. La configuration géographique empêche probablement les Israélites de profiter de leur supériorité numérique et d'attaquer massivement[10]. En avançant par petits groupes, ils deviennent la proie facile des frondeurs adroits de Guibea perchés à l'abri des murailles.

Plus que la double victoire du petit sur le grand, c'est la défaite d'Israël, *malgré le feu vert* donné par l'Eternel pour combattre Benjamin, qui étonne[11]. Israël n'avait-il pas consulté l'Eternel en bonne et due forme? Relevons pour commencer le moment de la consultation. Israël interroge Dieu *après* la décision de Benjamin de soutenir Guibea. Avant ce coup de théâtre, l'affaire semblait réglée d'avance puisque tout le peuple présent à Mitspa était du même avis. Israël avait alors pris un engagement ferme, *sans consulter Dieu*, de punir tous les coupables. Après le soutien massif de Benjamin en faveur de Guibea, l'assurance des Israélites semble ébranlée. Doutent-ils tout à coup de la justesse de leur action? Plus probablement, l'affrontement armé les inquiète. En face d'eux, ils n'ont plus 700 hommes, mais 26 700. Le courage des Israélites fond comme neige au soleil. «A quinze contre un, serons-nous assez forts pour remporter la victoire?» La question fait sourire, et les Israélites se sentent gênés de la poser à l'Eternel. Ils contournent leur embarras en formulant une autre question: *«Qui de nous montera le premier pour combattre les fils de Benjamin?»* (20.18). Puisque Dieu nomme une tribu, en l'occurrence Juda, les Israélites pensent être assurés de

---

[9] Le nombre total des soldats benjaminites s'élève à 26 700 (26 000 + 700: 20.15). Or, 25 100 meurent lors du troisième conflit (20.35) et 600 survivent (20.47). La différence de 1 000 peut provenir des deux premières confrontations (Jordan p. 309, Goslinga p. 490, Wolf p. 501). La difficulté soulevée par cet écart de 1 000 explique peut-être certaines variantes dans les manuscrits de la LXX: au verset 15, au lieu de 26 000, on trouve 25 000 (Alexandrinus) ou 23 000 (Vaticanus; Cundall p. 201).

[10] Le relief vallonné favorise une force défensive plutôt qu'offensive, car on ne peut y déloger une armée (Cundall pp. 201-202).

[11] Comme solution, Cundall (p. 202) suggère, pour la première défaite, l'orgueil des Israélites suscité par leur vaste supériorité; la *BA* (p. 164) parle de légèreté et de présomption; D.R. Davis (pp. 221-222) invoque les mystères de Dieu; Goslinga (pp. 490-492) minimise la repentance (pas d'intercession la première fois, et prières superficielles la seconde fois); et J.J. Davis (p. 151) ne commente que les effets spirituels positifs sur Israël. Pour Jordan (p. 306), Israël est coupable du même péché que Guibea et Benjamin.

la victoire. Manifestement, ils se trompent. La réponse divine ne contient pas de promesse, mais seulement un ordre de combattre.

Benjamin doit être puni et pourtant Israël perd les deux premières confrontations! 22 000, puis 18 000 Israélites meurent. La double défaite est comme un double témoignage pour montrer que la défaite d'Israël n'est pas un accident. Dieu juge Israël avant de juger Benjamin. Ayant pris fait et cause pour le Lévite, Israël a aussi «hébergé» un pécheur. Certes, le péché d'Israël est moins manifeste et moins grave que celui de Benjamin, car l'accueil du méchant se fait à son insu, mais Israël est néanmoins coupable. En effet, s'il n'avait pas bâclé le procès de Guibea, il aurait découvert le péché du Lévite. Israël sera donc jugé, lui aussi, et comme la justice commence par le chef (un juge doit être lui-même juste pour pouvoir juger autrui), Israël est puni en premier.

La première défaite se chiffre à 22 000 morts. Ce nombre peu fréquent dans l'Ecriture n'apparaît que dans un seul récit antérieur à Juges 20: le recensement des Lévites au moment de leur consécration historique au ministère sacerdotal (Nb 3.39-51)[12]. Les 22 000 Lévites se voient échangés contre les 22 273 premiers-nés d'Israël[13]. Les chiffres sont précis et examinés attentivement, puisqu'une discussion tourne autour du déficit de 273 Lévites. L'intérêt de ces remarques pour Juges 20 est dans le rapport entre la punition et le péché d'Israël. La mort de 22 000 Israélites devait faire réfléchir le peuple sur sa condition spirituelle. Le nombre «22 000» rappelait la consécration des Lévites et pouvait mettre «la puce à l'oreille» au sujet de la nature du péché. Vingt-deux mille hommes étaient morts, tous membres de *Juda*, la tribu leader (les notions de leader, fils aîné ou premier-né sont voisines), parce qu'un Lévite n'était pas consacré.

Israël est insensible à la première correction du Seigneur et se remet en campagne. Nouvelle défaite, avec 18 000 morts. Cette fois, l'intérêt vient de la somme obtenue. Israël perd en tout 40 000 morts

---

[12] La Bible contient trois autres références à ce nombre: (1) celui des lâches qui ont quitté Gédéon (7.3; cette référence n'est antérieure à Juges 20 que sur le plan littéraire, car sur le plan chronologique, elle se situe après la guerre civile contre Benjamin), (2) les effectifs d'une armée syrienne vaincue par David (2 Sam 8.5; 1 Chr 18.5); (3) le nombre de têtes de gros bétail sacrifiées par Salomon lors de l'inauguration du Temple (1 Rois 8.63; 2 Chr 7.5).

[13] Ces premiers-nés appartenaient à l'Eternel en vertu de la rédemption liée à la dernière plaie égyptienne. Les 22 273 ne représentaient pas l'ensemble des premiers-nés en Israël, mais seulement ceux nés entre la sortie d'Egypte et l'appel au ministère des Lévites. Keil («The Fourth Book of Moses», in *Commentary on the Old Testament*, pp. 9-15) apporte un développement très fouillé sur cette question.

(22 000 + 18 000), soit 10% de ses effectifs[14]. Dieu prend la dîme à Israël, parce que ce qui lui était consacré (c.-à-d. le Lévite) avait péché.

La promesse de la victoire (20.26-28)

> *26 Tous les enfants d'Israël et tout le peuple montèrent et vinrent à Béthel; ils pleurèrent et restèrent là devant l'Eternel, ils jeûnèrent en ce jour jusqu'au soir, et ils offrirent des holocaustes et des sacrifices d'actions de grâces devant l'Eternel. 27 Et les enfants d'Israël consultèrent l'Eternel, - c'était là que se trouvait alors l'arche de l'alliance de Dieu, 28 et c'était Phineas, fils d'Eléazar, fils d'Aaron, qui se tenait à cette époque en présence de Dieu, - et ils dirent: Dois-je marcher encore pour combattre les fils de Benjamin, mon frère, ou dois-je m'en abstenir? L'Eternel répondit: Montez, car demain je les livrerai entre vos mains.*

Comme lors de la première défaite, les Israélites *«pleurèrent devant l'Eternel jusqu'au soir»* (20.22, 26). Cette fois cependant, ils associent le jeûne à la prière, et surtout ils offrent des holocaustes et des sacrifices d'action de grâces par la main de Phineas. L'arche de l'alliance est aussi mentionnée. Pour la première fois, Israël se repent vraiment. Quand Israël demande s'il doit lancer un troisième assaut, il reçoit non seulement une réponse affirmative comme les fois précédentes, mais aussi l'assurance de la victoire: *«Demain je les livrerai entre vos mains»* (20.28). Réconcilié avec Dieu, Israël peut maintenant exercer son ministère de juge.

Phineas est un grand homme de Dieu. Dans le passé, pour un premier acte de fidélité, l'Eternel lui avait confié (ainsi qu'à ses descendants) la charge la plus honorable: celle de souverain sacrificateur (Nb 25.10-13). D'une manière générale, le ministère de Phineas semble toujours lié à des fonctions punitives: (1) Du temps de Moïse, il tue un Israélite et une Moabite qui péchaient aux yeux de tout le peuple (Nb 25.6-9; cf. Ps 106.30). (2) Il accompagne l'armée israélite envoyée punir les Madianites (Nb 31.6). (3) Sous Josué, il accompagne une nouvelle fois l'armée israélite envoyée vers les tribus de Transjordanie et se voit chargé de conduire la mission diplomatique qui doit enquêter sur le différend. Le sérieux de l'investigation permet d'éviter une guerre civile, car elle révèle que le fond du problème n'était qu'une question de mauvaise communication (Jos 22.13-34). (4) Dans Juges 20, il est de nouveau présent lors d'une guerre punitive. Sa présence à ce stade du récit est

---

[14] Jordan p. 307.

presque une garantie d'orthodoxie. D'ailleurs, la suite du récit montre bien que Dieu est réconcilié avec Israël[15].

Résumé du combat (20.29-35)

29 Alors Israël plaça une embuscade autour de Guibea. 30 Les enfants d'Israël montèrent contre les fils de Benjamin, le troisième jour, et ils se rangèrent en bataille devant Guibea, comme les autres fois. 31 Et les fils de Benjamin sortirent à la rencontre du peuple, et ils se laissèrent attirer loin de la ville. Ils commencèrent à frapper à mort parmi le peuple comme les autres fois, sur les routes dont l'une monte à Béthel et l'autre à Guibea par la campagne, et ils tuèrent environ trente hommes d'Israël. 32 Les fils de Benjamin disaient: Les voilà battus devant nous comme auparavant! Mais les enfants d'Israël disaient: Fuyons, et attirons-les loin de la ville dans les chemins. 33 Tous les hommes d'Israël quittèrent leur position, et se rangèrent à Baal-Thamar; et l'embuscade d'Israël s'élança du lieu où elle était, de Maaré-Guibea. 34 Dix mille hommes choisis sur tout Israël arrivèrent devant Guibea. Le combat fut rude, et les Benjaminites ne se doutaient pas du désastre qu'ils allaient éprouver. 35 L'Eternel battit Benjamin devant Israël, et les enfants d'Israël tuèrent ce jour-là vingt-cinq mille cent hommes de Benjamin, tous tirant l'épée.

Israël perd *«environ trente hommes»* (20.31). De manière étonnante, le plus petit des nombres dans ce chapitre est donné de manière approximative (*«environ trente»*), alors que les douze autres allant de 600 à 400 000 sont donnés sans qualificatif d'approximation. Nul doute que le souvenir de cette poignée de héros décédés stoïquement pour la victoire était précieux. De plus, si on pouvait compter les corps d'une armée massacrée, à combien plus forte raison pouvait-on le faire pour un petit groupe. Manifestement, l'auteur distingue ce petit groupe des autres, peut-être pour marquer la différence entre des héros et des victimes. Les trente sont morts en raison de leur courage et de leur consécration, les autres à cause du péché de leur armée[16].

---

[15] Etrangement, Keddie (p. 37) pense que Phineas faillit à son ministère et qu'il gît *«dans la faiblesse, l'incrédulité, le compromis de ses propres péchés, l'impuissance... Il avait perdu sa foi vivante dans le Seigneur»*.

[16] Sur l'ensemble du chapitre, l'auteur donne *sept* nombres se rapportant à des victimes du péché (22 000, 18 000, 25 100, 18 000, 5 000, 2 000, 25 000). Le «environ» indique peut-être aussi la volonté de l'auteur de ne rapporter le nombre des victimes que par centaines. Cela pourrait expliquer pourquoi la somme des victimes diffère de 100 dans le résultat détaillé (20.44-46). Si les trois nombres de 18 000, 5 000 et 2 000 sont chaque fois arrondis à la centaine, la somme de ces quantités arrondies (18 000+5 000+2 000=*25 000*) peut facilement s'écarter d'une centaine de la somme arrondie une seule fois (*25 100*).

Le nombre des Benjaminites tués s'élève à 25 100. La défaite est immense, plus grande que pour la coalition, car même si Israël a perdu plus d'hommes sur l'ensemble des confrontations (40 030 contre 26 100), Benjamin a perdu ses hommes dans une seule bataille, et surtout, il a perdu presque tous ses effectifs (98% pour Benjamin, contre seulement 10% pour Israël).

Compléments sur le combat (20.36-46)

> *36 Les fils de Benjamin regardaient comme battus les hommes d'Israël, qui cédaient du terrain à Benjamin et se reposaient sur l'embuscade qu'ils avaient placée contre Guibea. 37 Les gens en embuscade se jetèrent promptement sur Guibea, ils se portèrent en avant et frappèrent toute la ville du tranchant de l'épée. 38 Suivant un signal convenu avec les hommes d'Israël, ceux de l'embuscade devaient faire monter de la ville une épaisse fumée. 39 Les hommes d'Israël firent alors volte-face dans la bataille. Les Benjaminites leur avaient tué déjà environ trente hommes, et ils disaient: Certainement les voilà battus devant nous comme dans le premier combat! 40 Cependant une épaisse colonne de fumée commençait à s'élever de la ville. Les Benjaminites regardèrent derrière eux; et voici, de la ville entière les flammes montaient vers le ciel. 41 Les hommes d'Israël avaient fait volte-face; et ceux de Benjamin furent épouvantés, en voyant le désastre qui allait les atteindre. 42 Ils tournèrent le dos devant les hommes d'Israël, et s'enfuirent par le chemin du désert. Mais les assaillants s'attachèrent à leurs pas, et ils détruisirent pendant le trajet ceux qui étaient sortis des villes. 43 Ils enveloppèrent Benjamin, le poursuivirent, l'écrasèrent dès qu'il voulait se reposer, jusqu'en face de Guibea du côté du soleil levant. 44 Il tomba dix-huit mille hommes de Benjamin, tous vaillants. 45 Parmi ceux qui tournèrent le dos pour s'enfuir vers le désert au rocher de Rimmon, les hommes d'Israël en firent périr cinq mille sur les routes; ils les poursuivirent jusqu'à Guideom, et ils en tuèrent deux mille. 46 Le nombre total des Benjaminites qui périrent ce jour-là fut de vingt-cinq mille hommes tirant l'épée, tous vaillants.*

Le récit du combat est rapporté en deux étapes d'une manière très hébraïque[17]: un condensé des événements d'abord (20.29-35), puis un compte-rendu plus détaillé (20.36-46)[18]. Le rapport court-long pour la victoire répond aussi au rapport inverse (long-court) utilisé pour décrire les deux défaites (20.15-21, 22-25). Comme exprimé dans l'introduction au chapitre, la stratégie suivie fait penser à la prise d'Aï (Jos 7.1-8.29; voir pp. 331-332).

---

[17] Wolf p. 500.

[18] *BA* p. 165, D.R. Davis p. 219, Goslinga p. 496.

L'hécatombe des Benjaminites commence par 18 000 morts, puis passe à 5 000 et finit à 2 000. Cette diminution du nombre des victimes ne signifie pas que la victoire échappe à Israël. Au contraire, la réduction des morts n'est que la conséquence de la diminution du nombre des vivants. Les 600 réfugiés de Rimmon (20.47) ne devraient poser aucun problème à l'armée survoltée d'Israël.

Dénouement catastrophique (20.47-48)

> *47 Six cents hommes, qui avaient tourné le dos et qui s'étaient enfuis vers le désert au rocher de Rimmon, demeurèrent là pendant quatre mois. 48 Les hommes d'Israël revinrent vers les fils de Benjamin, et ils les frappèrent du tranchant de l'épée, depuis les hommes des villes jusqu'au bétail, et tout ce que l'on trouva. Ils mirent aussi le feu à toutes les villes qui existaient.*

Israël ne devait faire qu'une bouchée des réfugiés de Rimmon et pourtant ceux-ci survivent quatre mois (20.47). Sont-ils particulièrement coriaces ou les Israéliens essaient-ils de les déloger de leur repaire par la faim? Les fugitifs semblent plutôt profiter d'un changement dans la stratégie d'Israël. Plutôt que de poursuivre des soldats qui ne manqueront pas de vendre chèrement leur peau, les Israélites s'en prennent à la population civile. Le massacre est général: sur l'ensemble du territoire, hommes (ceux qui n'étaient pas montés défendre Guibea), femmes, enfants, bétail, tout y passe (20.48).

Ce dénouement est lamentable, car au lieu de punir les coupables (tranquilles réfugiés à Rimmon), Israël massacre les innocents. Nous reviendrons plus en détail sur ce dérapage éthique dans le chapitre suivant, car les deux derniers versets du chapitre 20 sont étroitement liés au chapitre 21.

Deuxième appendice: Benjamin (3): 21

Double message

Le dernier chapitre des Juges se présente sous la forme de deux récits parallèles (21.1-14 et 21.15-25) dans lesquels l'auteur relève chaque fois: (1) le regret d'Israël au sujet de la disparition d'une tribu en Israël, (2) l'ardent désir d'aider les 600 survivants benjaminites à reconstituer une tribu, (3) la difficulté de trouver des femmes pour les 600 survivants en raison d'un voeu des Israélites de ne pas donner leur fille à un Benjaminite, (4) la réflexion sur le moyen de contourner le voeu tout en le respectant, (5) une solution «subtile» pour trouver une partie des femmes nécessaires aux Benjaminites.

Les deux récits contiennent aussi certaines différences mineures: (1) Le premier groupe est le double du second (400 femmes, puis 200). (2) Les femmes sont trouvées dans deux villes particulières, l'une située en Transjordanie (*«Jabès en Galaad»* 21.8) et l'autre en Cisjordanie (*«Silo qui est au pays de Canaan»* 21.12)[1]. (3) Le premier récit se termine à Silo (puisqu'on y emmène le premier lot de femmes pour être gardées dans un camp), et le second commence à Silo (puisque les hommes sont invités à venir chercher les vierges qui sortent de la ville et à les emmener chez eux). (4) Dans le premier cas, Israël accomplit tout le «travail», puisqu'il livre les femmes entre les mains des Benjaminites restés terrés au rocher de Rimmon; dans le second cas, les Israélites limitent leur aide à une proposition et ce sont les Benjaminites qui vont chercher les femmes. (5) Le premier lot de femmes est retiré du milieu d'une ville massacrée, alors que les autres sont enlevées au milieu des réjouissances et des danses. (6) Le premier groupe est retiré d'une population considérée comme coupable, alors que le second vient de familles innocentes.

La diversité des récits n'implique pas une leçon différente, mais, au contraire, une même volonté de fournir à Benjamin les femmes nécessaires pour repeupler la tribu. Il fallait à tout prix, et indépendamment du lieu, de la manière ou des familles impliquées, trouver une femme pour chaque survivant benjaminite.

---

[1] Keil (p. 460) relève que la comparaison entre les deux villes est renforcée par l'adjonction d'un qualificatif pour Silo (*«Silo qui est au pays de Canaan»* 21.12) pour répondre à l'expression Jabès *en Galaad*.

Bien ou mal?

La question incontournable soulevée par ces deux récits concerne évidemment la justesse de ces démarches. Etait-il juste de laisser la vie aux 600 survivants? Fallait-il repeupler Benjamin? Le voeu de ne pas donner de filles aux Benjaminites devait-il être respecté ou contourné? Les solutions trouvées pour le contourner étaient-elles acceptables? Sur un plan plus général, on peut se demander si l'auteur termine son ouvrage sur une note positive ou négative. Le deuxième appendice et même tout le livre s'achève-t-il dans la lumière ou les ténèbres? Faut-il voir, dans ce chapitre, une phase rédemptrice (après la révolte, la ruine et la repentance vient la rédemption), ou faut-il y lire le développement le plus marqué du péché? Les commentateurs se répartissent en trois groupes. Ceux qui lisent positivement le texte[2], ceux qui sont mitigés[3] et ceux qui voient dans les efforts d'Israël l'expression du péché[4].

Il faut convenir que le texte contient des aspects ambivalents. Au premier abord, certains éléments paraissent justes: (1) Il est aisé de compatir avec Israël sur la disparition de Benjamin (21.2-3, 15). (2) Les cris et les larmes répandus devant l'Eternel ont toujours eu un effet positif dans le passé. Ainsi, dans les cycles sur les juges, elles

---

[2] Flavius Josèphe (*Antiquités* V.2.12) et Jordan (pp. 315-328) font une lecture entièrement positive de ce chapitre. L'historien juif parle de la sagesse des Israélites dans leur manière de respecter le voeu tout en trouvant une solution à leur dilemme. Sa lecture positive est facilitée par l'adjonction et la modification de certains éléments du récit. Ainsi, les Benjaminites se repentent profondément du mal commis et les vierges de Jabès sont données aux Benjaminites parce que leurs proches étaient morts *durant* les hostilités générales, et non pas après la décision de donner des femmes aux survivants. Quant à Jordan, il fonde son argumentation sur les holocaustes offerts par Israël (21.4). Pour lui, Israël expie les péchés des Benjaminites. Puisque ces derniers étaient incapables de le faire, Israël le fait à leur place. Par la suite, les Benjaminites auraient donné leur aval à ce sacrifice fait pour leurs péchés.

[3] Tous ceux qui critiquent la campagne d'Israël contre Benjamin interprètent favorablement la fin des hostilités et le pardon accordé aux survivants. Pour les mêmes raisons, le massacre de la population de Jabès ou le viol des vierges de Silo sont condamnés. Pour D.R. Davis (pp. 226-227), l'auteur veut nous faire voir l'ambiguïté de la situation. Le péché règne, mais la grâce finit par triompher. Fondamentalement, on montre la ténacité de la grâce divine. Sodome est détruit, mais Benjamin demeure. Le livre des Juges se termine par un miracle, car Israël est toujours là.

[4] Pour Keddie (p. 39), *«la tentative de reconstruction de la tribu de Benjamin fournit un exemple typique du pire bricolage social»*. Goslinga (p. 502) parle d'hypocrisie et de mentalité presque enfantine des gens de l'époque.

marquaient la repentance et précédaient de peu l'action rédemptrice de l'Eternel. (3) Les holocaustes et les sacrifices d'actions de grâces ont plu à Dieu au chapitre précédent (20.26-28), et ont inversé le déroulement du conflit. (4) La punition des habitants de Jabès semble méritée, puisqu'ils ont refusé de châtier les méchants comme Dieu le demandait.

D'un autre côté, d'autres éléments laissent un malaise profond: (1) Le revirement rapide et total d'Israël ne peut manquer d'étonner. Si la guerre punitive contre Benjamin était juste, pourquoi fallait-il inverser l'action, et repeupler la tribu? (2) La manière de «respecter» le voeu tout en le contournant fait penser à une casuistique d'auto-justification. (3) Le massacre des habitants de Jabès salit d'emblée ce tableau blanc du pardon total qu'on venait à peine de dresser. (4) Le vol (pour ne pas dire le viol) des vierges de Silo est un scandale aux yeux de tout parent attaché à ses enfants. (5) D'une manière générale, les innocents semblent payer pour les coupables.

Devant cette ambivalence du texte, la conclusion du récit ne doit pas être oubliée: *«En ce temps-là, il n'y avait pas de roi en Israël. Chacun faisait ce qui lui semblait bon»* (21:25). Manifestement, l'auteur achève son récit sur une note *négative*. Cette évaluation de l'auteur est fondamentale. Elle doit nous guider dans l'interprétation du texte. Le narrateur considère l'attitude d'Israël *scandaleuse*, mais il choisit de nous la rapporter en termes ambivalents. Pourquoi? Parce qu'Israël veut *paraître juste* tout en étant profondément pécheur. L'ambivalence du texte cherche à véhiculer celle d'Israël. Le peuple veut suivre la justice à la lettre, mais pour ce faire, il commet toutes sortes d'injustices. Pour tenir *sa* parole, il transgresse celle du Seigneur. Sa compassion se mue en massacre d'innocents. Le texte est moqueur. Une ironie mordante le traverse. Le péché n'est plus limité à un homme, à un couple, à une famille, à une ville ou même à une tribu, mais tout Israël en est contaminé.

Fondamentalement, l'auteur reprend et développe le thème de *l'accueil du pécheur*[5], cet accueil du pécheur qui était l'expression du péché du Lévite et de sa belle-famille, puis de Guibea, puis de Benjamin. Maintenant, c'est tout Israël qui en est marqué puisqu'il accueille les pécheurs qui ont échappé à la justice. L'accueil commence par être passif (Israël laisse la vie aux 600 pécheurs réfugiés à Rimmon), puis il s'exprime sur le plan sentimental (Israël pleure les méchants et regrette le temps où ils vivaient dans le pays: 21.2-3). Le plan religieux est aussi concerné (Israël se fait tellement

---

[5] Wood p. 152.

solidaire des méchants qu'il cherche à expier leurs fautes à leur place: 21.4). Finalement, l'hospitalité accordée aux méchants se transforme en aide concrète, puisque Israël pourvoit, à deux reprises, aux femmes nécessaires au repeuplement. Toutes ces étapes semblent se faire rapidement et sans difficulté, à l'exception de la dernière. L'aide concrète est bloquée par un voeu. L'auteur s'arrête à ce dernier obstacle pour montrer comment Israël est arrivé à ses fins en contournant et en bafouant la justice.

La tragédie de l'histoire ressort aussi du contraste entre la *légèreté* avec laquelle le pardon est accordé aux 600 hommes (alors que Dieu avait approuvé le châtiment des pécheurs) et le *soin* à respecter (tout en le contournant) un engagement personnel. L'annulation de la parole divine se fait sans un mot, le plus discrètement possible (l'auteur ne mentionne même pas le pardon, mais le considère comme un acquis), alors que le «respect» de la parole du peuple suscite d'intenses discussions.

Une évaluation morale du chapitre 21 doit aussi tenir compte des deux derniers versets du chapitre 20. Israël néglige de tuer 600 soldats de Guibea (20.47), mais massacre une population civile privée de toute défense (20.48). Les deux actions sont fautives. Les soldats benjaminites devaient être poursuivis et mis à mort comme tous leurs compagnons qui avaient soutenu les meurtriers de Guibea. Barricadés au rocher de Rimmon, ils devaient en être délogés, par un siège si nécessaire. Par contre, la population de Benjamin devait être traitée avec respect, car elle n'avait pas défendu le parti du méchant en versant du sang[6]. Certains objecteront que Benjamin s'était comporté comme Canaan et méritait le même sort, à savoir que tous ses habitants devaient être passés au fil de l'épée. La situation des deux peuples n'est pourtant pas la même. Les Cananéens vivaient dans le péché depuis plus de quatre siècles (Gen 15.16), et toute la population en était infectée. Pour Benjamin, seuls les 26 700 hommes présents à Guibea avaient rejoint les Cananéens dans leur iniquité. En tuant la population civile, Israël ne porte plus le glaive de la justice, mais celui de la vengeance personnelle. Les 40 000 soldats israélites tués devaient être vengés, et la mort de 26 100 soldats benjaminites ne suffit pas à éponger le sang israélite. Pour mettre les comptes à zéro, Israël s'en prend à la population civile.

---

[6] Jackman p. 302, Keil p. 458.

Contraste avec le voeu de Jephthé

L'attitude des Israélites envers leur voeu est à l'opposé de celle de *Jephthé*. Les deux parties ont fait un voeu avant une bataille difficile et réalisent, après la victoire, qu'il est malaisé de le tenir. Là s'arrêtent les similitudes et commencent les contrastes: (1) Jephthé offre à Dieu ce qu'il a de plus cher en signe de reconnaissance, alors que les Israélites menacent de mort les hommes qui refusent de servir. (2) Le juge aimerait que sa fille se marie, mais accepte qu'elle reste vierge, alors que les soldats s'interdisent de donner leurs filles à un Benjaminite. (3) Jephthé tient son voeu, alors que les Israélites le transgressent tout en faisant semblant de le tenir. (4) Le premier récit se termine par la consécration au service du Temple, alors que le second se ponctue par le massacre d'innocents. (5) La fille de Jephthé encourage son père à tenir son voeu, alors que les vierges de Jabès ne sont pas consultées et sont traitées en prisonnières de guerre. (6) Le contexte plus large amplifie encore les contrastes: *après* le récit sur le voeu, Jephthé combat Ephraïm et tue 42 000 hommes, alors qu'*avant* le récit sur le voeu, Israël combat Benjamin et tue 26 100 hommes. Jephthé limite sa punition aux meurtriers (c.-à-d. tous ceux qui avaient franchi le Jourdain), alors qu'Israël étend son jugement à toute la population civile.

Structure

Premier récit: les quatre cents femmes de Jabès (21.1-14)

Deux structures se dégagent pour le premier texte: l'une incluant les deux derniers versets du chapitre 20, et l'autre sans ces versets. Le centre du chiasme de la première structure est particulièrement intéressant: les victimes innocentes de Jabès jouent le même rôle que les holocaustes puisque les uns comme les autres doivent réparer un tort. Les holocaustes paient le péché de Benjamin, et les habitants de Jabès paient celui d'Israël (voir commentaire).

Première structure

a^1	Fuite de 600 Benjaminites (20.47)
b^1	Massacre d'une population civile en Cisjordanie (20.48)
c^1	Le voeu «pas de femme pour Benjamin» (21.1)
d^1	Tristesse au sujet de Benjamin (21.2-3)
e^1	Des holocaustes sont offerts (21.4)
e^2	Un bouc émissaire est recherché (21.5)
d^2	Tristesse au sujet de Benjamin (21.6)
c^2	Le voeu «pas de femme pour Benjamin» (21.7)
b^2	Massacre d'une population civile en Transjordanie (21.8-12)
a^2	Libération de 600 Benjaminites (21.13-14)

Deuxième structure

A	**A la recherche d'une solution** (21.1-7)
a[1]	Le voeu «pas de femme pour Benjamin» (21.1)
b[1]	Tristesse au sujet de Benjamin (21.2-3)
c[1]	Des holocaustes sont offerts (21.4)
c[2]	Un bouc émissaire est recherché (21.5)
b[2]	Tristesse au sujet de Benjamin (21.6)
a[2]	Le voeu «pas de femme pour Benjamin» (21.7)
B	**Solution proposée et exécutée** (21.8-14)
a[1]	Absence d'un homme juste (21.8-9)
b[1]	Sentence de mort pour Jabès (21.10)
c[1]	Les vierges épargnées (21.11)
c[2]	400 vierges trouvées (21.12)
b[2]	Offre de paix pour 600 Benjaminites (21.13)
a[2]	Déficit en femmes (21.14)

Second récit: les deux cents femmes de Silo (21.15-25)

A	**A la recherche d'une solution** (21.15-19)
a[1]	Introduction (21.15)
b[1]	Comment Israël peut-il offrir des femmes (21.16)
c[1]	Benjamin doit conserver son héritage (21.17)
d[1]	Le voeu «pas de femme pour Benjamin» sera respecté (21.18)
e[1]	La fête à Silo est une bonne occasion (21.19)
B	**Solution proposée et exécutée** (21.20-25)
e[2]	Les filles dansantes seront les victimes (21.20-21)
d[2]	Le voeu «pas de femme pour Benjamin» a été respecté (21.22)
c[2]	Action de Benjamin pour conserver son héritage (21.23)
b[2]	Retour d'Israël vers sa famille (21.24)
a[2]	Conclusion: le slogan (21.25)

Exégèse détaillée du chapitre 21

A la recherche d'une solution (21.1-7)

1 Les hommes d'Israël avaient juré à Mitspa, en disant: Aucun de nous ne donnera sa fille pour femme à un Benjaminite. 2 Le peuple vint à Béthel, et il y resta devant Dieu jusqu'au soir. Ils élevèrent la voix, ils versèrent d'abondantes larmes, 3 et ils dirent: O Eternel, Dieu d'Israël, pourquoi est-il arrivé en Israël qu'il manque aujourd'hui une tribu d'Israël? 4 Le lendemain, le peuple se leva de bon matin; ils bâtirent là un autel, et ils offrirent des holocaustes et des sacrifices d'actions de grâces. 5 Les enfants d'Israël dirent: Quel est celui d'entre toutes les tribus d'Israël qui n'est pas monté à l'assemblée devant l'Eternel? Car on avait fait un serment solennel contre quiconque ne monterait pas vers l'Eternel à Mitspa, on avait dit: Il sera puni de mort. 6 Les enfants d'Israël éprouvaient du repentir au sujet de Benjamin, leur frère, et ils disaient: Aujourd'hui une tribu a été retranchée d'Israël. 7 Que ferons-nous pour procurer des femmes à ceux qui ont survécu, puisque nous avons juré par l'Eternel de ne pas leur donner de nos filles pour femmes?

Le voeu des Israélites (*«Aucun de nous ne donnera sa fille pour femme à un Benjaminite»* 21.1) vient comme une surprise. Pourquoi un tel engagement? La mort des Benjaminites n'excluait-elle pas tout mariage subséquent? Avant le combat, les Israélites doutaient peut-être de la victoire finale et voulaient empêcher par cette démarche tout lien ultérieur avec cette tribu apostate. Après le combat, le rappel d'un tel engagement étonne. En fait, ces paroles introduisent le thème du repeuplement et indiquent qu'Israël a déjà décidé de préserver la vie des 600 Benjaminites barricadés au rocher de Rimmon. L'absence de toute référence au pardon est délibéré et montre la légèreté avec laquelle le jugement divin est écarté. Seul le repeuplement de Benjamin pose un problème à Israël, car *sa* parole est directement engagée. Israël se préoccupe de la paille et oublie la poutre.

Israël se lamente au sujet de Benjamin (*«Ils élevèrent la voix, ils versèrent d'abondantes larmes»* 21.2). La disparition d'une tribu afflige tout le peuple (*«Pourquoi est-il arrivé en Israël qu'il manque aujourd'hui une tribu d'Israël?»* 21.3). La guerre punitive à peine terminée, Israël la regrette déjà[7]. Les larmes versées témoignent d'un revirement du peuple. Les vainqueurs déplorent moins la mort de leurs frères que la disparition d'une tribu.

Des holocaustes sont offerts pour expier les péchés liés à cette guerre. On peut se demander quels péchés particuliers étaient en vue. Israël pense-t-il que son action punitive était injuste? Probablement pas[8]. Israël expie les fautes des Benjaminites. L'action paraît

---

7 Contrairement aux armées victorieuses, Israël se lamente (Wolf p. 502).

8 Le siège de Guibea était approuvé par Dieu, et après les holocaustes offerts par Phineas (20.26-28), le peuple était juste devant Dieu et obtient la bénédiction

généreuse, mais elle ignore la justice divine. Un pécheur ne peut être justifié par la repentance d'un autre homme, car Dieu ne pardonne que dans la mesure où le coupable revient à lui. Un pardon par personne interposée est impossible.

Quand Israël demande *«Quel est celui d'entre toutes les tribus d'Israël qui n'est pas monté à l'assemblée devant l'Eternel?»* (21.5), il prépare déjà sa solution: puisque le peuple est tenu par un voeu, les femmes seront trouvées ailleurs. Israël cherche la clé dans un autre voeu, aussi solennel que le précédent. La menace mortelle qui y était attachée n'inquiète pas trop à ce stade du récit (*«Quiconque ne monterait pas vers l'Éternel à Mitspa... sera puni de mort»* 21:5), car Israël semble animé d'un esprit de réconciliation et de pardon. Il est facile d'imaginer les soldats israélites demander à ceux qui n'avaient pas pris l'engagement de Mitspa de donner leurs filles aux Benjaminites.

Les versets 6 et 7 reviennent sur la tristesse et le voeu des Israélites sans rien ajouter de neuf. Ces répétitions, souvent arbitrairement considérées comme les témoins d'une pluralité de sources, renforcent les éléments présentés et accordent au lecteur un répit pour réfléchir à une solution au dilemme des Israélites. Sur le plan littéraire, elles achèvent le chiasme de la première phase.

Solution proposée et exécutée (21.8-14)

8 Ils dirent donc: Y a-t-il quelqu'un d'entre les tribus d'Israël qui ne soit pas monté vers l'Eternel à Mitspa? Et voici, personne de Jabès en Galaad n'était venu au camp, à l'assemblée. 9 On fit le dénombrement du peuple, et il n'y avait là aucun des habitants de Jabès en Galaad. 10 Alors l'assemblée envoya contre eux douze mille soldats, en leur donnant cet ordre: Allez, et frappez du tranchant de l'épée les habitants de Jabès en Galaad, avec les femmes et les enfants. 11 Voici ce que vous ferez: vous dévouerez par interdit tout mâle et toute femme qui a connu la couche d'un homme.

12 Ils trouvèrent parmi les habitants de Jabès en Galaad quatre cents jeunes filles vierges qui n'avaient pas connu d'homme en couchant avec lui, et ils les amenèrent dans le camp à Silo, qui est au pays de Canaan. 13 Toute l'assemblée envoya des messagers pour parler aux fils de Benjamin qui étaient au rocher de Rimmon, et pour leur annoncer la paix. 14 En ce temps-là, les Benjaminites revinrent, et on leur donna les femmes à qui l'on avait laissé la vie parmi les femmes de Jabès en Galaad. Mais il n'y en avait pas assez pour eux.

---

divine et la victoire. Par contre, le massacre du peuple était un péché. Israël pouvait éventuellement expier son débordement de vengeance.

La solution proposée passe par une application à la fois rigide et partielle du deuxième voeu. La sanction pour refus de service est appliquée à la lettre, mais seulement à certains individus. Tous les habitants d'une ville dont une personne au moins avait participé à la campagne, se voient épargnés. La peine ne frappe que les ressortissants de Jabès en Galaad qui n'avait envoyé *aucun* homme pour punir Guibea[9].

La solution choisie est injuste à plusieurs niveaux: (1) La sanction n'est appliquée que pour une raison utilitaire. Fondamentalement, c'est le besoin de femmes qui entraîne le jugement. (2) Les peines sont appliquées de manière discriminatoire. Seuls les membres non représentés à Béthel sont punis. (3) La sanction envisagée par le voeu était injuste au départ. Parfois, une famille et un peuple sont appelés à soutenir les autorités dans leurs efforts pour punir des coupables (Dt 13.6-11), mais dans la Loi mosaïque, leur refus de collaborer à une telle action n'est jamais puni par la mort. Le refus d'un citoyen de punir un autre citoyen n'est pas passible de la peine capitale. Sur un plan plus général, remarquons que Dieu ne tue pas son peuple, lorsque celui-ci refuse de conquérir la Terre promise en passant les habitants au fil de l'épée; il le soumet simplement au pouvoir de nations étrangères[10].

Douze mille hommes sont envoyés pour frapper les habitants de Jabès. Seules les femmes vierges sont épargnées pour être données aux Benjaminites. Le récit rappelle l'action punitive entreprise contre les Madianites une année avant la conquête de la Palestine (Nb 31)[11]. Il est possible qu'Israël s'en soit inspiré pour choisir le nombre de soldats (12 000 hommes dans Nb 31.5) et pour exiger la mort de tous les habitants excepté les vierges (comme dans Nb 31.18). Les Israélites du temps des juges pouvaient penser qu'une action similaire à celle de Moïse serait conforme à la volonté divine. L'étude des textes nous montre cependant que les situations étaient très

---

[9] Jabès en Galaad joue un rôle important durant le règne de Saül (1 Sam 11.1-11; 31.11-13; 2 Sam 2.4-5; 21.12-14), probablement parce que Saül était originaire de Guibea, et qu'un lien unissait ces deux villes suite aux événements rapportés dans Juges 21.1-14.

[10] Notons que le péché des Benjaminites était différent. Ils ne s'étaient pas contentés de ne pas punir Guibea, mais ils avaient accepté de les défendre *en versant le sang de ceux qui venaient les juger*. Le comportement des Benjaminites était meurtrier, à l'inverse des habitants de Jabès.

[11] Le texte des Nombres est cité par plusieurs commentateurs (*BA* p. 167, Bruce p. 287, Jordan p. 322, Wolf p. 503). Jordan ne relève que les points communs entre les deux textes.

différentes: (1) Les femmes madianites avaient entraîné Israël au péché, et l'expédition punitive visait tout le peuple, à l'exception des femmes qui avaient un certificat de bonne conduite (les vierges[12]). Jabès de son côté n'avait entraîné personne dans le péché, mais était simplement resté à l'écart. (2) Le texte de Nb 31 s'étend sur la répartition du butin et indique comment les prises de guerre devaient être partagées avec les familles qui n'avaient *pas* participé à la campagne. Cinquante pour cent revenait à chaque groupe. Les hommes qui n'avaient pas participé à la guerre, non seulement ne mouraient pas (contrairement au temps des juges), mais ils recevaient une partie du butin pris à l'ennemi.

Le massacre des innocents terminés, Israël va offrir la paix aux pécheurs de Benjamin qui n'ont toujours pas quitté leur retraite de Rimmon (21.13). Ces derniers n'ont donné aucun signe de repentance et n'ont demandé aucune grâce, et pourtant Israël n'hésite pas à massacrer une population pour les aider!

A ce stade du récit, l'auteur relève une seule fausse note. Il n'y avait pas assez de femmes (21.14). La stratégie si soigneusement élaborée échoue par défaut d'un tiers du résultat escompté: il manque 200 femmes. Le ton est sarcastique et la remarque prépare la deuxième partie du chapitre (21.15-25). Si Israël veut satisfaire *tous* les pécheurs, il devra se remettre à sa triste besogne.

A la recherche d'une solution (21.15-19)

> *15 Le peuple éprouvait du repentir au sujet de Benjamin, car l'Eternel avait fait une brèche dans les tribus d'Israël. 16 Les anciens de l'assemblée dirent: Que ferons-nous pour procurer des femmes à ceux qui restent, puisque les femmes de Benjamin ont été détruites? 17 Et ils dirent: Que les réchappés de Benjamin conservent leur héritage, afin qu'une tribu ne soit pas effacée d'Israël. 18 Mais nous ne pouvons pas leur donner de nos filles pour femmes, car les enfants d'Israël ont juré, en disant: Maudit soit celui qui donnera une femme à un Benjaminite! 19 Et ils dirent: Voici, il y a chaque année une fête de l'Eternel à Silo, qui est au nord de Béthel, à l'orient de la route qui monte de Béthel, à Sichem, et au midi de Lebona.*

Le deuxième récit commence par être répétitif. La tristesse d'Israël au sujet de la disparition de Benjamin est rappelée (21.15), ainsi que le désir d'aider la tribu à se repeupler (21.16-17). Le voeu bloquant toute aide concrète est rappelé lui aussi pour la troisième fois (21.18). Manifestement, ce récit évoque le premier, mais

---

[12] L'attente est de quatre mois pour prouver qu'elles n'étaient pas enceintes.

étrangement, aucune mention n'est faite des 400 femmes trouvées à Jabès. On rappelle le problème, mais on oublie (ou on ignore) la solution. L'auteur a-t-il repris sans modifier deux sources indépendantes et peut-être même contradictoires? Cela ne lui ressemble guère. Il est plus probable que le narrateur ignore la première solution, parce que Israël l'ignore. Le peuple veut-il bannir de sa mémoire une sauvagerie qu'il commence à regretter? Ce n'est pas impossible, bien que le peuple ne semble pas orienté vers une repentance sincère. Le silence d'Israël s'explique mieux par sa volonté de se justifier. La présence de 400 femmes rend la deuxième action superflue ou, en tout cas, moins nécessaire, car Benjamin ne se trouve plus dans une situation de dernière nécessité qui justifierait (plus facilement) des moyens exceptionnels. Les Israélites font semblant de ne pas connaître la première solution pour mieux justifier la seconde.

Avec 400 couples, Benjamin est déjà bien armé pour repeupler la tribu, mais Israël n'est pas satisfait. Il se porte de nouveau au secours des pécheurs, même si le besoin est moins urgent, car dans son accueil du pécheur, il veut être exemplaire. Il faut que *chaque* Benjaminite ait sa femme, et ainsi le temps pour retrouver une population de 26 700 hommes sera raccourci d'une vingtaine d'années. Une bagatelle, mais Israël tient à une repopulation rapide[13].

---

[13] Le temps nécessaire pour reconstituer une population de 26 700 dépend bien sûr du taux d'accroissement de la population. *«Avec référence à la moitié des années 1980 on estime que le taux de croissance naturelle du monde entier est de 1,6%; néanmoins à la détermination de ce niveau participent, de façon extrêmement différente, les pays développés (0,6%) et ceux en développement (1,9%)»* (*Europe, l'hiver démographique*, L'Age d'Homme, 1989, p. 90). Selon la même source (p. 91), en Afrique, le taux pour les années 1980 est de 3,04%. Une population décimée chercherait à maximiser la reproduction et dépasserait certainement le taux actuel des pays en voie de développement. Pour un taux (conservateur) de 3,5%, un seul couple pourrait reconstituer en trois siècles (la durée de la période des juges) la population de Benjamin. Comme apparemment moins des deux tiers des Benjaminites ont participé à la défense de Guibea (voir recensements d'Israël pp. 332-333), il aurait suffi de garder en vie les innocents, pour que la population de Benjamin se reconstitue en un quart de siècle sans intervention extérieure. Pour le calcul démographique, voir entre autres Henry M. Morris, *The Troubled Waters of Evolution*, Creation-Life, 1977, pp. 145-154. On peut se demander aussi si, après le massacre, il n'y avait pas quelques rescapés «innocents» (hommes et femmes) en plus des 600 soldats. Puisque l'enquête sur le péché de Guibea était bâclée, le compte-

Solution proposée et exécutée (21.20-25)

20 Puis ils donnèrent cet ordre aux fils de Benjamin: Allez, et placez-vous en embuscade dans les vignes. 21 Vous regarderez, et voici, lorsque les filles de Silo sortiront pour danser, vous sortirez des vignes, vous enlèverez chacun une des filles de Silo pour en faire votre femme, et vous vous en irez dans le pays de Benjamin. 22 Si leurs pères ou leurs frères viennent se plaindre auprès de nous, nous leur dirons: Accordez-les-nous, car nous n'avons pas pris une femme pour chacun dans la guerre. Ce n'est pas vous qui les leur avez données; en ce cas, vous seriez coupables. 23 Ainsi firent les fils de Benjamin; ils prirent des femmes selon leur nombre parmi les danseuses qu'ils enlevèrent, puis ils partirent et retournèrent dans leur héritage; ils rebâtirent les villes, et y habitèrent. 24 Et dans le même temps les enfants d'Israël s'en allèrent de là chacun dans sa tribu et dans sa famille, ils retournèrent chacun dans son héritage.

25 En ce temps-là, il n'y avait pas de roi en Israël. Chacun faisait ce qui lui semblait bon.

La stratégie adoptée est différente. Les femmes seront prises en Cisjordanie, auprès de familles innocentes. Les Benjaminites devront y mettre du leur, car les Israélites se contentent de leur suggérer la stratégie et d'assurer leur défense. Si les familles de Silo se sentent perturbées par l'opération, Israël se charge de rassurer leur conscience: «Vous êtes innocents, vous n'avez pas transgressé votre voeu» (21.22). Aucune allusion n'est faite à un quelconque sentiment d'injustice que les familles pourraient exprimer. Nul doute qu'Israël, après avoir massacré la population de Jabès, aurait su faire entendre raison au plus récalcitrant, au besoin par la force.

Le hold-up se passe pendant une fête annuelle célébrée à Silo en présence de l'Eternel. Les Israélites suggèrent aux Benjaminites de profiter de ce temps de réjouissances, où la vigilance est relâchée, pour voler les femmes désirées. Les filles sortiront sans méfiance de la ville et le délit pourra se faire à l'extérieur, où le risque de se faire prendre est minime. Plusieurs repères géographiques sont donnés (21.19), moins pour localiser Silo (Qui ne connaît pas la ville?) que pour rappeler les différentes voies de communication qui rendront la fuite aisée[14].

---

rendu du désastre l'était peut-être aussi. Une repopulation par les innocents aurait pu se faire avec le temps.

[14] Keil p. 462

La fête est probablement l'une des trois grandes fêtes annuelles (Pâque, Pentecôte, les Tabernacles) qui commémorent (en tout cas partiellement) la libération d'Egypte (cf. Dt 16.3, 12; Lév 23.43). Sans égard ni pour les filles, ni pour les familles, ni pour Dieu, les Benjaminites vont bafouer ce symbole de la lutte contre l'esclavage en capturant de force les femmes convoitées. La sortie d'Egypte est ridiculisée et les réjouissances se transforment en deuil.

Israël atteint le comble du péché. Pour aider les méchants à se repeupler un peu plus rapidement, le peuple propose un vol généralisé d'innocents, acte qui est d'avance exempté de toute faute. Le deuxième appendice, qui avait commencé par l'adultère d'une concubine (19.2), se termine par l'enlèvement de 200 vierges. Les coupables sont les hommes qu'Israël aurait dû tuer en raison de leur soutien aux homosexuels et meurtriers de Guibea. Israël agit maintenant comme ces hommes. Pire: d'élève, il est devenu maître en matière de péché, puisque c'est lui qui suggère aux Benjaminites le péché à commettre tout en les absolvant d'avance et en assurant leur défense.

Le slogan conclut l'appendice: *«En ce temps-là, il n'y avait pas de roi en Israël. Chacun faisait ce qui lui semblait bon»* (21.25). Quand Dieu n'est pas respecté comme roi, le bien devient mal et le mal bien, les méchants sont aidés et les innocents frappés, et tout cela avec une apparente bonne conscience, car chacun fait ce qui lui semble juste.

Annexes

Allusions au passé

De nombreux points de comparaison existent entre les juges, d'une part, et les *patriarches* et *Josué* d'autre part[1]. Le nombre de ces rapprochements témoigne d'une volonté de comparer le ministère des juges avec certains héros du passé.

L'auteur veut montrer que les juges ont marché sur les traces de ces hommes de Dieu. Rappelons que l'auteur ne fabrique pas l'histoire, mais sélectionne les faits historiques qui appuient sa leçon. Comme l'histoire des héros se répète, les points de ressemblance sont aisés à trouver. Les comparaisons se limitent (à une exception près[2]) aux patriarches et à Josué, c.-à-d. *aux héros du premier et du dernier livre canonique disponible du temps de l'auteur*. En effet, pour Samuel, l'histoire sainte se limitait à six livres (les cinq livres du Pentateuque et Josué). En choisissant les *bornes* du canon, l'auteur inclut tout le canon[3]. D'ailleurs, l'insistance à proposer une vision deutéronomiste de l'histoire, montre bien que Moïse n'est pas absent de la pensée de l'auteur.

Ressemblances entre les juges et les patriarches

Gédéon

Les parallélismes entre la visite de l'ange de l'Eternel à Abraham (Gen 18) et l'appel de Gédéon ont déjà été relevés dans le commentaire (voir p. 151).

Abimélec

Abimélec est un anti-juge. Sa vie n'est donc pas conforme aux héros du passé, mais s'y oppose. Les contrastes avec *Joseph* sont manifestes: (1) Les deux viennent d'une famille polygame importante. Jacob a eu 12 fils; Gédéon, 70. Cependant, Joseph vient de la femme la plus aimée (Rachel); Abimélec, de la femme la moins aimée (une concubine). (2) Joseph ne fait rien pour être important, mais sait qu'il le sera (il transmet une parole prophétique); Abimélec

---

1 Philip Satterthwaite («'No King in Israel': Narrative Criticism and Judges 17-21», in *Tyndale Bulletin* 44.1 [1993] p. 84) cite Meir Sternberg (*The Poetics of Biblical Narrative: Ideological Literature and the Drama of Reading*, Indiana University Press, 1985, pp. 365-367) qui suggère que certains textes narratifs de l'Ancien Testament évoquent volontairement la mémoire d'autres textes narratifs.

2 L'appel de Gédéon rappelle l'appel de Moïse (voir conclusion de l'exégèse sur 6.17-24 p. 151).

3 Dans la culture biblique, un ensemble est souvent représenté par ses extrémités: tout Israël est désigné par Dan et Beer-Schéba (Jug 20.1; 2 Sam 24.3; 1 Rois 4.25); pour décrire le monde entier, on parlera du lever du soleil (l'est) et du coucher du soleil (l'ouest; Ps 113.3).

fait tout pour être couronné roi (il prononce un discours électoral). (3) Joseph sauve ses demi-frères qui voulaient le tuer; Abimélec tue ses demi-frères qui ne lui avaient fait aucun mal. (4) Joseph sauve le peuple (beaucoup de pays sont concernés); Abimélec ruine le peuple (seule une région est concernée). (5) Celui qui accepte d'être humble est sauvé de la mort au fond d'un puits; celui qui cherche à s'élever reçoit la mort du haut d'une tour.

Le rapprochement entre ces deux hommes est encore plus manifeste quand on sait que la tombe de Joseph, qui est une sorte de mémorial de la vie de cet homme, est justement à *Sichem* (Jos 24.32), la ville d'Abimélec (Jug 9.1).

Jephthé

L'engagement de Jephthé suite à son voeu rappelle le sacrifice d'Isaac par Abraham: (1) Un père offre son unique enfant au Seigneur (la fille de Jephthé est consacrée au service du Temple: voir commentaire 11.29-40). (2) Le sacrifice est considérable, car l'enfant représente l'unique espoir d'une descendance. Abraham et Sara sont avancés en âge et tout espoir d'avoir un autre fils est exclu; Jephthé est probablement âgé lui aussi, car il ne survit que six ans à son voeu (12.7). (3) Les deux hommes vont jusqu'au bout de leur engagement, Abraham ne s'arrêtant que devant l'intervention de Dieu.

Au niveau des différences entre les récits, il convient de relever les points suivants: (1) Pour Abraham, l'initiative vient de Dieu; pour Jephthé, il s'agit d'un voeu. (2) Dans le premier cas, l'Eternel se manifeste verbalement: il désigne le choix de l'offrande par une parole, et plus tard, il interrompt l'offrande par une nouvelle parole. Dans le second cas, Dieu reste silencieux du début à la fin: un concours de circonstances est interprété comme la réponse divine (la fille de Jephthé est la première personne à accueillir son père: 11.31, 34), puis, en l'absence d'une intervention divine, Jephthé va jusqu'au bout de son offrande. (3) Abraham offre un fils; Jephthé, une fille; (4) En réponse à son l'engagement, Abraham reçoit une descendance nombreuse par Isaac, alors que Jephthé se voit privé de descendance.

Le parallélisme s'étend au niveau du contexte des deux récits: (1) Dans les deux textes, la narration du sacrifice est précédée par l'intervention d'un certain *Abimélec*. Le premier homme ainsi nommé ne veut pas être trompé (Gen 21), alors que le second trompe tout le monde (Jug 9). (2) La similitude est encore au rendez-vous après le récit par des pleurs engendrés par une absence de vie: dans Gen 23, il s'agit des funérailles de Sara (la mère d'Isaac); dans les Juges, la fille de Jephthé pleure sa virginité avec ses amies.

Samson

Samson est le plus énigmatique des juges. Des liens le rattachent à Abraham, Isaac, Jacob et Joseph. Le chapitre 13 des Juges rappelle Abraham et Isaac; les chapitres 14 à 16, Jacob; la fin du chapitre 16, Joseph. Ainsi, la progression chronologique des patriarches (Abraham, Isaac, Jacob, Joseph) suit le développement du cycle de Samson.

La naissance de Samson rappelle la naissance d'*Isaac*[4]. Dans les deux cas, l'heureux événement est annoncé aux parents stériles par des anges. Cette situation est exceptionnelle, car seuls les parents de Jean-Baptiste et de Jésus ont reçu cet honneur. Lors de la visite des messagers célestes, Abraham et Manoach ont chaque fois tué un veau ou un chevreau, et l'ont offert aux anges. Trois différences sont à relever: (1) Abraham reçoit la visite de trois anges, la mère de Samson en voit un seul, mais à deux reprises. (2) Dans la Genèse, les anges s'adressent à l'homme, c'est-à-dire au chef de famille; dans les Juges, l'ange vient à deux reprises vers la femme. Cette situation reflète un renversement des rôles chez les parents de Samson. La femme de Manoach est le guide spirituel de la famille contrairement à ce qui se passe dans le couple Abraham-Sara. (3) Le thème du repas est évoqué positivement lors de l'annonce de la naissance d'Isaac: Abraham offre un repas aux voyageurs et le partage avec eux. Dans les Juges, le thème du repas est négativement présent. La femme reçoit l'interdiction de consommer tout fruit de la vigne (13.4,7,14) et Manoach voit son repas refusé par l'ange qui n'accepte qu'un holocauste (13.16).

Les points communs avec *Jacob* sont particulièrement importants, en particulier au niveau de la relation avec les femmes[5]: (1) Concernant le choix d'une épouse, Samson et Jacob partent à l'étranger chercher une épouse, mais le motif et le contexte sont très différents. Jacob part chercher une femme de la même famille, suivant en cela la recommandation de ses parents (Gen 28.1-4), alors que Samson prend lui-même l'initiative d'épouser une étrangère et se voit confronté à l'incompréhension de ses parents. (2) La femme désirée par Jacob est la cadette, celle choisie par Samson est l'aînée. (3) Dans les deux cas, le beau-père promet au futur gendre la femme attendue, mais finit par le tromper. Laban donne à Jacob l'aînée, alors que le Philistin propose à Samson la cadette, puisque l'aînée avait été donnée à un autre (15.2). Jacob finit par épouser les deux soeurs, alors que Samson n'en prend aucune. (4) Après les récits relatifs au mariage, deux autres femmes interviennent dans la vie de Jacob et de Samson. Sur la demande de Rachel et de Léa, Jacob s'unit à deux servantes (Bilha et Zilpa) et engendre quatre fils (Dan, Nephthali, Gad, Aser). Samson pénètre dans la maison d'une prostituée à Gaza, avant d'être mêlé à une intrigue avec Dalila, mais comme avant, Samson reste sans postérité. (5) Les deux hommes sont préoccupés par l'héritage: Jacob cherche à ravir à son frère le droit d'aînesse et Samson cherche à reprendre aux Philistins l'héritage donné par Dieu

---

4 Wolfgang Richter: «Traditionsgeschichtliche Untersuchungen zum Richterbuch», in *Bonner Biblische Beiträge* 18 (1963), pp. 141-142.

5 Pour certains éléments, le parallélisme entre les deux hommes est antithétique, non parce que Samson n'aurait pas vécu à la hauteur de Jacob, mais parce que le patriarche, dans la première partie de sa vie, a vécu de manière charnelle.

à Israël. L'un veut dérober l'héritage d'un frère, l'autre veut redonner à ses frères (les Israélites) leur héritage qui est entre les mains d'étrangers. (6) La mère de Jacob prend l'initiative pour procurer un avenir à son fils, mais la mère de Samson reçoit les promesses et les directives à suivre de la part d'un ange. (7) La ruse est commune aux deux récits. Jacob trompe son père par un stratagème imaginé par sa mère. Samson utilise aussi la ruse, mais elle n'est ni imaginée par l'un des parents ni utilisée contre l'un d'entre eux. En fait, les parents restent totalement extérieurs à l'histoire, à tel point qu'ils ne sont même pas informés de certains événements clés (14.6, 9, 16). (8) Le patriarche et le juge trompent aussi leur belle-famille. Jacob trompe Laban au sujet des troupeaux et Samson utilise la ruse pour dévoiler la vraie nature des Philistins. (9) Les deux hommes sont impliqués dans un récit étrange avec des animaux: Jacob accouple des chèvres et des boucs de manière particulière pour augmenter ses biens, alors que Samson attache des renards par la queue par paires pour dévaster le pays ennemi.

Pour terminer, les malheurs de Samson rappellent certains malheurs de *Joseph*: (1) Le patriarche a été attaqué par ses frères, puis vendu à des marchands madianites; le juge a été fait prisonnier par ses compatriotes de Juda, puis livré aux Philistins. (2) Plus tard, Joseph, sur les fausses accusations d'une femme, est jeté en prison, alors que Samson, piégé par les paroles trompeuses de Dalila, subit le même sort. Il est à noter que si Joseph est exempt de tout péché, Samson est responsable de sa misère. (3) Unis par un même malheur, les deux hommes voient aussi la grâce divine les sortir de leur abaissement. Joseph accède d'un jour à l'autre au poste de premier ministre du royaume égyptien. et Samson remporte en un instant sa plus grande victoire (16.30).

L'histoire du Lévite chez Mica

Les deux appendices ont aussi des liens avec le livre de la Genèse. Le rapport entre le Lévite et Mica rappelle le rapport entre Jacob et Laban, en particulier la fuite de Jacob de chez son oncle et beau-père[6] (Gen 31): (1) Laban possède une idole dans sa maison tout comme Mica. (2) Les deux hommes accueillent et engagent un homme de Dieu (Jacob et le Lévite). (3) Les deux aiment passionnément l'argent: Laban trompe son gendre, et Mica sa mère. (4) Laban donne un salaire trompeur à Jacob et Mica paie un salaire méprisable au Lévite (10 sicles), alors que la famille est fortunée. (5) Plus tard, les femmes de Jacob et leurs enfants (un groupe) suivent volontairement Jacob (un individu) et abandonnent leur père, alors que le Lévite (un individu) suit avec joie les Danites (un groupe) et abandonne son père adoptif. (6) Une idole est volée par une personne (Rachel), puis, à l'époque des juges, par toute une tribu (issue de la servante de Rachel: Gen 30.5-6). (7) Un groupe armé (Laban et ses

6 Wolf p. 487.

hommes) poursuit un homme et sa famille (Jacob) pour le tuer et reprendre ses filles et l'idole, alors qu'un homme (Mica) suit un groupe (qui avance avec enfants, bétail et bagages) pour reprendre son fils (le Lévite) et l'idole. (8) Dieu intervient dans le récit de Jacob en retenant une des parties, alors que dans l'histoire de Mica, l'Eternel semble absent. Plus tard, Jacob renouvelle l'alliance avec Dieu.

Les deux récits sont proches, mais suffisamment différents pour enseigner des leçons opposées. Dans le premier, Jacob l'élu est revenu à l'Eternel, alors que le représentant de la tribu élue (le Lévite) s'éloigne toujours plus de Dieu, puisque même ses descendants l'ont suivi dans ses mauvaises voies.

Péché de Guibea

Le comportement de Guibea évoque fortement le péché de Sodome (Gen 19; voir le développement dans le commentaire sur Jug 19 pp. 319-321).

Ressemblances entre les juges et Josué

D'une manière générale, le livre des Juges présente de nombreuses affinités avec le livre de Josué: (1) La première introduction reprend textuellement plusieurs versets de Josué (voir relations entre Juges 1 et Josué pp. 369-370). (2) Dans le dernier appendice, le combat contre Benjamin rappelle la mobilisation des troupes israélites contre les tribus de Transjordanie dans l'un des derniers chapitres de Josué (Jos 22). La guerre civile est évitée au temps de Josué, mais elle est totale au temps des Juges. Remarquons que, dans les deux situations, *Phineas* le souverain sacrificateur est impliqué. Sous Josué, Phineas est agent de paix puisqu'il accepte les explications avancées par les tribus de Transjordanie (Jos 22.30-34), alors que du temps des Juges, ce même Phineas encourage Israël à faire le siège définitif qui anéantira presque totalement la tribu de Benjamin (Jug 20.27-28).

Concernant les juges, les liens avec Josué sont les suivants:

Othniel

Le seul détail sur Othniel (Jug 1.12-15) est repris textuellement de Josué (Jos 15.16-19).

Ehud

Plusieurs éléments sur la prise de *Jéricho* rappellent la chute de cette même ville du temps de Josué: (1) Avant l'attaque, la ville est visitée une première fois. Sous Josué, ce premier passage est discret (les espions essaient de passer inaperçus), alors que l'attaque se fait à grand renfort de processions et de trompettes. Sous Ehud, c'est l'inverse: la première visite est officielle (une délégation apporte le présent à Eglon), alors que l'attaque du juge arrive à l'improviste. (2) Entre la première visite et l'attaque, le (ou les) fidèle(s) passe(nt) par Guilgal. Josué y fabrique des couteaux de pierre (Jos 5.2) pour circoncire le peuple et Ehud revient par Guilgal (Jug 3.19) peut-être pour y prendre son épée[7]. Dans les deux cas, les couteaux et l'épée ont agi presque au même endroit (c.-à-d. près des organes sexuels): les couteaux de Josué «sauvaient» le peuple en le purifiant par la circoncision, alors que l'épée d'Ehud sauvait Israël en frappant Eglon au bas ventre. (3) Le Jourdain est présent dans les deux récits. Dans Josué, Dieu ouvre la voie au peuple en arrêtant les eaux du Jourdain. Une fois qu'Israël a passé, l'Eternel referme définitivement le passage pour l'empêcher de faire demi-tour et de retourner en Egypte pour s'y perdre. Dans les Juges, Ehud et ses hommes empêchent les ennemis de traverser la rivière pour se sauver.

Débora

Le récit de Débora est marqué par une *intervention céleste* de Dieu pour aider Israël à vaincre ses ennemis. Un orage en période de sécheresse surprend les Cananéens dans la plaine de Jizreel où Sisera voit ses chars s'enliser. Ce récit rappelle une autre intervention céleste du temps de Josué où Dieu avait frappé l'ennemi par de grosses pierres tombées du ciel (Jos 10.11) et avait arrêté le soleil pour permettre à Israël d'achever sa victoire (Jos 10.12-13). Sous Josué, Dieu intervient du ciel quand la victoire est déjà manifeste, alors que sous Débora, l'action divine précède l'engagement des troupes. Stratégiquement, l'orage est plus important, mais militairement, il est moins percutant que des pierres tombées du ciel (les pierres ont fait de nombreuses victimes [Jos 10.11], mais l'orage n'a fait que jeter le trouble dans le camp ennemi).

Associés aux deux textes se trouvent les récits d'un engagement. Avant le combat où les pierres tombent du ciel, Josué conclut une alliance avec les Gabaonites, et doit partir en guerre pour protéger des étrangers et honorer sa parole (Jos 9). Dans le cycle de Débora, la situation est différente. Après l'intervention céleste (et non pas avant), une femme - Jaël - (et non pas un homme) s'engage auprès d'un individu - Sisera - (et non pas un peuple) à respecter une alliance (et non pas à en conclure une). Contrairement à Josué, Jaël ne tient pas parole, mais utilise son accueil chaleureux pour endormir la méfiance de l'ennemi. Alors que Josué sauve les Gabaonites, Jaël tue Sisera. Le contraste entre les deux paroles données se retrouve même au niveau de l'évaluation morale. La parole de Josué est condamnée (il aurait dû demander conseil à l'Eternel: Jos 9.14), alors que celle de Jaël est louée (voir commentaire 4.17-22 et 5.24-27).

---

[7] Il serait étonnant qu'Ehud ait risqué deux fois de se faire prendre avec son épée. Il est plus vraisemblable, qu'après avoir fabriqué et testé son arme (3.16), Ehud l'ait reposée temporairement. Le premier contrôle n'ayant rien révélé de suspect, le juge reprend son épée et passe plus facilement le second contrôle.

Gédéon

Gédéon et Josué rencontrent l'ange de l'Eternel peu avant de marcher contre l'ennemi (Jos 5.13-15; Jug 6.12-16)[8]. Les deux hommes utilisent des cris et des trompettes pour lancer l'attaque initiale (Jos 6.20; Jug 7.20). Dieu jette la confusion dans le camp ennemi: d'une part, l'effondrement des murailles de Jéricho ne pouvait que jeter la confusion, et d'autre part, *«l'Eternel leur fit tourner l'épée les uns contre les autres»* (Jug 7.21-22). Suite à l'intervention divine, Israël n'a plus qu'à achever l'ennemi. L'attaque de Josué est faite en plein jour à la vue de tout l'ennemi (le peuple a tourné sept fois autour de la ville), alors que Gédéon surprend les Madianites en pleine nuit.

Jephthé

La lutte de Jephthé contre Ephraïm (12.1-6) rappelle les tensions entre Israël et les tribus de Transjordanie du temps de Josué (Jos 22). Dans les deux cas, une force armée levée en Cisjordanie s'apprête à punir les tribus de Transjordanie. Le Jourdain occupe une place importante dans les deux textes (Jos 22.10-11; Jug 12.5-6). L'analogie s'arrête là, car les causes et les conséquences des tensions sont fort différentes. Du temps de Josué, le peuple, préoccupé par la justice, s'informe des intentions réelles des tribus de Transjordanie. Du temps de Jephthé, les hommes d'Ephraïm, jaloux du juge, veulent le tuer sans l'entendre. Le premier conflit trouve une solution pacifique, alors que le second s'achève par la mort de 42 000 hommes d'Ephraïm.

Samson

La visite chez une prostituée (16.1-3) rappelle la visite des espions à *Jéricho*: (1) Comme les deux soldats de Josué, Samson pénètre en éclaireur dans la ville ennemie. (2) Les espions et Samson cherchent refuge chez une prostituée où les ennemis finissent par découvrir leur cachette. (3) Les portes de la ville sont fermées (après la sortie présumée des espions dans le premier cas; pour empêcher Samson de quitter la ville dans le second). (4) La fuite se fait de nuit (dans Josué, le texte ne l'affirme pas directement, mais on peut le supposer: Jos 2.2, 5, 8). (5) La ville se voit dépourvue de ses défenses: les murailles de Jéricho tombent et Samson emporte au loin les portes de Gaza.

La perte soudaine de la force prodigieuse de Samson rappelle la défaite d'*Aï*. Israël tout-puissant lors du siège de Jéricho échoue lamentablement devant Aï à cause du péché d'un seul homme (Achan) (Jos 7). Samson, de même, est tout-puissant tant qu'il est totalement consacré à l'Eternel, mais au premier écart, Dieu lui retire sa force (16.17-21). Dans les deux situations, une même leçon se dégage: celui qui est totalement consacré à Dieu est invincible, mais au moindre péché, le soutien divin lui est retiré.

---

[8] Une situation très rare dans la Bible, puisque limitée à ces deux hommes.

Les protections de Guibea et de Gabaon

Le deuxième appendice a aussi des liens avec le livre de Josué. L'appui accordé à Guibea par les Benjaminites (Jug 19-21) rappelle celui accordé à Gabaon par Josué (Jos 9.1-10.15)[9]. Dans les deux cas, une ville assiégée est défendue par un groupe beaucoup plus large: tout Israël dans le cas de Gabaon, une tribu entière dans le cas de Guibea. La proximité géographique (les deux villes sont distantes de 5 kilomètres) et la ressemblance des noms (les trois premières lettres hébraïques sont les mêmes: גבעון [Gabaon] et גבעה [Guibea]) renforcent encore le rapprochement.

Le parallélisme entre les deux récits est surtout antithétique: (1) Dans Josué, une ville païenne est défendue contre des païens; dans les Juges, une ville juive est défendue contre des Juifs. (2) Dans le premier cas, le défenseur de la ville (Josué) avait donné sa parole en méconnaissance de cause. Dans le second cas, les Benjaminites connaissaient parfaitement le péché de Guibea. (3) L'issue du soutien apporté à ces deux villes est très différente. Josué reçoit une aide divine providentielle (des pierres tombent du ciel; la journée est prolongée) et la victoire sur les ennemis d'Israël est totale. Par contre, au temps des juges, les Benjaminites sont décimés et seuls 600 hommes survivent au combat (Jug 20.46-47).

La chute de Guibea et la prise d'Aï

Les nombreux parallélismes ont été relevés dans le commentaire pp. 331-332.

Allusions au présent

Concernant *Saül*, les récits soulignent les oppositions entre les juges et le premier roi. Par ces contrastes, l'auteur veut illustrer les aberrations du règne du premier monarque[10].

Othniel

Comme Caleb (1.12-13), Saül offre sa fille en mariage à celui qui vaincrait l'ennemi, mais contrairement au compagnon de Josué, à deux reprises, le roi ne tient pas parole (1 Sam 17.25; 18.17-19). Ce n'est qu'après une troisième promesse que Saül se sentira tenu d'honorer son engagement (1 Sam 18.20-27). De plus, Saül offre sa fille non pour lui donner un époux de valeur (voir

---

[9] Satterthwaite p. 84.

[10] Marc Brettler, qui propose une rédaction tardive du livre, en fait une lecture allégorique et y voit une critique de Saül et une défense de David («The Book of Judges: Literature as Politics», in *Journal of Biblical Literature*, 108/3 [1989], pp. 395-418).

commentaire Jug 1.12-15), mais par crainte de l'ennemi (1 Sam 17.25), et parce qu'il est jaloux de David (1 Sam 18.17, 21).

Ehud

Contrairement à Ehud, Saül n'ose pas affronter l'ennemi dans un face à face. Ehud se présente seul devant Eglon, alors que Saül reste loin de Goliath. David, par contre, marchera sur les traces du juge. Ehud et David disposent d'armes dérisoires, alors que Saül possède une épée de qualité (1 Sam 13.22; 17.39).

Débora

Comme Barak, Saül refuse de combattre l'ennemi (il ne relève pas le défi de Goliath). La gloire échappe aux deux hommes pour aller à ceux qui ont osé affronter l'adversaire: Jaël (4.17-22 et 5.24-27) et David (1 Sam 18.7-8).

Gédéon

L'appel de Gédéon est semblable à l'appel de Saül: (1) Les hommes sont appelés par Dieu pendant leur travail: le premier bat le froment et le second cherche les ânesses de son père. (2) Ils ne reconnaissent pas tout de suite l'envoyé de l'Eternel, que ce soit l'ange de l'Eternel (Jug 6.11-24) ou Samuel (1 Sam 9.18-19). (3) Ils se sentent petits pour accomplir une telle tâche: Gédéon dit appartenir à la plus petite famille de Manassé et être le plus petit dans la maison de son père (Jug 6.15) et Saül affirme venir de la plus petite tribu et du plus petit clan de Benjamin (1 Sam 9.21). (4) Dans les deux cas, il est question d'un repas avec l'envoyé de l'Eternel: Gédéon offre le meilleur (un chevreau et un épha de farine en période de famine: Jug 6.19), alors que Saül reçoit la meilleure part de Samuel (1 Sam 9.22-24). (5) Dès que l'Esprit de l'Eternel vient sur les deux hommes, ils convoquent le peuple pour combattre l'ennemi (Jug 6.34; 1 Sam 11.6-7).

La ressemblance entre les deux hommes s'arrête malheureusement à l'appel qu'ils ont reçu du Seigneur. Dans la difficulté, le juge et le roi réagissent très différemment. Gédéon fait confiance à l'Eternel, alors que Saül doute. Les deux doivent affronter un ennemi nombreux comme *«le sable qui est sur le bord de la mer»* (Jug 7.12; 1 Sam 13.5)[11] avec un effectif qui diminue comme neige au soleil: l'armée de Gédéon passe de 32 000 à 300 (Jug 7.2-8), et celle de Saül de 3 000 à 600 (1 Sam 13.2, 15), soit une diminution proportionnellement 20 fois plus forte pour Gédéon[12]. Bien que la situation de Saül soit moins dramatique que celle de Gédéon (le roi dispose de 600 hommes et Gédéon de 300), Saül manque de foi, contrairement à Gédéon.

---

[11] Cette expression n'est utilisée que dans trois autres passages de l'Ecriture pour décrire une armée étrangère (Jos 11.4; 2 Sam 17.11; Apo 20.9).

[12] Dragga pp. 40-41.

La famille de Saül est aussi à l'opposé de la famille de Gédéon. D'une part, Saül ressemble à Abimélec (l'anti-juge), le fils de Gédéon: (1) Saül et Abimélec persécutent leur famille (Abimélec tue ses 70 demi-frères, et Saül veut tuer par deux fois son fils Jonathan [1 Sam 14.44; 20.33], puis son gendre David). (2) Ils oppriment leur peuple (Abimélec se bat contre les siens, et Saül tue les prêtres de Nob [1 Sam 22.19] et persécute David l'innocent). Ni l'un ni l'autre ne libèrent plus Israël des ennemis étrangers. (3) Abimélec et Saül demandent à leur écuyer de les tuer (Jug 9.54; 1 Sam 31.4).

D'autre part, Gédéon ressemble à Jonathan, le fils de Saül: (1) Ils demandent un signe précis pour savoir si Dieu veut les délivrer (les signes de la toison pour Gédéon [Jug 6.36]; l'attitude de la garnison philistine pour Jonathan [1 Sam 14.8-10]). (2) Ils sont remplis de courage et de foi et pénètrent en avant-coureurs dans le camp ennemi avec un ami (Jug 7.9-10; 1 Sam 14.6). Gédéon descend et écoute l'ennemi, alors que Jonathan monte et se bat. (3) Ils créent la panique dans le camp ennemi (Jug 7.22-23; 1 Sam 14.15-16).

Jephthé

Lors d'un combat militaire, Jephthé et Saül s'engagent par la parole sans connaître entièrement la situation. Le sort tombe sur la fille (unique) de Jephthé et sur le fils (premier-né) de Saül. En apparence semblables, les deux récits illustrent des attitudes très différentes: (1) Le juge s'adresse à Dieu (Jug 11.29-30); le roi, aux hommes (1 Sam 14.24). (2) Jephthé offre le meilleur à Dieu en cas de retour joyeux, alors que Saül ne promet que des malheurs à ceux qui se réjouiraient avant l'heure (c.-à-d. à ceux qui mangeraient de la nourriture avant la fin des hostilités). (3) Lorsque le sort désigne leur enfant, Jephthé s'attriste parce qu'il veut respecter son engagement, alors que Saül s'enflamme de colère parce que son fils a enfreint son ordre (1 Sam 14.44). (4) Jonathan et la fille de Jephthé s'offrent à leur père, mais avec une attitude probablement opposée. La fille de Jephthé encourage son père à aller de l'avant et demande une dispense de deux mois, alors que Jonathan se sachant innocent répond avec sarcasme (1 Sam 14:43) comme en témoigne la réponse intransigeante de Saül (1 Sam 14.44). (5) Le peuple réagit violemment et empêche Saül de commettre une abomination, alors que pour Jephthé, ses seuls critiques le reprennent pour une question de prestige personnel (Jug 12.1-3). (6) Les deux hommes ont été revêtus de l'Esprit de l'Eternel, mais Jephthé est cité parmi les héros de la foi (Héb 11.32), ce qui n'est pas le cas de Saül. Pour Jephthé le voeu intervient juste après la mention de l'Esprit (Jug 11.29-31), alors que pour Saül, les événements de 1 Sam 13-15 entraînent le retrait de l'Esprit (1 Sam 15.35; 16.14).

Samson

Samson est un héros de la foi (Héb 11.32), alors que Saül est l'exemple de l'homme religieux qui marche selon la chair et non selon l'Esprit: (1) Samson affronte seul les plus grands ennemis, mais Saül est rempli de crainte: il n'ose pas relever le défi de Goliath (il est pourtant plus grand que tous ses compatriotes: 1 Sam 10.23) et, contre David, il mobilise toute une armée. (2) Dieu répond favorablement aux prières de Samson (par deux fois, le juge est fortifié: Jug 15.18; 16.28), mais il méprise les requêtes de Saül (par deux fois, l'Eternel refuse de répondre au roi: 1 Sam 14.37; 28.6). (3) Vers la fin de leur vie, les deux hommes vont vers une femme «interdite». L'une est une traîtresse, l'autre évoque les morts (1 Sam 28.7-25). Toutes les deux sont au service de l'ennemi (les Philistins; Satan). Les deux femmes préparent la mort des deux hommes: Dalila trahit Samson et la femme qui évoque les morts annonce à Saül sa mort imminente. (4) L'Esprit divin quitte les deux hommes, mais le péché n'est pas du même ordre, et les forces reviennent à Samson. (5) Les deux hommes se tuent, mais de manière très différente. Par sa mort, Samson remporte sa plus grande victoire (Jug 16.28-30) et Saül connaît sa plus grande défaite (1 Sam 31). Saül refuse l'humiliation et les souffrances d'un Samson (1 Sam 31.4), mais c'est dans cette souffrance et cette humiliation, que Samson trouve sa plus grande victoire[13].

Le rôle de Guibea et Bethléhem dans les appendices

Si le livre est écrit du vivant de Saül (voir date du livre pp. 44-46), il semble difficile de ne pas lire dans le dernier appendice une allusion à Saül. Guibea, la ville marquée par le péché le plus ignoble (Jug 19-21), est aussi la ville d'origine du premier roi (1 Sam 10.26; 11.4). Saül peut difficilement en être fier. La critique du roi est indirecte et se fait par association d'idées, car il semble difficile de condamner quelqu'un sur la seule base de son origine. L'évocation du péché de Guibea rappelle surtout que les malheurs des Benjaminites étaient dus à leur soutien des méchants de Guibea. Ainsi, l'auteur pourrait avertir ses contemporains de ne pas soutenir un nouveau pécheur originaire de Guibea, en l'occurrence Saül. Comme le roi persécute David, l'auteur des Juges pourrait rappeler à ses lecteurs que celui qui prend la défense du méchant risque de périr comme les Benjaminites du temps des juges.

Si la ville du premier roi (Saül) tient une place importante dans le livre des Juges, la ville du deuxième roi (David) est aussi mentionnée. Certes, le rôle de Bethléhem est plus effacé, mais la ville de David est mentionnée à *sept* reprises, ce qui souligne déjà l'intérêt de l'auteur pour cette localité[14]. La caractéristique de Bethléhem est d'être chaque fois le point de départ du voyage

---

13 Dragga p. 43.

14 Guibea et Bethléhem ne sont mentionnés que dans les appendices: la ville de David dans les deux appendices et la ville de Saül uniquement dans le dernier.

du Lévite[15]. Dans les deux cas, l'homme quitte la ville de David pour marcher ensuite dans les voies du mal. Bethléhem comme Guibea est impliquée dans une histoire de péché, mais de manière différente. Si Guibea est au centre du péché, puisque le péché s'y commet par tous, Bethléhem en est éloignée. C'est en quittant la ville de Bethléhem que les Lévites sont tombés dans le péché. Il y a là tout un symbole. L'auteur voudrait-il suggérer que si Israël s'éloigne de l'homme de Bethléhem (c.-à-d. de David), le peuple tombera dans le péché comme les deux Lévites?

En rapprochant les symboles véhiculés par les deux villes, l'auteur insinuerait l'idée qu'abandonner David (l'homme de Bethléhem) pour soutenir Saül (l'homme de Guibea), c'est marcher sur les traces des deux Lévites (qui ont quitté Bethléhem) et sur celles des Benjaminites (qui ont soutenu Guibea).

Harmonisation entre Juges 1 et Josué

Le livre des Juges commence là où s'arrête le livre de Josué: à la mort de Josué (Jug 1.1; Jos 24.29-31). Cependant, certains événements rapportés dans les Juges (surtout au chapitre 1) sont déjà mentionnés dans Josué: les conquêtes d'Hébron par Caleb (Jos 15.14; Jug 1.10, 20) et de Debir par Othniel (Jos 15.15-19; Jug 1.12-15), les échecs d'Ephraïm (Jos 16.10; Jug 1.29) et de Manassé (Jos 17.11-13; Jug 1.27-28), la migration de la tribu de Dan (Jos 19.47; Jug 17-18). Ainsi, selon le livre de Josué, mais contrairement au livre des Juges, la conquête du pays par les tribus semble *avoir précédé la mort de Josué*. Comment comprendre ce dilemme?

Certains cherchent la solution dans le livre des Juges et lisent les premiers mots de l'ouvrage (*«Après la mort de Josué»*) comme un titre général du livre[16]. Ainsi la première introduction ne donnerait que l'arrière-plan de la période des juges, opinion qui serait confirmée par la mort de Josué rapportée en 2.6-10. La suggestion est tentante, car les Juifs désignaient parfois un livre par ses premiers mots. Néanmoins, les premières paroles n'étaient pas *seulement* un titre. Avant d'être titre, elles étaient texte. Dans un ouvrage narratif, les premiers mots font toujours partie intégrante du texte, mais servent seulement parfois de titre[17]. Cela implique que les événements du premier chapitre des Juges se situent effectivement *après* la mort de Josué.

---

[15] Le Lévite, futur sacrificateur de Dan, est originaire de Bethléhem (17.7), alors que le Lévite du deuxième appendice a pris comme concubine une femme originaire de Bethléhem (19.1).

[16] Cundall p. 51, D.R. Davis p. 19.

[17] Le livre de Josué, proche du livre des Juges, commence par une expression semblable: *«après la mort de Moïse»* (Jos 1.1). Dans les versets qui suivent, rien n'indique pourtant un événement antérieur à Moïse.

Une solution semble se dégager plus facilement d'un examen du livre de Josué. Si Josué n'a pas écrit le livre qui porte son nom (le livre ne l'affirme nulle part), les échecs d'Ephraïm (Jos 16.10) et Manassé (Jos 17.11-13) peuvent facilement avoir été constatés et rédigés après la mort de Josué. Il en est de même de la migration de la tribu de Dan au nord du pays (Jos 19.47). La difficulté principale vient de la conquête initiale de Juda (Jos 14-15) et de Joseph (Jos 16-17). Le livre de Josué semble affirmer que ces tribus ont pris leur part d'héritage alors que Josué était encore en vie. En Jos 18.3, alors que la part d'héritage de Juda, Ephraïm et Manassé, a déjà été mentionnée, Josué reproche aux autres Israélites de n'avoir pas pris possession de la leur: *«Jusqu'à quand négligerez-vous de prendre possession du pays que l'Eternel, le Dieu de vos pères, vous a donné?»* (Jos 18:3). Il affirme aussi que *«Juda restera dans ses limites au midi, et la maison de Joseph restera dans ses limites au nord»* (Jos 18:5). De plus, selon le livre des Juges, Siméon s'est associé dès le début avec Juda (1.3, 17), alors que le livre de Josué inclut Siméon parmi ceux qui ne reçoivent qu'ultérieurement leur héritage (Jos 19.1-9). A ce stade, remarquons que l'accent des chapitres 13-21 de Josué porte sur la distribution des régions et non sur leur conquête[18]. Se pourrait-il alors que les reproches de Josué visent uniquement la lenteur des autres tribus à *connaître* leur part d'héritage? Cette ignorance serait lourde de conséquences, car elle empêche toute conquête? Ainsi Jos 18.2-6 présenterait le tout premier signe d'une hésitation de certaines tribus à conquérir le pays: un manque d'intérêt pour connaître leur héritage. Le chapitre 1 des Juges présenterait une étape ultérieure de cette hésitation: celle qui a conduit les tribus à ne conquérir qu'une partie du pays.

Sous cet angle, il est possible d'harmoniser Josué et Juges 1 en gardant *tous les récits des Juges postérieurs à la mort de Josué*. Pour résumer, on peut noter les étapes suivantes: (1) le livre de Josué décrit les campagnes militaires des douze tribus unies sous la conduite de Josué (Jos 1-12); (2) une fois la résistance de base anéantie, Josué accompagné du souverain sacrificateur et des anciens (Jos 14.1) attribuent les différentes régions du pays aux neuf tribus et demie (Jos 13-21); (3) dès la mort de Josué, les différentes tribus commencent à prendre possession de leur héritage, Juda associé à Siméon donnant l'exemple (Jug 1.1-20); (4) l'auteur de Josué (qui a vécu un peu plus longtemps que Josué) écrit son livre et rapporte les premières victoires de cette conquête tribale (la prise d'Hébron et de Debir), les premiers échecs (les villes non conquises par Juda, Ephraïm et Manassé), ainsi que la migration de la tribu de Dan.

---

[18] Wood (*A Survey of Israel's History*, pp. 185-192), J.J. Davis (p. 77). Sur la chute d'Hébron mentionnée dans Josué, la *BA* (p. 94) parle d'une anecdote insérée par anticipation.

Bibliographie

------- *Dictionnaire biblique universel*, éd. L. Monloubou. Paris, Desclée, 1984. pp. 406-407.

------- *Dictionnaire illustré de la Bible*, Paris, Bordas, 1990. 359 p.

------- *Nouveau Dictionnaire Biblique*, St-Légier, Emmaüs, 1961. pp. 426-428.

------- *The New International Dictionary of the Bible*, ed. Merrill C. Tenney. Grand Rapids, Zondervan, 1987. pp. 555-557.

------- *Traduction oecuménique de la Bible*, éd. intégrale. Paris, Cerf et Bergers et Mages, 1976. pp. 453-456.

Alter, Robert: *The Art of Biblical Narrative*, Londres, Allen & Unwin, 1981. 195 p.

Amit, Yairah: «The Story of Ehud (Judges 3.12-30): The Form and the Message», in *Signs and Wonders: biblical texts in literary focus*, ed. J. Cheryl Exum, pp. 97-124. Semeia Studies, The Society of Biblical Literature, 1989.

Anderson, George W.: *A Critical Introduction to the Old Testament*, London, Duckworth, 1959. pp. 63-70.

Archer, Gleason L.: *Encyclopedia of Bible Difficulties*, Grand Rapids, Zondervan, 1982. pp. 163-166.

---- *Introduction à l'Ancien Testament*, St-Légier, Emmaüs, 1978. pp. 308-314.

Armerding, Carl Edwin: «Judges» in *A Bible Commentary For Today*, London, Pickering & Inglis, 1979. pp. 337-368.

Arnold, Daniel: «Othniel: portrait d'un juge négligé», dans *Promesses* 99 (1992) pp. 9-13.

---- «Ehud: la fidélité au zénith (Juges 3.12-30)», dans *Promesses* 100 (1992) pp. 17-20.

---- «Débora: le salut par les femmes», dans *Promesses* 101 (1992) pp. 25-29.

---- «Gédéon: les signes de la toison», dans *Promesses* 102 (1992) pp. 10-14.

---- «Gédéon: lumières sur un combat nocturne», dans *Promesses* 103 (1993) pp. 11-16.

---- «Abimélec: l'anti-juge», dans *Promesses* 104 (1993) pp. 18-23.

---- «Jephthé: l'étrange voeu d'un marginal», dans *Promesses* 105 (1993) pp. 17-24.

---- «Samson: l'homme de tous les espoirs», dans *Promesses* 106 (1993) pp. 8-13.

---- «Samson: un mariage stratégique», dans *Promesses* 107 (1994) pp. 10-16.

---- «Samson: un pays ravagé», dans *Promesses* 108 (1994) pp. 7-12.

---- «Samson: visites à deux femmes», dans *Promesses* 109 (1994) pp. 14-19.

Auld, A. Graeme: «Hacking at the Heart of the Old Testament», in *Vetus Testamentum* XXXIX/3 (1989) pp. 257-267.

Auzou, G.: *La force de l'Esprit: étude du livre des Juges...*, Paris, L'Orante, 1966. 346 p.

Bal, Mieke: «Death and Dissymmetry: The Politics of Coherence in the Book of Judges», in *Chicago Studies in the History of Judaism*, Chicago, Chicago University, 1946. 312 p.

Barré, Michael L.: «The Meaning of PRSDN in Judges III.22», in *Vetus Testamentum* XVI/1 (1991) pp. 1-11.

Bartelmus, Rüdiger: «Forschung am Richterbuch seit Martin Noth», in *Theologische Rundschau* 56 (1991) pp. 221-259.

Becker, Uwe: *Richterzeit und Königtum: Redacktiongeschichtliche Studien zum Richterbuch* (Beihefte zur Zeitschrift für die alttestamentliche Wissenschaft), Berlin, Gruyter, 1990. 326 p.

Benoit, Claire-Lise de: *Juges-Ruth* (A la découverte de la Bible: canevas d'étude A.T. 7-8), Vennes et Guebwiller, Ligue pour la lecture de la Bible, s.d., 80 p.

Bentzen, Aage: *Introduction to the Old Testament,* vol. 2. Copenhagen, G.E.C. Gad, 1952. pp. 86-91.

Block, Daniel I.: «Echo narrative technique in Hebrew literature: a study in Judges 19», in *Westminster Theological Journal* 52 (1990) pp. 325-341.

Boling, Robert G: *Judges* (The Anchor Bible), Garden City, N.Y., Doubleday & Compagny, 1975. 338 p.

Boogaart, T.A.: «Stone for Stone: Retribution in the Story of Abimelech and Shechem», in *Journal for the Study of the Old Testament* 32 (1985) pp. 45-56.

Brenner, Athalya: «A Triangle and a Rhombus in Narrative Structure: A Proposed Integrative Reading of Judges IV and V», in *Vetus Testamentum* XL/2 (1990), pp. 129-138.

Brettler, Marc: «The Book of Judges: Literature as Politics», in *Journal of Biblical Literature* 108/3 (1989) pp. 395-418.

Bruce, F.F.: «Juges» dans *Nouveau Commentaire Biblique,* dir. Guthrie et al., St-Légier, Emmaüs, 1978. pp. 262-287.

Budde, D. Karl: *Das Buch der Richter* (Kurzer Hand-Komm. z. A.T.), Ed. K.Marti. Freiburg i./B., Mohr, 1897. XXIII, 147 p.

Burney, Charles Fox: *The Book of Judges,* London, Rivingtons, 1918. 528 p.

Cassel, P.: *Das Buch der Richter und Ruth* (Lange's Bibelwerk), Berlin, 1865. 197 p.

Cazelles, Henri, dir.: *Introduction à la Bible,* tome 2. Paris, Desclée, 1973. pp. 265-277.

---- «Le livre des Juges» dans *Supplément au Dictionnaire de la Bible,* vol. 4, dir. L. Pirot. Paris, Letouzey & Ané, 1979. col. 1394-1414.

Clair, (abbé): *Le livre des Juges et Ruth,* Paris, Lethielleux, 1877. pp. 1-157.

Cornill, Carl Heinrich: *Einleitung in das Alte Testament,* Freiburg i.B., J.C.B. Mohr, 1892. pp. 91-105.

Craigie, Peter C.: *The Old Testament: Its Background...,* Nashville, Abington, 1986. pp. 131-134.

Crenshaw, James L.: *Samson: A secret betrayed, a vow ignored,* London, SPCK, 1979 (ou John Knox Press, 1978). 173 p.

Cundall, Arthur E: «Book of Judges» & «Period of Judges» in *The Zondervan Pictorial Encyclopedia of the Bible,* vol. 3, ed. M. Tenney. Grand Rapids, Zondervan, 1975. pp. 739-758.

---- *Judges* (The Tyndale Old Testament Commentaries), Leicester et Downers Grove, Inter-Varsity, 1968. 215 p.

Davis, Dale Ralph: *Such a Great Salvation: Expositions of the Book of Judges,* Baker, Grand Rapids, 1990, 227 p.

---- «The Comic Literature - Tragic Theology: A Study of Judges 17-18», in *Westminister Theological Journal* 46 (1984) pp. 156-163.

Davis, John J. & Whitcomb, John C.: *Israel From Conquest to Exile: A Commentary on Joshua-2 Kings,* Baker, Grand Rapids, 1970. pp. 93-162.
Desnoyers, L.: «Juges (livres des)» dans *Dictionnaire de théologie catholique,* éd. A. Vacant & E. Mangenot, Letouzey & Ané, Paris, 1925, pp. 1831-1862.
Dragga, Sam: «In the Shadow of the Judges: The Failure of Saul», in *Journal for the Study of the Old Testament* 38 (1987) pp. 39-46.
Duke, Paul D.: *Irony in the Fourth Gospel,* Atlanta, John Knox, 1953. pp. 7-42.
Dumbrell, W.J.: «'In those days there was no king in Israel; every man did what was right in his own eyes': The purpose of the book of Judges reconsidered», in *Journal for the Study of the Old Testament* 25 (1983) pp. 23-33.
Eissfeldt, Otto: *Einleitung in das Alte Testament,* Tübingen, J.C.B. Mohr, 1934. pp. 288-301.
Ellison, H.L.: «Judges» in *Bible Study Books,* vol. 2. London, Scripture Union, 1966. pp. 24-43.
Enns, Paul P.: *Judges* (Bible Study Commentaries), Grand Rapids, Zondervan, 1982. 148 p.
Exell, Joseph S.: *Judges* (The Biblical Illustrator), London, Griffithes, 1904. 262 p.
Exum, J. Cheryl: «Aspects of Symmetry and Balance in the Samson Saga», in *Journal for the Study of the Old Testament* 19 (1981) pp. 3-29.
---- «The Theological Dimension of the Samson Saga», in *Vetus Testamentum* XXXIII/1 (1983) pp. 30-45.
---- «The Tragic Vision and Biblical Narrative: The Case of Jephthah», in *Signs and Wonders: biblical texts in literary focus*, ed. Exum, pp. 59-84. Semeia Studies, The Society of Biblical Literature, 1989.
---- «The Centre Cannot Hold: Thematic and Textual Instabilities in Judges», in *The Catholic Biblical Quarterly* 52 (1990) pp. 410-431.
Farmer, Kathleen Anne: *The Trickster Genre in the Old Testament,* Diss. Southern Methodist University, 1978. 154 p.
Fensham, F.C.: «Book of Judges» in *The International Standard Bible Encyclopedia,* vol. 2, ed. Bromiley. Grand Rapids, Eerdmans, 1982. pp. 1156-1159.
Fewell, Danna Nolan & Gunn, David M.: «Controlling Perspectives: Women, Men, and the Authority of Violence in Judges 4 & 5», in *Journal of the American Academy of Religion* LVIII/3 (1990) pp. 389-411.
Fishelis, Avrohom and Shmuel: *Judges: A New English Translation,* New York, Judaica, 1987. 374 p.
Garstang, John: *Joshua-Judges* (The Foundation of Bible History), London, Constable, 1931. 423 p.
Gautier, Lucien: *Introduction à l'Ancien Testament,* Lausanne, Bridel, 1914. pp. 229-252.
Godet, Frédéric, dir.: «Les Juges» dans *Bible annotée,* vol. 3. Rééd. St-Légier, Emmaüs, 1986. pp. 87-170.
Gooding, D.W.: «The Composition of the Book of Judges», in *Eretz-Israel* 16 (1982), pp. 70-79.
Goslinga, C.J.: *Joshua, Judges, Ruth* (Bible Student's Commentary), Grand Rapids, Zondervan, 1986. 558 p.

Gray, John: *Joshua, Judges and Ruth* (The New Century Bible), Greenwood, S.C., The Attic Press, 1967.

Greene, Mark: «Enigma Variations: Aspects of the Samson Story Judges 13-16», in *Vox Evangelica* 21 (1991) pp. 53-79.

Greenspahn, Frederick E.: «The Theology of the Framework of Judges», in *Vetus Testamentum* XXXVI/4 (1986) pp. 385-396.

Greenstein, Edward L.: «The Riddle of Samson», in *Prooftexts: A Journal of Jewish Literary History,* 1 (1981) pp. 237-260.

Gutbrod, Karl: *Das Buch vom Lande Gottes: Josua und Richter,* Stuttgart, Calwer, 1985. pp. 191-319.

Halpern, Baruch: «The Assassination of Eglon - The First Locked-Room Murder Mystery», in *Bible Review* 4/6 (1988) pp. 32-41, 44.

Harrison, Roland Kenneth: *Introduction to the Old Testament,* Grand Rapids, Eerdmans, 1969. pp. 680-694.

---- «Book of Judges» in *Baker Encyclopedia of the Bible,* vol. 2, ed. W. Elwell. Grand Rapids, Baker, 1988. pp. 1243-1248.

Hébert, Daniel: *Sommets et abîmes: un commentaire sur le livre des Juges,* Craponne, Viens et Vois, 1984. 165 p.

Hertzberg, Hans Wilhelm: *Josua, Richter, Ruth,* Göttingen, Vandenhoeck u. Ruprecht, 1953. pp. 141-254.

Hervey, A.C.: *Judges* (The Pulpit Commentary), London, Kegan, 1881. 218 p.

Hoff, Paul: *Les livres historiques de l'Ancien Testament,* Miami, Vida, 1987. pp. 53-76.

Hoppe, Leslie: *Joshua, Judges...,* Wilmington, Glazier, 1982. pp. 105-216.

Hübner, Ulrich: «Mord auf dem Abort? überlegungen zu Humor, Gewaltdarstellung und Realienkunde in Ri 3,12-30», in *Biblische Notizen* 40 (1987) 130-140.

Hudson, Don Michael: «Living in a Land of Epithets: Anonymity in Juges 19-21», in *Journal for the Study of the Old Testament* 62 (1994) pp. 49-66.

Inrig, Gary: *Gottes Kraft reicht weiter: ein Gang durch das Buch der Richter,* Neuhausen-Stuttgart, Hänssler, 1982. 260 p.

Jackman, David: *Judges, Ruth* (The Communicator's Commentary, O.T. vol. 7), Dallas, Word, 1991. pp. 7-308.

Janzen, J. Gerald: «A Certain Woman in the Rhetoric of Judges 9», in *Journal for the Study of the Old Testament* 38 (1987) pp. 33-37.

Jensen, Irving L.: *Judges/Ruth: A Self-Study Guide,* Chicago, Moody, 1968. 78 p.

Josèphe, Flavius: *Antiquités* V.2-8.

Jordan, James B.: *Judges: God's War Against Humanism,* Tyler Texas, Geneva Ministries, 1985. 334 p.

Jüngling, Hans-Winfried S.J.: «Richter 19 - Ein Plädoyer für das Königtum», in *Analecta Biblica* 84 (1981). Rome, Biblical Institute. 319 p.

Kaiser, Walter C.: *Hard Sayings of the Old Testament*, Downers Grove, Inter-Varsity, 1988. pp. 98-105.

---- *More Hard Sayings of the Old Testament*, Downers Grove, Inter-Varsity, 1992. pp. 125-137.

Kappeler, Max: «Das Buch Josua und Das Buch der Richter» in *Die Wissenschaft der Bibel,* Affoltern am Albis, 1970. pp. 49-123.

Keddie, Gordon: *Même dans les ténèbres,* Chalon, Europresse, 1989. 139 p.

Keil, C.F, et Delitzsch, F.: «The Book of Judges» in *Commentary on the Old Testament. vol. 2,* Grand Rapids, Eerdmans, s.d. pp. 237-464.
Kitchen, K.A.: *Ancient Orient and Old Testament*, Tyndale, 1966. pp. 57-75.
---- «Des origines à la veille de l'exode: la Genèse», dans *Hokhma* 1 (1976) p.30, note 49.
---- «De Josué à Salomon», dans *Hokhma* 3 (1976) pp. 58-68.
Klein, Lillian R.: *The Triomph of Irony in the Book of Judges,* Paris, Almond, 1988. 260 p.
Kuenen, A.: *Histoire critique des livres de l'Ancien Testament,* vol. 1. Paris, Lévy, 1866. pp. 342-373.
Lagrange, Marie-Joseph: *Le livre des Juges,* Paris, V. Lecoffre, 1903. 338 p.
Lasine, Stuart: «Guest and Host in Judges 19: Lot's Hospitality in an Inverted World», in *Journal for the Study of the Old Testament* 29 (1984) pp. 37-59.
LaSor, W.S.; Hubbard, D.A.; Bush, F.W.M.: *Old Testament Survey: The Message* ... Grand Rapids, Eerdmans, 1983. pp. 213-226.
Lilley, J.P.U.: «A Literary Appreciation of the Book of Judges», in *Tyndale Bulletin* 18 (1967) pp. 94-102.
Lindsey, F. Duane: «Judges» in *The Bible Knowledge Commentary,* Wheaton, Victor, 1985. pp. 373-414.
MacLaurin, E.C.B.: *The Hebrew Theocracy in the Tenth to the Sixth Centuries B.C.: An Analysis of the Books of Judges, Samuel, and Kings.*, Sydney 1959. 116 p.
Madl, Helmut: *Wenn ihr den Bund haltet: Josua, Richter, Ruth,* Stuttgart, Katholisches Biblelwerk, 1975. 60 p.
Mangenot, E.: «Le livre des Juges» dans *Dictionnaire de la Bible,* pub. F. Vigouroux, vol. 3. Paris, Letouzey, 1926. col. 1846-1859.
Martin, James D.: *The Book of Judges* (Cambridge Bible Commentary), Cambridge, Cambridge University, 1975. 234 p.
Mayes, Andrew David H.: *Judges,* Sheffield, *JSOT*, 1985. 98 p.
Moore, George Foot: *A Critical and Exegetical Commentary on Judges* (The International Critical Commentary), Edinburgh, T. & T. Clark, 1908. 476 p.
Nel, Philip: «The Riddle of Samson (Judges 14.14,18)», in *Biblica* 66 (1985) pp. 534-545.
Nicole, Emile: «Superstition et foi d'après l'Ancien Testament», dans *Fac-Réflexion* 20 (1992) pp. 19-31.
Nowack, W.: *Richter, Ruth u. Bücher Samuelis*, Göttingen, Vandenhoeck u. Ruprecht, 1902.
Oesterley, W.O.E.: «Judges» in *The Abington Bible Commentary,* ed. Eiselen. New York, Abington, 1929. pp. 357-376.
Ogden, Graham: «The Special Features of a Story: A study of Judges 3.12-30», in *The Bible Translator* 42/4 (1991) pp. 408-414.
Patterson, Richard D.: «The Song of Debora», in *Tradition and Testament: Essays in Honor of Charles Lee Feinberg*, ed. John S. Feinberg and Paul D. Feinberg, Moody, Chicago, 1981, pp. 123-160.
Pfeiffer, Charles F.: «Judges» in *The Wycliffe Bible Commentary,* London, Oliphants, 1963. pp. 233-265.
Polzin, Robert: *Moses and the Deuteronomist: A Literary Study of the Deuteronomic History*, Part 1 (Deut, Jos, Judg), New York, Seabury. 226 p.

Porter, J.R.: «Samson's riddle: Judges 14.14,18», in *Journal of Theological Studies* 13 (1962) pp. 106-109.
Rendtorff, Rolf: *Introduction à l'Ancien Testament,* Paris, Cerf, 1989. pp. 283-288.
Richter, Wolfgang: «Traditionsgeschichtliche Untersuchungen zum Richterbuch», in *Bonner Biblische Beiträge* 18 (1963) 411 p.
Satterthwaite, Philip: «'No King in Israel': Narrative Criticism and Judges 17-21», in *Tyndale Bulletin* 44.1 (1993) pp. 75-88.
Schultz, Samuel J.: *The Old Testament Speaks,* New York, Harper, 1969. pp. 103-114.
Sellin, Ernest; Fohrer, Georg: *Einleitung in das Alte Testament,* Heidelberg, Quelle & Meyer, 1965. pp. 223-233.
Soggin, J. Alberto: *Le livre des Juges,* Genève, Labor et Fides, 1987. 268 p.
Steinmann, Jean: *Les Juges* (Connaître la Bible), Paris, Desclée De Brouwer, 1960. 146 p.
Stek, John H.: «The Bee and the Mountain Goat: A Literary Reading of Juges 4», in *A Tribute to Gleason Archer*, ed. Walter C. Kaiser, Moody, Chicago, 1986. pp. 53-86.
Sternberg, Meir: *The Poetics of Biblical Narrative: Ideolgical Literature and the Drama of Reading*, Bloomington, Indiana University Press, 1985. 580 p.
Tanner, J. Paul: «Gideon Narrative as the focal Point of Judges», in *Bibliotheca Sacra* 149 (Apr-Jun 1992) pp. 146-161.
Thompson, J.A.: *La Bible à la lumière de l'archéologie*, Guebwiller, Ligue pour la lecture de la Bible, 1987. pp. 57-64.
Unger, Merrill F.: «Book of Judges» in *Unger's Bible Dictionary,* Chicago, Moody, 1967. pp. 619-620.
Vincent, Albert: *Le livre des Juges, le livre de Ruth,* Paris, Cerf, 1958.
Vischer, Wilhelm: *Les premiers prophètes,* Neuchâtel, Delachaux et Niestlé, 1951. pp. 73-164.
Washburn, David L.: «The Chronology of Juges: Another Look», in *Bibliotheca Sacra* 147 (Oct-Dec 1990) pp. 414-425.
Watson, Robert A.: *Judges and Ruth,* London, Hodder and Stoughton, 1889. 360 p.
Webb, Barry G.: *The Book of the Judges: An Integrated Reading,* Sheffield, *JSOT*, 1987. 280 p.
Weber, Otto: *Bibelkunde des Alten Testaments,* Hamburg, Im Furche, 1961. pp. 137-144.
Wiener, Harold M.: *The Composition of Judges 2.11 to 1 Kings 2.46,* Leipzig, Hinrich Schen, 1929. 37 p.
Wiese, Kurt: *Zur Literarkritik des Buches der Richter,* Dissert, Stuttgart, Kohlhammer, 1926. 61 p.
Williams, Jay G.: «The Structure of Judges 2.6-16.31», in *Journal for the Study of the Old Testament* 49 (1991) pp. 77-85.
Wiseman, Luke H.: *Men of faith; or Sketches from the Book of Judges*, Londres, Hodder & Stoughton, 1874. 354 p.
Wilcock, Michael: *The Message of Judges* (The Bible Speaks Today), Inter-Varsity, Leicester,1992. 175 p.

Wolf, Herbert: *Judges* (The Expositor's Bible Commentary), vol. 3, Zondervan, 1992. pp. 375-506.

Wood, Leon: *Distressing Days of the Judges,* Grand Rapids, Zondervan, 1975. 434 p.

---- *A Survey of Israël's History,* Grand Rapids, Zondervan, 1970. pp. 203-229.

Young, Edward J.: *An Introduction to the Old Testament,* Grand Rapids, Eerdmans, 1950. pp. 165-172.

Table des matières